Konrad Löw

...bis zum Verrat der Freiheit

Konrad Löw

...bis zum Verrat der Freiheit

Die Gesellschaft der Bundesrepublik und die »DDR«

Mit 25 Abbildungen und 6 Dokumenten

LANGEN MÜLLER

Danksagung

Auch an dieser Stelle meinem Assistenten, Herrn Dr. Uwe Backes, ein herzliches Wort des Dankes für wertvolle Anregungen, kritische Hinweise, die Teilnahme an der Treibjagd auf Fehler jedweder Art, die Erstellung des Literaturverzeichnisses. Dank gebührt nicht minder Frau Dagmar Lawrence für die sehr gewissenhafte Schreibarbeit in stets guter Atmosphäre.

© 1993 by Langen Müller
in der F. A. Herbig Verlagsbuchhandlung GmbH, München
Alle Rechte vorbehalten
Schutzumschlag: Wolfgang Heinzel
Herstellung: VerlagsService Dr. Helmut Neuberger
& Karl Schaumann GmbH, Heimstetten
Satz: Ludwig Auer GmbH, Donauwörth
Gesetzt aus: 10/12 Punkt Times
Druck und Binden: Wiener Verlag, Himberg bei Wien
Printed in Austria
ISBN 3-7844-2468-6

Karl Dietrich Bracher
und
Siegmar Faust
gewidmet

Bracher hat die Einladung zum Galadiner anläßlich des Staatsbesuches von SED-Generalsekretär Erich Honecker 1987 in Bonn aus ethischen Erwägungen abgelehnt.

Faust hat zwei Jahre Einzelhaft für »staatsfeindliche Hetze«, verurteilt von Honeckers »Volksgerichtshof«, im Charakter ungebrochen überstanden.

»Ich will mich nicht einem System beugen, das nur durch totalitäre Bewußtseinsmanipulation, durch Bespitzelung von Andersdenkenden, durch Erpressung und Verleumdung sich an der Macht halten kann.«

Nico Hübner,
Sohn von SED-Funktionären,
als Begründung für
seine Wehrdienstverweigerung
in der DDR

»Die Freiheit, der Liebe mein Leben und Streben! Gäb' ich für die Liebe auch gerne mein Leben, wollt' ich für die Freiheit die Liebe selbst geben!«

Alexander Petöfi,
Wahlspruch des Helden
der ungarischen Revolution 1848

Inhalt

I
Brauchen wir eine »zweite Vergangenheitsbewältigung«?

II
Der Staat – Eine abwehrbereite Demokratie?

III
Die SPD – Eine janusköpfige Partei

IV
Die »bürgerlichen« Parteien. Die Grünen

V
Die politikwissenschaftliche »DDR«-Forschung

VI
Die Gewerkschaften

VII
»Deutschland, deine Intellektuellen«

I. Brauchen wir eine »zweite Vergangenheitsbewältigung«?

»Ich verspreche, der Tyrannei
Widerstand zu leisten, wo immer
sie auftritt.«

Berliner Freiheitsglocke

1. Der Vorwurf

Am 9. November 1989 wurde jene Mauer durchlässig, die jahrzehntelang nicht nur eine Stadt, Berlin, sondern ein ganzes Land, einen Kontinent, ja gewissermaßen die Welt zerteilt hatte. Knapp ein Jahr später, am 3. Oktober 1990, ging die Forderung des Grundgesetzes, »in freier Selbstbestimmung die Einheit und Freiheit Deutschlands zu vollenden«, in Erfüllung. Das tyrannische »Gespenst des Kommunismus«[1] hatte sich – 150 Jahre nach seinem ersten Auftreten unter dieser Bezeichnung[2] – über Nacht verflüchtigt.

Wem gebührt das Verdienst an diesem wahrhaft epochalen Erfolg? Vielfältige Antworten sind möglich, und jede Annahme einer Monokausalität wäre höchst anfechtbar. Die folgende Untersuchung beschränkt sich auf die Frage, ob wir in der Bundesrepublik Deutschland unverdrossen auf das von der Verfassung vorgegebenen Ziel Einheit in Freiheit hingearbeitet oder es aus welchen Gründen auch immer abgeschrieben, zumindest aus dem Auge verloren, ob unsere Landsleute in der DDR resigniert, kapituliert haben.

In seinen »Fragen an Richard von Weizsäcker« stellt Manfred Hättich, der Leiter der Politischen Akademie Tutzing, nüchtern fest:

»Auch in der politischen Bildung trat die Auseinandersetzung mit dem Kommunismus zurück. Das war eine opportunistische Vernachlässigung der Prinzipien, die unseren Verfassungspatriotismus begründen.«[3]

Schon Jahre vorher erhob Wolfgang Leonhard den Vorwurf:

»Hingegen kann ich viele Politiker... nicht von der Verantwortung freisprechen, es zugelassen zu haben, daß im Verlauf der letzten zehn bis fünfzehn Jahre so gut wie keinerlei Aufklärung über die Wurzeln und Herrschaftsmethoden des totalitären Sowjetkommunismus mehr stattgefunden hat. Seit Beginn der sogenannten ›neuen Ostpolitik‹ spricht man weder auf Regierungsebene noch in der überwiegenden Mehrzahl der Massenmedien von kommunistischen Diktaturen, sondern von ›sozialistischen Ländern‹; das Netz der Konzentrationslager in Sowjetrußland, der ›Archipel GULAG‹, wird schönfärberisch mit der Bezeichnung ›Arbeitslager‹ umschrieben – sofern man sich diesem Thema überhaupt noch zuwendet; und der Bürgerrechtsbewegung in der UdSSR und anderen kommunistischen Ländern wird immer weniger Beachtung geschenkt. So ist es nur folgerichtig, wenn sich in der politischen Vorstellungswelt der jungen Generation Westdeutschlands der Unterschied zwischen der Bundesrepublik und der DDR auf den Unterschied zwischen zwei verschiedenen Wirtschaftssystemen reduziert hat.«[4]

Martin Kriele stellte betroffen fest:

»Die Weisen aller Zeiten lehrten: Die Grundlage des Friedens ist die Gerechtigkeit, die Grundlage der Gerechtigkeit ist die Wahrheit, und zu ihr gehören die Klärung moralischer Begriffe und wahrheitsgemäße Information über alle relevanten Sachverhalte. Seit der Mitte der 70er Jahre soll das nicht mehr gelten. An die Stelle der Klärung des Rechtsbegriffs tritt die Relativität zwischen Recht und Willkür, zwischen demokratischem Verfassungsstaat und Parteidiktatur, zwischen West und Ost, die als prinzipiell gleichwertig gelten sollen.«[5]

Alexander Solschenizyn erhebt die Anklage:

»Seit 65 Jahren ist der Kommunismus auf seinem Triumphzug durch die Welt. Und es gibt offenbar keine einzige Nation in Europa, die nicht bereit wäre, dem Kommunismus im Ernstfall die notwendige Anzahl von Henkern zur Verfügung zu stellen und sich anschließend selbst zu unterwerfen. Nehmen wir doch einmal als Beispiel die heutige Bundesrepublik Deutschland... Sie kriecht vor dem Kommunismus auf dem Bauch, und dazu braucht sie noch nicht einmal die Hilfe etwaiger aus Ostdeutschland eingeschleuster Agenten.«[6]

Sind derart schwere, den Verfassungskern, die freiheitliche demokratische Grundordnung treffende, an Verfassungsverrat grenzende Vorwürfe nachweisbar richtig? Welche staatlichen Organe, Parteien, kirchlichen und sonstigen gesellschaftlichen Kräfte sind davon betroffen? Wie haben sie sich schuldig gemacht? Welches sind gegebenenfalls die Ursachen?

2. »Trümmer der Träume von 40 Jahren«

Reporter:»Warum machen Sie das?«
Tscheche:»Weil wir arme Leute sind. So ist das.«
Reporter:»Ist das für Sie nicht peinlich?«
Tscheche:»Nein. Nach dem Krieg hätten es die
Deutschen auch genommen. Und nach dem
Kommunismus ist eben wie nach dem Krieg.«
(Tschechen, die vor einer ostbayerischen Depo-
nie auf Verwendbares aus deutschen Entrümpe-
lungsaktionen warteten, in der 3SAT-Sendung
»Aktuelles« am 11. August 1992)

Die Frankfurter Rundschau veröffentlichte nach dem Kollaps des
SED-Regimes die folgende von Insidern aufgestellte »Bilanz«:

»Der heute in der DDR kraß sichtbare Zusammenbruch nachgerade aller
Teilsysteme – besonders dramatisch im Falle des Wohnungsmarktes und bei
der medizinischen Versorgung – läßt auf der Habenseite der Bilanz jahr-
zehntelanger Mißwirtschaft des (teilweise) abgetretenen Regimes gerade
noch das Fehlen einer Drogenszene als ›Errungenschaft‹ gelten. Darum
weiß auf die Frage, was denn vor dem ›Ausverkauf‹ zu schützen sei, in
unserer Runde niemand eine Antwort. Die Kunstkritiker Peter Lang und
Peter Guth formulieren das Resümee, der Beitrag der DDR zu einem
gemeinsamen Deutschland bestehe einzig in den ›Trümmern der Träume
von 40 Jahren‹.«[7]

Wie sah die Wirklichkeit aus? – Zum DDR-Alltag gehörte
– planmäßige Haßerziehung in den Schulen und durch die Massenmedien.[8]
– obligatorischer Wehrkundeunterricht und vormilitärische Ausbil-
  dung der Jugendlichen.
– Verpflichtung aller Geistesschaffenden – die Richter vorrangig
  eingeschlossen – zur Parteilichkeit.
– Kontaktverbote für Millionen Bürger.
– amtlicherseits verfügte und ausgeführte Unterschlagung. Wer
  Päckchen oder Wertsendungen aus der Bundesrepublik in die
  DDR sandte, kann darüber ein Lied singen. Derlei Amtsdelikte
  waren an der Tagesordnung.[9]
– Vorenthaltung der innerdeutschen und der internationalen Frei-
  zügigkeit.
– ein allgegenwärtiger Staatssicherheitsdienst[10], der nicht einmal

davor zurückschreckte, nächste Angehörige bespitzeln zu lassen. (Bei einem Jahresetat von rund vier Milliarden betrug die Personalstärke 97.000 hauptamtliche und mehrere hunderttausend inoffizielle Mitarbeiter.)

– Begünstigung des internationalen Terrorismus.[11]
– intrasystemarer Terror durch hohe Freiheitsstrafe für Taten, die in jeder gesitteten Ordnung rechtens sind. (In der DDR gab es nur 600 Anwälte, wohingegen in der Bundesrepublik über 52.000 vor der Wiedervereinigung zugelassen waren.)
– Folter und unmenschliche Haftbedingungen.[12]
– Zwangsadoptionen (S. 37 f.).
– Zwangsmitgliedschaft in paramilitärischen Kampfgruppen. Der Zwang war zwar nicht gesetzlich normiert, aber entsprechende Wünsche kamen Befehlen gleich, da sich die Angesprochenen in einem nahezu brutalen Abhängigkeitsverhältnis (berufliches Fortkommen, Urlaubszeit und Ort, Wohnungszuteilung, Schulchancen der Kinder) befanden.
– Zwangsausweisungen.
– Rechtswidrige Tötungen an der Mauer.
– Hinrichtungen »aus erzieherischen Gründen«[13].
– Morde, die als Selbstmorde[14] oder Unfälle getarnt wurden.[15]

Über 50.000 Menschen wurden entlang der Zonengrenze von Haus und Hof vertrieben. (Die erste Zwangsumsiedlungswelle 1952 hieß dienstintern »Aktion Ungeziefer«.[16]) Für den Ernstfall war die »Liquidierung« von Tausenden potentieller Gegner vorgesehen.[17]

Dutzende, wenn nicht hunderte von Büchern, die all das berichten, beklagen, belegen, könnten angeführt werden.[18] Ein Zeugnis, das für alle stehen muß: Prof. Manfred Ochernal, bis zu seiner Pensionierung 1988 Leiter der Abteilung Forensische Psychiatrie an der Humboldt-Universität in Ost-Berlin, gestand in einem Interview: »Verstehen Sie, wenn man an den Staat glaubt, dann findet man es ungeheuerlich, wenn ein anderer ihn schlecht macht. Dann sagt man sich: Der kann nicht gesund sein . . . Ich durfte meinen Namen nicht nennen. Ich durfte mir auch ihre Namen nicht aufschreiben und mir persönliche Daten notieren. Auch die Akten durfte ich nie mit nach Hause nehmen.« –
»Waren Sie mit dem politischen Häftling allein?« –
»Niemals. Es war immer ein Offizier dabei, zu meiner eigenen Sicherheit. Das war mir nicht unangenehm.« –

»Wie sind Sie zu Ihren psychiatrischen Urteilen gekommen?« –
»Wenn ein Untersuchungshäftling mir sagte, er sei von der Stasi
bespitzelt und verfolgt worden und mir das ausführlich geschildert
hat, habe ich mir überlegt, ob das für einen Verfolgungswahn ausreicht. Ich habe dann bei den Sicherheitsorganen nachgefragt, ob an
der behaupteten Bespitzelung etwas dran sei. Sagten die ›nein‹,
dann war diese amtliche Auskunft für mich verbindlich. Also stand
fest: Der Mann litt unter Verfolgungswahn.« –
»Vertrauten Sie den Akten der Staatssicherheit?« –
»Als Gutachter bin ich stets davon ausgegangen, daß das, was in den
Akten steht, auch stimmt.« –
»Hatten Sie niemals Zweifel?« –
»Nein.«[19]

Die rücksichtslose Vernachlässigung der materiellen Bedürfnisse
der Bewohner, die bedenkenlose Umweltzerstörung, sie erschienen
neben solchen Ungeheuerlichkeiten geradezu als Bagatellen. Die
sozialistische Planwirtschaft verzehrte das durch den Krieg ge-
schmälerte Erbe, das sie 1945 angetreten hatte. Die Erblasten des
Sozialismus in der DDR betragen 420 Milliarden DM.[20]

3. Die Verfassung der Freiheit und die verfaßte Knechtschaft

Bei seinem Staatsbesuch in der Bundesrepublik Deutschland, September 1987, verglich Erich Honecker die beiden deutschen Staaten
und kam zu dem Urteil, »daß Sozialismus und Kapitalismus sich
ebenswenig vereinigen lassen wie Feuer und Wasser.«[21]
Ob für die Bundesrepublik die Bezeichnung »kapitalistisch« angemessen ist und, falls ja, ob der Kapitalismus das Wesen dieses
Staates ausmacht, darüber sind die Meinungen geteilt. Andererseits
bestreiten viele Sozialisten, daß die DDR sozialistisch gewesen sei.
Lassen wir diese Fragen offen. Das Bild – Feuer : Wasser – soll die
essentielle Andersartigkeit vor Augen führen. Und insofern mußte
jeder Kundige dem Ex-Staatsratsvorsitzenden vorbehaltlos bei-
pflichten. Die zentralen Verfassungswerte und Organisationsprinzi-
pien stimmten nicht nur nicht überein; sie schlossen sich gegenseitig
aus. Als unumstößlich gelten nach dem Grundgesetz (Art. 79 Abs.
3) die folgenden Aussagen (Art. 1 und 20):

»Die Würde des Menschen ist unantastbar. Sie zu achten und zu schützen ist Verpflichtung aller staatlichen Gewalt. Das deutsche Volk bekennt sich darum zu unverletzlichen und veräußerlichen Menschenrechten als Grundlage jeder menschlichen Gemeinschaft, des Friedens und der Gerechtigkeit in der Welt... Die Bundesrepublik Deutschland ist ein demokratischer und sozialer Bundesstaat. Alle Staatsgewalt geht vom Volke aus. Sie wird vom Volke in Wahlen und Abstimmungen und durch besondere Organe der Gesetzgebung, der vollziehenden Gewalt und der Rechtsprechung ausgeübt...«

Nach Wort und Geist der DDR-Verfassung galten dort ganz andere Festlegungen als sakrosankt, nämlich die Führungsrolle der marxistisch-leninistischen Partei (Art. 1 Abs. 1), das sozialistische Eigentum an den Produktionsmitteln (Art. 9 Abs. 1), gelenkt durch zentrale Planung (Art. 9 Abs. 3). Hierher zählte ferner das Gelöbnis (Art. 6 Abs. 2): »Die Deutsche Demokratische Republik ist für immer und unwiderruflich mit der Union der sozialistischen Sowjetrepubliken verbündet.«

Zwar bekannte sich auch die Verfassung der DDR zu Menschenwürde und Demokratie. Aber diese Übereinstimmung beschränkte sich auf den Wortlaut, während der Sinngehalt kraß divergierte. Der einzige Kommentar zur Verfassung der DDR, den es je gab, leitete aus der Menschenwürde keinerlei konkrete Verpflichtungen für den sozialistischen Staat ab. Im Brustton der Selbstgefälligkeit hieß es nur:

»Die elementare Voraussetzung eines menschenwürdigen Daseins – die Beseitigung der Ausbeutung des Menschen durch den Menschen – ist in der Deutschen Demokratischen Republik gesicherte Realität und Verfassungsgrundsatz (Art. 2 Abs. 3). Für immer beseitigt sind die Wolfsgesetze des Kapitalismus, sind jene Verhältnisse der Ausbeuterordnung, deren Maxime der Kampf aller gegen alle ist.«[22] Noch bezeichnender das einzige Lehrbuch des Staatsrechts der DDR. Der werbewirksame Verfassungstext (Art. 2 Abs. 1 Satz 2): »Der Mensch steht im Mittelpunkt aller Bemühungen der sozialistischen Gesellschaft und ihres Staates« – wurde durch die Erläuterung regelrecht in sein Gegenteil verkehrt: »Nicht *der* Mensch, sondern der Mensch in der sozialistischen Gesellschaft, der sozialistische Staatsbürger... steht im Zentrum.«[23]

Der harte Kern, die Quintessenz des Grundgesetzes wird vom Verfassungstext mit der Wortkombination »freiheitliche demokratische Grundordnung« wiedergegeben (u. a. Art. 10 Abs. 2, 11 Abs. 2, 18, 21 Abs. 2). Nahezu alle Grundrechte des Grundgesetzes sind zumindest auch Freiheitsrechte. Das Bundesverfassungsgericht, der ober-

ste Hüter der Verfassung, ließ bisher keine Zweifel daran aufkommen, daß die aus der Menschenwürde hergeleitete individuelle Freiheit als hochrangiges Rechtsgut extensiv zu interpretieren ist und nur aus triftigen Gründen eingeschränkt werden darf. Die politische Ordnung der Bundesrepublik Deutschland ist unstreitig die freiheitlichste, die je auf deutschem Boden gegolten hat. Bundespräsident Karl Carstens wagte sogar die Behauptung: »Kein Mensch auf der Welt ist freier als ein Bürger der Bundesrepublik Deutschland.«[24] Auf den ersten Blick hatte es den Anschein, als ob die DDR-Verfassung in etwa die gleichen Freiheitsrechte gewährleisten würde. Doch schon die Präambel mußte stutzig machen, da sie dem Volke gebot, »unbeirrt auch weiterhin den Weg des Sozialismus und Kommunismus« zu gehen. Und um jeden Zweifel auszuschließen, verdeutlichte der 1. Artikel, daß an der unbefristeten »Führung der Arbeiterklasse und ihrer marxistisch-leninistischen Partei«, also am Herrschaftsmonopol der SED, nicht gerüttelt werden dürfe. Wenn dann dem »Bürger« das Recht zugesprochen wurde« (Art. 27 Abs. 1), »den Grundsätzen dieser Verfassung gemäß seine Meinung frei und öffentlich zu äußern«, so war es, den erwähnten Grundsätzen gemäß, nur das »Recht«, die Verlautbarungen der SED nachzuplappern. Jede Kritik an diesen menschenunwürdigen Zuständen galt als Verbrechen der staatsfeindlichen Hetze, die nach § 106 Strafgesetzbuch DDR mit langjährigem Freiheitsentzug geahndet werden konnte. Nach § 99 wurde mit einer Freiheitsstrafe von zwei bis zwölf Jahren bedroht, wer »der Geheimhaltung nicht [!] unterliegende Nachrichten zum Nachteil der Interessen der Deutschen Demokratischen Republik« an eine fremde Macht oder deren Einrichtungen übergibt oder ihnen zugänglich macht.«
Nicht minder menschenrechtswidrig war der Tatbestand der »ungesetzlichen Verbindungsaufnahme« (§ 219). Danach wurde mit Freiheitsstrafe bis zu fünf Jahren bestraft, wer »als Bürger der Deutschen Demokratischen Republik Nachrichten, die geeignet sind, den Interessen der Deutschen Demokratischen Republik zu schaden, im Ausland verbreitet oder zu diesem Zweck herstellt.« Jede Bitte um Zuwendung irgendwelcher Güter konnte nach dieser Bestimmung geahndet werden.
Hier haben wir die fundamentalste Diskrepanz: Bei uns bedeutet Freiheit Selbstbestimmung, die Bewohner der DDR hingegen mußten nicht nur ohne laut zu murren den Maulkorb ertragen, sondern

Aktenzeichen: 1 BS 20/73
211-43-73

Im Namen des Volkes

In der Strafsache

gegen den Bühnenarbeiter U l r i c h S c h a c h t
geb. am 9. 3. 1951 in Stolberg
wohnh. in Wismar, Böttcherstr. 16
NW: Schwerin, Heinrich-Mann-Str. 17
ledig
Staatsangehörigkeit: DDR
nicht vorbestraft
seit dem 29. 3. 1973 in U-Haft

wegen staatsfeindlicher Hetze

hat der I. **Strafsenat des** Bezirksgerichts Schwerin

In der Hauptverhandlung vom 16., 19. u. 22. November 1973 **an der teilgenommen haben:**

Oberrichter Passon
Als Vorsitzender

Frau Thea Hübner

Herr Wilfried Gebhardt
als beis. Richter

Staatsanwalt Löwenstein
als Staatsanwalt

Rechtsanwalt Frau Lewerenz
als Verteidiger

als gesellschaftl. Ankläger/gesellschaftl. Verteidiger

Justizangestellte Schütt/Grothkopp
als Protokollführer

für Recht erkannt:

Der Angeklagte wird wegen mehrfacher staatsfeindlicher Hetze –
Verbrechen gem. §§ 106 Abs. 1 Ziff. 1 u. 3 Abs. 2, 108,
63 Abs. 2 StGB – zu

7 (sieben) Jahren Freiheitsstrafe

verurteilt.

Im übrigen wird der Angeklagte freigesprochen.

Gemäß § 58 StGB werden dem Angeklagten die staatsbürgerlichen
Rechte auf die Dauer von 5 Jahren aberkannt.
Er hat die Auslagen des Verfahrens zu tragen.

zugleich den Hohn, daß ihre Knechtschaft »Freiheit« getauft wurde. Bevor im Juni 1990 brutalster Stalinismus auf dem »Platz des himmlischen Friedens« seine blutigen Triumphe feierte, hatten die regimefeindlichen Pekinger Studenten eine Nachbildung der New Yorker Freiheitsstatue errichtet. Die fernen Asiaten, die bisher das Glück der Freiheit noch nicht hatten genießen dürfen, wußten um ihren Wert und sein optimales Symbol.

4. »Stalins DDR«?

Angesichts der Vorwürfe, die zu Recht gegen die DDR erhoben werden, ist es verständlich, daß häufig von »Stalinismus« oder, wie ein Buchtitel lautet, von »Stalins DDR«[25] die Rede ist. Im amtlichen Organ des Deutschen Bundestages, in der Wochenzeitung Das Parlament stand am 8. März 1990 zu lesen: »Der Begriff ›Stalinismus‹ war in der DDR bis vor wenigen Monaten ein Tabu. Seit die Politiker, von Krenz bis Gysi, wie selbstverständlich vom Stalinismus sprechen, tun dies auch die Historiker.«[26] Was der Autor, der namhafte DDR-Experte Hermann Weber, verschweigt, ist, daß auch in der Bundesrepublik die DDR seit 1956 nicht mehr als stalinistisch bezeichnet wurde, weder von ihm noch von anderen, diese Charakterisierung erst seit der Revolution wieder in Mode kam. So äußerte Peter Glotz erst nach der Wende, Ende 1989: »In Ostmitteleuropa kämpfen die Menschen gegen den alten und den neuen Stalinismus – und man muß ihnen dabei volle Sympathie entgegenbringen.«[27] Am 29. November 1989 trug beispielsweise ein Artikel der Frankfurter Allgemeinen Zeitung die Überschrift: »Das war kein Sozialismus, sondern Stalinismus«, und die Süddeutsche Zeitung bot ihren Lesern zum Jahresende 1990 einen Beitrag mit dem Untertitel: »Wie die PDS versucht, den Stalinismus (nicht) zu bewältigen.«
Trotz dieses breiten Konsenses von der Frankfurter Allgemeinen bis zur PDS hat Honeckers Regime das Etikett Stalinismus nicht verdient. Erinnert sei an das Urteil des russischen Bürgerrechtlers Andrej Sacharow: »Der Faschismus in Deutschland dauerte zwölf Jahre. Der Stalinismus in der Sowjetunion dauerte doppelt so lange.«[28] Der vorhin zitierte Weber hat 1977 einen Artikel veröffentlicht: »Stalinismus . . .« In diesem Zusammenhang wird nirgendwo die DDR nach 1953 angesprochen, vielmehr heißt es: »Der Stalinis-

mus war Gewalt par excellence, und zwar Gewalt in der barbarischsten Form des Terrors. Kein geringerer als der Chef des sowjetischen Sicherheitsdienstes nach 1956, Scheljepin [selbst ein international wegen Mordes gesuchter Verbrecher[29]], sagte auf dem XXII. Parteitag der KPdSU 1961 über die Verantwortlichen der Massaker in der Stalin-Zeit: ›Manchmal kommt einem der Gedanke: Wie können diese Menschen überhaupt ruhig über die Erde gehen und ruhig schlafen? Alpträume müßten sie verfolgen, sie müßten das Schluchzen und die Flüche der Mütter, Frauen und Kinder der unschuldig ums Leben gekommenen Genossen hören‹.«[30] Stalinismus steht also nicht schlechthin für totalitäre Diktatur, sondern für die extremste Diktatur, die es je gab, deren maßlose Brutalität kein anderer Tyrann überbietet, schlimmstenfalls egalisiert, den Worten Milovan Djilas' gemäß: »Bei Stalin war jedes Verbrechen möglich, denn es gibt kein einziges, das er nicht begangen hätte. Mit welchem Maß wir ihn auch messen wollen, ihm wird jedenfalls – hoffen wir auf alle Zeiten – der Ruhm zufallen, der größte Verbrecher der Geschichte zu sein.«[31] Der Name Stalin steht für 68 Millionen Tote, wie anläßlich eines Forums der Historischen Kommission der SPD über »Deutsche und Russen in Europa« nüchtern bilanziert wurde.[32] Alan Bullock kommt in seinem 1991 erschienenen Buch »Hitler und Stalin« sogar zu dem Ergebnis, das Regime Stalins habe, von den Opfern unmittelbarer Kriegseinwirkung abgesehen, wesentlich mehr Tote gefordert als das Hitlers[33], ein Vergleich bei dem die jeweilige Dauer der Schreckensherrschaft nicht unberücksichtigt bleiben darf.

Viele, die heute von »Stalinismus« mit Blick auf den SED-Staat der letzten Jahrzehnte sprechen, wissen das alles sehr wohl, glauben aber Marxismus, Leninismus und Sozialismus salvieren zu können, indem sie Terror und Not dem Wildwuchs »Stalinismus« anlasten und ihn in die ganz rechte Ecke abschieben (»rechtsextreme Stalinisten«[34]). So äußerte M. Schumann auf dem Außerordentlichen Parteitag der SED Mitte Dezember 1989: »Wir brechen unwiderruflich mit dem Stalinismus als System ... die Bewegung zur Erneuerung des Sozialismus ist ihrem Wesen nach revolutionär.«[35]

Wenn im Text dieses Buches von »Stalinismus« die Rede ist, so geschieht dies einerseits in Anpassung an den »modernen« Sprachgebrauch, dessen Fragwürdigkeit aber andererseits durch Anführungszeichen verdeutlicht wird.

5. Unsere Aufgabe

Unter der Überschrift »Zweite Vergangenheitsbewältigung?« schreibt Jürgen Weber:

»Die Stasi-Vergangenheit Hunderttausender von Menschen, die Nutznießer des SED-Staates, die vielen Staats- und Parteifunktionäre in Wirtschaft, Verwaltung, Bildung, Kultur und Wissenschaft und schließlich das Problem der autoritär-repressiven Gesellschaftsstrukturen und der schweren Hypothek der jahrzehntelangen Erziehung der Menschen zu Heuchelei, Doppelzüngigkeit, zu Unterordnung und Anpassung, die schwerwiegende psychische Schäden verursacht, die Bürger entmündigt und sie charakterlich deformiert hat – die Aufarbeitung und Bewältigung dieser Erblast ist um vieles komplizierter, langwieriger und wohl auch belastender für die Menschen als die Schließung von Fabriken und der Aufbau einer modernen Wirtschaft.«[36]

Mit treffenden Worten wird hier eine gewaltige Aufgabe geschildert. Aber für jene, die diesen Pressionen des Machtapparats der SED nicht ausgesetzt waren, für die Bürger der alten Bundesländer, lautet das Hauptgebot nicht, das Versagen der anderen Deutschen zu erfassen, zu analysieren und zu bewerten. Das Hauptgebot der Stunde lautet auch nicht, immer aufs Neue die etwaigen Sünden unserer Väter entrüstet aufzutischen, vielmehr *uns* fragen zu lassen, ob und was *wir* aus dieser jahrzehntelangen Bewältigung *fremder* Gegenwart für *unsere eigene Gegenwart* gelernt, wie *wir unsere Gegenwart,* insbesondere die totalitäre, kommunistische Herausforderung bewältigt haben. Dazu will diese Untersuchung ein Beitrag sein, und zwar unter dem zentralen Leitwort unserer Verfassung, nämlich *Freiheit.*[37] »Freiheit« schrieb Sophie Scholl auf die Rückseite der Anklageschrift, und ihr Bruder Hans schrie, bevor er den Kopf auf den Richtblock legte: »Es lebe die Freiheit!« Waren diese Worte für uns ein Vermächtnis? Was haben wir daraus gemacht? Ein Überblick soll geboten werden, keine erschöpfende Darstellung aller Details. Nicht nur die Komplexität des Themas und der vorgegebene Rahmen schließen ein solches Unterfangen aus. Der Umstand, daß die Quellen nach wie vor kräftig sprudeln, drückt den Ergebnissen den Stempel der Vorläufigkeit auf eingedenk der Worte, die der Direktor des Münchner Instituts für Zeitgeschichte, Horst Möller, geäußert hat:

»Solche Forschung braucht Zeit. Wer hier zu schnell Ergebnisse präsentieren will, den wird die Wissenschaft bald bestrafen: Es ist nicht möglich, hunderte von Kilometern an Akten, die nun zugänglich sind bzw. werden, im Schnellverfahren auszuwerten.«[38]

II. Der Staat – Eine abwehrbereite Demokratie?

1. Die Ära Adenauer, Erhard, Kiesinger – Westintegration

Als die Bundesrepublik Deutschland gegründet wurde, war der Stalinismus in der DDR Wirklichkeit und die Antihaltung diesseits der deutsch-deutschen Grenze allgemein und allgegenwärtig. Der Vorsitzende des Hauptausschusses des Parlamentarischen Rates, Konrad Adenauer, verlas eine Erklärung, die die drückende Atmosphäre skizzierte und die Zustimmung aller Abgeordneten, den Vertreter der KPD ausgenommen, fand:

»Zu dieser Zeit, da wir im Westen die Grundlagen einer neuen demokratischen und rechtsstaatlichen Ordnung schaffen, werden in Berlin und in der Ostzone dem Volk die elementarsten Lebensrechte verweigert. Die Diktatur, die mit dem Siege der Alliierten Mächte endgültig gestürzt schien, erschien unter neuen Zeichen. Mit Bestürzung hat das deutsche Volk vernommen, daß ein russisches Militärgericht fünf Teilnehmer an der Freiheitsdemonstration der Berliner Bevölkerung je zu 25 Jahren Zwangsarbeit verurteilt hat. Weiteren droht dasselbe Schicksal. Ganz offensichtlich haben diese Urteile den einzigen Zweck, durch in Rechtsform gekleideten Terror das Berliner Volk in Furcht und Schrecken zu versetzen, um seinen Widerstand zu lähmen. Diese Maßnahme ist nur *ein* Glied in der langen Kette planvoll erdachter und unbarmherzig durchgeführter Unterdrückungshandlungen.«[1]

Was Adenauer schilderte, wird mit »Stalinismus« angemessen gekennzeichnet.

Schon das Wort »Grundgesetz« sollte signalisieren, daß es (Art. 146) »seine Gültigkeit an dem Tage, an dem eine Verfassung inkraft tritt, die von dem deutschen Volke in freier Entscheidung beschlossen worden ist«, verliert. Die Präambel sprach die Verpflichtung aus, »in freier Selbstbestimmung die Einheit und Freiheit Deutschlands zu vollenden.« Anders als die Weimarer Verfassung sollte das Grundgesetz ein rechtliches Bollwerk abwehrbereiter Demokratie bilden, wie dies insbesondere die Art. 18 und 21 veranschaulichen. Sie gestatten die Aberkennung von Grundrechten bzw. das Verbot politischer Parteien, wenn sie zum Kampf gegen die freiheitliche demokratische Grundordnung mißbraucht werden. Bereits 1952 wurde die Sozialistische Reichspartei wegen ihrer Affinität zur NSDAP durch Entscheid des Bundesverfassungsgerichts aufgelöst, vier Jahre später die KPD.

Der Deutschlandvertrag, der das Besatzungsregime ablöste, brachte das Einvernehmen der Unterzeichnerstaaten zum Ausdruck (Art. 7),»daß ein wesentliches Ziel ihrer gemeinsamen Politik eine zwischen Deutschland und seinen ehemaligen Gegnern frei vereinbarte friedensvertragliche Regelung für ganz Deutschland ist, welche die Grundlage für einen dauerhaften Frieden bilden soll.«

Von einem Wandel durch Annäherung oder gar von einer Annäherung durch Wandel, von einer Verniedlichung der Differenzen, Verharmlosung des Totalitarismus kann in dieser Phase bundesdeutscher Nachkriegsgeschichte keine Rede sein. Dabei wäre es schlicht unrichtig anzunehmen, Adenauer habe die Ostpolitik vernachlässigt. Neuere Forschungen beweisen:

»Und dabei zeigt sich dann eben, daß die Ära Adenauer nicht nur die Zeit der Zementierung der deutschen Teilung, nicht nur die Jahre des Kalten Krieges war: Sie war zunächst eher im Verborgenen, sodann aber mehr und mehr offen und öffentlich auch die Zeit der Suche nach einem friedlichen Ausgleich mit dem ›Osten‹ – der Hoffnung auf Entspannung und Frieden. Die Ära Adenauer war die Zeit des entspannungspolitischen Aufbruchs, des Gezeitenwechsels.«[2]

Wohl nur dank seiner Entschlossenheit, notfalls das deutsch-sowjetische Gipfeltreffen scheitern zu lassen (9.–13. September 1955 in Moskau), gelang es ihm, die Freilassung der letzten deutschen Kriegsgefangenen, aber auch vor Hitler in die UdSSR geflohener Mitglieder der KPD, die den Gulag überlebt hatten, der Sowjetführung abzunötigen – gegen die partielle Preisgabe der Hallsteindoktrin, des Alleinvertretungsanspruchs der Bundesrepublik Deutschland.[3] Dennoch, die Westintegration stand für ihn ganz im Vordergrund, einmal um den Bundesdeutschen das, wie er sich ausdrückte, Sklavendasein der DDR-Bewohner zu ersparen, zum anderen, um einer deutschen Schaukelpolitik zwischen West und Ost auf Dauer den Boden zu entziehen. So sprach Adenauer am 9. Juni 1956 in New York»von der Wiedervereinigung oder, wie er es vorziehe zu nennen, von der Befreiung der 17 Millionen Deutschen aus der Sklaverei. Für die Deutschen sei diese Frage natürlich ein nationales

Anliegen größter Bedeutung ...« Am 20. Mai 1958 erläuterte Adenauer seinen Vorschlag gegenüber Botschafter Smirnow:

»Es handelt sich ... gar nicht in erster Linie um den nationalen Aspekt, um das nationale Ziel, sondern um das menschliche ...« Als ein amerikanischer Journalist Adenauer am 4. Juni 1959 fragte, wie die Aussichten der Wiedervereinigung seien, antwortete der Bundeskanzler, er möchte fast noch lieber von der Befreiung Ostdeutschlands reden.«[4]

Auf dem CSU-Parteitag in Nürnberg resümierte Adenauer am 7. Juli 1957 gegen Ende seiner Analyse der von der SPD propagierten Außenpolitik:»Wenn die SPD die Regierung übernimmt, so bedeutet das den Untergang Deutschlands.« Diese Äußerung, die eine äußerst erregte Reaktion hervorrief, erläuterte er gegenüber der Presse. Er sagte, Wehner, der außenpolitische Experte der Sozialdemokraten, habe die ›österreichische Lösung‹ für Deutschland gefordert, und Ollenhauers außenpolitisches Programm sei auf dem Internationalen Sozialistenkongreß nur vom Führer der britischen Labour Party Gaitskell, unterstützt worden. Wenn eine neue Regierung unter sozialdemokratischer Führung die sozialdemokratischen Wahlforderungen verwirkliche, so werde in der Tat, wie er glaube, die Front der freien Völker so schwach, daß wir nicht mehr als freies Volk bestehen könnten, und die Außenpolitik der Sozialdemokratie werde zum Kommunismus führen.[5]

Mit Beginn der Großen Koalition, 1966, kam es zu einer Verlagerung der Akzente. Erstmals seit 1950 beantwortete ein Bundeskanzler, Kurt Georg Kiesinger, einen Brief des Ministerpräsidenten der DDR. Gewichtiger aber für das Thema dieses Buches ist die »Demokratische Starthilfe für die Gründung der DKP«, wie der Untertitel eines Buches lautet. Der Autor, Wilhelm Mensing, resümiert:

»Mit einem Verzicht der Regierung der Großen Koalition auf einen Verbotsantrag gegen diese Partei, deren verfassungsfeindliche Zielsetzung offenkundig und von keiner der demokratischen Parteien ernsthaft bestritten war, ... erfuhr das System der Verteidigungsinstrumente des Grundgesetzes gegen Angriffe extremistischer Gruppierungen eine qualitative Änderung. Sein grundlegender Bestandteil, das Parteiverbot, sollte gegen die auf Moskau orientierte Kommunistische Partei nicht mehr eingesetzt werden. Nicht etwa wurde das Instrument abgeschafft. Aber es gab eine politische Verständigung ..., in *einer* Richtung auf seinen Einsatz zu verzichten.«[6]

Zu kritisieren ist nicht die Duldung einer kommunistischen Partei. Dafür gab und gibt es eine Reihe guter Gründe, zumal wenn, wie in der Bundesrepublik Deutschland, die Kommunisten jeder Glaubwürdigkeit bar nur Bruchteile eines Prozents der Wähler verbuchen können. Entschieden zu mißbilligen sind jedoch nach wie vor die Art und Weise der Starthilfe, der Zeitpunkt und die Rechtsbeugung, die insbesondere dem damaligen Justizminister und späteren Bundespräsidenten Gustav Heinemann anzulasten ist. Richard Jaeger, vormals selbst Bundesjustizminister, empörte sich: »Der vereidigte Vertreter der Legalität empfängt die Delegierten einer illegalen Partei. Der Hüter des Rechts empfängt diejenigen, die es mit Füßen treten.«[7] War es nicht in der Tat ein Verrat an der freiheitlichen Ordnung, daß der an sich unzuständige Justizminister höchstpersönlich zusammen mit seinem Staatssekretär Horst Ehmke ausdrücklich in amtlicher Eigenschaft Wege aufzeigte, wie vom Ausland finanzierte Verfassungsfeinde scheinlegal ihre politischen Ziele verfolgen können? Dies geschah ohne Wissen des Kanzlers, ohne Fühlungnahme mit dem Bundesverfassungsgericht und der Bundesanwaltschaft. Daher das schlechte Gewissen, das es ratsam erscheinen ließ, jede öffentliche Mitteilung über das Gespräch zu untersagen. Als es dennoch ruchbar wurde, verleugnete Heinemann zunächst seine und Ehmkes Beteiligung.

Auch der Zeitpunkt erregt Anstoß: 4. Juli 1968. Damals begann sich die gewaltsame Beendigung des »Prager Frühlings« durch die kommunistischen »Bruderparteien« abzuzeichnen. Hauptverantwortlich die KPdSU und, an zweiter Stelle, die SED, deren verlängerter Arm die neu zu konstituierende Deutsche Kommunistische Partei sein sollte und wollte. Die neue/alte Partei rechtfertigte die Intervention und machte »die Verteidigung des sozialistischen Weltsystems als die größte Errungenschaft der ganzen internationalen kommunistischen und Arbeiterbewegung zu einer Maxime unseres Denkens und Handelns.«[8]

Unverzeihlich die Rechtsbeugung! Während es der Bundesregierung nach dem Bundesverfassungsgerichtsgesetz freisteht, einen Parteienverbotsantrag zu stellen (§ 43), ist sie verpflichtet, gegen »Ersatzorganisationen« einzuschreiten. Alles sprach dafür – was wir heute mit den Akten von drüben beweisen können[9], daß es sich bei der DKP um eine Ersatzorganisation der KPD gehandelt hat; beide Werkzeuge der KPdSU. Auch die Prüfung durch den zuständigen Innenminister kam zu diesem Ergebnis. Doch Heinemann und seine Anhänger konnten sich im Kabinett gegen die klare Rechtslage durchsetzen, was den Unterlegenen nicht zur Ehre gereicht, die ein klares Nein hätten sprechen müssen. Die Regierung, die vollziehende Gewalt, ist ebenso an das Gesetz gebunden wie die Judikative (Art. 20 Abs. 2 GG). Wer Heinemanns Vita kennt, den kann diese Episode kaum überraschen. Aus dem Kabinett Adenauer (und der CDU) ausgetreten, weil dessen Politik (Wiederbewaffnung und Westintegration) zur dauernden Spaltung Deutschlands führen müsse, verbündete er sich ausgerechnet mit Persönlichkeiten, die sich in der kommunistischen Gunst sonnten, so Martin Niemöller, Karl Barth und dem ehemaligen Reichskanzler Joseph Wirth. Wirths »Bund der Deutschen« (BdD) wurde aus kommunistischen Quellen gespeist, und diese Gelder finanzierten den gemeinsamen Wahlkampf von BdD und Heinemanns Gesamtdeutscher Volkspartei (GVP) 1953.[10] In ihren Wahlaufrufen wurde beispielsweise die nur wenige Monate zurückliegende brutale Unterdrückung des Volksaufstandes in der DDR mit keinem Wort kritisiert. Doch das deutsche Volk erteilte Heinemanns GVP bei den zweiten Bundestagswahlen im September 1953 eine klare Absage: 1,0 Prozent Erststimmen, 1,1 Prozent Zweitstimmen. Da keine Aussicht bestand, dieses Ergebnis nennenswert zu verbessern, traten Heinemann und viele seiner Gefolgsleute (u. a. Erhard Eppler, Jürgen Schmude) der SPD bei, um durch sie ihre Ziele zu verwirklichen.

2. Die Ära Brandt/Schmidt – Neue Ostpolitik

Berlin (Ost) unternahm große Anstrengungen, um mit dem amtlichen Bonn ins Gespräch zu kommen. Doch für die obersten Staatsorgane der Bundesrepublik war die DDR zunächst kein Staat, nur ein »Phänomen«, ein Besatzungsgebiet, ihre Regierung ein Vollzugsorgan der Sowjetischen Besatzungsmacht. Diese Einschätzung war und blieb richtig, was heute besser als jemals zuvor bewiesen werden kann. So wandte sich das SED-Politbüro am 21. Januar 1971 an das Politbüro des Zentralkomitees der KPdSU mit der Bitte,

»uns bei der Lösung dieser komplizierten Frage zu helfen ... Deshalb wäre es sehr wichtig und für uns eine unschätzbare Hilfe, wenn Genosse Leonid Iljitsch Breschnew in den nächsten Tagen mit Genossen Walter Ulbricht ein Gespräch führt, in dessen Ergebnis Genosse Walter Ulbricht von sich aus das Zentralkomitee der Sozialistischen Einheitspartei Deutschlands ersucht, ihn aufgrund seines hohen Alters und seines Gesundheitszustandes von der Funktion des Ersten Sekretärs des Zentralkomitees der Sozialistischen Einheitspartei Deutschlands zu entbinden.«[11]

»Die Nichtanerkennung der DDR durch Bonn und die Rücksichtnahme aller westlichen und neutralen Staaten auf diese Haltung ließen die DDR international als Staat zweiter Klasse erscheinen – ein Trauma – unter dem die DDR-Führung erkennbar litt...«[12] Im Mai 1967 hatte zwar die Regierung der Großen Koalition beschlossen, Schreiben der DDR anzunehmen und zu beantworten, was bis dahin unterblieben war. Doch die Anerkennung der DDR als Staat, nicht als Ausland, erfolgte erst, als Willy Brandt Bundeskanzler geworden war. Seine Regierungserklärung vom Oktober 1969 stand unter dem Leitwort: »Keine Angst vor Experimenten«. Sein Nachfolger im Amt, Helmut Schmidt, zitiert sich selbst in seinen Erinnerungen mit den Worten: »Lassen Sie mich eines gleich zu Beginn betonen: Genau wie mein Amtsvorgänger Willy Brandt bin ich daran interessiert, die seit 1969 eingeleitete Politik fortzusetzen.«[13] Auch die glaubhafte Antwort Honeckers gibt Schmidt wörtlich wieder:

»Seit 1969 hat sich im Verhältnis der beiden Staaten ein großer Wandel ergeben... Wir sind dafür, daß die sozial-liberale Koalition am Ruder bleibt und daß Sie auch nach den Wahlen des Jahres 1976 diese äußerst wichtige Arbeit weiterführen.«[14]

In den Jahren 1970 bis 1972 wurde eine Reihe wichtiger Verträge mit Ostblockstaaten abgeschlossen. Erwähnenswert sind insbesondere: der Vertrag zwischen der Bundesrepublik Deutschland und der UdSSR vom 12. August 1970, der Vertrag zwischen der Bundesrepublik Deutschland und der Volksrepublik Polen vom 7. Dezember 1970, der Vertrag über die Grundlagen der Beziehungen zwischen der Bundesrepublik Deutschland und der Deutschen Demokratischen Republik vom 21. Dezember 1972 (Grundlagenvertrag). Art. 1 Grundlagenvertrag lautet: »Die Bundesrepublik Deutschland und die Deutsche Demokratische Republik entwickeln normale gutnachbarliche Beziehungen zueinander auf der Grundlage der Gleichberechtigung.«
Die Verträge beweisen, daß nunmehr außenpolitisch ein anderer Wind wehte, mehr Bereitschaft zum Eingehen auf die Wünsche der

Ostblockstaaten gezeigt wurde, um Entspannung und Verbesserungen im humanitären Bereich zu erwirken, aber wohl auch wegen der gemeinsamen ideologischen Grundlage von SPD und SED, dem Marxismus. Bemerkenswert ist die Einschätzung des Grundlagenvertrags seitens der Sowjetunion und der DDR. Das Protokoll einer Unterredung zwischen Breschnew und Honecker vom 28. Juli 1970 lautet:

»Es wird zum Abschluß eines Vertrages kommen. Damit sind noch nicht alle Fragen gelöst, aber der Abschluß dieses Vertrages wird ein Erfolg für uns sein, für die SU, die sozialistischen Länder. Die DDR wird durch diesen Vertrag gewinnen. Ihre internationale Autorität wird sich erhöhen. Ihre Grenzen, ihre Existenz werden vor aller Welt bestätigt werden, ihre Unverletzlichkeit. Das wird die Lage in der DDR festigen. Viele Staaten werden mit der DDR diplomatische Beziehungen aufnehmen. Der Vertrag wird sich auf die Steuerung der Massen in Westdeutschland auswirken. Gewiß, Brandt steht unter Druck – wir nicht – das ist unser Vorteil. Mit dem Vertrag wird die DDR noch deutlicher, noch mehr von Westdeutschland abgegrenzt, ein festerer Bestandteil der sozialistischen Gemeinschaft. Das kann für uns, für unsere Sache nur von Vorteil sein. Gewiß, Brandt verspricht sich auch Vorteile. Er will bei Ihnen eindringen. Das wird ihm aber mit der Zeit immer schwerer. Man muß weiterhin eine prinzipienfeste Politik machen. Wenn es so weit ist, wenn der Vertrag unterschrieben ist, muß man immer weitere Schritte, unsere weitere Taktik – nur um diese geht es – gemeinsam neu durchdenken.«[15]

Daß diese Rechnung der anderen Seite zumindest teilweise – was die internationale Aufwertung anlangt – aufgegangen ist, kann schlechterdings nicht bezweifelt werden. Auch sonst ist dieses Protokoll weitgehend eine Bestätigung der Befürchtungen, die die damalige Opposition gegen die Ratifizierung des Vertrages vorbrachte.

Der Deutsche Bundestag, der die genannten Verträge nach meist stürmischen Debatten gebilligt hat, wollte noch einen Schritt weitergehen und offizielle Kontakte mit der »Volkskammer« der DDR knüpfen. Nur ihre Weigerung, auch Westberliner Abgeordnete zu akzeptieren, bewirkte das Scheitern dieser Pläne, die vor allem von der SPD-Fraktion, aber auch von FDP-Abgeordneten betrieben wurden. So äußerte der langjährige FDP-Fraktionsvorsitzende Wolfgang Mischnik noch im März 1988: »Ich würde es begrüßen, wenn es bald zu offiziellen Kontakten zwischen dem Bundestag und der Volkskammer der DDR käme. Ich halte das für sinnvoll . . .«[16]

Erst nach der Revolution konnte in der amtlichen Zeitschrift »Das Parlament« die »Volkskammer« angemessen charakterisiert werden:

»Ein kritischer Blick zurück auf 40 Jahre Scheinparlamentarismus in der DDR enthüllt, wie die SED mittels Handhabung parlamentarischer Formen die Bürger der DDR um ihre demokratisch-konstitutionellen Rechte betrog. Geschriebenes Verfassungsrecht, von der Ideologie des Marxismus-Leninismus vorgeschriebene Herrschaftsfunktionen und tatsächliche Herrschaftspraxis haben sich seit 1949 zu einer politisch-staatsrechtlichen Gemengelage amalgiert, die alles enthielt, nur keine Machtausübung durch das Volk.«[17]

Bekannt war das alles längst vorher. Aber wo stand es noch zu lesen? Als 1986 die SPD Horst Sindermann, den Präsidenten der »Volkskammer« der DDR, nach Bonn einlud,

»rissen sich nicht nur seine Gastgeber um ihn, sondern auch viele, die es heute wieder vergessen möchten . . . Wer damals das Anknüpfen von Beziehungen des freigewählten Bundestages mit der nichtlegitimierten Volkskammer noch als etwas Peinliches sah, galt als geistig und politisch Zurückgebliebener – wenn nichts Schlimmeres. Im Oktober 1988 wurde Sindermann von der sozialistischen Fraktion des Europäischen Parlaments nach Straßburg eingeladen.«[18]

Den Reigen der Volkskammerkontakte eröffnete Herbert Wehner. Am 9. Mai 1951 war es zu einem der ganz wenigen Zwischenrufe in der DDR-»Volkskammer« gekommen. Zwischenrufe galten als Privilegien der jeweils Mächtigsten. Davon machte Walter Ulbricht Gebrauch, als das Volkskammermitglied Hans Müller Herbert Wehner einen »wandelbaren Sozialisten« schimpfte. »Der ist nicht wandelbar«, rief Ulbricht, »das ist einfach ein Spion.«
22 Jahre später, am 30. Mai 1973, begrüßte die SED-Fraktion der »Volkskammer« den »Spion« Wehner als Gast. Ihre Mitglieder nannte er – laut »Neues Deutschland« – »Kollegen«, und für diese Artigkeit wurde er im Kreise von SED-»Kollegen« auf der ersten Seite abgebildet.[19] Wehner, einst »unzuverlässig«, »sektiererischer Feigling«, »Verräter«, wuchs im Ansehen der SED. Ein Interview, das er der Süddeutschen Zeitung gewährt hatte, paßte so sehr ins Konzept der SED, daß sie den Text nahezu ungekürzt im Neuen Deutschland abdrucken ließ. Kein Wunder, nun hatte man es seitens eines führenden Repräsentanten der SPD schwarz auf weiß:

»Ich habe ja deshalb auch [1932] sofort gesucht solche, die sich der [NS]-Diktatur nicht unterwerfen wollten, daß sie sich miteinander verständigten. Das waren also sowohl Kommunisten als auch Sozialdemokraten als auch andere, die sich überhaupt noch nicht politisch organisiert hatten.«[20]

Der Diktatur Stalins aber hatte sich das KPD-Mitglied unterworfen. Oder war das keine Diktatur? – Der Wandel in Wehners Einschätzung seitens der SED-Spitze erklärt sich vor allem aus den bislang offenbar auch seiner Partei unbekannten Gesprächen des Jahres 1956 mit einem hohen DDR-Funktionär namens Girnus. Dabei erzählte Wehner, daß ihn Adenauer nicht ausstehen könne und ihm mißtraue. Ferner teilte er mit,»es dürfe unter keinen Umständen zu einer gemeinsamen Stellungnahme der Fraktionen (zu Ungarn) mit Adenauer kommen«. Deshalb habe er bereits mit Dehler (FDP) und der Vertriebenenpartei (BHE) Gespräche geführt. Nicht minder bemerkenswert die Einschätzung Wehners durch Girnus:»Wehner ist mit seiner Vergangenheit nicht fertig, hat keinen festen inneren Halt in dem politischen Milieu, in dem er gegenwärtig lebt...«[21]

Hinzuzufügen wäre, daß die»Volkskammer«, dieses halbe Tausend fremdgesteuerter Kollaborateure, gänzlich machtlos gewesen ist, alle Macht in den Händen der SED gelegen hat. Und diese Marionetten sollten mit den obersten, frei gewählten Repräsentanten des Volkes der Bundesrepublik Deutschland auf eine Stufe gestellt werden! Wie wandelbar und lernfähig auch unsere Parlamentarier sind, zeigt der folgende Bericht:

»Deutsche Parlamentarier, die an der 85. Konferenz der Interparlamentarischen Union in der nordkoreanischen Hauptstadt Pjöngjang teilnehmen, haben eine Einladung zu einem Treffen mit dem Präsidenten Kim Il Sung unter Hinweis auf die undemokratischen Verhältnisse in Nordkorea ausgeschlagen. Die deutsche Delegation, der Vertreter der Unionsparteien, der SPD und der FDP angehören, kamen einmütig zu der Entscheidung, nicht mit dem Führer eines Landes zusammenzutreffen, in dem jegliche demokratische Strukturen fehlten. Man wolle sich nicht für dessen Propaganda mißbrauchen lassen.«[22]

Rückblickend auf die Geschichte der Feiern zum 17. Juni im Deutschen Bundestag von 1954 bis 1990 resümiert Alexander Gallus:

»Während der ersten Phase galt er [der 17. Juni] eindeutig als Ausdruck eines Begehrens nach der deutschen Einheit. In der zweiten Phase hätte man ihn lieber ganz vergessen. Immer wieder forderten vor allem die Mitglieder der sozialliberalen Koalition die Abschaffung des Feiertages. Die Beteuerungen, es sei damals um die Selbstbestimmung der Deutschen gegangen, wirkten auf diesem Hintergrund oftmals wie Pflichtübungen, die keine große Bedeutung hatten. In der Öffentlichkeit wurde dem 17. Juni und den Reden hierzu kein hoher Stellenwert zugemessen. 1981 weigerte sich sogar das Fernsehen trotz nachdrücklicher Bitte des Bundestagspräsidenten Richard Stücklen (CSU), die Gradl-Rede direkt zu übertragen.«

»Berufsverbots-Willy« wurde Brandt geschmäht, weil unter seiner Kanzlerschaft von den Regierungschefs des Bundes und der Länder der sogenannte »Radikalenerlaß« (richtig: Extremistenbeschluß) beschlossen wurde (28. Januar 1972). Dieser Beschluß war in keiner Weise sensationell, vielmehr nur eine Konkretisierung dessen, was alle Beamtengesetze des Bundes und der Länder in Übereinstimmung mit den Verfassungsgrundsätzen einer wehrhaften Demokratie wortgleich längst festgelegt hatten, z. B. §§ 7 und 52 Bundesbeamtengesetz: »In das Beamtenverhältnis darf nur berufen werden, wer... die Gewähr dafür bietet, daß er jederzeit für die freiheitliche demokratische Grundordnung im Sinne des Grundgesetzes eintritt...« »Der Beamte muß sich durch sein gesamtes Verhalten zu der freiheitlichen demokratischen Grundordnung im Sinne des Grundgesetzes bekennen und für deren Erhaltung eintreten.« (Das Bundesverfassungsgericht hat die Verfassungskonformität ausdrücklich bestätigt.[24])

Trotz dieser Einmütigkeit des deutschen Bundestages und der deutschen Länderregierungen begann bereits vier Wochen später die Kritik, zunächst ein Säuseln, dann ein Orkan, der die Maulhelden verstummen ließ und innerhalb von wenigen Jahren zu einer De-facto-Abschaffung zentraler Normen der Beamtengesetze in weiten Teilen der Bundesrepublik führte, ohne daß auch nur ein Jota daran geändert worden wäre, mithin eine flagrante und permanente Verletzung einer Kernaussage des Grundgesetzes (Art. 20 Abs. 3), wonach »die vollziehende Gewalt und die Rechtsprechung... an Gesetz und Recht gebunden« sind. Angehörige der DKP konnten nun in mehreren Bundesländern ohne weiteres verbeamtet werden, obwohl sie doch durch ihre Mitgliedschaft und ihre Beiträge eine Partei unterstützten, die der SED hörig war, die Zustände schaffen wollte, die der Wirklichkeit in der DDR (S. 13 f.) entsprachen. Kein auch nur halbwegs Vernünftiger kann die Ansicht vertreten, ein solches DKP-Mitglied habe dem Wortlaut der Beamtengesetze entsprechend die Gewähr dafür geboten, jederzeit für die freiheitlich demokratische Grundordnung im Sinne des Grundgesetzes einzutreten. Und trotzdem die Verbeamtung, trotzdem das Verbleiben im Amt! War das etwa kein Verrat an unserer freiheitlichen Ordnung? Empörend, um es nochmals zu unterstreichen, nicht so sehr die Anstellung von Kommunisten, sondern die Mißachtung von Gesetz und Verfassung.

Wolfgang Rudzio hat den scheibchenweisen Verfassungsverrat minutiös geschildert und belegt.[25] Im Frühjahr 1973 hatten bereits 7.300 Personen einen Aufruf »Weg mit den Berufsverboten« unterzeichnet, darunter 771 Professoren und Lehrer, 291 Betriebs- und Gewerkschaftsfunktionäre, 168 Pfarrer sowie 142 Schriftsteller, Journalisten und Künstler. Zu den Unterzeichnern gehörten DKP-Mitglieder ebenso wie Sozialdemokraten und Mitglieder der FDP. Diese und ähnliche Aktionen wuchsen nach Zahl und Umfang. Ein SPD-Parteitag beschloß im April 1973: »Die Mitgliedschaft in einer nicht verbotenen politischen Partei steht daher einer Mitarbeit im öffentlichen Dienst nicht entgegen . . . Jeder einzelne Zweifelsfall ist genau zu überprüfen.« Andererseits sprach die Partei die dringende Empfehlung aus, sich nicht an Kampagnen gegen angebliche Berufsverbote zu beteiligen. Zuwiderhandlungen wurden jedoch ausdrücklich oder stillschweigend geduldet.

»Ein Durchbruch erfolgte im Herbst 1978 zunächst in Hamburg, wo der in dieser Frage abrupt zur Linken konvertierte Bürgermeister Klose weder Mitgliedschaft noch Aktivitäten in Organisationen und Parteien zum Anlaß für Überprüfungen nehmen wollte . . . und diese Linie in Landesvorstand und im Landesparteitag der SPD (dort mit 267 von 340 Stimmen) durchsetzte. Der Bundeskanzler blieb demgegenüber mit seinen Einwänden auf der Strecke.
Hessen zog noch 1978 nach, freilich mit dem Unterschied, daß der dortige SPD-Landesparteitag einen analogen Beschluß . . . gegen den Willen von Ministerpräsident Börner, Kultusminister Krollmann und Finanzminister Reitz verabschiedete; Börner erklärte sich an diesen Beschluß nicht gebunden . . . Der Wandel in Hessen manifestierte sich im Sommer 1984 in der Übernahme von mindestens 13 DKP-Mitgliedern als angestellte bzw. beamtete Lehrer durch ausgerechnet jenen Kultusminister Krollmann, der solches noch wenige Jahre zuvor für unzulässig erachtet hatte.«[26]

Von geradezu dokumentarischem Gewicht ist der Klappentext eines vom stellvertretenden SPD-Vorsitzenden Hans Koschnick 1979 herausgegebenen Buches:

»Unter dem massiven Druck einer bestimmten veröffentlichten Meinung stimmten Sozialdemokraten im Januar 1972 dem Ministerpräsidentenbeschluß über die Fernhaltung von ›Extremisten‹ aus dem öffentlichen Dienst zu. Nur zu schnell wird klar, daß manche Formulierungen in diesem Beschluß den Mißbrauch geradezu herausfordern: In CDU-regierten Bundesländern, aber auch unter sozialdemokratischen Regierungen. Die Sozialdemokraten haben ihren Irrtum eingesehen... Die vorliegende... Auseinandersetzung mit dem Problem beweist, daß die SPD sich ernsthaft bemüht, ihren Frieden mit den kritischen Bürgern zu machen.«[27]

Daran hat sich auch in den folgenden Jahren nicht viel geändert. Als ein Ziel seiner Politik nannte Helmut Schmidt:

»Ich wollte helfen, das Selbstwertgefühl Erich Honeckers im internationalen Kontext zu heben und die Minderwertigkeitskomplexe der DDR-Führung abzubauen; dadurch hoffte ich zu einer wachsenden Souveränität und Großzügigkeit der DDR-Regierung im Umgang mit den von ihr regierten Bürgern beizutragen.«[28]

Ist ein potenter Potentat generöser als ein hilfsbedürftiger? Fördert das Selbstbewußtsein die Bereitschaft, klein beizugeben? Die Geschichte der folgenden Jahre gab die Antwort: Nein! Doch Schmidt sah es (sieht es?) anders. Am 24. Juni 1987 schrieb er in der »Zeit«: »Honecker ist ein Deutscher, der seine Pflicht erfüllen will – seine Pflicht, so wie er diese als ihm auferlegt empfindet.« – Wie sagte doch Ernst Kaltenbrunner, ein Hauptverantwortlicher der NS-Verbrechen, als er 1946 in Nürnberg das Schafott bestieg: »Ich sterbe in dem Glauben, das Gute gewollt und meine Pflicht getan zu haben.« Davon dürfte er überzeugt gewesen sein. Doch kommt es darauf an? Gewaltig ist die Zahl der Gesinnungstäter.

Gesinnungstäter waren wohl auch jene Mitglieder der Regierung Schmidt, die 1977 die Grenzsicherungsanlagen der DDR aus bundesdeutschen Kassen mit fingierten Rechnungen am Parlament vorbei finanzierten. In einer Vorlage an das SED-Politbüro vom 19. Dezember 1977 berichten der Sekretär des Zentralkomitees der SED, Hermann Axen, und Außenminister Oskar Fischer der Parteispitze über den Stand der Verhandlungen mit der Bundesregierung zum damals geplanten Um- und Ausbau des Grenzübergangs Helmstedt/ Marienborn: Die Bonner Gesprächspartner hätten mitgeteilt, nur 2,7 der insgesamt 8,5 Millionen Mark Ausbaukosten sollen »offiziell angewiesen werden . . . In vertraulichen Gesprächen erklärte Gaus, daß die Regierung der BRD mit Rücksicht auf die Opposition nicht in der Lage sei, neben den reinen Straßenbaukosten die Kosten für die Grenzsicherungsanlagen in die Vereinbarung aufzunehmen. Er sicherte zu, diese Kosten im Rahmen von anderen Zahlungen der BRD an die DDR zu begleichen.«[29] Während seiner Amtszeit als Bundeskanzler kam es zu mehreren Begegnungen Schmidts mit Honecker. Am 22. August 1980 soll, so wird behauptet, ein Major Jaeckel von der Hauptabteilung XX/5 des Ministeriums für Staatssicherheit folgenden Vorgang zu den Akten genommen haben:

»Als flankierende Maßnahme zum Arbeitstreffen des BRD-Kanzlers mit Gen. Honecker vorgesehen ist eine Sendung auszustrahlen, die die SPD-Politik der ›menschlichen Erleichterungen‹ im Rahmen der ›Deutschlandpolitik‹ unterstützt. Gleichzeitig soll damit von linkssozialdemokratischen Positionen gegen rechtsgerichtete Medien – insbesondere politisch rechts orientierte Redakteure bzw. einzelne politische Magazine des Fernsehens der BRD wie ›Hilferufe von drüben‹ (Löwenthal) und Organisationen wie GfM – vorgegangen werden. Diese Maßnahmen sind koordiniert und abgesprochen mit der Westberliner Redaktion des ZDF im SFB – speziell mit dessen Leiter: Schwarze, Hans-Werner.«[30]

In den frühen Morgenstunden des 13. Dezember 1981 erreichte Schmidt, als er sich bei Honecker am Werbellinsee aufhielt, die Meldung von der Verhängung des Kriegsrechts in Polen. Auf einer Pressekonferenz äußerte er:»Herr Honecker ist genauso bestürzt gewesen wie ich, daß dies nun notwendig war.«[31] – Woher wußte Schmidt, daß auch seinen Gesprächspartner, der doch dem andern Lager zugehörte, die Nachricht überraschend traf? Schon damals war das Gegenteil mehr als wahrscheinlich, heute ist es erwiesen. Die SED drängte bereits 1980 zur Intervention in Polen.[32] Honecker drohte damals dem polnischen Außenminister:»Wir sind nicht für Blutvergießen. Das ist das letzte Mittel. Aber auch dieses letzte Mittel muß angewandt werden, wenn die Arbeiter- und Bauern-Macht verteidigt werden muß.«[33] Und»notwendig«? Doch nur unter dem Gesichtspunkt der Erhaltung des kommunistischen Regimes. Dem Solidaritätsaufruf seines Genossen Bruno Kreisky zugunsten der Verfolgten und Bedrängten Solidarnosc verweigerte er sich:»Was habe ich mit der Gewerkschaft zu tun? Ich habe Beziehungen mit der polnischen Regierung.«[34]

Und nochmals Helmut Schmidt:

»Als ich 1981 am Werbellinsee war, habe ich Erich Honecker zum Gegenbesuch in der Bundesrepublik eingeladen. Dieser Gegenbesuch kam 1987 zustande. In der ›Zeit‹ habe ich geschrieben: ›Auch wenn wir politisch nie Freunde werden können, laßt uns ihn würdig empfangen – empfangt ihn als einen unserer Brüder!‹«[35]

Wie empfängt man einen Verbrecher würdig? Zunächst, man empfängt ihn nur, wenn es im Interesse Dritter sein muß. Man empfängt ihn nicht mit breitem herzhaften Lachen wie einen guten alten Freund! Im August 1982, also kurz vor seiner Ablösung als Kanzler, gratulierte Schmidt Honecker zum 70. Geburtstag und wünschte ihm, dem Hauptverantwortlichen für unzählbare schwerste Menschenrechtsverletzungen, »Schaffenskraft«[36], ein Wort, das auch in die Glückwunschschreiben Kohls und Lafontaines anläßlich des 75. Geburtstags Eingang gefunden hat.[37] Gerhard Schröder urteilte: »Das ist ein zutiefst redlicher Mann.«[38] Das Bundesministerium für innerdeutsche Beziehungen, bis 1969: Bundesministerium für gesamtdeutsche Fragen, veröffentlichte ein voluminöses »DDR-Handbuch« (1.280 Seiten). Für »Totalitarismus« hatte man von den durchschnittlich 120 Zeilen je Seite ganze 6 Zeilen übrig: »Totalitarismus in den 50er und 60er Jahren verwandte unscharfe Bezeichnung zur Charakterisierung der Herrschafts- und Gesellschaftssysteme kommunistisch regierter Staaten. In der westlichen Ost- wie DDR-Forschung inzwischen von differenzierteren Analysemethoden abgelöst.«[39] – Nahezu jede Aussage dieses Artikels ist mehr als fragwürdig: 1. Die meisten politikwissenschaftlichen Begriffe sind unscharf, so auch Freiheit, Gleichheit, Demokratie und Rechtsstaat. 2. »Totalitarismus« diente nicht nur zur Charakterisierung kommunistisch regierter Staaten. 3. Welche differenzierteren Analysemethoden haben den Totalitarismus-Ansatz abgelöst? Die »Ablösung« war nur ein – nie erfüllter – Wunsch des Herausgebers und des Autors.[40] »Terror« wurde im Lexikon völlig systemkonform abgehandelt, der Staatsterror mit keiner Silbe angesprochen. Terror war ungeprüft alles das, was der SED-Staat als Terror anprangerte.
1952 rief der Bundesminister für gesamtdeutsche Fragen einen »Forschungsbeirat für Fragen der Wiedervereinigung Deutsch-

lands« ins Leben. Seine Tätigkeit wurde 1974 amtlich beendet, galt es nun doch nicht mehr länger, die Teilung zu überwinden, sondern das SED-System zu stabilisieren, angeblich um es zu humanisieren. Willy Brandt ließ sich als Bundesaußenminister für den Ehrenvorsitz des »Europäischen Komitees zur wissenschaftlichen Erforschung der Ursachen und Folgen des Zweiten Weltkriegs« gewinnen. Es sollte den »Nachweis« zementieren, daß – wie die Kommunisten seit dem Verbrechen behaupteten – die Nationalsozialisten am 27. Februar 1933 das Reichstagsgebäude in Brand gesteckt hätten. Kein Mittel war zu teuer (Steuergelder) und zu schäbig, um zu diesem Ziel zu gelangen. Und ohne einen einzelnen, den Amateurhistoriker Fritz Tobias, wäre dies auch gelungen. Volkspädagogische Zwecke dienten als Rechtfertigung.[41] Umgekehrt hat man es aus Feigheit, mangelhafter Wahrheitsliebe, aus welchen Gründen auch immer unterlassen, der Öffentlichkeit reinen Wein über Verbrechen an Deutschen einzuschenken:

»Die Bundesregierungen haben viel getan, das Bewußtsein der geschilderten Vorgänge in der deutschen Öffentlichkeit zu dämpfen und Einzelheiten sowie Gesamtzahlen zurückzuhalten; die im amtlichen Auftrag erstellte 15-bändige Dokumentation ›Zur Geschichte der deutschen Kriegsgefangenen des Zweiten Weltkriegs‹ wurde ›nur einer beschränkten Anzahl von Dienststellen für den Dienstgebrauch zur Verfügung gestellt‹ und erst nach vielen Jahren der Öffentlichkeit freigegeben. Ebenso verfuhr die Regierung mit der im amtlichen Auftrag erstellten fünfbändigen Dokumentation der Vertreibung der Deutschen aus Ostmitteleuropa.«[42]

Großes Erstaunen, gewaltige Empörung löste im Frühjahr 1991 die Meldung aus, in der DDR seien politisch Verfolgten die Kinder weggenommen und zur Zwangsadoption freigegeben worden. Die Internationale Gesellschaft für Menschenrechte (IGFM) hatte davon schon 1976 Kenntnis und leitete ihre Informationen umgehend an das Bundesministerium für innerdeutsche Beziehungen weiter. Einige Monate später, 15. Februar 1977, brachte sie eine 48seitige Dokumentation heraus »Zwangsadoptionen aus politischen Gründen in der DDR«, in der vier Fälle mit Originalurkunden und Fotos der zwangsadoptierten Kinder belegt wurden. Auch sie ist dem Ministerium und anderen Dienststellen der Bundesregierung zugegangen. Antwort: keine. Den fernmündlich Anfragenden wurde zu verstehen gegeben, daß derlei Veröffentlichungen nicht erwünscht seien. Während der KSZE-Folgekonferenz in Belgrad 1977 wurde von der IGFM ein kleiner Bericht über die Zwangsadoptionen in der DDR allen Delegationen überreicht. Auch bei vielen anderen internationalen Kongressen und Begegnungen haben Vertreter der IGFM das Thema zur Sprache gebracht. Zum Beispiel organisierte die IGFM die Reise einiger betroffener Eltern nach Rom, als Honecker vom Papst empfangen wurde. Am gleichen Tage übergaben die Eltern bei einer Generalaudienz auf dem Petersplatz dem Heiligen Vater eine Petition. Die italienische Presse hat ausführlich darüber berichtet, die deutschen Medien hüllten sich in Schweigen. Die »guten Beziehungen« zu Honecker sollten nicht gestört werden.

Der wackere Gewerkschafter Georg Leber (SPD) ließ als Verteidigungsminister die »Feindbilder« schleifen, als ob damit die reale Bedrohung aus dem Osten entfallen wäre. »Feindbild« bedeutet, nach dem Großen Duden, »Vorstellung, die man von einem Gegner hat . . .« Aber wer hielt es noch für opportun, die Bedrohung beim Namen zu nennen und den Gegner ungeschönt bloßzustellen.

Die Bundesländer haben sich in ihrem ostpolitischen Denken mehrheitlich gleichgeschaltet, aber nicht alle. Bayern zog vor das Bundesverfassungsgericht, um den Grundlagenvertrag zu Fall zu bringen. Das die Klage abweisende Urteil war ein Pyrrhussieg für das amtliche Bonn. Denn das Gericht stellte mit Verbindlichkeit für alle Staatsorgane fest:

»Aus dem Wiedervereinigungsgebot folgt: Kein Verfassungsorgan der Bundesrepublik Deutschland darf die Wiederherstellung der staatlichen Einheit als politisches Ziel aufgeben, alle Verfassungsorgane sind verpflichtet, in ihrer Politik auf die Erreichung dieses Zieles hinzuwirken – das schließt die Forderung ein, den Wiedervereinigungsanspruch im Inneren wachzuhalten und nach außen beharrlich zu vertreten – und alles zu unterlassen, was die Wiedervereinigung vereiteln würde . . . Deutscher Staatsangehöriger im Sinne des Grundgesetzes ist also nicht nur der Bürger der Bundesrepublik Deutschland . . . Schließlich muß klar sein, daß mit dem Vertrag schlechthin unvereinbar ist die gegenwärtige Praxis an der Grenze zwischen der Bundesrepublik Deutschland und der Deutschen Demokratischen Republik, also Mauer, Stacheldraht, Todesstreifen und Schießbefehl.«[43]

Nicht nur die DDR heulte auf, auch führende Koalitionspolitiker verfaßten bittere Kommentare. Helmut Schmidt erinnert sich:

»Honecker kam nochmals auf das Karlsruher Urteil zurück: ›Man muß doch sehen, daß innerstaatliches Recht nicht Völkerrecht ersetzen kann! . . . Das Urteil enthält Ausführungen über Deutschland in den Grenzen von 1937, es hat die Grenzen der DDR qualitativ den Grenzen der Bundesländer gleichgesetzt, dies alles widerspricht dem Moskauer Vertrag und unserem Grundlagenvertrag. Ich will aber hinzufügen: So lange diese Karlsruher Ausführungen nicht zur Grundlage der Politik Ihrer Regierung werden, so lange sehe ich die Sache nicht als sehr wichtig an.«[44]

Ein seltsames Verhältnis zur Rechtsstaatlichkeit bekennt Schmidt, wenn er schreibt: »Es wird leider wohl noch einige Zeit dauern, bis die Juristen in der deutschen politischen Klasse allgemein begreifen, daß die Mächtigen der Welt sich in ihrem Tun und Lassen nicht nach Karlsruher Urteilen richten, wie auch immer sie begründet sein mögen...«[45] Ja, das Urteil ging den »Siegern« unter die Haut. Herbert Wehner, der vom Bundestagspräsidenten am meisten gescholtene Parlamentarier, sprach gar von den »A... in den roten Roben«, die sich anmaßten, Politik zu machen.[46] Weit diplomatischer hatte Brandt, gleichsam im Vorgriff auf das Urteil, anläßlich der Verleihung des Friedens-Nobelpreises geäußert: Die reale Lage »erkennt man nicht, wenn man der Selbsttäuschung unterliegt oder Politik mit Juristerei verwechselt.«[47]

Schulbücher bedürfen der Genehmigung der Bundesländer. In den Sozialkundebüchern wurde auch die DDR angesprochen. Im Mai 1990 brachte »Der Spiegel« einen mehrseitigen Bericht, der sich kritisch mit ihrem Inhalt auseinandersetzt. Aufhänger war der Beschluß der Bundesregierung, für 30 Millionen Mark den Neuländern westdeutsche Schulbücher zur Verfügung zu stellen. Der Spiegel:

»Ob die ostdeutschen Pädagogen und Umerzieher zur Demokratie an der Bonner Gabe allzuviel Freude haben, ist zu bezweifeln. Denn aus den DDR-Lektionen der westdeutschen Unterrichtsmaterialien lernen Schüler nicht selten, wie schön es noch gestern im real existierenden Sozialismus war. Etwa, wenn die Ost-Schüler sich an die Aufgabe auf Seite 176 des Schulbuchs ›Politik im Aufriß‹ aus dem Diesterweg-Verlag machen: ›Lest Nr. 10.24 und versucht zu erklären, warum viele DDR-Bürger selbstbewußt und auch stolz auf ihren Staat sind.‹ Im Gebrauch an westdeutschen Schulen sind in erster Linie Geschichtsbücher aus den 70er Jahren der Hochzeit der sozialdemokratisch inspirierten Deutschlandpolitik. Aus jenen Wendetagen mithin, in denen vor allem Gutes über das andere Deutschland auf dem Polit-Lehrplan stand.«[48]

So geht es weiter. Insgesamt sieben Spalten belegen wahrheitswidrige Freundbildmache.

Daran hat sich auch im folgenden Jahrzehnt nicht viel geändert. Typisch ein Text aus »Bundesrepublik Deutschland – Deutsche Demokratische Republik: Die politischen Systeme im Vergleich«, 1989:

»Zusammenfassung – In beiden Staaten werden Anstrengungen unternommen, das Ausmaß der noch permanent steigenden Umweltbelastungen zu reduzieren bzw. den Trend zu verändern. Die Ergebnisse dieser Bemühungen sind in beiden Staaten unzureichend; in beiden Staaten wird derzeit noch im wesentlichen auf Kosten künftiger Generationen produziert und konsumiert. Eine Wende ist (noch) nicht erkennbar. Heute verursachte Schäden können zum Teil auch später mit hohem Kostenaufwand nicht beseitigt werden; sie sind irreparabel... Die von beiden Seiten behauptete Überlegenheit des jeweiligen Systems zur Lösung der Umweltprobleme kann nach rund 20 Jahren zielgerichteter Umweltpolitik... nicht nachgewiesen werden.«[49]

Hätte sich der Verfasser auch nur bis zur deutsch-deutschen Grenze begeben, wo Saale oder Elbe auf bundesdeutsches Gebiet fließen, hätte er mit bloßen Augen den himmelweiten Unterschied der ökologischen Gegebenheiten wahrgenommen. Als Berliner, der er ist, hätte er den Unterschied allein mit der Nase wahrnehmen können. Selbst im »schwarzen« Bayern stießen Schüler in ihren Materialien zum Religionsunterricht auf Absurditäten wie: »Wichtige Elemente der Gesellschaftslehre von Marx sind in die christliche Soziallehre sowie in die Verfassung und Gesetzgebung christlicher Staaten eingegangen.« Zur Rede gestellt, antwortete der Verfasser:

»Ich übernahm von Küng und vom Synodenpapier das Wichtigste in mein ›Grundwissen‹; ich tat es in der Überzeugung, diese Behauptungen seien evident. Wenn ich allerdings auf die wissenschaftliche Folterbank gespannt werde und z. B. mit Quellenangabe und Entstehungsgeschichte angeben soll, welcher Paragraph unseres Grundgesetzes eine bewußte Erfüllung marxistischer Forderungen ist, bin ich überfordert. Für die Verifizierung von Details muß ich Sie an Ihren Kollegen Küng verweisen. Sollten Sie... in einen Briefwechsel oder gar in eine Kontroverse mit Küng treten, so wäre ich verständlicherweise sehr interessiert, zu erfahren, was Hans Küng auf Ihre Einwendungen antworten wird.«[50]

Nun, Küng gab sich diese Blöße nicht. Da er den Beweis für die Richtigkeit nicht führen konnte, schwieg er eisern. Der Geist weht, wann und wo er will! Die Bayerische Landeszentrale für politische Bildungsarbeit verschenkte ab 1978 zehntausende Exemplare »Politische Denker«.[51] 35 Seiten waren »Karl Marx 1818–1883« gewidmet. Mit keinem Wort wurde verdeutlicht, mit welcher Vehemenz Marx über Jahrzehnte hinweg bis zu seinem Lebensende Gewalt und Terror zur Verwirklichung der Diktatur bejaht hat. Niemand kommt bei der Lektüre auf den Gedanken, daß hier ein Vorkämpfer des Totalita-

rismus vorgestellt wird, auf den sich die DDR zu Recht berufen konnte.[52] Der Freistaat Bayern, die Landeshauptstadt München, das Erzbischöfliche Ordinariat München-Freising, die Fraktion der SPD im bayerischen Landtag u. a. erklärten sich Mitte der 70er Jahre bereit, eine Ausstellung »Widerstand und Verfolgung in Bayern 1933–1945« zu finanzieren. Der Kommission gehörte auch die von Ostberlin gesteuerte Vereinigung der Verfolgten des Naziregimes – Bund der Antifaschisten (VVN-BdA) an. Die Leitung hatte Carola Karg, früher Mitglied der KPD, nun der DKP. Ihr gelang es, Bilder und Texte ganz in ihrem Sinne zu gestalten. Dann wanderte die Ausstellung von Stadt zu Stadt. Den angeblich mehr als 500.000 Besuchern wurde mit Wort und Bild der Eindruck vermittelt, alle Verfolgten, auch die Kommunisten, kämpften für Freiheit und Demokratie. Ferner: »Nicht die ›Kollektivschuld‹ der Deutschen hat Hitler an die Macht gebracht, das Finanzkapital und die Schwerindustrie haben Hitler finanziert und an die Macht geschoben. Er war ihr williges Werkzeug zur Zerschlagung der Demokratie für die Vorbereitung des Krieges...«[53] Erst scharfer Protest bewirkte, daß das bayerische Kultusministerium das von Martin Broszat (SPD) geleitete Münchner Institut für Zeitgeschichte mit einer gutachtlichen Stellungnahme beauftragte. Sie bestätigte eindeutig die »Anleihen aus einer historisch nicht mehr haltbaren Faschismuserklärung«[54]. Gegen den Protest von SPD und FDP unterblieben daraufhin weitere staatliche Subventionen.
Die Bundesländer riefen neue Universitäten ins Leben; für manche eine willkommene Gelegenheit, marxistische Kaderschmieden zu inthronisieren, so in Bremen. Der »Mief von tausend Jahren« sollte ausgesperrt bleiben. »Basisdemokratische« Strukturen traten an seine Stelle. Die Stimmen der Hochschullehrer galten selbst bei Abstimmungen in Dissertationsverfahren nicht mehr als die der Putzfrauen. Der Lehrer sollte, um ein Beispiel aus der Schulpädagogik herauszugreifen, so vorbereitet werden, daß er in der gesellschaftlichen Praxis Partei für den gesellschaftlichen Fortschritt ergreift, und das heißt, er soll sich »auf die Seite der Unterprivilegierten« stellen, weil nur aus der Klasse, die das Leid dieser Welt trägt, die neue Gesellschaft nach Karl Marx entstehen kann – so der erste Rektor der Universität, Th. v. d. Vring. Das habe zur Folge, daß der politische Pluralismus überholt sei. V. d. Vring wörtlich: »Die

Entscheidung für eine progressive Reformuniversität impliziert eine politische Entscheidung, die den Pluralismus der politischen Richtungen an der Reformuniversität einschränkt.«[55] Städte und Gemeinden verschlossen sich nicht dem Zug der Zeit. Aus Protest gegen die Errichtung des »antifaschistischen Schutzwalles« im August 1961 quer durch Berlin ließ z. B. die Stadt Nürnberg noch im Herbst 1961 eine Gedenkmauer errichten, die auf ca. 6 m Länge nach Höhe, Stärke und Aussehen die erste, provisorische Berliner Mauer imitierte. Sie stand vor dem Eingang des neuen Rathauses. Auf einer großen Tafel die Worte: »Eine Mauer trennt das deutsche Volk«. Doch schon bald wurde sie der SPD-Mehrheit lästig. Das Dürer-Jahr 1971 bot den Vorwand: Man wolle die auswärtigen Besucher nicht schockieren. Daher solle die Mauer verlegt und neu gestaltet werden. Drei Tage lang verhinderte die Junge Union und deren Sympathisanten den Abbruch. Schließlich war es soweit. Die unschuldige Nürnberger Mauer wurde der Entspannung geopfert, die Blutmauer in Berlin hat jedoch nach Meinung der Verantwortlichen der Stadt Nürnberg die Entspannung offenbar nicht behindert. Unnötig zu erwähnen, daß der angekündigte Ersatz nicht verwirklicht wurde.

Die Bezirksverordneten-Versammlung von Berlin-Charlottenburg lehnte es im Juni 1979 ab, Hinweisschilder mit den Namen alter ostdeutscher Städte aufzustellen, obgleich man sie schon hatte anfertigen lassen. Axel Springer schrieb damals:

»Was in der Bezirksverordneten-Versammlung als eine Drucksache u. a. mit dem Stichwort ›geplante Aufstellung von Hinweisschildern‹ von den Fraktionen der SPD und der FDP vom Tisch gewischt wurde, ist ein Stück Vaterland, ist der Wille, sich an Gebiete und Städte zu erinnern, deren Menschen, deutsche Landsleute, Bürger der unteilbaren deutschen Nation – heute unter uns leben, weil sie vertrieben worden sind. So wie jetzt war es schon damals, als man von den Messehallen am Funkturm den Namen Schlesien und Ostpreußen entfernte, als gelte es, einen Makel zu tilgen.«[56]

Im selben Jahr gelang zwei Ehepaaren mit Kindern die wohl spektakulärste Flucht aus der DDR in die Bundesrepublik, und zwar mit einem selbstgebastelten Heißluftballon. Das geglückte Abenteuer wurde verfilmt. Doch die Verantwortlichen strichen »Mit dem Winde nach Westen« vom Spielplan der »Berlinale« 1982, weil die Darbietung »mit Sicherheit den Unwillen der DDR erregen würde.«[57]

3. Die Ära Kohl – Der Enkel des »Alten«

»...ich bin mit Adenauer der Auffassung, daß das [Wiedervereinigung und europäische Integration] kein Gegensatz ist«[58], so Helmut Kohl, Bundeskanzler der Bundesrepublik Deutschland seit September 1982, in einem Interview Mitte Januar 1989. Die Kluft zum großen politischen Gegenspieler, zur SPD, wird besonders augenfällig, wenn wir uns vergegenwärtigen, was »der Architekt der neuen Ostpolitik«, Egon Bahr (SPD), zeitgleich mit Kohl geäußert hat: »Was Heuchelei war, als die Formel [Wiedervereinigung] unter Adenauer beschlossen wurde, ist zur Illusion durch seinen Nachfolger verklärt worden.«[59] Der neue Kanzler signalisierte auch dadurch eine Kurskorrektur, daß nun wieder alljährlich ein »Bericht zur Lage der Nation *im geteilten Deutschland*« und nicht nur, wie unter Brandt und Schmidt ein »Bericht zur Lage der Nation« erstattet wurde. Dementsprechend die Reaktion der anderen Seite. Allwöchentlich mußten die Redakteure der DDR-Medien im großen Haus der SED die amtlichen Sprachregelungen zu den jeweiligen Ereignissen zur Kenntnis nehmen. Sie lautete am 14. Oktober 1982: »Wie Neues Deutschland-Korrespondenz reagieren, ausgewogen, aber nichts schenken. Kohl begann DDR-Teil [seiner Rede] mit Luther und 17. Juni-Jahrestag. Das hätte Schmidt nicht gemacht!«[60] Die mit dem Sturz Helmut Schmidts verkündete Wende konnte und sollte auf die Deutschlandpolitik nicht voll durchschlagen. Zunächst wäre es absurd, so zu tun, als ob nicht auch unter Brandt und Schmidt viele ehrlich um die Belange der Menschen in beiden Staaten Deutschlands gerungen hätten. Wert und Unwert der Verträge gestatten bis auf den heutigen Tag keine eindeutige Gewinn- und Verlustrechnung. Zudem waren sie Fakten, an die jede Nachfolgeregierung gebunden blieb.Die »besonderen Bemühungen« (der Freikauf politischer Häftlinge, der Menschenhandel), die schon unter Konrad Adenauer ihren Anfang genommen hatten, wurden fortgesetzt. Diese humanitären Maßnahmen bescherten 33.755 aus politischen Gründen Eingekerkerten die Freiheit. Lösegeld 3,5 Milliarden DM. Seit 1977 lag der Einheitspreis bei 95.847 DM.[61] Die kritische Frage soll trotz der glaubwürdigen humanitären Hilfe vieler, nicht aller[62] – der Leiter des Büros von Minister Franke (SPD) unterschlug 3 Millionen – gestellt werden, ob nicht die devisenhungrige DDR geradezu animiert wurde, Gefangene zu machen, um sie

Beim Freikauf unkritisch

Rainer Barzel verteidigt in seinem Leserbrief „Mit Rechtsanwalt Vogel zusammengearbeitet – na und?" (F.A.Z. vom 27. Juli) vorbehaltlos den Freikauf von politischen Gefangenen der DDR. Dies ist nicht verwunderlich, er war ein Akteur dieses Geschäfts. Als 1963 die ersten Häftlinge freigekauft wurden, war dies unter den gegebenen politischen Bedingungen sicher richtig. Völlig verändert hatte sich die Sache nach dem Abschluß der KSZE-Schlußakte in Helsinki, nach Aufnahme der DDR in die Vereinten Nationen und nach Unterzeichnung des Internationalen Paktes über bürgerliche und politische Rechte durch die DDR. Jetzt hatte die Bundesregierung Instrumente zur Hand, die sie gegen die DDR in aller Öffentlichkeit einsetzen konnte. Doch nichts dergleichen geschah. Es wurde unkritisch weiter freigekauft. Inzwischen war nach SPD/FDP Regierungsübernahme der Anteil krimineller Straftäter unverhältnismäßig hoch. Die DDR verhaftete und verurteilte Freiheit suchende Menschen, um das Verkaufsziel von 1200 Menschen pro Jahr zu erreichen.

Alle unliebsamen, politisch unruhigen Geister der DDR verschwanden in dem schwarzen Loch Freikauf, denn der Westen schwieg beharrlich, und Rainer Barzel sagt von sich: „Ich verantworte die jahrelange Geheimhaltung… ebenso wie die geheime Finanzierung." Dies findet er auch noch richtig, nachdem im Westen Ministerialdirigent Hirt vom Innerdeutschen Ministerium wegen Veruntreuung von mehreren Millionen DM rechtskräftig verurteilt wurde und jetzt Vogel wegen ähnlicher und anderer Delikte vor Gericht steht. Unsere politischen Akteure haben weder damals noch heute zur Kenntnis genommen, daß zum Beispiel auf einer Tagung der Internationalen Gesellschaft für Menschenrechte im Jahre 1982 die anwesenden fast 200 politischen Gefangenen sich mehrheitlich gegen den weiteren Freikauf aussprachen. Wie düster dieses Kapitel überhaupt ist, läßt sich daran erkennen, daß bis heute ein regierungsamtlicher Abschlußbericht über den Freikauf aussteht.

Dr. med. Wulf Rothenbächer,
ehemaliger politischer Gefangener
der DDR, Diez

als Ware feilbieten zu können. Was zunächst nur vermutet werden konnte, verdichtet sich zur Gewißheit.[64]

Nahezu jeder Fortschritt war vom Konsens der DDR-Führung abhängig. Und schließlich bürgte der Koalitionspartner FDP für Kontinuität, da nur Kanzler Schmidt, nicht aber sein Vize, Hans Dietrich Genscher, aus der Verantwortung entlassen worden war. – An Positivem ist beispielsweise die 1988 erschienene Bundestagsdrucksache »Menschenrechte in den Staaten des Warschauer Pakts« zu vermelden. Auffällig aber das öffentliche Schweigen: keine medienwirksame Übergabe an den Bundeskanzler, keine Bundespressekonferenz, kein Echo in der Presse. Die 235 eng bedruckten DIN-A4-Seiten Text, von besten Experten verfaßt (u. a. Dieter Blumenwitz, Georg Brunner, Friedrich Christian Schroeder), waren nach Form und Inhalt nicht für eine breite Leserschaft bestimmt.[65]

Ebenfalls erfreulich, daß die Neuauflage des DDR-Handbuchs aus dem Jahre 1985 dem Thema »Totalitarismus« wieder breite Aufmerksamkeit schenkte und den ca. zwanzigfachen Raum verglichen mit der Auflage 1979 widmete.

Wenngleich, wie es heißt, die Ansprache des Bundespräsidenten zum 40. Jahrestag des Kriegsendes weltweites Aufsehen erregt hat, in 18 Sprachen übersetzt und in mehr als 2 Millionen Exemplaren verbreitet worden ist, manche Passagen sind ganz offenbar auf Einflüsterungen des Zeitgeistes zurückzuführen, so wenn es heißt: »Der 8. Mai war ein Tag der Befreiung. Er hat uns alle befreit von dem menschenverachtenden System der nationalsozialistischen Gewaltherrschaft.«[66] Auch Stalin also, der Kriegsverbrecher und Massenmörder, ein Befreier? – Und: War es wirklich für uns alle ein Tag der Befreiung? Ich weiß noch recht gut, wie wir Angst hatten vor dem Tag der Befreiung, weil wir fürchteten, die Rote Armee könnte München erobern. Menschen aus Ostbayern hatten sich zu uns ins Haus geflüchtet, um so 100 km Vorsprung vor den heranrückenden Sowjets zu erzielen. Als dann doch die erhofften Amerikaner das Land besetzten, wurde Hitlers Niederlage unser Triumph. Freilich, manch hoher Funktionär des NS-Staates mußte auch im Westen die allgemeine Befreiung mit seiner persönlichen Freiheit bezahlen, worüber die Familie Weizsäckers bestens Bescheid weiß. In der sowjetischen Besatzungszone begannen mit dem Zusammenbruch für Hunderttausende Unschuldiger harte Wochen, Monate, Jahre der Gefangenschaft, die nicht einmal jeder zweite in der Sowjetunion überlebte. Prinz Joachim Ernst von Anhalt wurde wegen seiner Hitlerfeindschaft 1944 ins Konzentrationslager Dachau eingeliefert. Im Frühjahr 1945 kehrte er, nachdem das Lager von amerikanischen Truppen befreit worden war, zu seiner Familie zurück. Als Opfer des Nationalsozialismus sah er keinen Grund, wie andere mit Sack und Pack nach Westen zu fliehen, als die Rote Armee einrückte. Mitte 1945 wurde er ohne Gerichtsverfahren nach Buchenwald verschleppt. Dort fand er im Februar 1947 den Tod.

Sogenannte Befreiung

(24/93) Königsberg: „Wir danken dem Genossen Stalin"

Ich selbst habe in dieser über 700 Jahre alten preußischen und deutschen Stadt mit gut 15 Jahren die sogenannte Befreiung erlebt, um dann für Jahre in bolschewistischen Lagern zu verschwinden und nur durch Zufall zu überleben.

Viele, viele Freunde, Freundinnen und Bekannte meiner Eltern, wobei ich besonders auch an meinen Vater denke, sind infolge unsäglichen Leides dort gestorben. Meine Mutter gehörte zu den im Jahre 1947 Vertriebenen. Es war unmenschlich.

Duisburg   GERHARD GRUNING

Ernst von Anhalt steht für Tausende, die ein ähnliches Schicksal erleiden mußten.

Paßte für die deutschen Kriegsgefangenen noch das Wort Weizsäkkers:»Aber wir dürfen nicht im Ende des Krieges die Ursache für Flucht, Vertreibung und Unfreiheit sehen. Sie liegen vielmehr in seinem Anfang und im Beginn jener Gewaltherrschaft, die zum Kriege führte«[68], so kann dies, wenn wir die Schuldfrage in den Mittelpunkt rücken, schwerlich für jene gelten, die, obgleich kein Rädchen der großen Kriegsmaschinerie, als Opfer der Willkür kommunistischen Terrors in den umgewidmeten ehemaligen NS-Konzentrationslagern zwischen Leben und Tod dahinvegetieren mußten.»Immerhin war die jährliche Sterberate im KZ-Buchenwald nach 1945 höher als unter den Nationalsozialisten davor.«[69] »Als Deutsche ehren wir das Andenken der Opfer... des Widerstands der Kommunisten.« Strebten die »Ehrwürdigen« nicht eine stalinistische Diktatur an? Andernfalls hätten sie längst die Partei Thälmanns verlassen. Nur der Zweck heiligt das Opfer. Und so betrachtet waren sie ebensowenig ehrwürdig wie der SA-Führer Ernst Röhm. Es genügt nicht, von Hitler ermordet worden zu sein. Auch wenn er Hitlers Sturz betrieben hätte, wir dürften ihm und seinesgleichen keine Kränze flechten.

Damals schrieb ich dem Bundespräsidenten:

»Soweit die Kommunisten Widerstand geleistet haben, um die Herrschaft der Nationalsozialisten durch ihre eigene Herrschaft abzulösen, und davon müssen wir ausgehen, kann ich ihr Andenken nicht ehren. Sie waren in der Regel willfährige Werkzeuge Stalins... Ich darf schließen mit den Worten, die Sie an das Ende Ihrer Ausführungen gestellt haben: ›Schauen wir..., so gut wir es können, der Wahrheit ins Auge.‹«

Darauf der Bundespräsident persönlich (4. Juli 1985):

»In einem Gemeinwesen, das die Rechte des Individuums zur Richtschnur politischen Handelns erhoben hat, sollten wir besonders vorsichtig sein, Menschen allein aufgrund ihrer Zugehörigkeit zu einer bestimmten Gruppe zu verurteilen.
Motive und Vorstellungen derjenigen, die sich zwischen 1933 und 1945 in Deutschland kommunistischen Gruppen angeschlossen haben, waren außerordentlich unterschiedlich. Viele von ihnen verfolgten Ideale, die wenig mit der Realität der Sowjetunion unter Stalin gemeinsam hatten. Zumindest für den Zeitraum vom Herbst 1939 bis zum Sommer 1941 läßt sich die Behauptung nicht aufrecht erhalten, daß die Kommunisten in Deutschland willfährige Werkzeuge in den Händen Stalins gewesen seien... Im übrigen

haben viele Kommunisten damals auch einfach dadurch anerkennenswerter Weise Widerstand geleistet, indem sie Verfolgten aus humanitären Gründen Zuflucht und Sicherheit boten.«

Meine Antwort (18. Juli 1985):

»Sie schreiben, wir sollten vorsichtig sein, ›Menschen allein aufgrund ihrer Zugehörigkeit zu einer bestimmten Gruppe zu verurteilen.‹ Ich verurteile niemanden, frage nur, ob es richtig ist, Kommunisten als Kommunisten zu ehren. Fördern wir nicht auf diese Weise die Verwirrung der Geister? Dreierlei sollte m. E. Voraussetzung für Ehrung sein: das rechte Motiv, die rechte Absicht und die rechte Methode. Den Kommunisten, soweit sie als Kommunisten gehandelt haben, fehlte zumindest die rechte Absicht. Sie wollten den *einen* totalitären Staat durch *einen anderen* totalitären Staat ersetzen. Kommunismus und Totalitarismus sind nach dem heute gängigen Sprachgebrauch nicht voneinander zu trennen. Abschließend schreiben Sie: ›Im übrigen haben viele Kommunisten damals . . .‹ Auch manche Nationalsozialisten haben diese Art des Widerstands geleistet. Wenn wir sie deshalb ehren, dann werden wir sie in diesem Zusammenhang gerade nicht als Nationalsozialisten ansprechen.«

Die Kommunisten hörten die Signale und kommentierten begeistert:

Erstmals hat auch ein konservativer Bundespräsident der Sowjetunion seine Anerkennung ausgesprochen, die Gesamtheit des antifaschistischen Widerstandes inklusiv der Kommunisten gewürdigt und den Tag als einen Tag der Befreiung bezeichnet. Ein Durchbruch zu bürgerlich-demokratischer Normalität.[70]

Ein weiterer Satz aus Weizsäckers berühmter Rede soll aufgegriffen werden:

»Gewiß, es gibt kaum einen Staat, der in seiner Geschichte immer frei blieb von schuldhafter Verstrickung in Krieg und Gewalt. Der Völkermord an den Juden jedoch ist beispiellos in der Geschichte.«[71] Meint der deutschstämmige französische Jude Alfred Grosser den zuletzt zitierten Satz, wenn er sich entrüstet: »Nichts ist moralisch so verwerflich wie die explizite oder implizite Überzeugung, eine Million ermordeter ukrainischer Bauern stelle ein geringeres Verbrechen dar als eine Million ermordeter Juden.«[72]

Diese Verbindung drängt sich zumindest auf. Besonders bezeichnend und aktuell die folgenden Passagen:

»Aber in Wirklichkeit trat zu den Verbrechen selbst der Versuch allzu vieler, auch in meiner Generation, die wir jung und an der Planung und Ausführung der Ereignisse unbeteiligt waren, nicht zur Kenntnis zu nehmen, was geschah. Es gab viele Formen, das Gewissen ablenken zu lassen, nicht zuständig zu sein, wegzuschauen, zu schweigen.«[73]

Weizsäcker meint die NS-Verbrechen. Aber trifft dieser Vorwurf nicht ebenso hart jene, die zu den Verbrechen der Gegenwart des Jahres 1985, insbesondere zu den Verbrechen, die auf deutschem Boden von Deutschen an Deutschen begangen wurden, kein scharfes Wort der Mißbilligung fanden? Die Schuld der letzteren erscheint noch größer, da sie nicht in der Gefahr schwebten, Hab und Gut und Leben einzubüßen.

Gegenüber dem Konsistorialpräsidenten Stolpe äußerte Richard von Weizsäcker, er wolle »mit seinen DDR-Kontakten seine Position gegenüber den ›Extremen‹ in der Partei, wie z. B. Lummer, stärken«. Als diese Einlassungen des Bundespräsidenten nach der Wende bekannt wurden, konterte der Bundestagsabgeordnete Heinrich Lummer:

»Wer oder was ist eigentlich extrem? Das schreiende Unrecht in der DDR klar beim Namen zu nennen, wie ich es tat – oder nicht doch eher 20 Jahre Leisetreterei und Stillschweigen zu Unterdrückung, Mauer- und Schießbefehl, als Preis für eine Entspannung, die es gar nicht gab? ›Extrem‹ ist eine Frage des Standpunktes. Der Bundespräsident mag auf seine Weise extrem bleiben, ich bleibe es auf meine Weise.«[74]

Wer dies alles überdenkt, wird zögern, dem Bundespräsidialamt Glauben zu schenken, wenn es dementiert, der Bundespräsident habe sich gegenüber DDR-Funktionären abfällig über die eigene Bundesregierung geäußert.[75] Der Stern weiß zu berichten, Weizsäcker habe bei seinem Gespräch mit Honecker kritisiert,

»daß die Bundesrepublik gelegentlich der DDR mit Äußerungen zur deutschen Frage nahetrete. Wohl sei die Geschichte offen, aber man solle nicht über die nächsten 50 Jahre spekulieren, sondern sich der Forderung des Tages stellen und zu jenem Umgangston finden, bei dem man sich nicht überfordere.
Der ›Leisetreter in der Villa Hammerschmidt‹ (Filmer/Schwan über Weizsäcker) habe nicht eine einzige strittige Frage anzusprechen gewagt. Kein Wort zu den Menschenrechtsverletzungen in der DDR, keine Frage zu den Schüssen an der Mauer.«[76]

An Wolfgang Vogel, einen der engsten Vertrauten des DDR-Diktators, der laut Spiegel 400.000 bis 800.000 Mark als Prämie für wertvolle Arbeit im Dienste des DDR-Staatssicherheitsdienstes erhalten hat[77] – JM »Georg«, z. Zt. wegen mehrerer schwerer Delikte in U-Haft –, schrieb der Bundespräsident handschriftlich:

»Lieber und verehrter Herr Vogel... Ihr Brief bewegt mein Herz. Ich werde ihn Ihnen nicht vergessen! Und ich hoffe, daß Sie mich bald wieder einmal besuchen!
Der Ihre
Richard Weizsäcker«[78]

Von den erwähnten Prämienzahlungen hat Weizsäcker sicherlich nichts gewußt; aber er hätte die Stasidienste unterstellen müssen, wie Schmidt die Honecker-Komplizenschaft bei Verhängung des Kriegsrechts in Polen.

Bedauerlich und entschieden zu mißbilligen, wenngleich nicht ganz unverständlich die harte Kritik, die sich der Bundespräsident anhören und auf Transparenten anschauen mußte, als er anläßlich ihres 50. Todestages die Geschwister Scholl an der Universität München, dem Ort ihres »Verbrechens«, ehren wollte. »Für Sophie Scholl, gegen Weizsäcker« lauteten die moderatesten Parolen.

Eines der »letzten Produkte des Kabinetts Schmidt« war eine Gesetzesvorlage, die ausschließlich die Billigung, Verharmlosung und Leugnung der Massenvernichtung im »Dritten Reich« unter Strafe stellen sollte. Hans Engelhard (FDP), der erste Justizminister des Kabinetts Kohl, griff die Initiative gerne auf: »Die Judenvernichtung unter dem Nazi-Regime hatte eine Dimension, die sich mit dem Hinweis auf Verbrechen anderer Art weder vergleichen noch gar entschuldigen läßt.«[79] Gegen die Stimmen der SPD und von FDP-Abgeordneten wurde dann doch eine Fassung beschlossen, die nicht nur die nationalsozialistische Gewalt und Willkürherrschaft strafrechtlich berücksichtigt (§ 194 StGB).

Am 25. April 1979 richteten Mitglieder der damaligen Opposition eine Kleine Anfrage an die Bundesregierung zur Zentralen Erfassungsstelle in Salzgitter. Darin stand u. a. zu lesen: »Aus welchen Gründen hat die Bundesregierung darauf verzichtet, die aus der Tätigkeit der Erfassungsstelle erkennbare Wirklichkeit in der DDR unter Verwendung der in Salzgitter gesammelten Erkenntnisse der Öffentlichkeit bewußt zu machen? Wird die Bundesregierung bei diesem Verzicht bleiben.« Die Antwort: »Die Tätigkeit der zentralen Erfassungsstelle hat beweissichernden Charakter für die einzelnen von ihr registrierten Fälle, sie dient nicht der Öffentlichkeit.« Was lag näher, als diese Praxis nach dem Regierungswechsel zu ändern und die Verbrechen, möglichst exakt belegt, publik zu machen. Doch nachdem sie Mitglieder der Regierungsfraktionen geworden waren, hielten auch sie es allem Anschein nach für opportun, das Wohlwollen Honeckers mit Verschweigen zu erkaufen. Es war, wie erwähnt (S. 36), Helmut Schmidt, der Honecker nach Bonn eingeladen hatte. Der Kanzler betonte dies in seiner Begrüßungsansprache:»Ich habe diese Einladung aufrechterhalten...«[80] Ob es andernfalls nicht oder später zu dem Staatsempfang gekommen wäre, der am 7. September 1987 stattfand, läßt sich nicht beantworten. Auch zu autoritären und totalitären Staaten unterhalten Demokratien üblicherweise diplomatische Beziehungen. Gegenseitige Staatsbesuche können der Vertrauensbildung, der Entspannung und Entkrampfung, aber auch einer nachdrücklichen Klarstellung dienen. Dennoch bat ich mit Schreiben vom 31. Juli 1986, der Bundeskanzler möge unter den gegebenen Umständen von einer Einladung absehen.

Kohl handelte, wie er glaubte, handeln zu müssen.»Daß dem Kanzler die als Staatsakt inszenierte Begegnung nicht behagt, erfahren nicht nur seine nächsten Mitarbeiter und Vertrauten. Mit eisiger Miene empfängt er den Kommunisten und zeigt auch während aller Fernsehübertragungen demonstrativ, daß dieser Part der Pflichterfüllung ihm innerlich gegen den Strich geht.«[81] Seine Ansprache ließ an Deutlichkeit nichts zu wünschen übrig:

»Die Präambel unseres Grundgesetzes steht nicht zur Disposition, weil sie unserer Überzeugung entspricht. Sie will das vereinte Europa, und sie fordert das gesamte deutsche Volk auf, in freier Selbstbestimmung die Einheit und Freiheit Deutschlands zu vollenden. Das ist unser Ziel. Wir stehen zu diesem Verfassungsauftrag, und wir haben keinen Zweifel, daß dies dem Wunsch und Willen, ja der Sehnsucht der Menschen in Deutschland entspricht.«[82]

Ob aber beim Besuch des Generalsekretärs der SED und Staatsratsvorsitzenden der DDR das Bonner Protokoll nicht des Guten zu viel getan hat (»besonders der Bundespräsident [hatte] nach protokollgerechtem Empfang« verlangt[83]) – außer Hymne, Flagge, Ehrenformation: große Festveranstaltungen – kann mit guten Gründen bezweifelt werden. War nicht Honecker bereits im eigenen Lager weitgehend isoliert? Hing nicht der SED-Staat am Dauertropf der bundesdeutschen Wirtschaft? Hatte sich Honecker nicht aufs schwerste an seinem Volke versündigt als Stalinist, als Lakai Ulbrichts, Organisator des Mauerbaus, Unterzeichner des Schießbefehls?[84] Wie deprimierend muß die Ehrung des Verbrechers auf die

Opfer gewirkt haben? Karl Dietrich Bracher hat aus diesen Gründen, wie er mir sagte, die Einladung zum Bankett nicht angenommen. Hut ab!

Neben diesen Hymnen gab es nur schwache Stimmen, die skandalöse Randerscheinungen des Besuches anprangerten. Das Deutschland-Magazin klagte:

»Zu den traurigen Begleiterscheinungen des Honecker-Besuches gehörte das Vorgehen von Beamten der bayerischen und hessischen Justiz gegenüber Opfern der ›DDR‹-Diktatur, die mit Plakaten und Flugblättern Honecker der Beihilfe und Anstiftung zum Mord in mindestens 190 Fällen bezichtigten. Solche Vorwürfe, wie sie Medien, Abgeordnete, Demonstranten auf Flugblättern, Plakaten, Wandschmierereien tatsächlich gegen ausländische Staatsoberhäupter seit Jahr und Tag erheben, haben die Justizbehörden noch niemals interessiert ... Aber plötzlich gibt es keine Meinungsfreiheit für die Bürgerinitiative ›Wiedervereinigung Deutschland‹. Die Kriminalpolizei im bayerischen Hof ermittelte gegen die Hersteller und Vertreiber von Plakaten gegen Honecker, wohlgemerkt ohne Ermächtigung der Bundesregierung. Ein glatter Fall von Rechtsbeugung, den ein Behördensprecher in Hof noch mit der rechtswidrigen Behauptung begründete: ›Hier geht es um den Tatbestand der Beleidigung eines ausländischen Staatsoberhauptes.‹ Daß Honecker kein ausländisches Staatsoberhaupt ist, scheint bis nach Hof noch nicht durchgedrungen zu sein ...«[85]

Den Honecker-Besuch würden die Verantwortlichen gerne vergessen machen. An die Protokollabteilung des Bundeskanzleramtes, an die Bayerische Staatskanzlei und die Staatskanzlei des Saarländischen Ministerpräsidenten sandte ich unter dem 28. Oktober 1991 gleichlautende Schreiben: »... Für eine wissenschaftliche Arbeit, betreffend das Verhältnis der Bundesrepublik Deutschland zur DDR, bitte ich um Überlassung des Programms und der Protokolle des Honecker-Besuchs ...« Das Kanzleramt verwies auf die übliche Sperre der Akteneinsicht, und Bayern bedauerte, daß »die Akten derzeit nicht zur Verfügung« stehen. Saarbrücken verweigerte jede Antwort, und das ist vielleicht sogar die eleganteste Lösung.

Zur Bundesregierung im weiteren Sinne zählt auch die dem Bundesinnenminister unterstellte Bundeszentrale für politische Bildung. Doch das damals von den drei Altfraktionen des Deutschen Bundestages mit je einem Mitglied beschickte Direktorium war weitgehend selbständig. Es verwaltete das Ost-Kolleg, das kaum noch jemanden zu Worte kommen ließ, der es wagte, die Wahrheit über Marx und Marxismus, SED und DDR zu sagen. Daraufhin ange-

Hymnen zur Gesundbetung
(vor dem Honecker-Besuch)

"Der Besuch wird von allen Parteien begrüßt. Wenn Hone k-
ker kommen will, gibt es von unserer Seite keine Probleme.
... Der Besuch ist sinnvoll, Herr Honecker ist willkommen."
(Regierungsverlautbarung)

"Eine wichtige Zwischenetappe, ich erwarte eine Stabilisie-
rung der deutsch- deutschen Beziehungen, eine Entkrampfung."
(E. Diepgen)

"Es ist paradox, Honecker einerseits mit Herzlichkeit zu begrüßen und andererseits die Erfassungsstelle Salzgitter für
die Gewaltverbrechen in der DDR aufrechtzuerhalten."
(H.J. Vogel)

"Man soll sich hüten, ihn zu dämonisieren!"
(K. Bölling)

"Die Bürger des anderen deutschen Staates bringen ihm
fast so etwas wie stille Verehrung entgegen."
(Th. Sommer)

"Seine Bürger zollen ihm hohen Respekt für seine Friedenspolitik."
(»Der Spiegel«)

"An Honeckers Biografie kann man nicht kratzen, kein dunkler Punkt kommt hervor, keine Enthüllung wird möglich ..."
(»STERN«)

"Jetzt kommt Erich Honecker ganz offiziell durch die Vor-
dertür ... eine Horror-Vision für alle Ewiggestrigen."
(»STERN«)

Bundesrepublik Deutschland: heute
von Nikolaus Fleck

Der Eine ...	Der Andere ...
von Beruf Dachdecker, ist aber seit seinem 19. Lebensjahr ausschließlich als Parteifunktionär tätig;	**von Beruf** Meßtechniker, arbeitet seit 1953 bei der Post;
wurde aus politischen Gründen von der national-sozialistischen Justiz des dritten Reiches verurteilt;	**wurde aus politischen Gründen** von der realsozialistischen Justiz der DDR verurteilt;
war in Haft von Dezember 1935 bis zum April 1945;	**war in Haft** von Mai 1959 bis zum Oktober 1965;
hat nachweislich seine spätere Machtposition benutzt, um ehemalige Haftkameraden und Mitbegründer der FDJ zu denunzieren und ins Unglück zu stürzen;	**hat nachweislich** bis zum heutigen Tag vielen ehemaligen politischen Häftlingen mit Rat und Tat geholfen;
ist verantwortlich für: – den Tod vieler Menschen, die seiner Macht entfliehen wollten; – Misswirtschaft und Umweltverschmutzung; – politische Terrorurteile; – unmenschliche Haftbedingungen; – Trennung vieler Familien; – Unterdrückung jeglicher Presse- und Meinungsfreiheit in seinem Machtbereich; – Menschenhandel in Europa;	**wird verdächtigt:** – Plakate zu verteilen, welche die Verbrechen des Dachdeckers in satirisch bissiger Form aufzeigen und anprangern; – durch das Ankleben der genannten Plakate eine Sachbeschädigung verursacht zu haben;
erhält einen ehrenvollen Empfang durch unsere höchsten Politiker und einen Milliardenkredit.	**erhält** eine Hausdurchsuchung durch unsere Polizei und eine Strafandrohung.

sprochen, wurde dieser Sachverhalt, dürftig verklausuliert, ziemlich offen und ungeniert bestätigt:

»In der 88. Sitzung des ehemaligen Wissenschaftlichen Direktoriums des Ost-Kollegs vom 16. März 1983 ist nun der Stellenwert der kommunistischen Ideologie in den Seminaren des Ost-Kollegs eingehend erörtert worden. Dabei wurde festgestellt, daß bei einer Auseinandersetzung nicht dem dogmengeschichtlichen Ansatz, wie in den späten 50er und in den 60er Jahren üblich, sondern dem sozialwissenschaftlichen Ansatz der Vorzug zu geben sei. Man ging davon aus, daß eine isolierte dogmengeschichtliche Darstellung der kommunistischen Ideologie ein konkretes und umfassendes Verständnis kommunistischer Politik erschwert und die Erfassung der komplexen Wechselwirkung zwischen Theorie und Praxis verhindert...«[88]

Das war bundesdeutsche Wirklichkeit, das der zum Alleinvertretungsanspruch verkümmerte Geist des Pluralismus, den eine Institution wie die Bundeszentrale für politische Bildung vorexerzieren sollte! Wenn daher in diesem Zusammenhang das Wort »Mafia« gefallen ist[89], kann man sich nur schwer entschließen, gegen dieses extreme Unwerturteil Bedenken anzumelden.[90]

Und die DDR-Politik der Bundesländer? Einer Initiative Willy Brandts aus dem Jahre 1961 – damals war er Regierender Bürgermeister von Berlin – ist es zu verdanken, daß – entsprechend der »Zentralen Stelle der Landesjustizverwaltungen zur Aufklärung von NS-Verbrechen[91] – die »Zentrale Erfassungsstelle der Landesjustizverwaltungen in Salzgitter« ins Leben gerufen wurde. Es gehe darum, »allen Anhängern und Dienern des Pankower Regimes eindeutig vor Augen zu führen, daß ihre Taten registriert und sie einer gerechten Strafe zugeführt werden.« So seine Begründung. Er sprach, noch bemerkenswerter, von »der nahezu völligen Identität der vom SED-Regime angewandten Methoden mit denen des Nationalsozialismus.«[92] (Die Parallele zum Extremistenbeschluß der Regierungschefs drängt sich auf.) Die Erfassungsstelle sollte kein Archiv sein, vielmehr etwaige spätere Anklagen vorbereiten. In 4.444 Fällen hat sie Unterlagen über Tötungshandlungen gespeichert, 80.000 Namen erfaßt. Im Verlaufe der Jahre wurden in der DDR nicht weniger als 200.000 politische Gerichtsurteile gefällt.

Es ist nicht verwunderlich, daß diese Dienststelle von der DDR als »eines der übelsten dieser Überbleibsel« des »Kalten Krieges«[93] mit Schmähungen überschüttet wurde. So hieß es in einer Rundfunksendung: Den Radikalenerlaß

»hat die Zentrale Erfassungsstelle für Menschenrechtsverletzungen in Salzgitter offenbar noch nicht zur Kenntnis genommen ... Stattdessen Greuelmärchen über Gewaltakte in der DDR, wie sie nur der Phantasie von Leuten entspringen können, denen die Schaffung normaler Beziehungen zwischen beiden deutschen Staaten ein Dorn im Auge ist. Aber gerade darin sehen sie ja wohl ihre völkerrechtswidrige Aufgabe.«[94]

Die Auflösung der Dienststelle war eine der Forderungen, die Honecker im Oktober 1980 in Gera an die Bundesregierung stellte und stereotyp wiederholte, nicht ohne Erfolg. Alle SPD-geführten Bundesländer stellten ihren finanziellen Beitrag ein (zuletzt Berlin im Mai 1989) und forderten die Auflösung. Gerhard Schröder: »Die kann man wirklich ohne Verlust für irgendwen auflösen. Das wäre ein Stück Respekt vor der Staatsbürgerschaft der DDR.«[95] Die DDR-Presse jubelte: »Übrigens haben die von der SPD regierten Bundesländer schon etwas dazu getan: Sie weigerten sich, die ›Erfassungsstelle‹ auch nur mit einem einzigen Pfennig weiter zu finanzieren.«[96] Die SPD-Bundestagsfraktion äußerte sich schon 1984 in diesem Sinne, Ministerpräsident Björn Engholm noch Ende 1989.[97] Erst ein Jahr später, erst nachdem die Revolution besiegelt war, kam die Erleuchtung. Nun räumte der SPD-Vorsitzende Hans Jochen Vogel ein, daß er heute eine andere Meinung über die Arbeit der Erfassungsstelle habe.[98] Einige Tage später Lafontaine in der Sendung »Farbe bekennen«:

»Wir haben dann gesagt, es führt nicht weiter, wenn wir diejenigen, die wir mit großem Pomp empfangen wie Honecker, wenn wir ihn registrieren in Salzgitter, welche Verbrechen er begangen hat. Es war nicht die SPD, die Honecker den Roten Teppich ausgerollt hat, sondern es war Helmut Kohl.«[99]

Diese Argumentation war schon deshalb falsch, weil der Boykott bereits Jahre vor dem Besuch beschlossen wurde. Nach all dem ist es nicht verwunderlich, daß die örtlich zuständige rotgrüne Landesregierung Niedersachsens den »Salzgitter-Report« in den Archiven verschwinden lassen wollte. Der Druck der öffentlichen Meinung hat das bürokratische Autodafé verhindert.

Was Bayern betrifft, so war es sicherlich nicht Helmut Schmidt, also kein »Roter«, der das Ausrollen des Roten Teppichs zu Ehren Seiner Exzellenz des Generalsekretärs des Zentralkomitees der Sozialistischen Einheitspartei Deutschlands eingefädelt hatte. »Deutschlands heimliche Hauptstadt« sollte auch bei diesem Staatsbesuch nicht übergangen werden. Und Honecker, dem Strauß 1983 einen Milliardenkredit vermittelt hatte, zeigte sich dankbar, wußte er doch um den Einfluß des gewichtigen Bayern. Der Kredit kann kaum mit anderen Maßstäben beurteilt werden als die »besonderen Bemühungen«, von denen bereits die Rede war (vgl. S. 43 f.). Es wird glaubhaft berichtet, daß sich nach der Kreditzusage Ton und Verhalten der DDR-Organe an der deutschdeutschen Grenze schlagartig änderten. Die Selbstschußanlagen wurden abgebaut, die Minenfelder geräumt. Neue zusätzliche Grenzbefestigungen im Hinterland entzogen sich den kritischen bundesdeutschen Blicken. Viele Freunde von Strauß irritierte, daß er seine Vermittlerrolle publikumswirksam breit herausstellen ließ. Seine Begrüßungsansprache war alles andere als einschmeichelnd:

»Die Grenze, die seit dem Ende des Zweiten Weltkrieges ganz Deutschland teilt, trifft die Deutschen besonders schwer: Sie zerreißt die Nation, sie zerschneidet Räume, die seit Jahrhunderten geschichtlich, wirtschaftlich, kulturell eine Einheit waren. Sie trennt Deutsche von Deutschen: Landsleute, Freunde, Verwandte, selbst engste Familienangehörige. Sie ist zugleich eine Trennungslinie der Weltanschauungen, der politischen Ordnungen, der gesellschaftlichen Systeme, dabei auch der Vorstellungen über die Verwirklichung von Menschen- und Bürgerrechten, von Demokratie und Rechtsstaat.«[100]

Der letzte Halbsatz ging zu weit. Auch mit dem Zeremoniell ist er viel zu weit gegangen. Jede Hommage an den Verbrecher, zumal durch ein aufwendiges Bankett, war ein Fauxpas. Während die einen im Antiquarium der Münchner Residenz dem Kommunistenhäuptling zuprosteten, protestierten andere, so die IGFM, auf dem nahegelegenen Marienplatz unter Hinweis auf die permanenten schweren Menschenrechtsverletzungen in Honeckers Imperium. Der Marienplatz ist von der Residenz über 400 Meter entfernt. Näher durfte man mit Transparenten nicht an Honecker heran, auch nicht in Dachau. Wer es dennoch wagte, dem wurde die Festnahme angedroht.

Einer, der es gleichwohl versuchte und Schwierigkeiten mit der Polizei bekam, Michael Leh, textete die bitteren Strophen:

»Im Bayernlande kommt sodann
Der rotlackierte Nazi an
Und steht in Dachau voller Trauer
An einer *alten Mördermauer.*

Die Wachtürme *dort: Vergangenheit* –
doch die von Erich sind nicht weit!«

Die Münchner Abendzeitung kommentierte:

»Es fängt damit an, daß schon der Begriff ›Wieder‹vereinigung widersinnig ist . . . Daß Adenauers Enkel sich zu dieser Erkenntnis erst quälend durchringen mußten und teilweise noch unter solcher Schizophrenie leiden, wie Kohls Bemerkung sie dokumentiert, ist ihre Sache. Da ist Franz Josef Strauß von anderem Kaliber: Er kann mühelos den Kommunistenfresser der Bierzelte mit dem Realpolitiker verbinden, der in der Tat die Grenzen zwischen dem ›Möglichen und dem Unmöglichen‹ kennt . . .«[101]

Was »Kaiser Franz Joseph« in München vorexerzieren ließ, wollte jeder andere Bundesdeutsche Duodezfürst tunlichst kopieren. Kam Honecker der Einladung nicht nach, baten die Landesherren, am Hofe des Generalsekretärs der SED ihre Aufwartung machen zu dürfen. Wohl keiner, der auf den telegenen Händedruck verzichtet hätte, angefangen von Lothar Späth bis hin zum Saarländer. Lafontaine schoß wohl den Vogel ab. Unter der Überschrift »Fünf Oskars« berichtete die Presse:

»Mit fünf Oskars auf der Titelseite hat ›Neues Deutschland‹ einen Rekord aufgestellt. Fünf Fotos von Lafontaine verdrängten alle anderen Nachrichten von der ersten Seite. Nie zuvor hatte das SED-Blatt für einen westdeutschen Politiker die Trommel so gerührt.«[102]

Bevor wir Bayern ganz verlassen, soll eine höchst signifikante Episode berichtet werden. Im Sommer 1990 stand auf der Tagesordnung der Universität Bayreuth: Verleihung der Ehrendoktorwürde an Vaclav Havel. In seinem Glückwunschschreiben würdigte der zuständige Minister den tschechoslowakischen Staatspräsidenten als einen Humanisten des Denkens und des Handelns:

»Die schonungslose, mit höchster Sensibilität der Wahrnehmung erfolgte Offenlegung des menschenverachtenden und lebensfeindlichen Grundcharakters des Totalitarismus, die Ihre dramatischen Werke, Ihre Essays, Briefe und Reden durchzieht, haben den Menschen in Ihrem Lande das geistige Rüstzeug gegeben, mit dessen Hilfe Sie das totalitäre System überwinden konnten.«[103]

In der zuständigen Kommission war es angezeigt, den Antrag entschieden zu begrüßen, doch ebenso darauf hinzuweisen, daß die Ehrung zwölf Monate früher, Sommer 1989, oder noch früher weit mutiger gewesen wäre und vielleicht sogar Havels Befreiung bewirkt hätte. Aber damals wäre ein solcher Antrag von der Mehrheit nahezu diskussionslos abgeschmettert worden, hatte doch Marion Gräfin Dönhoff sogar den erbetenen Abdruck eines Essays von Havel wegen »nicht ausreichender Substanz« in der »Zeit« abgelehnt.[104] Nun, Havel wußte die neue Würde, zu diesem Zeitpunkt eine unter vielen, angemessen einzuschätzen: Er nahm sich gar nicht die Zeit, nach Bayreuth zu kommen; die Kommission mußte ihm nachreisen. Im Meer des Menschlichen, Allzumenschlichen ist allein dies das Besondere.

In dem Buch »Revolution und Kirche« schildert Hans Maier eine andere, offenbar typische Verhaltensweise:

»Dieser [Jacques Louis] David malte im Sommer 1793 im Auftrag der ›Section du Contrat social‹ den ermordeten Marat. Der Marat-Kult verbreitet sich zu dieser Zeit in Windeseile im ganzen Land; Altäre werden aufgerichtet, Prozessionen veranstaltet; der Tote, immerhin ein reichlich bedenkenloser Dämagoge, der in seinem Blatt ›L'ami du peuple‹ zu Massenhinrichtungen aufgerufen hat, wird jetzt wie ein Märtyrer, wie ein Heiliger verehrt. Die Maratfeste sind Beispiele jener unbekümmerten Sakralisierung revolutionärer Personen . . .«[105]

Sind nicht Rosa Luxemburg und Karl Liebknecht Marats unseres Jahrhunderts? Ihre Ermordung ist entschieden zu mißbilligen, doch auch die Sakralisierung, die insbesondere auf breiter politischer Basis in Berlin betrieben wurde. Eine Gedenktafel an der Corneliusbrücke ist den beiden als »Vorkämpfer für Frieden. Demokratie. Sozialismus« gewidmet. Daß uns die rote Rosa einige Sätze hinterlassen hat, die den Beifall jedes Demokraten finden, macht sie nicht zur Vorkämpferin der Demokratie, exkulpiert sie nicht von den Verbrechen, die auf ihre Aufforderungen hin vom Spartakusbund begangen wurden (S. 144 f.). Beide wollten die gewaltsame revolutionäre Umgestaltung Deutschlands mit allen Konsequenzen. Einige Zitate aus ihrer Zeitschrift »Die Rote Fahne« vom Dezember 1918 veranschaulichen das Gesagte:

»Nicht wo der Lohnsklave neben dem Kapitalisten, der Landproletarier neben dem Junker in verlogener Gleichheit sitzen, um über ihre Lebensfrage parlamentarisch zu debattieren, dort, wo die millionenköpfige Proletariermasse die ganze Staatsgewalt mit ihrer schwieligen Faust ergreift, um sie wie der Gott Thor seinen Hammer den herrschenden Klassen aufs Haupt zu schmettern, dort allein ist die Demokratie, die kein Volksbetrug ist.«[106] »Auf Proletarier! Zum Kampf! Es gilt, eine Welt zu erobern und gegen eine Welt anzukämpfen. In diesem letzten Klassenkampf der Weltgeschichte um die höchsten Ziele der Menschheit gilt dem Feinde das Wort: Daumen aufs Auge und Knie auf die Brust!«[107]

Wer derlei schreibt, ist gänzlich unglaubwürdig, wenn er an anderer Stelle die Freiheit als die Freiheit des anderen definiert. Sogar in Hitlers »Mein Kampf« finden sich durchaus passable Sätze.[108] 1986 wurde in Berlin (West) Peter Köhler ermordet. Alle Spuren verliefen sich in Berlin (Ost). Doch von dort keine Hilfe, da, wie heute erwiesen, der Staatssicherheitsdienst seine Hand im Spiel hatte. Nichts von den aktenkundlichen ungeheuerlichen Vorgängen sickerte in die Öffentlichkeit. Die »gutnachbarschaftlichen Beziehungen« zur DDR sollten nicht gestört werden.[109] DDR-Verbrechen waren tabu.

Die West-Berliner Schulsenatorin Volkholz veränderte das Vorwort einer Broschüre über den legendären Bürgermeister Ernst Reuter (SPD), dessen Geburtstag sich am 29. Juli 1989 zum 100. Male jährte. Hanna-Renate Laurien (CDU), Vorgängerin von Frau Volkholz, hatte gewürdigt, daß Ernst Reuter der West-Berliner Bevölkerung während der Blockade durch die sowjetische Besatzungsmacht Vertrauen und Zuversicht auf den Sieg der Freiheit eingeflößt habe. Frau Volkholz begnügte sich mit: Reuters Engagement habe freiheitliche demokratische Strukturen schaffen helfen. Kein Wort mehr vom Anschlag der Sowjets auf die Freiheit West-Berlins. Auf dieser Linie auch der Versuch des Pastors Heinrich Albertz (SPD) – er war 1966/1967 Regierender Bürgermeister –, die »Straße des 17. Juni« in »Straße des 18. März« (1848) umzubenennen.[110]

Am 20. Oktober 1989 wurde dem Landesvorsitzenden der kommunistischen VVN-BdA und Mitglied des DKP-Landesvorstands Bremen, Willi Hundertmark, das Bundesverdienstkreuz verliehen. Die Laudatio sprach Bremens stellvertretender Bürgermeister Henning Scherf. Er meinte, daß Hundertmarks »aufrechter Kampf vor 1933 und während des Faschismus... beispielgebend« gewesen sei, »auch weil Hundertmark sich nach 1945 trotz Enttäuschungen nie zurückgezogen« habe. Hans Josef Horchem, seit 1986 Direktor des Bonner Instituts zur Erforschung von Ursachen und Auswirkungen des internationalen Terrorismus, kommentiert:

»Nach dieser Formulierung muß man davon ausgehen, daß der Bremische Bürgermeister durch die Auszeichnung auch die verfassungsfeindliche Tätigkeit Hundertmarks in der 1956 verbotenen und damit illegalen KPD und ihrer Nachfolgeorganisation DKP anerkannt wissen wollte.«[111]

In einem Leserbrief zur Ordensverleihung heißt es:

»Im Verfassungsschutzbericht 1988 ist zu lesen: ›Die VVN-BdA strebt weiterhin eine ›antifaschistische Bundesrepublik‹ (die jetzige erscheint ihr offenbar als faschistisch) ›nach dem Vorbild der DDR an; dort sei der Antifaschismus verwirklicht‹... Ganz so schlimm scheint diese Organisation wohl nicht zu sein, denn sonst hätte unser verehrter Herr Bundespräsident nicht erst... Willi Hundertmark das Bundesverdienstkreuz Erster Klasse verliehen... Sollte der Verfassungsschutz daraufhin nicht vielleicht doch sein (Vor-)Urteil über den VVN-BdA revidieren und damit dem weitherzigen Urteil des Bundespräsidenten folgen? Dieser läßt sich ganz offensichtlich in seiner Standhaftigkeit von Äußerlichkeiten nicht beeinflussen.«[112]

Mein Kommentar: Welch Glück für Hundertmark, daß die Revolution nicht 100 Tage früher kam. Denn dann hätte er keine Chance mehr gehabt, als Kommunist geehrt zu werden. Jetzt, im Jahre 1993, erhalten die Kämpfer des 17. Juni 1953 (!) das Bundesverdienstkreuz.

»Heute sind die Proletarier von einst die Herren dieser Stadt, der Stadt des Friedens, der Hauptstadt Berlin«[113], brüstete sich Erich Honecker bei der Einweihung eines Ernst Thälmann-Denkmals im April 1986. Hamburg ehrte und ehrt ebenfalls den 1944 in Buchenwald ermordeten Sohn der Stadt. Diese Ehrung weist eine bemerkenswerte Zäsur auf. Nach der Niederschlagung des Ungarnaufstandes 1956 kamen die Verantwortlichen zur Besinnung, und fortan hieß die zehn Jahre alte »Thälmann-Straße« »Budapester Straße«. Aber die Erleuchtung hatte keine Dauerwirkung. Seit Mitte der 80er Jahre gibt es wieder einen »Thälmann-Platz«. Wer war Thälmann? Der Vorsitzende der KPD bei Hitlers Machtübernahme. Im Streit zwischen Bucharin und Stalin stellte er sich ganz auf die Seite des letzteren.

»Der XII. Parteitag der KPD im Juni 1929 zeigte«, daß die Stalinisierung der Partei im wesentlichen abgeschlossen war. Thälmann, dem unumstrittenen Führer der Partei galt langer anhaltender Beifall. Das Protokoll vermerkt: ›Der Parteitag bereitet dem Genossen Thälmann eine stürmische Ovation. Die Delegierten erheben sich und singen die ›Internationale‹. Die Jugenddelegation begrüßt den ersten Vorsitzenden der Partei mit einem dreifachen ›Heil Moskau‹.‹«[114]

Das hohe Ansehen, das Thälmann über die Jahrzehnte hinweg bei den sowjetischen wie den deutschen Kommunisten genoß, dokumentiert ein Schreiben des SED-Politbüros an das Politbüro des ZK der KPdSU vom 21. Januar 1971. Darin heißt es abschließend: »Indem wir Ihnen diese große Bitte unterbreiten, gehen wir davon aus, daß immer zwischen unseren Parteien und Staaten, seit der Zeit Thälmanns und Piecks eine gute, feste, unverbrüchliche Kampfgemeinschaft bestand...«[115] Wird Hamburg ein zweites Mal den Mut haben, seine krassen politischen Irrtümer zu korrigieren? Vom FAZ-Magazin im Dezember (6.) 1991 gefragt: »Welche geschichtliche Gestalt verachten Sie am meisten? antwortete Hans-Ulrich Klose, früher Erster Bürgermeister in Hamburg, heute SPD-Fraktionsvorsitzender: »Hitler. Stalin.« Ausgerechnet Klose läßt Stalins Statthalter in Deutschland auf die bezeichnete Weise ehren!

In Hamburg gab es noch weitere, aus demokratischer Warte höchst fragwürdige Ehrungen, z. B. zugunsten Allendes. Salvador Allende, der 1970 vom Parlament gewählte chilenische Staatspräsident, kam 1973 ums Leben, als das Militär putschte. In einer »Länder-Aufzeichnung-Chile« der deutschen Botschaft, 1. März 1986, heißt es dazu:

»Die Legitimation zu diesem Eingriff leitete das Militär daraus her, daß Parlament und Oberster Gerichtshof zuvor das Vorgehen der Regierung Allendes als verfassungswidrig bezeichnet hatte und daß ein Parlamentsbeschluß vom 22. 8. 1973 die Streitkräfte praktisch aufforderte, diesem Zustand ein Ende zu bereiten.«

Auch der jetzige Präsident, Patricio Aylwin, hat diese Resolution mitgetragen. Pinochet, der von Allende eingesetzte oberste Befehlshaber des Heeres und Junta-Chef hat die Wiederherstellung der Demokratie eineinhalb Jahrzehnte hinausgezögert. Zerstört aber hat sie Castros Freund und Gesinnungsgenosse, der in Hamburg honorierte Allende. Die lange Vereitelung der Strafverfolgung, die Chile zugunsten Honeckers betreibt, macht deutlich, daß die Sozialisten beider Staaten Genossen gewesen sind.

Die Stadt Wuppertal im Bundesland Nordrhein-Westfalen veranstaltete anläßlich des 150. Geburtstags von Friedrich Engels, ihres Sohnes, eine internationale Konferenz. Eingeladen war auch der namhafte französische Marxismusforscher Maximilien Rubel. Er berichtet:

»Ich hatte also den Organisatoren ein – in deutscher Sprache verfaßtes – acht Punkte umfassendes Dokument eingesandt, dem ich die Überschrift ›Gesichtspunkte zum Thema ›Engels als Begründer‹ gegeben hatte. Zu meiner Überraschung wurde ich bei meiner Ankunft in Wuppertal von den für die Konferenz verantwortlichen Herren empfangen, die mir ihre Verlegenheit bekannten: Meine sowjetischen und ostdeutschen Kollegen, die sich bei der Lektüre meiner *Gesichtspunkte* gewissermaßen persönlich beleidigt fühlten, drohten die Konferenz zu verlassen, falls mein Beitrag nicht zurückgezogen würde.«[116]

Rubel mußte sich dem Wunsch der Veranstalter, die ihrerseits der örtlichen Pression nachgaben, beugen. Doch den Veranstaltern hätte es freigestanden, Rubels Beitrag zumindest in ihrem Bericht zu berücksichtigen. Rubel:

»In der Tat haben die Organisatoren sich nicht gescheut, die in der ›bürgerlichen‹ Demokratie allgemeinen respektierten Grundregeln der Editionspraxis zu mißachten: der inkriminierte Text, der auf Anforderung der Verantwortlichen übermittelt worden war, ist in dem Sammelband... nicht aufgenommen worden.«[117]

Was Bremen recht ist, ist dem Saarland billig. Der stellvertretende SPD-Vorsitzende und saarländische Ministerpräsident Oskar Lafontaine hat Anfang 1989 vier Mitglieder der DKP »in Anerkennung und Würdigung ihrer besonderen Verdienste um die Freiheits und Menschenrechte im Saarland« mit dem saarländischen Verdienstorden ausgezeichnet.[118]
Eine Marburger Schülergruppe bereiste im Januar 1985 die DDR und schmuggelte auf der Rückfahrt einen Flüchtling in die Freiheit. »Aus pädagogischen Gründen« werden 16 Stunden Sozialarbeit für die angemessene Strafe erachtet.
Abschließend noch ein Wort zu den Städtepartnerschaften, die dank der naiven »Progressivität« der westlichen Partner von der anderen Seite außenpolitischen Zielen dienstbar gemacht werden konnten, ohne daß die Bewohner der Kommunen, ihre Funktionäre ausgenommen, einander nähergekommen sind. Die erste deutschdeutsche Städtepartnerschaftsvereinbarung wurde am 25. April 1986 paraphiert, und zwar zwischen Saarlouis und Eisenhüttenstadt. Bis zur Öffnung der Grenze am 9. November 1989 kamen noch 57 solcher Vereinbarungen hinzu und weitere 800 Kreise und Gemeinden verfolgten dieses Ziel. Das Verlangen nach solchen Partnerschaften war offenbar sehr groß. Was stand ihnen bis 1986 im Wege?

Die erste Bundesregierung lehnte derartige Offerten der anderen
Seite entschieden ab, da innerstaatlich solche Partnerschaften gänzlich unüblich seien, Bundesrepublik und DDR eine staatliche Einheit bildeten. Mit der neuen Ostpolitik der Regierung Brandt-
Scheel schien dieses Hindernis ausgeräumt. Doch nun verstummten
jene, die bisher geworben hatten und schwiegen meist selbst dann,
wenn die bundesdeutsche Seite auf sie zuging. Kam eine Antwort,
war sie nichtssagend oder enthielt unerfüllbare Forderungen wie
Anerkennung einer eigenen DDR-Staatsbürgerschaft, Aufnahme
offizieller Beziehungen zwischen Volkskammer und Bundestag und
dergleichen mehr. Nun, für derartige Zusagen fehlten den Gemein-
deparlamenten die rechtlichen Kompetenzen. Aber konnte man
sich nicht auf Formulierungen einigen, die den außenpolitischen
Vorstellungen der anderen Seite nahekamen? Die DDR witterte die
Chance, in der Bundesrepublik Außenpolitik von unten betreiben
zu lassen, Sand ins Kompetenzgetriebe zu streuen. Daher sah sich
Staatssekretär Walter Priesnitz veranlaßt, im September 1988 part-
nerschaftliche Aktivitäten zu benennen, die die Bundesregierung
nicht gutheißen könne: »Gemeinsame Erklärungen deutschland-
oder außenpolitischen Inhalts, seien sie noch so vorsichtig formuliert, gehören weder in die Partnerschaftsverträge selbst noch in die
Partnerschaftsbegegnungen. Die operative Deutschlandpolitik ist
keine kommunale Angelegenheit.«[119] Die SPD war anderer Ansicht
und wies diese Kritik, die die Bundesregierung an den Kommunen
übe, zurück. Lafontaine bezeichnete sie gar als »Versuche der ständigen deutschlandpolitischen Bedenkenträger, den historischen
Fortschritt, gerade auch im Bereich der Begegnungen zwischen den
Menschen auf kommunaler Ebene, durch zum Teil nicht nachvoll-
ziehbare Einwände zu zerstreuen.«[120]
Zahlreiche Verträge enthielten Termini wie »friedliche Koexistenz«, »Nichteinmischung«, »BRD«. Auch »Völkerverständigung«
sollte erstrebt werden, z. B. gemäß der Vereinbarung zwischen
Düsseldorf und Karl-Marx-Stadt, so als ob es sich bei den Bewohnern der Bundesrepublik und der DDR um zwei verschiedene Völker handelte. Einen Sandsturm entfachte der Rat der Stadt Salzgitter, als er in den Partnerschaftsvertrag mit Gotha die Formulierung
aufnahm: »Beide Seiten treten für die Fortsetzung des Entspan-
nungsprozesses ein; in diesem Zusammenhang wäre auch die Auflösung der ›Zentralen Erfassungsstelle‹ ein weiterer Schritt zur allge-

meinen Verbesserung der gegenseitigen Beziehungen.« Einmütig billigte zwar der Rat der Stadt Salzgitter die Partnerschaft, doch die CDU lehnte den Vertrag ab, da der Wunsch nach Auflösung der Erfassungsstelle rechtlich wie politisch bedenklich sei. Darüber findet sich kein Wort in der einschlägigen Monographie der Beatrice von Weizsäcker, Tochter des Bundespräsidenten. Das ist nur zu verständlich, wenn man bedenkt, daß die Babelsberger Akademie für Staats- und Rechtswissenschaft der DDR ihr aufgrund entsprechender Anweisungen des Zentralkomitees der SED massive Hilfe hatte angedeihen lassen, eine Hilfe, die keinem anderen bundesdeutschen Studenten oder Professor zuteil wurde und die ausschließlich auf die Bitte des Vaters zurückzuführen ist[121], der sich auch überschwenglich bedankt hat:

»Sodann erlauben Sie mir, Ihnen für die ganz hervorragende Förderung der Recherchen zu danken, die meine Tochter dem Thema der Städtepartnerschaften zwischen beiden deutschen Staaten widmet. Sie haben sich ihrer persönlich fürsorglich und hilfsbereit angenommen und ihr den Weg zur kompetenten Fachautorität geöffnet. Ich bin darüber sehr froh, nicht nur weil ich meine Tochter noch nie so engagiert und beschwingt über ihre Arbeit habe sprechen hören, sondern weil sich mit dieser als Dissertation gedachten rechtswissenschaftlichen Aufgabe vielleicht die Möglichkeit bietet, einen für beide Seiten nützlichen, sachlichen Beitrag zu leisten. Ein solcher Sinn- und Praxisbezug ist bei Dissertationen selten genug...«[122]

Mit letzterem trifft der Papa ganz sicherlich den Nagel auf den Kopf! (Als Hansgeorg Bräutigam für einen Ersatzbeisitzer um ein Honeckerautogramm nachsuchte und dieses Ersuchen publik wurde, mußte er den Vorsitz im Schwurgerichtsverfahren gegen Honecker niederlegen.)
Selbstbewußt teilte das Geschäftsführende Präsidium des Kuratoriums Unteilbares Deutschland unter dem 1. Oktober 1980 mit:
»Die Aufgabe des Kuratoriums Unteilbares Deutschland ist erfüllt.« Und weiter

»Für das Kuratorium Unteilbares Deutschland ist der 3. Oktober auch ein Tag, um auf 36 Jahre eigener Arbeit zurückzublicken. Das Kuratorium Unteilbares Deutschland ist 1954 von Politikern und herausragenden Persönlichkeiten des gesellschaftlichen Lebens gegründet worden. Zu den Gründungsmitgliedern gehörten Vertreter aller Parteien, wie Thomas Dehler, Johann Baptist Gradl, Jakob Kaiser, Ernst Lemmer, Erich Ollenhauer, Carlo Schmid, Franz-Josef Strauß und Herbert Wehner...«

Das dürfte alles den Tatsachen entsprechen. Im folgenden wird die Wirklichkeit aber nicht nur geschönt, sondern geradezu auf den Kopf gestellt: »Das Kuratorium Unteilbares Deutschland hat sich immer als eine Arbeitsgemeinschaft jener Menschen verstanden, die gewillt waren, für die Einheit des deutschen Volkes einzutreten.« Längst hatte sich die Bezeichnung »Unheilbares Deutschland« eingebürgert, weil diese staatlich massiv subventionierte Einrichtung in erster Linie zum Forum jener geworden war, die die DDR-Realitäten verharmlosten und auf dem der Gedanke der Wiedervereinigung geradezu bekämpft wurde, so – Spätherbst 1978 – Richard Löwenthal im Amerikanischen Kongreßzentrum zu Berlin, wo er – ich war selbst Zeuge – das Karlsruher Urteil zum Grundlagenvertrag eine »Lebenslüge des deutschen Volkes« nannte, Horst Ehmke im Reichstagsgebäude, wo er die Friedfertigkeit der Sowjetunion pries (S. 83) und Jürgen Schmude im Fraktionssaal der SPD zu Bonn, wo er für die Preisgabe des Wiedervereinigungsgebots der Präambel des Grundgesetzes plädierte (S. 201). Schon damals war die Auflösung dieser ihrem Auftrag längst untreu gewordenen Institution überfällig.

Die Geschichte des Deutschlandliedes veranschaulicht die Entwicklung der letzten 40 Jahre. Manche sprachen von »Staatsstreich«, als Konrad Adenauer im Anschluß an eine Veranstaltung im Berliner Titaniapalast am 18. April 1950 zum Singen der dritten Strophe des Deutschlandliedes aufforderte. Die drei westlichen Stadtkommandanten blieben auf ihren Plätzen sitzen, während der Berliner Bürgermeister Ernst Reuter und seine Stellvertreterin Luise Schröder (beide SPD) der Bitte Adenauers offenbar gerne Folge leisteten. Aber es vergingen noch zwei Jahre, bis Bundespräsident Heuss dem Drängen des Bundeskanzlers entsprach und das Hoffmann-Haydnsche Lied als Staatshymne festlegte. In der Zeit der sozial-liberalen Koalition verstummte es nahezu. Erst 1991 gibt die Bundeszentrale für politische Bildung »Das Lied der Deutschen« heraus. Der Bundestagsabgeordnete Wilfried Böhm weiß zu berichten: »1976 gab es keine einzige Schallplatte mit seinem gesungenen Text im Handel: wohl aber die marxistische ›Internationale‹ in zehn verschiedenen Fassungen!«[123] Der Ruf »Einigkeit und Recht und Freiheit« drohte zu verstummen.

III. Die SPD – Eine janusköpfige Partei

*Die deutschen Sozialisten im Osten haben ihren
Staat zuschanden geritten, gründlicher, brutaler,
mit größerer Menschenverachtung, als selbst von
Kritikern vermutet. Kunstraub zur Devisenbe-
schaffung, Politintrigen mittels Rechtsbruch, Stasi
überall, Zwangsadoptionen – die Liste ihrer
Schandtaten ließe sich beliebig erweitern.«*

Bodo Hombach
Landtagsabgeordneter und Landesgeschäftsfüh-
rer der SPD in Nordrhein-Westfalen[1]

1. »Das Problem der Freiheit im Sozialismus« – Die ersten hundert Jahre

Gleich in der Einleitung des Buches »Kleine Geschichte der SPD«
wird eine Erklärung der Sozialistischen Internationale vom 3. Juli
1951 zitiert: »Es gibt keinen Sozialismus ohne Freiheit.«[2] Ist diese
provokante Behauptung richtig? Einer der beiden Autoren des eben
erwähnten »Klassikers«, die Insiderin Susanne Miller, nährt mit
ihrer materialreichen Publikation »Das Problem der Freiheit im
Sozialismus« unsere Zweifel. Da lesen wir in den Schlußbetrachtun-
gen:

»Der Ansatzpunkt der Freiheitsvorstellungen der Sozialisten war stets die
Freiheit ›des Proletariats‹, ›der Klasse‹, ›des Volkes‹, ›der Menschheit‹,
niemals die Freiheit des einzelnen. Das Problem der Freiheit des Individuums lösten sie durch einen Identifikationsprozeß von Individuum und Gemeinschaft auf, der sich in einer klassenlosen Gesellschaft vermeintlich von
selber vollziehen werde. Die erfahrungsgemäß bestehenden Gegensätze
zwischen der Freiheit einzelner und dem Freiheitsstreben benachteiligter
Gruppen führten die Sozialdemokraten in der kapitalistischen Ordnung auf
die in dieser bestehenden ungleichen Eigentumsverteilung zurück . . . Der
einzelne wurde der Gesellschaft gegenüber als ›nichtig‹ betrachtet (Karl
Kautsky), und es wurde ihm das Recht abgesprochen, seine Freiheitsan-
sprüche gegenüber einer sozialistischen Gesellschaft geltend zu machen,

sobald diese dem etablierten Kodex dieser Gesellschaft nicht entsprachen.«[3]

Die SPD zählt ihr Alter ab 1863. Damals gründete Ferdinand Lassalle den Allgemeinen Deutschen Arbeiterverein (ADAV). Welchen Einfluß Marx und Engels auf das 1869 gegründete sozialistische Konkurrenzunternehmen, die »Eisenacher«, ausübten, ist im einzelnen strittig und bedarf hier keiner Untersuchung. Der Zusammenschluß des Jahres 1875 zur Sozialistischen Arbeiterpartei Deutschlands erfolgte ohne Wissen und gegen den Willen der Londoner Freunde. Doch bereits auf dem Parteitag des Jahres 1890 zu Halle wurde der 1883 verstorbene Marx »unser großer Führer« genannt.[4] Mit Blick auf das Erfurter Programm des Jahres 1891 glaubte Engels triumphierend feststellen zu können: »Wir haben die Satisfaktion, daß die Marxsche Kritik komplett durchgeschlagen hat. – Auch der letzte Rest Lassalleanismus ist entfernt.«[5] Zumindest offiziell hatte nun Marx im Herrgottswinkel der Parteiseele Platz genommen und damit eine auf Revolution, Terror, Diktatur ausgerichtete Ideologie. Mit den entsprechenden Nachweisen lassen sich ganze Bücher füllen.[6] Nur wer die Fakten nicht kennt und nicht kennen will, kann das leugnen. Richtig ist aber auch, daß die prominenten Sozialdemokraten diese Vorgaben ihres »Führers« nicht billigten. Sie wollten nur sein Renommee. Engels fand noch Gelegenheit, gegen diesen Etikettenschwindel zu protestieren. Besonders bezeichnend ist, was seitens der SPD-Leitung mit Engels' Einleitung zu »Die Klassenkämpfe in Frankreich« 1895, also im Todesjahr von Engels, gemacht worden ist. Im Vorwärts erschien nur das, was Wilhelm Liebknecht »dazu dienen konnte, die um jeden Preis friedliche und Gewaltanwendung verwerfende Taktik zu stützen...«[7], entrüstete sich Engels. Gegenüber Karl Kautsky protestierte er:

»Zu meinem Erstaunen sehe ich heute im ›Vorwärts‹ einen Auszug aus meiner ›Einleitung‹ *ohne mein Vorwissen* abgedruckt und derartig zurechtgestutzt, daß ich als friedfertiger Anbeter der Gesetzlichkeit quand même [unter allen Umständen] dastehe. Um so lieber ist es mir, daß das Ganze jetzt in der ›Neuen Zeit‹ erscheint, damit dieser schmähliche Eindruck verwischt wird.«[8]

Spätestens ab diesem Zeitpunkt hatte die Partei gleichsam zwei Seelen in ihrer Brust, eine primär freiheitlich-demokratische und eine marxistisch-extremistische. Das Schisma war programmiert, das sich dann 1916–1919 unter heftigen Wehen vollzog. Die so entstandene KPD war marxistisch in Wort und Tat. Damals (30. Dezember 1918) geiferte Rosa Luxemburg:

»Wir können es ruhig aussprechen, ... daß die deutschen Gewerkschaftsführer und die deutschen Demokraten die infamsten und größten Halunken, die in der Welt gelebt haben, sind. (Stürmischer Beifall und Händeklatschen.) Wissen Sie, wohin diese Leute Winnig, Ebert, Scheidemann, gehören? ... Ins Zuchthaus! (Stürmische Zurufe und Händeklatschen.) ... Und heute haben wir – das können wir ruhig heraussagen – an der Spitze der ›sozialistischen Regierung‹ ... Zuchthäusler, die überhaupt nicht in eine anständige Gesellschaft hineingehören.«[9]

Demgegenüber betonten die Repräsentanten der SPD: »Freiheit in Wort und Schrift, gleiches Recht für alle, das sind und bleiben unsere Grundlagen.« So Friedrich Ebert auf einer Großkundgebung Anfang Dezember 1918. Ferner:

»Die deutschen Arbeiter mögen nach Rußland sehen und sich warnen lassen! Das hochentwickelte Wirtschaftsleben Deutschlands kann auf die Dauer nicht mit Maschinengewehren und Braunings vergewaltigt werden. Wir wollen ein dauerhaftes, innerlich gesundes Werk schaffen, das eine gesicherte Entwicklung der Wirtschaft und ein kräftiges Volksleben ermöglicht. (Beifall)«[10]

Zu einer Annäherung der verfeindeten Brüder kam es in den folgenden Jahren nicht; ab 1928 wurde der Graben nur noch tiefer. Damals gab Stalin die Parole aus, der Hauptstoß der Kommunisten habe sich gegen die sozialdemokratischen Partei- und Gewerkschaftsführer, die »Sozialfaschisten«, zu richten. Die Geschichte der KPD dieser Epoche ist eine einzige Chronique scandaleuse: »Da die KPD an ihrer Einschätzung festhielt, es bestehe eine ›revolutionäre Situation‹, blieb für sie die Sozialdemokratie der ›Hauptfeind‹, ein prinzipieller Unterschied zwischen SPD und NSDAP (›Zwillingsbrüder‹) wurde ebenso geleugnet wie ein genereller Gegensatz zwischen Weimarer Republik und Faschismus.«[11] Auf Weisung der Komintern trat die KPD 1931 an die Seite der NSDAP, um deren Volksbegehren gegen die sozialdemokratisch geführte preußische Regierung zum Erfolg zu verhelfen. Ähnliches wiederholte sich beim Berliner Verkehrsarbeiterstreik. Als es zu spät war, nach dem 30. Januar 1933, dürften zumindest alle ihrer Freiheit beraubten Kommunisten den Unterschied zwischen den »Sozialfaschisten« und den »Zentrumsfaschisten« einerseits sowie den Nationalsozialisten andererseits rasch und deutlich erkannt haben. Am 6. März 1933, einen Tag nach den letzten halbwegs freien Wahlen, schrieb die sozialdemokratische Münchner Post:

»Wir haben die Überzeugung, daß nach diesem politischen Taumel, in den weite Kreise des Volkes bei dieser Wahl versetzt wurden, wieder ein Tag kommen wird, wo die politische Vernunft zurückkehrt. Und das wird *unser* Tag sein. Diesen Tag ohne die KPD zu erleben, ist unsere Hoffnung. Denn mit der KPD würde auch dieser Tag des Erwachens in sein Gegenteil verkehrt... Ohne diese Partei *wäre Hitler nie und nimmer Reichskanzler geworden* und könnte nicht als Sieger des 5. März triumphieren.«

Doch diese Hoffnung trog. Die gemeinsame Verfolgung ließ zahlreiche Sozialdemokraten an die Volksfront- und Einheitsparolen glauben, die Stalin nach dem Scheitern seiner bisherigen Strategie 1935 ausgegeben hatte. In allen vier Besatzungszonen gab es Sozialdemokraten, die mit den Kommunisten gemeinsame Sache machen wollten. In der SBZ kam es zur Vereinigung, während im Westen Kurt Schumacher derartige Bestrebungen rasch abbremsen konnte. Erich Gniffke, der mit Otto Grotewohl und Max Fechner Vorsitzender der SPD der Sowjetischen Besatzungszone war, berichtet:

»Der Partei- und der Zentralausschuß der SPD hatten den Beschluß gefaßt, den 40. Parteitag der SPD [April 1946] als Gesamtdeutschen Parteitag abzuhalten und mir die Vorbereitung zu übertragen. Daraufhin wandte ich mich schriftlich an alle Bezirksvorstände im gesamten deutschen Gebiet und forderte sie auf, Delegierte zu wählen und zum Parteitag nach Berlin zu entsenden... Der Erfolg blieb aus. Kurt Schumacher und seine Mitarbeiter, die sich von Anfang an mit aller Energie unseren Einheitsbestrebungen entgegengestellt hatten, gelang es auch, die Bezirksorganisationen der SPD in Westdeutschland intakt zu halten... Nach unserer statistischen Erfahrung ergab sich, daß nahezu 400.000 Westzonenbewohner sogleich eine Mitgliedschaft in der SED zu erwerben bereit waren.«[12]

Schumachers Einfluß endete an der Zonengrenze. Drüben ging es teils mit klingendem Spiel und wehenden Fahnen, teils mit Zuckerbrot und Peitsche in die »Zwangsvereinigung«, wie die SPD heute – anders als in den letzten Jahrzehnten vor der friedlichen Revolution – zu sagen beliebt. Die harten Fakten sprechen aber eine differenziertere Sprache. Auf einer Funktionärskonferenz der SPD, die am 17. Juni 1945 stattfand und auf der fast 2.000 Mitglieder anwesend waren, führte Grotewohl, der frei gewählte Vorsitzende, aus:

»Das höchste und wertvollste Gut der Arbeiterklasse ist die Einheit. Unbefleckt und rein wollen wir sie einst in die Hände der nachfolgenden Generation legen, damit sie uns nicht später den Vorwurf macht: Ihr habt euch in großer Stunde klein gezeigt.«[13]

Der Beifall am Schluß seiner Rede wollte kein Ende nehmen. Die KPD zeigte aber zunächst den Werbenden die kalte Schulter. Ihre Hoffnung war es, mit Hilfe der Sowjetischen Militäradministration sowie der Beteuerung, einen von Moskau unabhängigen, freiheitlich-demokratischen Weg zu gehen, die Mehrheit der Bevölkerung für sich einzunehmen. Doch die Wahlen, die im Herbst 1945 sowohl in Ungarn als auch in Österreich stattfanden, zeigten, daß nur eine Minderheit von 15 bzw. 5 Prozent übertölpelt werden konnte. Nunmehr erschien es notwendig, mit Hilfe der SPD die Mehrheit der Wähler für sich zu gewinnen. Am 20. und 21. Dezember 1945 tagte die »Konferenz der 60«, jeweils 30 Mitglieder der Parteileitungen von SPD und KPD. Mehrere Redner der SPD äußerten Vorbehalte, z. B. Gustav Klingelhöfer: »Freunde von der KPD, ihr könnt reden, ihr habt nichts zu befürchten, ihr könnt überall reden, was ihr wollt, euch zieht niemand zur Verantwortung... Es hat nicht jeder die Wahl, ob er handeln darf oder kühn sein darf.«[14] Am nächsten Tag unterzeichneten gleichwohl 59 der 60 anwesenden Funktionäre die folgende Erklärung:

»Die Erweiterung und Vertiefung der Aktionseinheit soll den Auftakt zur Verwirklichung der politischen und organisatorischen Einheit der Arbeiterbewegung, d. h. zur Verschmelzung der Sozialdemokratischen Partei Deutschlands und der Kommunistischen Partei Deutschlands zu einer einheitlichen Partei bilden.«

Fechner, ebenfalls SPD-Vorstandsmitglied, verwahrte sich in einem Artikel vom 12. Januar 1946 gegen die Unterstellung, die SPD habe in der SBZ nicht frei entscheiden können:

»Es wird in den anderen Teilen Deutschlands als selbstverständlich vorausgesetzt, daß die SPD im russischen Okkupationsgebiet nicht frei und unabhängig in ihren Entschlüssen sei. Wir versichern dagegen, daß diese Annahmen auf böswilligen Informationen beruhen, die von Zeitungen weitergegeben werden, die sich anheischen, die Meinung des Tages zu spiegeln und offensichtlich verhindern wollen, daß die Einheit in der Arbeiterklasse zustandekommt.«[15]

Die Würfel waren gefallen. Auf dem 40. Parteitag der SPD, der am 19. und 20. April 1946 stattfand, wurde das nun Unvermeidliche abgesegnet und am folgenden Tag im Berliner Admirals-Palast die Gründung der SED geschickt in Szene gesetzt. Wilhelm Pieck (KPD) und Otto Grotewohl (SPD) traten von verschiedenen Seiten auf die Bühne, trafen sich in der Mitte und reichten sich unter minutenlangem stürmischen Beifall die Hände. Wolfgang Leonhard, ein Teilnehmer, erinnert sich:

»Dann kam der Höhepunkt: die Abstimmung über das Programm, das Statut und über den Beschluß zur Schaffung der SED. Die ›Grundsätze und Ziele der SED‹ enthielten neben den in 14 Punkten zusammengefaßten Gegenwartsforderungen eine kurze Formulierung des sozialistischen Endziels: ›Das Ziel der Sozialistischen Einheitspartei Deutschlands ist die Befreiung von jeder Ausbeutung und Unterdrückung, von Wirtschaftskrisen, Armut, Arbeitslosigkeit und imperialistischer Kriegsdrohung. Dieses Ziel, die Lösung der nationalen und sozialen Lebensfragen unseres Volkes, kann nur durch den Sozialismus erreicht werden . . .‹«[16]

Die mehr als eintausend Delegierten, paritätisch zusammengesetzt, akzeptierten einstimmig den Vereinigungsbeschluß sowie die Grundsätze und Ziele der neuen Partei. Keiner der Genötigten hatte also die Kraft, das Risiko seiner freien Meinungsäußerung zu tragen, keiner von ihnen floh damals in den Westen, keiner trat von seinem Posten zurück.

Leonhard: »An diesem Abend konnte ich nicht ahnen, daß von den Teilnehmern des Vereinigungsparteitages innerhalb weniger Jahre fast die Hälfte aus ihren Funktionen verdrängt, abgesetzt, verleumdet oder einer Säuberung zum Opfer gefallen sein würde.«[17] Grotewohl, bislang der SPD-Vorsitzende, wurde loyaler Regierungschef einer stalinistischen Satellitenregierung und blieb es bis zu seinem Tode 1964.

Hermann Weber hat der Frage »Zwangsvereinigung oder freiwilliger Zusammenschluß?« eine eigene Untersuchung gewidmet, die zu keiner eindeutigen Antwort kommt.[18] Des ungeachtet spricht er an anderer Stelle beiläufig von »Zwangsvereinigung«, so als ob ihm nie Zweifel daran gekommen wären. Am zutreffendsten wohl, was der Kurt-Schumacher-Kreis Berlin, eine Vereinigung ehemaliger Mitglieder der Nachkriegs-SPD, zum Thema schreibt: »Die sogenannte Zwangsvereinigung der SPD mit der KPD 1946 kann als solche nur für die Mitglieder der SPD als ›Zwang‹ bezeichnet werden, weil sie nämlich nicht danach gefragt wurden, ob sie sich mit den Kommunisten vereinigen wollten. Dagegen waren gut 90 vom Hundert der damaligen SPD-Funktionäre für die Vereinigung mit der KPD. Es gab keine Stadt, keinen Landkreis, kein Land in der damaligen Sowjetischen Besatzungzone, in der die SPD-Gremien und Parteitage nicht einstimmig oder zumindestens mit überwältigender Mehrheit für die Vereinigung gestimmt haben.«[19] Die folgenden Tatsachen sprechen für die Richtigkeit dieser Behauptung: In den auf die Vereinigung folgenden Säuberungen verloren in der SBZ/DDR 20.000 ehemalige Sozialdemokraten ihren Arbeitsplatz, hunderttausend mußten in den Westen flüchten und 5.000 wurden von sowjetischen und ostdeutschen Gerichten verurteilt; 400 davon starben während der Haft.[20] Die »Elite« (Grotewohl, Kniffke, Fechner, Ebert u. a.) hatte dennoch keine Skrupel, sich den neuen Gegebenheiten so vorzüglich anzupassen, daß sie über Jahre hinweg höchste Ämter bekleiden durfte, Grotewohl bis zu seinem Tode u. a. als Ministerpräsident, Gniffke bis 1948 als Mitglied des Zentralsekretariats der SED, Fechner bis 1953 als Justizminister (verantwortlich für die Waldheimer Prozesse), Ebert, Sohn des ersten Reichspräsidenten, bis 1967 u. a. als Oberbürgermeister von Ost-Berlin.

Das Godesberger Programm der bundesdeutschen SPD, das 1959 beschlossen wurde, enthielt auch eine resolute Antwort auf die Entwicklung in der SBZ/DDR: »Die Kommunisten unterdrücken die Freiheit radikal. Sie vergewaltigen die Menschenrechte und das Selbstbestimmungsrecht der Persönlichkeit und der Völker.«[21] Der Parteivorsitzende Erich Ollenhauer sprach auf einem Häftlingskongreß 1961 von 70.000 Personen, die in »Ulbrichts KZs« starben.[22]

2. Annäherung durch Wandel –»Einheit der Arbeiterklasse«

Das amtliche Protokoll des Deutschen Bundestages berichtet unter dem 9. März 1951:

»Dr. Schumacher (SPD): ... Die Stärke der totalitären Position beruht weitgehend auf der Unkenntnis und der Unklarheit über das Wesen des Totalitarismus bei den westlichen Demokratien und erst recht bei großen Teilen des deutschen Volkes.
(Sehr richtig! bei der SPD und in der Mitte.)
... An dieser Stelle ist es unsere Aufgabe, die Ahnungslosen, Wohlmeinenden in unserem Volke vor jeder Form der Gemeinsamkeit zu warnen, mag sie noch so freundlich angebahnt werden.
(Sehr richtig! bei der SPD und in der Mitte.)

Es darf keine Unterschriften geben, es darf keine Gemeinsamkeit der Kundgebungen geben, es darf keine Aktionseinheiten geben. (Lachen bei der KPD.) Es ist Tatsache, daß die Sozialdemokratische Partei in der Bundesrepublik 8.000 Ortsvereine hat. Kein einziger Ortsverein hat mit ihnen verhandelt. (Bravo-Rufe bei der SPD.)«

Als die Mauer errichtet wurde, erklärte Berlins Regierender Bürgermeister Willy Brandt (13. August 1961):

»Ich möchte in dieser Stunde ein besonderes Wort an unsere Landsleute in der Zone und unsere Mitbürger in Ost-Berlin richten... Ich weiß, daß sie hin- und hergerissen werden zwischen Empörung und Verzweiflung. Wer in aller Welt wollte heute nicht verstehen, daß die ungeheuere Menschenverachtung, die sich wieder einmal manifestiert hat, die Empörung rechtfertigt... Noch ist nicht aller Tage Abend. Die Mächte der Finsternis werden nicht siegen. Noch niemals konnten Menschen auf die Dauer in der Sklaverei gehalten werden. Wir werden uns niemals mit der brutalen Teilung dieser Stadt, mit der widernatürlichen Spaltung unseres Landes abfinden... Eine Clique, die sich Regierung nennt, muß versuchen, ihre eigene Bevölkerung einzusperren. Die Betonpfeiler, der Stacheldraht, die Todesstreifen, die Wachttürme und die Maschinenpistolen, das sind die Kennzeichen eines Konzentrationslagers. Es wird keinen Bestand haben.«[23]

26 Jahre später wirft Brandt, nunmehr Ehrenvorsitzender der SPD, in einem vertraulichen Gespräch mit Erich Honecker die Frage auf, »ob man bei dem Trennungsstrich zwischen Sozialdemokraten und Kommunisten von 1918 stehenbleiben müsse.« Zu überlegen sei, ob nicht zwischen beiden über die Friedensfrage hinaus Gemeinsamkeiten festzustellen seien.[24]
Wie ist es zu dieser kopernikanischen Wende gekommen? Dem Geist des Godesberger Programms entsprechend beschloß die SPD am 6. November 1961, daß eine Parteimitgliedschaft mit einer Mitgliedschaft im Sozialistischen Deutschen Studentenbund (SDS) unvereinbar sei.[25] Doch in eben diesem Jahrzehnt kam es, vermutlich um der »neuen Ostpolitik« den Weg zu bereiten, zu einem grundlegenden Wandel, so zu einem Gespräch des Parteivorsitzenden, Willy Brandt, mit dem Vorsitzenden der KPI, Luigi Longo, als Folge dieses Gesprächs zur De-facto-Wiederzulassung der KPD in Gestalt der DKP (S. 25 ff.), zu Kontakten mit der SED auf allen Ebenen[26]. Der Bundesvorsitzende der Jusos, Karsten Voigt, und sein Stellvertreter, Wolfgang Roth, trafen sich am 18. Juni 1970 mit dem SED-Generalsekretär, Walter Ulbricht.

Neun Tage später informierte der »Deutschlandsender« der DDR:

»Die Tageszeitung ›Junge Welt‹ veröffentlicht heute ein Interview mit dem ersten Sekretär des ZK der SED, Walter Ulbricht, über ein Gespräch, das dieser mit westdeutschen Jungsozialisten geführt hat. Die Jungsozialisten hatten auf Einladung des Zentralrates der FDJ der DDR einen Studienbesuch abgestattet. Walter Ulbricht wies darauf hin, daß vereinbart worden war, über das Gespräch öffentlich nicht zu berichten. Da jedoch durch die Androhung von Maßnahmen gegen die an dem Gespräch beteiligten westdeutschen Jungsozialisten eine neue Lage entstanden ist, sei er bereit, die Fragen der Zeitung zu beantworten. Zum Inhalt der Unterredung erklärte Walter Ulbricht, daß dabei vor allem über die Zukunft der Jugend und über den Frieden gesprochen wurde. Auch soziale Fragen seien berührt worden. Auf die Frage des Vertreters der ›Junge Welt‹, was die Kernfrage des Gesprächs gewesen sei, antwortete Walter Ulbricht, die Hauptfrage war, SED, SPD, die Kommunistische Partei in Westdeutschland und alle friedliebenden und demokratischen Kräfte sollten sich gegen die Gefahr des Rechtsblocks von Strauß über Barzel bis Thadden und gegen die ganze militaristische und Revanchepolitik zusammenschließen.«

Auf einer Veranstaltung der kommunistischen Weltjugendfestspiele (1973) hielt Roth eine Ansprache.

1971 löst die SPD ihr Ostbüro auf, das 1946 von Schumacher gegründet worden war, um

1. jene Sozialdemokraten zu betreuen, die aus der SBZ hatten flüchten müssen,

2. Informationen über die Verhältnisse in der SBZ/DDR zu sammeln und

3. die dort Verbleibenden mit Material zu versorgen.

In einer Flugschrift »Aktuelle Fragen der Wiedervereinigung Deutschlands« hatte das Ostbüro auch zur eigenen Tätigkeit Stellung genommen. Das Ostbüro sei ein »völlig legales demokratisches Organ, das keine andere Aufgabe hat, als die Verbindung zwischen den Sozialdemokraten in der Sowjetzone und im freien Teil Deutschlands so lange aufrecht zu erhalten, bis auch in Mitteldeutschland die SPD wieder unbehindert tätig sein kann.«[27] Es ist unbestritten, daß 1971 die SPD in »Mitteldeutschland« nicht »ungehindert tätig« werden konnte, vielmehr jede entsprechende Betätigung als Verbrechen geahndet wurde. Obgleich also alle Voraussetzungen für die Auflösung des Ostbüros fehlten, überraschte man seinen Leiter, Helmut Bärwald, Anfang Januar 1971 mit der Aufforderung, das Büro zu schließen und künftig die Opposition in der

Bundesrepublik zu observieren. Dazu Hermann Weber, SPD, der wohl beste Kenner der DDR-Geschichte:»Die Auflösung des Ostbüros 1971 mag – leider – auch vom Opportunismus beeinflußt worden sein: Wahrscheinlich sollte im Rahmen der Friedenspolitik der SPD-Regierung kein ›Störfaktor‹ geduldet werden.«[28] Mit der Auflösung des Ostbüros hatte die SPD einer seit langem erhobenen Forderung der SED entsprochen.[29] Wahrhaft bestürzend die Reaktion der SPD auf den schrillen Aufschrei zum Widerstand entschlossener DDR-Bewohner. Am 2. und 9. Januar 1978 veröffentlichte der Spiegel in Fortsetzung das Manifest eines»Bundes Demokratischer Kommunisten Deutschlands« in der DDR. Die Publikation schlug wie eine Bombe ein, was niemanden, der den Text zur Kenntnis nimmt, überrascht:

»Somit wenden wir uns an die Öffentlichkeit Deutschlands und teilen mit, daß wir demokratisch und humanistisch denkenden Kommunisten in der DDR uns illegal in einem Bund Demokratischer Kommunisten Deutschlands (BDKD) organisiert haben, weil uns die Umstände noch keine Möglichkeit zur legalen Vereinigung lassen... Wir glauben nicht an Gottvater Marx, Jesus Engels oder gar den Heiligen Geist Lenin, an die fatalistische Gesetzmäßigkeit der Geschichte... Der Stalinismus war keine Entgleisung, er ist System. Stalinismus und Faschismus sind, unter staatsmonopolistischen Verhältnissen und geprägt vom Kampf um die Ausweitung der Macht, Zwillinge. Wir erinnern an das Wort des KZ-Häftlings Kurt Schumacher von den Stalinisten als rotlackierten Nazis. Stalin hat Hitler zur Macht verholfen... Sie trompeten heute, die USA bei der Stahl- und Zementproduktion eingeholt zu haben, zugleich verbreiten sie, daß die USA ihre entsprechenden Kapazitäten nicht ausgelastet haben... Diese Tonnen-Ideologie zeugt von einem völligen Unverständnis für Prozesse der Stoff-, Struktur- und Effektivitätsverwandlungen in den modernen Volkswirtschaften des Westens... Unsere klare Aussage ist: Unsere Sympathie gilt allen Völkern der SU – mit der herrschenden Klasse dort, auch persönlich korrupt bis auf die Knochen, wollen wir nichts zu tun haben. So wenig, wie mit ihren Stadthaltern in der DDR, die ihr Dasein vorwiegend zur persönlichen Bereicherung durch beachtliche Präsente auf Kosten der DDR-Werktätigen benutzen.«

Geradezu unglaublich war die Reaktion der SPD auf diese überaus kühne Großtat freiheitlicher Gesinnung. In der Dokumentation:»DDR – Das Manifest der Opposition« faßt Rudolf Augstein zusammen:

»Die Deutschlandpolitiker der zweiten Garnitur wie Kurt Mattick und Egon Franke, assistiert von ›PPP‹ und SPD-Pressedienst, bezweifeln kurzerhand die Echtheit und entzogen sich so der Auseinandersetzung mit dem Inhalt. Mattick ahnt, ›wie sehr dieses Papier für die DDR-Führung geeignet ist, die Westkorrespondenten zu scheuchen‹. Auch Strauß, Dregger und Zimmermann sowie die Eurokommunisten bekommen von Mattick den Fälscherverdacht des ›Cui bono?‹ ans Hemd geklebt... Großmeister Herbert Wehner gar vermutet gezielte Provokation, nicht nur seitens der Autoren, sondern auch seitens des Spiegel.«[30]

Es habe den Anschein, so Augstein, als sei die SPD selbst und nicht die SED-Führung angegriffen worden:

»Der Gleichschritt der Regierenden in Bonn und Ost-Berlin, das augenzwinkernde Einverständnis, auf der Basis des Status quo zum gegenseitigen Vorteil, aber natürlich auch im Sinne einer, von welcher Seite auch immer, möglichst ungestörten Entspannung miteinander umzugehen, ist inzwischen total.«[31]

Wer das Buch »Die Analyse«[32] liest, ist nicht überrascht, wenn er erfährt, daß die gleiche Handschrift dem Manifest ihren Stempel aufgedrückt hat: die des Hermann von Berg.[33] Seit ihm die DDR-Behörden die Ausreise gestatteten, um einen zweiten Fall Rudolf Bahro zu vermeiden, ist er, der freiheitliche Exsozialist, persona non grata in den Kreisen der SPD. Angesichts dieses Verhaltens der SPD klingt die Frage des früheren SPD-Politikers Richard Schröder: »Wo war in der DDR ein Stauffenberg?«[34] wie bitterer Hohn. In den 80er Jahren findet sich reichlich Gelegenheit, um »Einheit« zu demonstrieren, sei es im Kampf gegen den Nachrüstungsbeschluß, gegen die friedliche Nutzung der Kernenergie oder gegen amerikanische Politiker (S. 83). SPD und SED schließen ein Abkommen über eine chemiewaffenfreie Zone und über die Bildung eines atomwaffenfreien Korridors, so als handle es sich um Regierungen und völlig unbeeindruckt von der jahrzehntelangen Erfahrung, daß Kommunisten zur Durchsetzung ihrer Ziele jedes Mittel, also auch die Täuschung, recht ist. 1985 entsandte die SPD zum ersten Mal einen Delegierten zu einem SED-Parteitag. In Berlin kam es zu Aktionseinheiten zwischen SPD und der Sozialistischen Einheitspartei Westberlin (SEW)[35], die schon durch ihre Existenz und ihren Namen zum Ausdruck brachte, daß Berlin-West nicht Bestandteil der Bundesrepublik gewesen sei. 1987 wurde ein »Gemeinsames Papier« von SPD und SED erarbeitet (S. 93 ff.).
Am 31. Mai 1988 erklärte der SPD-Vorstand den Unvereinbarkeitsbeschluß vom 6. November 1961, den SDS betreffend, für gegenstandslos. Als Begründung wurde u. a. angeführt:

»Die Versuche des SDS, klassische Theoriestücke... und die Ideen eines demokratischen Marxismus... für die praktische Politik wirksam zu machen, finden in der heutigen gesellschaftlichen Situation mehr Verständnis als in den 60er Jahren... Die Tatsache, daß fast ein Jahrhundert die neue Linke und ein demokratischer, kritischer Marxismus in der SPD kaum eine Wirkungsmöglichkeit fanden, hat die Partei wichtiger ideeller Anregungen beraubt, eine ganze Generation kritischer junger Intellektueller der SPD entfremdet und die Entwicklung... antidemokratischer Strömungen links von der SPD begünstigt.«[36]

Der Verfassungsschutzbericht 1987 hatte kurz zuvor klargestellt:

»Der orthodox-kommunistische Marxistische Studenten- und Studentinnenbund Spartakus (MSB) und der Sozialistische Hochschulbund (SHB), dessen Strategie und Taktik mit Vorstellungen der moskauorientierten Kommunisten weitgehend übereinstimmen, arbeiten wieder eng zusammen.«[37]

Namhafte SPD-Mitglieder wie Egon Bahr, Horst Ehmke, Erhard Eppler lieferten Beiträge für die »Blätter für deutsche und internationale Politik«, die vom kommunistischen Pahl-Rugenstein-Verlag herausgegeben, von der SED-Regierung finanziert, damit werben konnten, das auflagenstärkste politikwissenschaftliche Organ zu sein. Die enorme Aufwertung, die der Verlag – eine vorzügliche ideologische Waffe der SED – auf diese Weise erfuhr, wurde zumindest billigend in Kauf genommen. Der Medienkonzern der DKP/ SED bestand aus mehreren Druckereien und »der von der Partei gesteuerten Kette von 17 Verlagen und 37 Buchhandlungen, die in der ›Arbeitsgemeinschaft sozialistischer und demokratischer Verleger und Buchhändler‹ zusammengefaßt waren.«[38] Noch während führende Sozialdemokraten laufend Beiträge lieferten, widerfuhr es dem nicht mehr ganz linientreuen DKP-Lyriker Peter Schütt, daß er auf Weisung des SED-Chefideologen Kurt Hager vom Pahl-Rugenstein-Verlag ausgebotet wurde:

»Ein volkseigener Spediteur lieferte mir eines Tages ohne Vorankündigung 22 Bücherkisten im Gesamtgewicht von 363 kg frei Haus, die Restbestände aller lieferbaren Schütt-Titel... Das geschah ein halbes Jahr, bevor das Medienimperium der DKP über Nacht wie ein Kartenhaus zusammenstürzte, weil die Geldkofferträger von drüben plötzlich ausblieben.«[39]

3. Annäherung durch Äquidistanz – Pazifismus, Abgrenzung, Antiamerikanismus

Selbst von den Imperialisten heißt es, daß sie lieber ohne Krieg als durch Krieg siegen. Mag es auch in der Geschichte eine Lobpreisung des Krieges an sich gegeben haben, derlei Töne sind gänzlich verstummt. Wenn es gleichwohl in unserer Gegenwart Krieg gibt, so ist dies mit Sicherheit auf eine Wertehierarchie zurückzuführen, auf deren Spitze nicht der Frieden thront. Willy Brandt hingegen betont: »Ohne Frieden ist alles andere nichts.«[40] Damit wird der Frieden allen anderen Werten übergeordnet, auch der Menschenwürde und der Freiheit. Diese Verabsolutierung des Friedens schlug eine tragfähige Brücke zur kommunistischen Friedenspropaganda. Wie weit sich Brandt von seinem Vorgänger Schumacher entfernt hatte, wird deutlich, wenn wir uns eine Äußerung Brandts über Schumacher ins Gedächtnis rufen:

»Er war leidenschaftlicher Patriot, kämpferischer sozialer Demokrat, unbeugsamer Kämpfer für die Freiheit. In dem folgenden Satz steht insoweit der ganze Mann vor uns: ›Es gibt wohl die Tatsache, daß man kämpft, mit großer Leidenschaft und Hingabe kämpft für soziale Vorteile. – Zu sterben bereit ist man nur für die große Idee der Freiheit.‹«[41]

Die Jusos an den Hochschulen der Bundesrepublik schmückten ihre Friedensschalmeien mit einer Vignette. Sie zeigte einen Panzer. Aus dem Turm ragte Karl Marx. Worauf es ankam: Das Kanonenrohr bildete einen Knoten: Marx ein Pazifist, Marxismus ist Pazifismus. Für den Kenner der Schriften von Marx und Engels eine genußreiche Gelegenheit, das genaue Gegenteil anhand von Originalzitaten zu beweisen, z. B. Marx: »Der Teufel soll diese Volksbewegungen holen und gar, wenn sie pacifiques sind.«[42] Nicht minder eindeutig Engels:

»Inzwischen, es lebe der Krieg!« »Also druf, wenn Rußland Krieg anfängt, druf auf die Russen und ihre Bundesgenossen, wer sie auch seien. Dann haben wir dafür zu sorgen, daß der Krieg mit allen revolutionären Mitteln geführt wird und jede Regierung unmöglich gemacht wird, die sich weigert, diese Mittel anzuwenden . . .«[43]

Diese Texte sollten nicht das Ohr der Öffentlichkeit erreichen; sie finden sich in den Briefen. Lenin ist der Meinung, daß Kriege unvermeidlich seien. Er selbst aber will, wie Hitler in den Monaten nach der Machtergreifung, als Pazifist erscheinen, um so das Vertrauen des Auslands zu erlangen. Der sowjetischen Delegation für die Konferenz von Genua (1922) gab Lenin die Direktive mit auf den Weg,»zu allen Hauptfragen ein vollständiges, selbständiges, geschlossenes Programm zu entwickeln. Dieses Programm muß bürgerlich-pazifistisch sein . . .« Daraufhin wandte sich der Delegationsleiter, Außenminister Tschitscherin, völlig verunsichert an Lenin:

»Zeit meines Lebens habe ich die kleinbürgerlichen Illusionen bekämpft, nun zwingt mich das Politbüro auf meine alten Tage, kleinbürgerliche Illusionen zu erfinden. Niemand bei uns versteht es, so etwas zu erfinden, wir wissen nicht einmal, auf welche Quellen man sich stützen soll.«

Lenin entgegnete:

»Genosse Tschitscherin! Sie sind übernervös . . . Den Pazifismus haben sie ebenso wie ich als Programm der revolutionären proletarischen Arbeit bekämpft. Das ist klar. Aber von wem, wo und wann wurde Ausnutzung der Pazifisten durch diese Partei abgelehnt, wenn es galt, den Feind, die Bourgeoisie, zu zersetzen? Ihr Lenin.«[44]

Noch zu Lenins Lebzeiten begann das Wiedereinsammeln der »russischen« Erde. Die meisten der Völker, die dem Gefängnis Rußland nach der Oktoberrevolution entflohen waren, wurden wieder unter Androhung militärischer Gewalt dem Moskauer Kommando unterstellt. Beispielhaft sei das Vorgehen gegen die Republik Georgien herausgegriffen. Sie hatte sich am 26. Mai 1918 für unabhängig erklärt und wurde als solche am 27. August 1918 auch von der sowjetrussischen Regierung in einem Nachtrag zum Brest-Litowsker Friedensvertrag anerkannt. In einer Erklärung der Sowjetregierung vom 7. Mai 1920 hieß es:»Rußland verpflichtet sich, keine Art von Einmischung in die inneren Verhältnisse Georgiens auszuüben.« Nach einer Geheimklausel mußte allerdings die georgische Regierung die Tätigkeit der Kommunistischen Partei dulden. Auf die Besetzung Bakus durch die Rote Armee folgte ihre Massierung an den Grenzen Georgiens. Trotz einer Erklärung des Sowjetbeauftragten in Georgien, Kirow, vom 10. Februar 1921, daß sich Rußland in Frieden und Freundschaft mit Georgien verbunden fühle, rückte die Rote Armee in der Nacht vom 11. zum 12. Februar, also einen Tag nach der feierlichen Friedenserklärung, in Georgien ein. Die Große Sowjet-Enzyklopädie deutete diesen gewaltsamen imperialistischen Akt wie folgt:»Im Februar 1921 nahm Kirow teil an der

Gewährung von Hilfe an die Werktätigen Georgiens bei der Befreiung von der Herrschaft der Menschewiken und den Statthaltern der amerikanisch-englischen Imperialisten.« Karl Kautsky und viele Sozialdemokraten waren hingegen auf das äußerste empört. Kautsky, der kurz vorher einige Monate in Georgien verlebt hatte, nannte den Bolschewismus ein »schmutztriefendes Blutregime«, einen Militärdespotismus. Paul Kampffmeyer klassifizierte das Sowjetregierung als despotische Henkerswirtschaft einer bornierten Parteisekte, der »roten Nachfahren Iwan des Schrecklichen.«[45]
Stalin wandelte in den Spuren seines Meisters Lenin, beteuerte Friedfertigkeit, stiftete den »Stalin-Friedenspreis« und überfiel desungeachtet mehr Länder als jeder andere Imperialist des 20. Jahrhundert, von Hitler einmal abgesehen, nämlich Polen, Estland, Lettland, Litauen, Finnland, Rumänien und schließlich auch noch Japan. Bereits 1937 hatte Papst Pius XI. das wahre Wesen dieses Kommunismus vor aller Welt entschleiert:

»So beobachten die Häupter des Kommunismus etwa das allgemeine Verlangen nach Frieden und geben sich daher so, als wären sie die eifrigsten Förderer und Propagandisten der Weltfriedensbewegung; zur gleichen Zeit aber führen sie einen Klassenkampf, bei dem Ströme von Blut vergossen werden, und da sie wohl fühlen, daß sie innere Garantien des Friedens nicht besitzen, so nehmen sie ihre Zuflucht zu unbegrenzten Rüstungen.«[46]

Während Stalin – nach Meinung vieler ganz ernsthaft – mit dem Westen Noten wechselte (März 1952), befahl er die forcierte Aufrüstung der DDR. Staatspräsident Wilhelm Pieck notierte:

»Volksarmee schaffen – ohne Geschrei
Pazifistische Periode ist vorbei...
Armee – 8 Wehrkreise
9–10 Armeekorps – 30 Divisionen – 300.000 (Mann)
Jugenddienst – vormilitärische Erziehung
FDJ muß schießen lernen...
Kein Pazifismus
Erfüllt Euch mit Kampfgeist, wir werden Euch helfen...
Nicht Miliz, sondern ausgebildete Armee.
Alles ohne Geschrei, aber beharrlich.«[47]

Auch Stalins Nachfolger scheuten vor kriegerischen Auseinandersetzungen nicht zurück. Chruschtschow ließ die Freiheitsbestrebungen des ungarischen Volkes in Blut ersticken. Breschnew trägt die volle Verantwortung für die Niederwalzung des Prager Frühlings und den Krieg in »Afghanistan«. Überall wollte die Sowjetunion militärisch präsent sein. Und sie schaffte es mit List und Gewalt im Fernen Osten, in Afrika und Mittelamerika.

Trotz alledem fanden die pazifistischen Lockrufe der Kommunisten offene Ohren und gläubige Herzen. Erneut bewahrheitete sich das zu Beginn des 13. Jahrhunderts von einem bayerischen Mönch verfaßte »Spiel vom Antichristen« – »Ludus de Antichristo«: »Mit zwei Begriffen kriege ich sie alle: ›Frieden und Sicherheit‹« – so lautet das Erfolgsrezept des Antichrists. Christen, Sozialdemokraten und Kommunisten veranstalteten nun gemeinsam Friedenskongresse, auf denen die USA als der Hauptstörenfried, die Kriegsgefahr Nr. 1 angeprangert wurden. Anlaß bot das militärische Engagement der USA in Vietnam. Ausgerechnet der von den »Linken« als Hoffnungsträger umjubelte Demokrat John F. Kennedy hatte Anfang der 60er Jahre Truppen nach Südvietnam entsandt, um die von Nordvietnam, der VR China und der Sowjetunion unterstützte kommunistische Guerilla in Schach zu halten. Nach seiner Ermordung (22. November 1963) setzte Lyndon B. Johnson die Politik seines Vorgängers fort. Erst der Republikaner Richard Nixon schloß 1973 einen Waffenstillstandsvertrag. Doch kaum waren die amerikanischen Truppen abgezogen, eröffneten die Kommunisten wieder das Feuer, überrannten Saigon und errichteten eine äußerst grausame Diktatur, der Millionen Menschen zum Opfer fielen.

Während des Krieges, insbesondere in der zweiten Hälfte der 60er Jahre und Anfang der 70er, gelang eine »Solidarisierung mit dem vietnamesischen Volk« gegen die »Aggression des amerikanischen Imperialismus«, obgleich die eigentlichen Aggressoren weder im Norden noch im Süden eine Legitimation durch das Volk vorweisen konnten, und sie nach ihrem Sieg den Krieg nach Kambodscha hineintrugen.

Als Exempel für eine Vielzahl ähnlicher Veranstaltungen in allen größeren bundesdeutschen Städten kann die von der »Initiative Internationale Vietnam-Solidarität« organisierte Protestdemonstration am 20. Januar 1973 gelten. Angeführt von dem damaligen DKP-Vorsitzenden Kurt Bachmann und dem früheren KPD-Vorsitzenden Max Reimann marschierten mehr als 15.000 Menschen durch Dortmund. Mit von der Partie ungefähr 50 Organisationen, u. a. die Jungsozialisten, die Jungdemokraten und Gewerkschaften. Heinz Kopp, damals Stellvertretender Bundesvorsitzender der Jungsozialisten, äußerte auf der Abschlußkundgebung:

»Liebe Freunde, Genossinnen und Genossen, wenn wir, die unterschiedlichsten politischen Organisationen und Gruppen, zu einer so machtvollen Demonstration zusammengefunden haben, so ist Ursache und Begründung zugleich die Völkermord-Strategie der USA in Vietnam . . . Wenn die reaktionären Kräfte um die CDU/CSU mit ihrem Pressesprecher Weiskirch noch in den letzten Stunden mit dem Hinweis auf den angeblichen Volksfrontcharakter vor der Teilnahme an dieser Demonstration warnten, so war es ein untaugliches Mittel, um von dem Thema Vietnam und dem Verbrechen der USA abzulenken . . . wir [lehnen] jede politische und finanzielle Hilfe, also auch die Devisenausgleichszahlung der Bundesrepublik Deutschland an die USA, ab. Denn diese Ausgleichszahlung muß als unmittelbare Finanzierung der Massaker in Vietnam gewertet werden. Ebenso lehnen wir jede Unterstützung der Bundesrepublik Deutschland an die Marionettenregierung Südvietnams ab . . . Unsere Solidarität [gilt] dem geknechteten und geschundenen vietnamesischen Volk. Ausdruck dieser Solidarität muß sein die Anerkennung der Demokratischen Republik Vietnam und der provisorischen revolutionären Regierung Süd-Vietnams heute und jetzt . . . Bei aller Polarisierung, bei aller Personalisierung der Aussagen und des Protestes dürfen wir nicht vergessen, Nixon ist nichts anderes als eine austauschbare Charaktermaske des organisierten Kapitals. Mit der Beseitigung Nixons allein ist nichts, mit dem Kampf gegen den Kapitalismus sehr viel erreichbar. Vietnam ist die bisher brutalste Demonstration des imperialistischen Herrschaftsanspruches der USA als Repräsentant des internationalen organisierten Kapitals.«[48]

Während so Hunderttausende Deutscher, insbesondere Jugendlicher, die Fäuste geballt verblendet auf die USA starrten, konnten die kommunistischen Führer Dutzende von Völkern, Hunderte von Millionen Menschen kujonieren und, von der Aura »Entspannung« kaschiert, einen gewaltigen Rüstungsvorsprung erreichen. Die Ministertagung des Nordatlantikrates vom 20./21. Mai 1976 konstatierte ein fortgesetztes Anwachsen »der militärischen Macht der Länder des Warschauer Paktes zu Land, See und in der Luft, das über das Niveau dessen hinausgeht, was offensichtlich für Verteidigungszwecke gerechtfertigt ist.«[49] Der Nachrüstungsbeschluß der NATO vom Dezember 1979, von Kanzler Helmut Schmidt angeregt, hatte den Abbau der enormen Diskrepanz zwischen Warschauer-Pakt- und NATO-Staaten im Bereich der Mittelstrecken zum Ziel. Dieser Beschluß gab den eindimensional Friedensbewegten erneut einen gewaltigen Aufschwung. Generalmajor Gert Bastian verfaßte ein Papier, das als »Krefelder Appell« die Wogen aufpeitschte. Es forderte die Bundesregierung auf,

»die Zustimmung zur Stationierung von Pershing-II-Raketen und Marschflugkörpern in Mitteleuropa zurückzuziehen, im Bündnis künftig eine Haltung einzunehmen, die unser Land nicht länger dem Verdacht aussetzt, Wegbereiter eines neuen, vor allem die Europäer gefährdenden nuklearen Wettrüstens sein zu wollen.«[50]

An dem Treffen in Krefeld nahmen altbekannte Kämpfer kommunistischer Tarnorganisationen teil wie die Leninpreisträger Josef Weber und Martin Niemöller, letzterer Ehrenpräsident des Weltfriedensrates. Die Finanzierung erfolgte in hohem Maße aus der DDR. Die DKP-Hausdruckerei Plambeck produzierte zahllose Schriften zur Propagierung dieses Appells. Das Kölner Büro der Deutschen Friedens-Union beherbergte die Geschäftsführung der »Krefelder Initiative«.[51]

Die SPD, die zunächst den Nachrüstungsbeschluß ihres Kanzlers mitzutragen beschlossen hatte (Dezember 1979), änderte innerhalb von nur vier Jahren ihren Kurs um 180 Grad. Bei 14 Gegenstimmen und drei Enthaltungen wurde der Antrag angenommen:

»1. Die SPD lehnt die Stationierung von neuen amerikanischen Mittelstreckenraketensystemen auf dem Boden der Bundesrepublik ab.
2. Die SPD fordert stattdessen weitere Verhandlungen.«[52]

Der Boden wurde systematisch vorbereitet. Führende Sozialdemokraten reisten durch das Land und beteuerten den Tatsachen zum Trotz die Friedfertigkeit der Sowjetunion, so Horst Ehmke am 2. November 1979 auf einer Veranstaltung des Kuratoriums Unteilbares Deutschland im Reichstagsgebäude. Allen Einwänden verschloß er sein Ohr. Am 9. 1. 1980 schrieb ich ihm: »... Für mich wäre es sehr aufschlußreich zu erfahren, ob Sie auch heute noch trotz des von Moskau gesteuerten blutigen Umsturzes und der militärischen Intervention der Roten Armee in Afghanistan an ihrer damals vertretenen Auffassung festhalten. Für eine etwaige Stellungnahme danke ich Ihnen im voraus.« Selbstverständlich war der Dank nicht angezeigt. Denn wäre der Ex-Minister bereit gewesen, die Wirklichkeit für bare Münze zu nehmen, hätte er nicht die Wachsamkeit untergraben.

Etwa zeitgleich ergriff die SPD Partei für die in Nicaragua herrschenden Marxisten und bezichtigte die USA einer fortdauernden militärischen Aggression. Unerwähnt blieb die mangelnde demokratische Legitimation, die brutale Bekämpfung der Opposition, die militärische Hilfe der Sandinisten für die Aufständischen in El Salvador. Wer insofern die Wahrheit zu sagen wagte, wie etwa Martin Kriele, wurde aus der Partei hinausgedrängt.[53] Kanzler Schmidt ließ eine Studie erarbeiten, die »aus sachlichen, wahlpolitischen und koalitionspolitischen Gründen« folgende Empfehlung gab:

»Aus diesen Gründen halten wir es für erforderlich, sich gegen den gesellschaftspolitischen Trend in den USA (und Großbritannien), aber auch gegen gewisse außenpolitische Tendenzen zu stellen, auf mehr Eigenständigkeit Europas/der Bundesrepublik zu pochen und dabei Konflikte mit der neokonservativen Ideologie und den Reagan-/Thatcher-Administrationen... aufzunehmen...«[54]

Unter diesen Umständen ist es nicht verwunderlich, daß der Besuch des amerikanischen Präsidenten Ronald Reagan am 11. Juni 1982 in Berlin eher einem Spießrutenlauf glich als dem Triumphzug, den die Berliner 1961 seinem Vorgänger John F. Kennedy bereitet hatten. Bis zuletzt blieb die Wegstrecke geheim, um Störern allgemein, Chaoten und Terroristen die Logistik zu erschweren. Trotz gerichtlichen Demonstrationsverbots versammelten sich ca. 5.000 Landfriedensbrecher, die Polizisten mit Steinen bewarfen und Autos anzündeten.

Als Ronald Reagan in der Zeit vom 1. bis 6. Mai 1985 die Bundesrepublik Deutschland erneut besuchte, riefen der SPD-Bezirk Pfalz und die Jungsozialisten in Rheinland-Pfalz für den 5. Mai zu einer Gegenkundgebung in Neustadt/Weinstraße auf, auf der »für Abrüstung und Frieden, soziale Gerechtigkeit und Selbstbestimmung, gegen Ausbeutung und Unterdrückung, Hunger, Not und Krieg« demonstriert werden sollte. In einer Pressemitteilung des Bundessekretariats der Arbeitsgemeinschaft der Jungsozialisten in der SPD hieß es dazu:

»Am 6. Mai 1985 wird US-Präsident Ronald Reagan auf Einladung der Bundesregierung im Hambacher Schloß bei Neustadt/Pfalz zur ›deutschen Jugend‹ sprechen. Diese Veranstaltung, an einem Ort mit hohem Symbolwert für die demokratische Bewegung in Deutschland, ist eine Provokation. Beim überwiegenden Teil der deutschen Jugend ist Ronald Reagan alles andere als willkommen.«

Ähnliche Kundgebungen gegen Leonid Breschnew oder Erich Honecker wurden nicht einmal erwogen. Die obersten Repräsentanten des Totalitarismus waren hochwillkommen, der Demokrat aber verachtet.

Der außenpolitische Sprecher der SPD-Bundestagsfraktion, Karsten D. Voigt, erklärte zu den SPD-Demonstrationen in Neustadt, dies sei »eine Solidaritätsveranstaltung mit dem Volk von Nicaragua und mit der Mehrzahl des amerikanischen Kongresses, der eine finanzielle Unterstützung der ›Contras‹ verweigert habe.«[55] Der Antiamerikanismus in der SPD wuchs auf den gemeinsamen Großveranstaltungen führender Sozialdemokraten mit Kommunisten. So kam es am 13. Juni 1987 zu einer Demonstration in Bonn. Auf ihr sprachen u. a. Hans-Jochen Vogel (SPD) und Ilse Brusis (DGB-Bundesvorstand) neben Emil Carlebach (DKP) und Mechthild Jansen (Deutsche Friedens-Union).[56] Der Irseer Parteiprogrammentwurf von 1986 wollte noch einen Schritt weitergehen und die USA anstelle der SU auf die Anklagebank setzen: »Das Bündnis muß Schaden nehmen, wenn seine Führungsmacht, die USA, Überlegenheit anstrebt und Weltmachtpolitik ohne Rücksicht auf ihre europäischen Verbündeten und deren Interessen betreibt.« Dank der friedlichen Revolution hat die SPD in diesem Punkt die Kurve noch rechtzeitig gekratzt aus der Einsicht heraus, daß das Hinüberwechseln zu einer in Verfall begriffenen Weltmacht schwerlich Früchte tragen kann.

Hans Apel, einst Finanz- und Verteidigungsminister, kurzzeitig sogar möglicher »Kronprinz« der SPD, resümiert resignierend in seinem schon dem Titel nach bemerkenswerten Buch »Der Abstieg«:

»Für Eppler sind wir Zeugen eines Hegemonialkonfliktes; das US-Gesellschafts- und Menschenbild wird genauso zu einer Kampfideologie wie das des Kommunismus. Das ist ›Äquidistanz‹ in der Gesellschaftspolitik. Der Begriff ›Freiheit und Selbstbestimmung‹ kommt nicht mehr vor. Und Willy Brandt ordnet am 17. März 1986 auf einer Veranstaltung zum 40sten Jahrestag der Zwangsvereinigung von SED und SPD dem Gebot des Friedenserhalts alles unter ... Doch die bürgerlichen Rechte, unsere Freiheit, sind unverzichtbar, auch im Zeitalter der Massenvernichtungsmittel. Sind wir noch eindeutig genug, wenn es um grundsätzliche Unterschiede der beiden Gesellschaftssysteme geht? Ich fürchte, nein ... Ein Teil des linken Flügels will noch mehr: den US-Imperialismus entlarven, den Friedenswillen der UdSSR loben , einseitig und massiv abrüsten und unsere Bindung zur NATO lockern.«[57] »Das geht so weit, daß Genossen erklären, die Sowjetunion sei eine Demokratie, die USA nicht. Als ich das nachdrücklich zurückweise, rührt sich keine Hand zum Beifall.«[58]

Oskar Lafontaine fordert den Austritt aus der Nato und zugleich: »Kriegsdienstverweigerung im Zeitalter der nuklearen Bedrohung ist geradezu eine moralische Pflicht.«[59] Das Zentralkomitee der SED konnte triumphieren:

»Das starke friedenspolitische Engagement der Kommunisten hat maßgeblich bewirkt, daß sich die Friedensbewegung in der BRD zur größten, stabilsten und aktionsfähigsten Massenbewegung in Westeuropa gegen den US- und Nato-Hochrüstungskurs für die Unterstützung des konstruktiven Abrüstungsprogramms des Sozialismus entwickelt hat.«[60]

Willy Brandt umarmte nicht nur Breschnew, sondern auch den stur leninistisch orientierten Fidel Castro, den Henker der Freiheit des kubanischen Volkes. Als Brandt aber im August 1987 in Polen weilte, fand er keine Zeit, den Vorsitzenden der unter größtem Risiko um die Freiheit des polnischen Volkes ringenden Gewerkschaft Solidarnosc, Lech Walesa, zu treffen.[61] Heftige Kritik war auch seitens junger sozialdemokratischer Bewegungen in Polen und Jugoslawien zu vernehmen. Der ungarische Parlamentspräsident Szürös stellte Ende März 1989 mit Verwunderung fest, aus der Bundesrepublik kämen an die Adresse ungarischer Politiker Ermahnungen, die Reformen nicht allzu rasch voranzutreiben. Willy Brandt habe die »Verdienste von Janos Kádár gewürdigt« und gesagt, bei dem »hektischen Tempo« müsse man »sehr auf die Reihenfolge der Schritte« achten. Als Gegenposition zu Brandt zitierte die »Budapester Rundschau« den amerikanischen Botschafter Kalmer, der auf wirtschaftlichem Gebiet das Reformtempo noch beschleunigt sehen wolle. Viele politisch Interessierte in Ungarn glaubten zu wissen, daß die deutschen Sozialdemokraten bisher nicht das geringste Interesse für die neu entstehenden politischen Bewegungen und Parteien in diesem Lande hätten. Versuche der Kontaktaufnahme seien auf negative Reaktionen gestoßen.[62]
Die Hoffnung der jungen slowenischen Sozialdemokratie, von der großen deutschen Schwesterpartei ein Zeichen der Ermutigung oder auch nur der Sympathie zu erhalten, erfüllte sich nicht. An der Gründungsversammlung, die im Februar 1989 stattfand, nahmen weder Delegierte noch Beobachter der SPD teil. Sie konnte sich nicht einmal zu einem Grußtelegramm durchringen. Auf den Kongressen der jugoslawischen Kommunisten war die SPD jedoch jeweils mit großen Delegationen vertreten.[63]
Dem Parteivorstand der SPD wird am 8. Februar 1988 von Horst Ehmke eine Entschließung für »eine aktive Deutschlandpolitik« vorgelegt. Hans Apel entrüstet sich:

»Das ist ein unglaubliches Papier. In ihm wird wahrheitswidrig festgestellt: ›Nachdem die meisten Verhafteten entlassen und einige Betroffene in die Bundesrepublik übersiedelt sind... ‹ Und nun folgen die Verbeugungen. Kein auch nur ansatzweises Zeichen von Verständnis für die Kritiker des DDR-Staates. Nur unseren Dialogpartnern von der SED nicht zu nahetreten.«[64]

»Seit Brandt und Bahr baut die deutsche Sozialdemokratie, die in Lateinamerika und in der Dritten Welt durchaus oppositionelle Bewegungen unterstützt – und zwar extremistische –, im östlichen Europa, im kommunistischen und sowjetischen Machtbereich auf die Erhaltung des Status quo. Die Bewohner dieser Länder sollen gefälligst stillhalten, damit die deutschen Sozialdemokraten mit den dort herrschenden Kommunisten ungestört über Entspannung und Zusammenarbeit reden können.«[65]

Bleibt abschließend nur zu bemerken:

a) Die gewaltige deutsche »Friedensbewegung« rührt keinen Finger, um gegen Mord und Terror im auseinanderfallenden Jugoslawien zu demonstrieren. Zuletzt trat sie in Erscheinung, als es galt, gegen die Amerikaner im Golfkrieg Front zu machen. Doch tot ist sie sicherlich nicht. Sie hat auch den Krieg der Sowjetunion gegen das Volk von Afghanistan schweigend im Tiefschlaf überstanden.

b) Heute wissen es alle Gazetten: »Stasi plante Übernahme Westberlins«[66], »Die Eroberung Berlins«[67], »Auf den Westen war ein Großangriff vorgesehen«[68], »Die Angriffspläne des Warschauer Pakts gegen Deutschland und die Nato – massiver Einsatz von Atomwaffen/Frankreich nach einem Monat überrollt/Unterlagen der nationalen Volksarmee«[69]. Wer denkt noch daran, daß führende Sozialdemokraten jahrelang die Friedfertigkeit der Sowjetunion beteuerten und alles taten, um ihr Kriegsrisiko zu verringern?

4. Annäherung durch Verzicht –
»Lebenslüge« Wiedervereinigung

»Verzicht ist Verrat, wer wollte das bestreiten:
Hundert Jahre SPD heißt vor allem hundert Jahre
Kampf für das Selbstbestimmungsrecht der Völ-
ker. Das Recht auf Heimat kann man nicht für ein
Linsengericht verhökern . . . Der Wiedervereini-
gung gilt unsere ganze Leidenschaft. Wer an die-
sem Feuer sein kleines Parteisüppchen zu kochen
versucht, kann vor dem großen Maßstab der Ge-
schichte nicht bestehen. Wir grüßen die Schlesier.«

Grußwort zum Schlesiertreffen (Juni 1963):
Erich Ollenhauer
Willy Brandt
Herbert Wehner

Anläßlich der Unterzeichnung des sogenannten Grundlagenvertra-
ges überreichte die von Willy Brandt geführte Regierung der Bundesrepublik Deutschland dem Repräsentanten der DDR, Michael
Kohl, ein Schreiben, in dem das Recht der Deutschen auf Selbstbestimmung nachdrücklich betont wird:

»Im Zusammenhang mit der heutigen Unterzeichnung des Vertrages über
die Grundlagen der Beziehungen zwischen der Bundesrepublik Deutschland und der Deutschen Demokratischen Republik beehrt sich die Regierung der Bundesrepublik Deutschland festzustellen, daß dieser Vertrag
nicht im Widerspruch zu dem politischen Ziel der Bundesrepublik Deutschland steht, auf einen Zustand des Friedens in Europa hinzuwirken, in dem
das deutsche Volk in freier Selbstbestimmung seine Einheit wieder erlangt.«

Die SED-Regierung antwortete mit der Behauptung, das »Volk der
Deutschen Demokratischen Republik« habe bereits »sein Recht
auf . . . nationale Selbstbestimmung verwirklicht . . .«
Das Selbstbestimmungsrecht der Deutschen, die offene deutsche
Frage, irritierte die Mächtigen im anderen Teil Deutschlands, die
sich ihrer Sache und ihrer Menschen nicht sicher waren. Honecker
ließ nicht locker, und das Unglaubliche geschah: Die führenden
Sozialdemokraten fielen der Reihe nach um, verleugneten »ihr Ge-
schwätz von gestern«, gaben das Selbstbestimmungsrecht des deutschen Volkes preis, so Willy Brandt, Hans Jochen Vogel, Oskar

Lafontaine, Walter Momper, Gerhard Schröder, Egon Bahr, Erhard Eppler, Peter Glotz, Horst Ehmke, Klaus Bölling, Wilhelm Bruns und, wie selbstverständlich, die Jusos.

Brandt, in den ersten Jahrzehnten der Bundesrepublik durchaus verfassungstreu[70], äußerte sich ab 1984 mehrmals sinngemäß wie folgt:

»Es war eine lebenslügnerische Vorstellung, 1945 sei nur die Gewaltherrschaft und nicht auch der Staat zugrundegegangen... Es war ein Irrtum oder Selbstbetrug, aus den Erklärungen und Beschlüssen der Siegermächte einen Rechtsanspruch auf staatliche Einheit herleiten zu wollen..., daß es die Siegermächte damit nicht genug sein ließen, sich der Wiedervereinigung als Propagandaformen zu bedienen... Lange wurde aus dem Grundgesetz eine Pflicht zur Wiedervereinigung abgeleitet... Durch den kalten Krieg und dessen Nachwirkungen gefördert, gerann die ›Wiedervereinigung‹ zur spezifischen Lebenslüge der zweiten deutschen Republik.«[71]

Der SPD-Partei- und Fraktionsvorsitzende Vogel: »Die vom Parteivorstand und der Bundestagsfraktion bekräftigten Positionen, nämlich... Ablehnung des leichtfertigen und illusionären Wiedervereinigungsgeredes, finden auch außerhalb der SPD mehr und mehr Zustimmung.«[72]

Lafontaine und Momper:

»Berlins Regierender Bürgermeister Momper lehnt eine Wiedervereinigung Deutschlands ab. Dies hat Momper in einem Gespräch im kleinen Kreis mit dem französischen Landwirtschaftsminister Nallet in Berlin dargelegt... Die richtige Lösung liege in einer Demokratisierung der DDR unter Beibehaltung ihrer Eigenstaatlichkeit... Bedauerlicherweise hörten in der Bundesrepublik zu wenig Politiker auf die von ihm, Momper, und ›seinem Freund Lafontaine‹ vertretene Meinung.«[73]

Der niedersächsische Ministerpräsident Schröder: Eine auf Wiedervereinigung gerichtete Politik ist »reaktionär und hochgradig gefährlich.«[74]

Der deutschlandpolitische Vordenker und Wegbereiter der SPD Bahr:

»In der Teilung gibt es deutsche Chancen. Es gibt keine Chance, die deutschen Staaten zusammenzuführen... Klein, schwach und unwichtig sind die Deutschen geworden... Aber unerträglich für die Glaubwürdigkeit unserer Republik... wäre die Fortsetzung öffentlicher Sonntagsrederei, wonach die Wiedervereinigung vordringlichste Aufgabe deutscher Politik bleibt. Das ist objektiv und subjektiv Lüge, Heuchelei, die uns und andere vergiftet, politische Umweltverschmutzung.«[75]

Eppler:»Wenn wir die deutsche Einheit fordern, machen wir alle Hunde scheu, von Paris bis Moskau, und natürlich die ohnehin scheuen Hunde in der DDR.«[76]

Glotz:»Derzeit ist keine europäische Architektur denkbar, die es aushielte, daß der wirtschaftlich stärkste Staat der EG und der wirtschaftlich stärkste des RGW sich vereinigten. Bitte, zumindest in diesem Jahrhundert keine Pläne mehr zu einem ›Vierten Reich‹.«[77]

Dem Bundesverfassungsgericht warf Ehmke einen »bedenklichen Mangel an richterlicher Selbstbeschränkung wie an politischem Augenmaß« vor,»als es aus der Präambel eine juristische Verpflichtung der politischen Instanzen auf ein... ›ewiges Wiedervereinigungsstreben‹ abgeleitet hat. Die darin steckende juristische Anmaßung ist derart töricht, daß die Kritik, das Bundesverfassungsgericht habe sich mit dem Urteil ›übernommen‹, nur als understatement bezeichnet werden kann.«[78]

Bölling:»Es gibt, wir müssen uns das endlich eingestehen, nichts wiederzuvereinigen.«[79]

Bruns:»Zugespitzt formuliert könnte man sagen: Die deutsche Frage im Jahre 1989 ist ein deutscher Widerspruch! Je intensiver die Westbindung der Bundesrepublik mit dem Gemeinsamen Markt ab 1992 und der Politischen Union des EG-Europas werden wird, desto unwahrscheinlicher wird die staatliche Wiedervereinigung Deutschlands.«[80]

Ingo Arend, Bundesvorstand der Jungsozialisten in der SPD, Bonn:

»Es ist keine Schande, daß manche Politiker die Wiedervereinigung abgeschrieben haben, sondern ein Gebot des Realismus und der Vernunft... Wir sind dagegen der Ansicht, daß die Bundesrepublik offiziell auf das staatliche Ziel der Wiedervereinigung verzichten und die entsprechende Formulierung aus dem Grundgesetz streichen sollte... Der 17. Juni als Gedenktag sollte abgeschafft werden. Die Wiedervereinigung... hat sich als Lebenslüge der zweiten deutschen Republik erwiesen. Von dieser Lebenslüge müssen wir Abschied nehmen.«[81]

Soweit der Verzicht überhaupt begründet wurde, hieß es, man dürfe nicht leugnen,»daß die deutsche Teilung das Resultat des deutschen Faschismus«[82] gewesen sei, als ob Hitlers Kriegsverbrechen mit ewiger Landnahme und ewiger Diskriminierung eines Volkes geahndet werden dürften.

Alle diese Äußerungen haben selbstverständlich den mitunter bis an den Rhein hallenden Beifall der DDR-Gewaltigen gefunden. Erich Honecker: Es sei zu vermerken,»daß selbst der Vorsitzende der SPD, Willy Brandt... öffentlich forderte, die fruchtlose Diskussion, wie offen die deutsche Frage noch sei, zu beenden.«[83] In einem Bericht des Instituts für Internationale Politik und Wirtschaft, Berlin(Ost), stand zu lesen:

»Zugleich sprach sich Bruns für den ›Abbau der gegenseitigen Bedrohungs- und Feindbilder‹ aus und wandte sich gegen die ›Wiedervereinigungspolitik, die nicht hilfreich ist‹. Hans-Adolf Jacobsen teilte diesen Gedanken mit der Feststellung, ›daß die Politik der Bundesrepublik Deutschland, unterstützt von ihren Bündnispartnern, den Status quo hinzunehmen, um ihn dann friedlich überwinden zu können, eine permanente Herausforderung für die kommunistischen Parteien Osteuropas und die DDR-Führung bleibt.‹«[84]

Der Verzicht auf das Selbstbestimmungsrecht als ein essentiales Element politischer Freiheit war nicht der einzige gewichtige Verzicht. Das Ostbüro hatte man schon in vorauseilendem Entgegenkommen aufgelöst (S. 74 f.). Dem Wunsche Honeckers entsprechend, sollte die Zentrale Erfassungsstelle für Menschenrechtsverbrechen in der DDR, wie erwähnt auf Betreiben Willy Brandts errichtet, ebenso liquidiert werden wie der Extremistenbeschluß (S. 54 bzw. S. 32). Überhaupt mußte sich der, der es noch wagte, Menschenrechtsverletzungen anzuprangern, scharfe Kritik gefallen lassen:»Wer Menschenrechte zum Propagandaknüppel in der Auseinandersetzung mit dem Osten zu machen sucht, der gefährdet den Prozeß, in dem allein eine langfristige Verbesserung der Menschenrechtssituation im Ostblock erreichbar sein mag.« So kein geringerer als Horst Ehmke.[85]

Worte wie »Totalitarismus« und »Diktatur« wurden mit Blick auf die DDR aus dem SPD-Sprachschatz gestrichen. 1949 hatte Willy Brandt bekannt:»Man kann heute nicht Demokrat sein, ohne Antikommunist zu sein.«[86] Seine Frau Seebacher-Brandt widmete dem großen Vorsitzenden Kurt Schumacher einen Artikel mit der Überschrift »Der Antikommunist«.[87] Nun aber verurteilte Peter Glotz aufs Schärfste jede »Wiederbelebung des Antikommunismus« ebenso wie eine »Wiederbelebung der Totalitarismus-These«. Letztere These wieder aufzunehmen, sei »empirisch unsinnig und gleichzeitig friedensgefährdend.«[88] Die »Einheit«, die Mitgliederzeitung der IG-Bergbau und Energie, machte der DKP das Kompliment, daß ihr eine »strategische Meisterleistung« in der Bundesrepublik gelungen sei, indem sie ihre Definition des »Antikommunismus« in weiten Teilen der Sozialdemokratie und der Gewerkschaften durchgesetzt habe:

»Der einstmals Sozialdemokraten ehrende Kampfbegriff ›Antikommunist‹ ist inzwischen zu einem allseits akzeptierten Schimpfwort umgedeutet worden. Dieser sprachliche Umerziehungsprozeß ist die eigentliche strategische Meisterleistung der deutschen Kommunisten und wiegt weit mehr als Mitgliederzahlen oder Wahlergebnisse der Deutschen Kommunistischen Partei (DKP), zumal ihm nicht nur jüngere erlegen sind.«[89]

Eine strategische Meisterleistung sollte auch die Verleumdung der Bundesrepublik und die Verspottung ihres Verfassungskerns, der freiheitlichen demokratischen Grundordnung, werden. Dazu wurde der wortgewaltige Walter Jens auf dem Parteitag der SPD 1979 in die Bütt gerufen und für die nachfolgenden Invektiven mit anhaltendem Beifall bedacht:

»In einem Augenblick, da die Grundrechte des Einzelnen in diesem Lande vielleicht so gefährdet sind wie niemals zuvor seit der Befreiung von nationalsozialistischer Herrschaft, gefährdet durch die Folgen offener und geheimer Zensur und durch bürokratische Einschüchterung – ein ›Kursbuch‹ im Gepäck an der Grenze, ein amnesty-international Plakat im Spind, ein Marx-Zitat in der Examensklausur, ein aufmüpfiges Gedicht im Lesebuch, einerlei ob von Graß oder von Goethe, eine Annonce zugunsten eines entlassenen Kollegen in der Zeitung, vielleicht verstößt heute einer gegen jene FDGO [Freiheitliche Demokratische Grundordnung], die für einen Großteil der kritischen Generation, nicht den schlechtesten, zu einer Panzerfaust des Staates geworden ist – , in einem solchen Augenblick – will ich sagen – kommt alles darauf an, die Grund- und die Freiheitsrechte nicht nur defensiv, den Blick immer nach rechts gewandt, zu schützen, sondern sie im entschiedenen und entschlossenen Gegenentwurf zu den Auslegungen der Konservativen zu erweitern.«[90]

Die leidvolle Geschichte Tausender SPD-Genossen im Herrschaftsbereich der SED wurde nun auf sehr bezeichnende Weise aufgearbeitet: Durch den Verzicht, ihrer auch weiterhin ehrenvoll zu gedenken. Annemarie Renger, die Sekretärin Kurt Schumachers, ist eine von den Unermüdlichen, die bis zuletzt auf diesen skandalösen Verrat aufmerksam gemacht hat.[91] Unter Lebensgefahr erklärte Ende Februar 1933 auf einer Kundgebung im Sportpalast der Sozialdemokrat Franz Künstler:

»Wir wären schlechte Freiheitskämpfer, wenn wir nicht der Opfer gedächten, die in so großer Zahl gefallen sind für die Freiheit, hingemordet und hingestreckt. Wir wären schlechte Freiheitskämpfer, wenn wir nicht auch bereit wären, das Leben für die Freiheit zu opfern. Die Fahnen hoch!«[92]

Sein Enkel Walter Momper und 350 weitere Genossen der SPD durften Anfang Mai 1988 im Gelände des KZ Buchenwald Flagge zeigen, zur Erinnerung an »die Opfer der Nazibarbarei«. Kein Wort des Gedenkens an die dort ermordeten Sozialdemokraten, im Gegenteil. Momper: »Damit rückt die SPD natürlich wieder ein Stück näher an die SED 'ran ...«[93] Dabei hatte, wie erwähnt, der SPD-Vorsitzende Erich Ollenhauer von 70.000 Personen gesprochen, die in »Ulbrichts KZs« gestorben waren (S. 72). Nun, nach der Wende, veranstaltet die SPD-nahe Friedrich-Ebert-Stiftung Bautzen-Foren, um nachzuholen, was die Partei versäumt hat, als sie darum warb, Honeckers Geßler-Hut grüßen zu dürfen. Die Kieler SPD bat noch im Sommer 1989 den Diktator Honecker, ihr ein Souvernir zu überlassen, das versteigert werden solle. Er entsprach ihrer Bitte, überließ ihr einen weißen Sommerhut, der für DM 760 einen Liebhaber fand.[94]

5. Annäherung durch Anerkennung – Die Existenzberechtigung des SED-Staates

Am 9. Februar 1984 faßte der Deutsche Bundestag mit den Stimmen aller Fraktionen, also auch der oppositionellen SPD, einen Beschluß zum Bericht der Bundesregierung »Zur Lage der Nation im geteilten Deutschland«. Er bezog sich auf alle jene Grundlagen, »die von der sozial-liberalen Koalition immer kleiner geschrieben und zum Teil ganz verschwiegen worden waren, auf die sich die Regierung Kohl seit Oktober 1982 aber unzweideutig berufen hatte: Grundgesetz, Deutschlandvertrag, Entschließung des Deutschen Bundestages vom 17. Mai 1972, Urteil des Bundesverfassungsgerichts vom 31. Juli 1973 zum Grundlagenvertrag ...«[95] Ab 1985 verweigerte sich die SPD einer solchen Gemeinsamkeit mit den Regierungsfraktionen. Sie hatte stattdessen grünes Licht gegeben für intensive Gespräche mit der SED, die in ein gemeinsames Papier mündeten.

Am 27. August 1987 wurde es der Öffentlichkeit vorgestellt. Der

Beifall der veröffentlichten Meinungen hielt sich in engen Grenzen. Teils teils äußerte sich Die Zeit. Die Frankfurter Rundschau: »Streit unter Gentlemen?«, die Süddeutsche Zeitung: »Ein riskanter Dialog«, die Frankfurter Allgemeine Zeitung: »Fragwürdige Hoffnung«, der Rheinische Merkur: »Worthülsen statt Inhalte«, Die Welt: »Ein schmachvolles Papier«.

Der Wortlaut füllt knapp eine sechsspaltige Zeitungsseite.[96] Die parteiamtliche Überschrift lautet: »Der Streit der Ideologien und die gemeinsame Sicherheit – das gemeinsame Papier der Grundwertekommission der SPD und der Akademie für Gesellschaftswissenschaften beim ZK der SED«. Der Text beginnt: »Unsere weltgeschichtlich neue Situation besteht darin, daß die Menschheit nur noch gemeinsam überleben oder gemeinsam untergehen kann.« Schon dieser Paukenschlag ist mißglückt. Gerd Bucerius tadelt: »Das ist Unsinn. Seit 1945 gibt es rund um den Globus heftige, oft tödliche Auseinandersetzungen. Sie sind schlimm, – aber nicht das Ende der Menschheit. Eher sieht es so aus: Die atomare Rüstung hat die Kriege fast unmöglich gemacht, die kleinen erleichtert.«[97] Der Golfkrieg 1990/91 ist ein weiterer Beleg für die Richtigkeit dieser Schelte.

Wie schon die Überschrift und der zitierte erste Satz vermuten lassen, steht das Thema »Frieden« ganz im Mittelpunkt. Das war nicht anders zu erwarten, das ist – wie oben gezeigt (S. 78) – seit Lenins Tagen der Leim, auf den potentielle Gegner kriechen sollten.

»Der Krieg darf im Nuklearzeitalter kein Mittel der Politik mehr sein.« – Wirklich? Dann müßte sich die friedliebende Welt jedem Räuberhauptmann ergeben, der mit dem Säbel rasselt. Glaubwürdig sind solche Bekundungen eines vorbehaltslosen Pazifismus nur, wenn zugleich die totale, bedingungslose Abrüstung der eigenen Streitkräfte betrieben wird. Andernfalls bleibt der Einsatz der eigenen Streitkräfte, also in der Regel Krieg, eine Option. Zur Fahrt nach Utopia bestiegen die Chefideologen einen offenbar verdunkelten Schlafwagen, der sich von der Geschichte, der eigenen leidvollen Vergangenheit der SPD in der SBZ/DDR, abgekoppelt hatte. Die Träumereien sollten durch keinen Blick auf die allseits triste Wirklichkeit, durch keinen Rückblick desillusioniert werden. Kein Wort zum Krieg in Afghanistan, den jene Macht vom Zaun gebrochen hatte, mit der die DDR gemäß Art. 6 ihrer Verfassung »für immer und unwiderruflich« verbündet war. Jahr für Jahr hat eine wachsende Mehrheit der UN-Mitglieder die militärische Intervention der Roten Armee mißbilligt. Die DDR hat sich daran nicht nur nicht beteiligt, sich vielmehr gegen die Mißbilligung dieser permanenten Kriegsverbrechen ausgesprochen. Und genau diese DDR wurde »Sicherheitspartner« der SPD, jene DDR, die 1968 ihre »Volksarmee« »brüderliche Hilfe« zur Unterdrückug der Freiheitsbestrebungen der tschechoslowakischen Volkes leisten ließ und die flagrante Verletzung des Völkerrechts bis zur Revolution nie bedauert hat. Unverkennbar die Eselstritte gegen die USA, wenn es heißt: Der Friedenssicherung »widerspricht jede Politik, die auf... Unverwundbarkeit... setzt.« Gemeint war das SDI-Programm. Auch insofern kann man fragen, ob nicht das genaue Gegenteil richtig ist: Eine unverwundbare, friedfertige Weltmacht stabilisiert doch die Weltfriedensordnung?! Neben diesen fragwürdigen Passagen – und manchen durchaus passablen – solche, die einem Ausverkauf eigener Grundwerte nahekommen. Wie schon erwähnt, spricht das Papier ständig vom Frieden. Hingegen muß man lange suchen, um »Freiheit« auch nur ein einziges Mal zu entdecken. »Zu den grundlegenden Menschheitsinteressen gehören außer dem Frieden auch die Erhaltung der Biosphäre und die Überwindung von Hunger und Elend in der Dritten Welt.« Wo bleibt die Freiheit in dieser Aufzählung? Offenbar zählte sie nach Ansicht der SPD-Führung nicht mehr zu den »grundlegenden Menschheitsinteressen«. Tilman Fichter warf seiner Partei vor, sie habe das Leben der Freiheit vorgezogen[98], und Hans Apel: »Der Partei muß man also klar machen, daß es eben nicht nur um Frieden, sondern auch um Menschenrechte und um Freiheit geht.«[99] Wie ausgeführt (S. 72 f.), war für Schumachers Partei die Freiheit der oberste Wert. Nun aber hatte man sie verschachert für andere Werte. Wenn dieser Verrat an dem Gesetz, nach dem man angetreten, noch überboten werden konnte, dann geschah es durch folgenden Satz:

»Keine Seite darf der anderen die Existenzberechtigung absprechen.« Wodurch war die DDR legitimiert? Durch Lüge und Gewalt! Dazu Gesine Schwan, SPD: »Gleiches gilt für Sozialdemokraten. Sie können nicht ehrlich für eine freiheitliche und soziale Demokratie als Bedingung eines menschenwürdigen Lebens streiten und zugleich die Berechtigung einer kommunistischen Einparteiendiktatur bekräftigen. Weil diese Erklärung, wenn man redlich bleibt, nicht möglich ist, dient sie auch nicht dem Frieden. Der Abbau von Mißtrauen im Dienste des Friedens setzt Ehrlichkeit voraus, und es ist ehrlicher, offen die Legitimität der gegensätzlichen Position zu bestreiten als den Schein einer Anerkennung zu erwecken.«[100] (Auch im Berliner Programm heißt es:»... das Prinzip gemeinsamer Sicherheit... verlangt, daß jede Seite der anderen Existenzberechtigung und Friedensfähigkeit zubilligt«. Doch durch Wiederholung werden die Aussagen nicht richtig.)

In seiner Erwiderung schreibt Egon Bahr:

»Es geht gewissermaßen um die Hausordnung für das Zusammenleben gewiß unterschiedlicher Partner im europäischen Haus, das nur beziehbar ist, wenn es von keinem Mieter oder Mitbesitzer die Aufgabe seiner Identität verlangt. Das gilt für Christliche Demokraten, Liberale, Grüne, Kommunisten wie für Sozialdemokraten.«[101]

Die DDR, eine Feindin jedweder Freiheit des Menschen, soll Bestandteil eines Hauses sein, in dem sich die Demokraten wohl fühlen, obwohl durch die abgeriegelten Türen die Schreie der Gequälten dringen! Wer einem totalitären Staat die Existenzberechtigung zuspricht, verleugnet die Menschenrechte der Machtunterworfenen.

Was versteht das gemeinsame Papier unter Demokratie? Dazu Die Zeit:

»Zur Sicherung des Friedens sagen in dem Papier die SPD und die SED, ›gehört... die Entwicklung lebendiger Demokratie... ‹... Eppler hat mit seiner Unterschrift zugelassen, daß man das östliche System Demokratie nennen darf; ein System, das seine Staatsbürger an der Mauer wie die Hasen abknallt, wenn sie international verbrieftes Recht auf Auswanderung beanspruchen (Allgemeine Erklärung der Menschenrechte, Art. 13).«[102]

Das spröde Verhalten dem demokratischen Aufbruch im Osten gegenüber, dem keinerlei Verbrechen zur Last gelegt werden können, steht in scharfem Kontrast beispielsweise zu dem Beschluß des Parteitags der SPD in Münster, ihre Zusammenarbeit mit den terroristischen Befreiungsbewegungen ANC, SWAPO (S. 202) und der demokratischen Opposition in Südafrika zu verstärken, u. a. durch die Einrichtung von ständigen gemischten Arbeitsgruppen zwischen der SPD einerseits und dem ANC bzw. der SWAPO andererseits. Der Parteivorstand wurde aufgefordert, den Parteigliederungen konkrete Solidaritätsprojekte zur Unterstützung der Befreiungsbe-

1 Die DDR-Bevölkerung wird gezwungen, die eigene Freiheit einzumauern.

2 Die mecklenburgische Kleinstadt Güstrow erwartet Bundeskanzler Helmut Schmidt. Der Polizeistaat DDR zeigt sein wahres Gesicht (S. 35, 232).

Strahlend begrüßt Helmut einen »Bruder« Erich (S. 36).

4 Herbert Wehner, einst als »Verräter« beschimpft, war längst wieder zum begehrten Gesprächspartner geworden (S. 30f., 243).

5 Herzlicher Händedruck zwischen SED-Chef Erich Honecker und Ex-Bundeskanzler Willy Brandt beim Defilée vor dem Abschiedsessen in Bonn (S. 73).

6 Gegen geltendes Recht hat Justizminister Gustav Heinemann (r.) die Gründung der KPD-Ersatzorganisation DKP protegiert. Hier mit dem ersten Ständigen Vertreter der DDR in Bonn, Michael Kohl (S. 25 f.).

7 Günter Gaus, erster Ständiger Vertreter in der DDR, auf dem Dienstweg (S. 242).

8 Eine Delegation der SED unter Leitung von Politbüromitglied Hermann Axen (r.) ist in Bonn eingetroffen, um mit der SPD-Bundestagsfraktion (Egon Bahr l., Karsten Voigt) weitere Gespräche über die Einrichtung einer atomwaffenfreien Zone zu führen (S. 77 ff.).

9 In bester Laune zeigt sich Honecker mit Ministerpräsident Johannes Rau und Berthold Beitz (r.) nach dem Treffen mit Vertretern von Wirtschaft und Industrie.

10 Für Bundeskanzler Helmut Kohl offenbar ein Wermuttropfen, den er glaubt, trinken zu müssen (S. 50 ff.).

11 Verdauungsspaziergang im Garten der Dienstvilla Hammerschmidt. Bundespräsident Richard von Weizsäcker (r.) mit dem DDR-Staatsratsvorsitzenden (S. 46 ff.).

12 Beim Defilée vor dem Mittagessen in der Münchner Residenz winkt Honecker – neben Franz Josef Strauß – den Journalisten zu (S. 56 f.).

wegungen im südlichen Afrika vorzuschlagen. In dem gemeinsamen Papier sind SPD und SED übereingekommen:»Die ideologische Auseinandersetzung ist so zu führen, daß eine Einmischung in die inneren Angelegenheiten anderer Staaten unterbleibt.« Mit Blick auf das andere Deutschland fiel es der SPD nicht schwer, jede »Einmischung in die inneren Angelegenheiten« zu unterlassen. Mit Blick auf das ferne Chile forderte sie jedoch den Deutschen Bundestag auf, folgende Resolution zu fassen:

»Am 14. Dezember 1989 werden die Bürgerinnen und Bürger Chiles über die weitere Zukunft ihres Landes entscheiden. Der Deutsche Bundestag hofft, daß damit der entscheidende Durchbruch einer Rückkehr zur Demokratie erfolgt.
Aufgabe der neuen Regierung und des Parlaments wird sein –
Freilassung aller Personen, die aus Gründen der politischen Gegnerschaft zur Diktatur inhaftiert sind,
Aufhebung der Militärgerichtsbarkeit für allgemeine Strafverfahren,
Abschaffung der Todesstrafe,
Presse- und Meinungsfreiheit,
Schaffung von Gerechtigkeit gegenüber Opfern von Menschenrechtsverletzungen und ihren Hinterbliebenen,
Erarbeitung und Verabschiedung einer neuen Verfassung«.

Das alles, wie gesagt, zugunsten der 12.000 km entfernten Chilenen, nichts von alledem zugunsten der Deutschen im anderen Teil unseres Vaterlandes.[103]
Als das gemeinsame Papier der Öffentlichkeit vorgestellt wurde, äußerte Eppler:»Wir legen kein Manifest der Verbrüderung vor. Wir wissen, wieviele Wunden unser Streit gerissen hat. Sie sind teilweise noch offen.«[104] Von welchem Streit ist da die Rede? Wann hat die SPD der KPD, der SED oder der DKP Wunden geschlagen? Meint Eppler die Niederschlagung der kommunistischen Aufstände nach dem Ersten Weltkrieg? Hätten Ebert, Noske, Scheidemann schon damals der Gewalt weichen sollen?
Bei der Ausarbeitung des gemeinsamen Papiers wurde die SED federführend von Prof. Reinhold vertreten. Aus einem Interview mit ihm:

»Gemeinsame Sicherheit erfordert, so wird im Dokument festgestellt, daß jedes der beiden Systeme das andere für friedensfähig hält. In diesem Zusammenhang wird oft die Frage gestellt: Bedeutet diese Position, daß sich am Wesen des Imperialismus, an der ihm immanenten Aggressivität etwas geändert hat? Prof. Reinhold: Natürlich nicht. Lenin hat nachgewiesen, daß das Monopol seinem ganzen Wesen nach Expansionsbestrebungen hervorbringt, wobei die militärische Expansion nur eine der Formen ist. Dazu gehören die ökonomischen, die politischen und auch geistig-kulturellen Expansionsbestrebungen . . . Genosse Kurt Hager hat in seinem Beitrag . . . ganz in diesem Sinne festgestellt: ›Es handelt sich also darum, daß der Imperialismus friedensfähig gemacht werden muß, nicht daß er von Natur aus friedensfähig ist.‹«[105]

Umgekehrt aber sollte das Papier der SED dazu dienen, um die SPD als Zeugin ihrer eigenen Friedfertigkeit aufrufen zu können:

»Trotz und gerade wegen des Vormarsches und der Folge der Friedenskräfte werden sich die Angriffe der Konfrontationsstrategen auch weiter auf die Friedensfähigkeit des Sozialismus konzentrieren. Denn wenn sie diese anerkennen, fällt die These der ›Gefahr aus dem Osten‹ und damit die gesamte Totalitarismusdoktrin wie ein Kartenhaus zusammen . . . Auch unter diesem Aspekt erlangt das Dokument ›Der Streit der Ideologien und die gemeinsame Sicherheit‹ besondere Bedeutung, weil dort von Vertretern der SPD die Friedensfähigkeit, Existenz- und Entwicklungsfähigkeit des Sozialismus nachhaltig hervorgehoben wurden.«[106]

Mit dem Fall der Mauer fielen auch manchen Genossen die ideologischen Schuppen von den Augen. So äußerte Anfang Dezember 1989 Anke Fuchs: »Man kann es auch zerreißen«.[107] Gemeint war das Dialogpapier. Wie recht sie doch hatte! Doch nur fünf Jahre später läßt sich die Grundwertekommission wieder wie folgt vernehmen: »Das Papier über den ›Streit der Ideologien und die gemeinsame Sicherheit‹ ist von der Oppositionsgruppe in der DDR als ein Versuch begrüßt worden, nun auch die SED zu der Reformpolitik zu bewegen . . .«[108] Doch dieses Eigenlob ist unverdient, wie die folgenden Stimmen beweisen. Das Gründungsmitglied der »Initiative Frieden und Menschenrechte«, der Bundestagsabgeordnete Gerd Poppe vom Bündnis 90, meinte am 28. August 1992 rückblickend:

»Es gab bei einigen Leuten eine ganze Menge Hoffnung, daß dieses Papier die Möglichkeit bietet, bestimmte Rechte einzuklagen. Ich habe aber schon damals meine erheblichen Zweifel gehabt. Es hat für uns nie diesen Stellenwert bekommen, der dort offensichtlich intendiert war, ganz im Gegensatz zur Helsinki-Schlußakte . . . Uns ging das Papier an einigen Stellen zu weit, wo eine Gleichsetzung von SED und SPD erfolgte und wo wir der Meinung waren, daß es für uns als Oppositionsgruppe nichts bringt.«[109]

Und Bärbel Bohley:

»Für die Öffentlichkeit wurde das SED-SPD-Papier abgefaßt, von dem die Sozialdemokraten heute behaupten, es wäre Humus für die DDR-Opposition gewesen. Wenn die SPD die Emanzipation der DDR-Bevölkerung gewollt hätte, hätte sie alle Kontakte zu den Basisgruppen in der DDR unterstützen müssen. Das Gegenteil war der Fall. Aber die SPD hat ja nicht nur uns gemieden. Auch Solidarnosc, die Charta 77 und die Bürgerrechtler in der Sowjetunion waren keine moralische und erst recht keine politische Kraft für die SPD.«[110]

6. Annäherung durch Rückkehr zu Marx – Das Berliner Programm

Es war schon davon die Rede, daß die SPD vor gut 100 Jahren Karl Marx zur Gallionsfigur machte. Daran änderte auch die durch den Ersten Weltkrieg bewirkte Spaltung nur wenig. SPD und KPD beriefen sich auf Marx als geistigen Ahnherrn und bestritten sich gegenseitig diese Grundlage. Nach dem Ende der Hitler-Diktatur wurde an die alte Tradition angeknüpft. So heißt es im Geleitwort einer Neuausgabe des Jahres 1946 von »Das kommunistische Manifest«:

»In gemeinsamer Arbeit hatten Marx und Engels das größte politische Dokument des modernen Sozialismus geschrieben, aus dem die sozialistische Bewegung Jahrzehnte hindurch ihre Kraft, ihre Erkenntnisse und Methoden – ja ihre Waffen für den politischen Kampf nahm. Das kommunistische Manifest ist wieder da. Nach zwölf Jahren geistiger Entmachtung durch den Faschismus gibt es in seinen Grundsätzen wieder Weg und Ziel für die Sozialdemokratie an... Wir erfüllen eine wichtige Forderung unserer Zeit, wenn wir diese Grundschrift der sozialistischen Klassiker dem Volk wieder zurückgeben. Wir legen die Neuausgabe in die Hände unserer Jugend mit dem Wunsche: Möge der Geist des Manifests im Volke wieder lebendig werden.«[111]

Zur bestürzenden Überraschung vieler wackerer Streiter aus dem Fußvolk brach das Godesberger Programm des Jahres 1959 mit Marx und Marxismus. Das ist unstreitig. In einer Betrachtung »Der Weg nach und seit Godesberg« führt Heinrich August Winkler aus:

»Mit dem neuen Programm nahm die SPD endlich Abschied von jenem ›Volksmarxismus‹, der aus ihrem früheren Getto-Dasein hervorgegangen war, aber dann dieses Getto in den Köpfen hatte fortleben lassen, als es in der Wirklichkeit schon gar nicht mehr existierte... Godesberg: Das war, zugespitzt gesagt, der posthume Sieg von Lassalle über Marx, von Bernstein über Kautsky. Mit Godesberg durchbrach die deutsche Sozialdemokratie eine ideologische Schallmauer.«[112]

Auch die Kommunisten sahen es so: Mit dem Godesberger Programm der SPD hätten »ihre führenden rechten Kräfte die völlige Abkehr vom Marxismus«[113] vollzogen. Genau dreißig Jahre später (20. Dezember 1989) wird das Godesberger durch das Berliner Programm ersetzt und der Marxismus, den man als unnötigen Ballast über Bord gestoßen hatte, wieder aufs Deck gehievt: »Der Demokratische Sozialismus in Europa hat seine geistigen Wurzeln... in Marxscher Geschichts- und Gesellschaftslehre...«
Mit der »Marxschen Geschichts- und Gesellschaftslehre« wird also die eigene Vergangenheit angereichert, was die Frage aufnötigt, ob der Brain-Trust, der »Godesberg« vorbereitete, diesen Teil der Historie versehentlich oder bewußt ausblendete. Das »Archiv der sozialen Demokratie«, zu dem der SPD-Parteivorstand den Schlüssel verwahrt, zeigt deutlich, daß es sich hier nicht um eine leichtfertig verschuldete Lücke handelt, sondern um das Ergebnis intensiver Beratungen: Man wollte sich von Marx unmißverständlich distanzieren.
Warum 1959 diese Apostasie vom »großen Führer« und seiner Lehre? Warum haben sich die Väter von den Vorstellungen der Großväter losgesagt, und warum huldigen die Söhne dem Atavismus? Darauf gibt es keine parteiamtliche klare Antwort. Die Verantwortlichen hatten genug Mut zur Lücke, aber nicht genug Mut zur Offenheit. Zwei Gründe dürften für die programmatische Wende des Jahres 1959 ausschlaggebend gewesen sein, nämlich die verheerenden Wahlniederlagen 1953 und 1957 (1949 1,8 Prozent weniger als CDU/CSU, 1953 16,4 Prozent, 1957 18,4 Prozent) sowie die Einsicht, daß die Partei in arge Verlegenheit geraten könnte, würde sie von ihren Gegnern mit Marxens Gedankengut konfrontiert.
Um es vorwegzunehmen: Man mußte sich die erschütternde Wahrheit eingestehen, daß Marx aus nationalistischer Überheblichkeit die slawischen Völker verachtete, aus einem irrationalen Antisemitismus heraus das eigene jüdische »Nest« beschmutzte sowie dem Totalitarismus, der Geißel des 20. Jahrhunderts, mit seiner Lehre den Boden bereitete. Die Protokolle und sonstigen Unterlagen der vorbereitenden Ausschüsse des Godesberger Parteitages bilden einen Aktenstapel von mehr als einem halben Meter. Wider Erwarten befinden sich darunter keine Schriftstücke, in denen die Aufnahme von Marx oder des Marxismus in den Programmtext erörtert wird.

Und dennoch bringt das Aktenstudium Licht in das Dunkel der aufgeworfenen Fragen. Im Protokoll der Sitzung des Unterausschusses »Grundsatzfragen der Programmkommission« vom 31. Oktober 1955 fragt der Vorsitzende, Prof. Dr. Gerhard Weisser, die sieben anderen anwesenden Mitglieder:

»Wie kommt es in unserer Zeit zu totalitären Gesellschaftstypen? Wann stirbt ein solches System und wie stirbt es? Diese Fragen sollten wir einmal gründlich behandeln. Seid ihr ganz sicher, daß wir mit der These vom ›vergewaltigten Marx‹ recht haben? Hat nicht die Haßkomponente bei Marx und sein Verlangen nach Rechtgläubigkeit zumindest objektiv-geschichtlich so gewirkt, daß ein konformistisches Denken von da seinen Ausgang genommen hat?« Und Weisser fährt fort: »Auch darüber sollten wir einmal im engsten Kreis sprechen.«[114]

Was kam im engsten Kreis alles Marx betreffend zur Sprache? Darüber gibt es verständlicherweise keine Aufzeichnungen, aber geradezu zwingende Vermutungen: Es gereicht der SPD-nahen Friedrich-Ebert-Stiftung zur Ehre, daß sie 1964 eine umfangreiche Studie veröffentlicht hat: »Friedrich Engels und das Problem der ›geschichtslosen Völker‹«. Roman Rosdolsky, ein gläubiger Sozialist, hat diese Ausarbeitung von 200 Druckseiten bereits 1948 abgeschlossen und ganz sicher, zumindest in sozialistischen Kreisen, seine Erkenntnisse nicht verschwiegen, Erkenntnisse, die auch jeder andere Leser der Hinterlassenschaft von Marx und Engels unschwer gewinnen konnte. Die Vorbemerkung beginnt:

»Der Gegenstand dieser Untersuchung sind die Freiheitsbestrebungen der sogenannten geschichtslosen Völker Österreichs in der Revolution 1848/49, wie sie sich im radikalsten Blatte der damaligen deutschen Linken, der ›Neuen Rheinischen Zeitung‹ und vor allem in den Aufsätzen ihres führenden Redakteurs, Friedrich Engels, widerspiegeln. Als solche geschichtslosen Völker betrachtet Engels vor allem die Slawen Österreichs und Ungarns (mit Ausnahme der Polen), d. h. die Tschechen, Slowaken, Slowenen, Kroaten, Serben und Ukrainer...«[115]

Das Buch ist gespickt mit Beleg-Zitaten aus der Neuen Rheinischen Zeitung. Typisch sind Auslassungen wie die folgenden: »Kampf, ›unerbittlichen Kampf auf Leben und Tod‹ mit dem revolutionsverräterischen Slawentum: Vernichtungskampf und rücksichtslosen Terrorismus – nicht im Interesse Deutschlands, sondern im Interesse der Revolution!«[116] Das Zitierte stammt zwar von Engels; aber Engels behauptet glaubwürdig:»Die Verfassung der Redaktion war die einfache Diktatur von Marx«[117]. Marx selbst war es, der die Russen, und nicht bloß ihre Zaren, auf unüberbietbare Weise beschimpfte. Auch hier müssen knappe Andeutungen genügen:»Im blutigen Schlamme mongolischer Sklaverei, nicht in der rohen Pracht der Normannenzeit, steht die Wiege Moskaus, und das moderne Rußland ist nichts anderes als eine Umgestaltung Moskaus.«[118]

Am Beginn seiner Betrachtungen über»Die Neue Rheinische Zeitung und die Juden« – ein Text, der ebenfalls von der Friedrich-Ebert-Stiftung veröffentlicht worden ist – bemerkt Rosdolsky:»Als besonders befremdend muß uns heute die Einstellung der Neuen Rheinischen Zeitung den Juden gegenüber erscheinen.«[119] Die Belege, die Rosdolsky anführt, sind eindeutige Beweise für die Richtigkeit seiner Behauptung, z. B.:»Entrüstet über die verräterische Feigheit dieser Erbärmlichkeit und niedergeschlagen wegen des hirnlos-feigen Benehmens des demokratischen Judengesindels, welches das Steuer (im Reichstag) führt, verließ ich diese Versammlung.«[120]

Chefredakteur war, wie bemerkt, Karl Marx. Rosdolsky wehrt sich,»die Begründer des Marxismus als eine Art geistiger Waffenbrüder von Julius Streicher erscheinen«[121] zu lassen, aber:

»Der Leser ist sicherlich über die geschmacklosen antijüdischen Korrespondenzen dieses Blattes bestürzt. Welcher trüben Quelle entstammen sie? Welche soziale Klasse meldete sich da zum Worte? Die Antwort ist einfach: Die vielstimmige ›Volksmeinung‹ war es, die in diesen Korrespondenzen erklang... Freilich war dieser ›Volksantisemitismus‹ in bedeutendem Maße ›antikapitalistisch‹ – so war aber auch der spätere Antisemitismus Stöckers, Luegers und Hitlers.«

Im gleichen Band des »Archivs für Sozialgeschichte« der Friedrich-Ebert-Stiftung (!) kommt auch der namhafteste Fachmann für die Beziehungen der Sozialisten und Kommunisten zu den Juden zu Wort, nämlich Edmund Silberner. Selbst Jude, hat er sich jahrzehntelang mit diesem Themenkomplex beschäftigt. Alles spricht dafür, daß den sozialdemokratischen Marxismusexperten wie Gerhard Weisser nicht nur Silberner selbst ein Begriff gewesen ist, sondern auch in groben Zügen seine Auffassung und die ihr zugrundeliegenden Fakten, nämlich Marxzitate wie:

»So finden wir, daß hinter jedem Tyrannen ein Jude, wie hinter jedem Papst ein Jesuit steht. Wahrlich die Gelüste der Unterdrücker wären hoffnungslos, die Möglichkeit von Kriegen unvorstellbar, gäbe es nicht eine Armee von Jesuiten, das Denken zu drosseln, und eine Hand voll Juden, die Taschen zu plündern.«[122]

Der letzte Teil des Kapitels, der sich mit Marx beschäftigt, trägt die Überschrift: »Marxens beharrlicher Antisemitismus und seine Nachwirkung«. Darin stellt Silberner fest:

»Es ist sinnlos, mit jemandem zu argumentieren, der Wunschträume über nachweisbare Tatsachen stellt. Vorausgesetzt, daß man mit Antisemitismus Feindseligkeit gegenüber den Juden meint und keine willkürliche Auswahl der Marxschen Aussprüche über die Juden trifft, sondern sie in ihrer Gesamtheit nimmt, kann man nicht nur, sondern muß man Marx geradezu als ausgesprochenen Antisemiten bezeichnen.«[123]

Im Unterausschuß für Godesberg gab Gneuss in etwa die Auffassung aller Mitglieder wieder, als er bekannte:

»Ich bin auch der Meinung, daß die Formel vom vergewaltigten Marx nicht ausreicht. Auch schon beim jungen Marx waren Ansätze zum Totalitarismus in seiner Staatstheorie, und noch stärker in seiner Anthropologie und seiner Geschichtsphilosophie.«

Und Otto Stammer ergänzte: »Auch ich glaubte, daß wir am Marx-Bild selber und an der Marx-Lehre und -Ideologie etwas zu korrigieren haben.«[124]

Haben die für das Berliner Programm Verantwortlichen alle diese Vorbehalte nicht gekannt oder leichterhand vom Tisch gefegt? Dem, was bisher publik gemacht wurde, ist die Antwort nicht unmittelbar zu entnehmen. Gänzlich unwahrscheinlich ist es, daß niemand nachgeforscht hat, warum Marx und der Marxismus 1959 so provokativ eliminiert worden sind, zumal der Vorsitzende der Programmkommission, der schon erwähnte Prof. Weisser, erst im Oktober 1991 verstorben ist, also dauernd für Auskünfte zur Verfügung stand. Die Vermutung drängt sich auf, daß ein neuer Geist Einzug gehalten hatte, wie er durch die Wahl bekennerhafter Marxisten nicht nur bei den Jusos, sondern auch in Landesverbänden, zum Beispiel Hamburg, zum Ausdruck gekommen war.

Der Einwand liegt nahe, das neue Programm reinthronisiere nicht den Marxismus schlechthin, vielmehr werde nur auf die »Marxsche Geschichts- und Gesellschaftslehre« Bezug genommen. Doch ein Herzstück des historischen Materialismus ist gerade das Gebot, mit allen Mitteln auf die Diktatur des Proletariats hinzuwirken, mit allen Mitteln, das schließt den Individual- wie den Massenterror ein. Mehrmals wird der »revolutionäre Terrorismus« von Marx ausdrücklich gutgeheißen. Als der Terrorist Rolf Pohle in München seinen Richtern vorgeführt wurde, trug er über den Kopf gestülpt eine Tüte. Darauf die Gesichtszüge des Karl Marx und die Worte: »Ohne Theorie keine Revolution.«[125] Wer Marx-Texte wie den folgenden überdenkt, wird Rolf Pohle den Vorwurf ersparen, er habe das Andenken eines Verstorbenen verunglimpft:

»Weit entfernt, den sogenannten Exzessen, den Exempeln der Volksrache an verhaßten Individuen oder öffentlichen Gebäuden, an die sich nur gehässige Erinnerungen knüpfen, entgegenzutreten, muß man diese Exempel nicht nur dulden, sondern ihre Leitung selbst in die Hand nehmen.«[126]

Aus der Perspektive der Stamokap-Ideologie, die bei den Jusos mehrheitsfähig geworden war, ist eben jedes Opfer des Terrorismus ein »verhaßtes Individuum«, an dem »Volksrache« exemplifiziert werden muß.

1951 ritt Kurt Schumacher eine heftige Attacke gegen den Kommunismus:

»Haß, Rache, Blut, Vergeltung, Ausplünderung, Niedertracht, Vernichtung, das sollen die Grundlagen der kommenden Welt sein. Die Kommunisten der ganzen Welt sind darum überall und in allen Fragen der praktischen Politik die gehässigsten und unversöhnlichsten Feinde Deutschlands.«[127]

Was Schumacher als Praktiker nicht wissen konnte, aber die parteieigenen Marxologen hätten wissen müssen, ist: Die Wesensmerkmale des Kommunismus nach Schumacher sind zugleich die Charakterzüge des namhaftesten Kommunisten. Das Sein des Karl Marx hat sein Bewußtsein, seine Lehre geprägt, eine Erkenntnis, die in Dutzenden von Publikationen ihren Niederschlag gefunden hat, seitens der SPD jedoch gänzlich tabuisiert worden ist. Ganz offenbar sollten derlei sakrilegische Äußerungen tunlichst ohne Echo bleiben, zumal sie den knallharten Fakten nichts entgegenzusetzen gehabt hätte.

Die DDR hingegen hat der bundesdeutschen Marxkritik weit mehr Beachtung geschenkt, wie die folgenden Passagen veranschaulichen:

»Die politische und klassenmäßige Differenziertheit der Marx-Biographen ist außerordentlich groß, aber seit den 70er Jahren ist auch auf diesem Gebiet der Einfluß der reaktionären konservativen Marxismus-Kritik spürbar. Ihre Vertreter konzentrieren sich dabei auf psychologische und psychoanalytische Argumentationen, um aus der Persönlichkeit Karl Marx Haß, Gewalt und Macht als die typischen Strukturen für sein Denken und Handeln zu kennzeichnen. Ob Löw, Friedenthal, Peters, Kaltenbrunner, Rohrmoser, Topitsch, sie alle analysieren bei Karl Marx einen ›Glauben an das eigene Auserwähltsein, das sich mehr und mehr zum messianischen Sendungsbewußtsein und cäsarischen Machtansprüchen‹ steigere und sie folgern daraus, daß der Marxismus-Leninismus nichts anderes als ›theoretische Rationalisierung des dämonischen Machtwillens von Karl Marx sei‹. Löw erkennt bei Marx eine ›dämonische Haßbereitschaft‹, eine ›monotone Destruktivität‹ und all das ›prädestinierte ihn psychisch dazu, ein Theoretiker der Gewalt zu werden‹.«[128]

Nicht nur der Wahrhaftigkeit wegen, sondern auch um einer Wiederholungsgefahr entgegenzutreten, ist es geboten, den sich fortzeugenden Marxlegenden und der damit verquickten Verharmlosung der DDR entgegenzutreten. Noch im Mai 1993 steht in der SPD-Zeitung »Blick nach rechts« zu lesen:

»Faschisten und Kommunisten, National- und Realsozialisten, Stasi und Gestapo mögen bei oberflächlicher Betrachtung wie siamesische Zwillinge erscheinen. Wer sich aber wissenschaftlich mit ›beiden Seiten der Medaille‹ befaßt, darf die Augen nicht vor wesentlichen Unterschieden verschließen. Der Nazismus war die Verwirklichung einer menschenfeindlichen Ideologie, zu der sich Hitler in ›Mein Kampf‹ schon Mitte der 20er Jahre öffentlich bekannt hatte, der Stalinismus hingegen die Perversion einer seit Herausbildung des Industriekapitalismus gewachsenen humanistischen Idee. Ob jemand Leichenberge (Hitler) oder Aktenberge (Erich Honecker) hinterläßt, macht – wie Friedrich Schorlemmer zu recht bemerkt hat – durchaus einen gravierenden Unterschied.«[129]

Wo sind die wissenschaftlichen Untersuchungen, die sich kritisch mit den humanistischen Wurzeln des Stalinismus befassen? Ferner: Auch das SED-Regime hat Leichenberge hinterlassen. Die SPD sprach früher von 70.000 Lagertoten (S. 72). Nur Aktenberge? Millionen verloren ihre Heimat, weil für sie das Leben in der DDR nicht lebenswert war. Nur Aktenberge? 100.000 Unschuldige wurden zu Freiheitsstrafen verurteilt. Nur Aktenberge? Dieser Zynismus erinnert an die Sprache des Unmenschen.

7. »Nun wächst zusammen« – Lügen um »Lebenslügen«

Das Erdbeben im sozialistischen Ostblock, insbesondere in der DDR, hat auch das publizierte Bewußtsein der SPD auf den Kopf gestellt. Hören wir einige Pressestimmen aus der Phase der revolutionären Neuerungen in der DDR.

Die Aktuelle Kamera am 20. September 1989:

»Neue Akzente – so vermelden Bonner Blätter heute – hat die SPD für ihre sogenannte Deutschlandpolitik gesetzt. Klartext: Keine Begegnungen mehr, ohne daß von SPD-Seite zunächst über innere Angelegenheiten der DDR geredet wird. Nicht so sehr neu, aber für meine Begriffe die anmaßendsten Worte aus der Bonner Parteizentrale – ein Rückfall in die Tonart der fünfziger Jahre.«[130]

Stimme der DDR am 21. September 1989:

»Gegenüber einer Zeitung von heute sagte nun dieser Herr Seiters, die Bundesregierung, und die ist bekanntlich nahezu identisch mit der CDU/CSU, die Bundesregierung wolle in der Deutschlandpolitik mit den Sozialdemokraten zusammenarbeiten. Triumph schwingt da mit, jenes herablassende Spät-kommt-ihr-doch-ihr-kommt. Nach allem, was allein in dieser Woche aus der Führung der SPD zu hören war, sind die Herren Vogel und Ehmke und andere in elementaren Fragen der internationalen Politik tatsächlich fast total auf die Position der Bonner CDU eingeschwenkt.«[131]

Die Aktuelle Kamera am 25. Oktober 1989:

»Nur die SPD scheint, nach einer hektischen Änderung ihrer erprobten und erfolgreichen DDR-Politik, momentan außen vor zu bleiben.«[132]

Im Dezember 1989 sprach die SPD den Abbruch ihrer Beziehungen zur SED aus. Im Januar 1990 verlangte sie sogar von Helmut Kohl mehr Distanz zur DDR-Übergangsregierung. Die SPD führe einen »Vernichtungsfeldzug« und sei für die Sowjetunion ein »unsicherer Partner« geworden, erklärte zur gleichen Zeit der Fachmann für Deutschlandfragen der KPdSU, Nicolai Portugalow, auf einer Veranstaltung der SPD-nahen Friedrich Ebert-Stiftung.[133] Als Egon Bahr, der SPD-Ostexperte, immer noch Mühe hatte, sich den neuen Gegebenheiten anzupassen, wurde er vor versammelter Mannschaft von seinem Fraktionskollegen Norbert Gansel angefaucht: »Ich habe es satt, daß wir Sozialdemokraten dauernd sowjetischer sind als die Sowjets.«[134]

Was den doppelten Salto rückwärts bei der SPD ausgelöst hat, liegt auf der Hand. Vergegenwärtigen wir uns an einigen Beispielen, wie er inszeniert und ausgeführt wurde:

»Kein Zweifel: Mit Anbruch der 90er Jahre begann ein neues Kapitel der europäischen Geschichte. Im Jahr der unvergeßlichen, ganz überwiegend friedlichen Umwälzungen endete die Ära verkrampfter Konfrontation und widernatürlicher Teilung. Ich dachte nicht allein an Berlin, als ich am 10. November (1989) vor dem Schöneberger Rathaus sagte: Nun wächst zusammen, was zusammengehört.«[135]

Soweit Willy Brandt im Vorwort seines »... was zusammengehört« betitelten Buches. Was gehörte nach seiner Meinung zusammen? Als er die zitierte Ansprache hielt, dachte er sicherlich an beide Teile Deutschlands. Doch hatte er den Glauben an Deutschland nicht längst verloren, preisgegeben? Auf dem Domplatz zu Erfurt beteuerte er am 3. März 1990:

»Mein Nach-Nachfolger im Amt des Bundeskanzlers hat mir neulich von dieser Stelle aus etwas vorgeworfen, was man ihm aufgeschrieben hatte. Er hat mir vorwerfen wollen, ich sei nicht immer für die Einheit gewesen. Das ist grotesk. Ich habe gesagt, es wird nichts *wieder* so wie es war. Das Reich kommt nicht wieder, die alte Ostgrenze kommt nicht wieder. *Neu* müssen wir zusammenkommen! Eine *Neu*vereinigung muß kommen und nicht eine *Wieder*vereinigung«[136]

Wann hat er wo in den kritischen Jahren die »Neuvereinigung« gefordert? Darauf erhalten wir keine Antwort. In seinen 1989 veröffentlichten Erinnerungen schreibt er, wie schon erwähnt: »Durch den Kalten Krieg und dessen Nachwirkungen gefördert, gerann die ›Wiedervereinigung‹ zur spezifischen Lebenslüge der zweiten deutschen Republik.«[137] Sind das nicht eindeutige Worte, die uns an Lebenslüge denken lassen, aber ganz anders, als Brandt es später gerne gehabt hätte? Was soll auch das Wortspiel mit »Neu« und »Wieder«? Nichts wird wieder wie es war. Wer wieder kommt, kommt älter und begegnet einer zumindest etwas gewandelten Welt. Oder man denke an »Wiederverehelichen«, um nur eines von tausend möglichen Beispielen anzuführen. Nicht einer von denen, die die Wiedervereinigung wollten, dachte auch nur im Traum daran, das alte Reich (welches?) oder gar die katastrophale Misere von 1945 zu restaurieren. Das Bundesverfassungsgericht gebrauchte in ständiger Rechtssprechung ausdrücklich das Wort »Wiedervereinigung«, beispielsweise:

»Aus dem Wiedervereinigungsgebot folgt: Kein Verfassungsorgan der Bundesrepublik Deutschland darf die Wiederherstellung der staatlichen Einheit als politisches Ziel aufgeben, alle Verfassungsorgane sind verpflichtet, in ihrer Politik auf die Erreichung dieses Zieles hinzuwirken... und alles zu unterlassen, was die Wiedervereinigung vereiteln würde.«[138]

Die drei Westmächte hatten schon im Deutschlandvertrag vom 26. Mai 1952 ein »wiedervereinigtes Deutschland, das eine freiheitliche Verfassung ähnlich wie die Bundesrepublik besitzt«, als Ziel proklamiert. Der NATO-Rat machte sich dies mehrfach zu eigen. Den besten Beweis dafür, wie der langjährige SPD-Vorsitzende Willy Brandt verstanden werden wollte und mußte, liefern die einschlägigen Äußerungen seiner namhaftesten Adlaten und des Nachwuchses, die, wie Egon Bahr und die Jusos, ohne Widerspruch die »Lüge« bzw. »Lebenslüge« wörtlich übernahmen (vgl. S. 89 ff.). Der eigene Sohn, Peter Brandt, hält dem Vater den Spiegel vors Gesicht:

»Die SPD hatte erstens ihren Vereinigungs- und Selbstbestimmungsvorbehalt, der ohne weiteres auch in die Programmatik der 80er Jahre gepaßt hätte, im Laufe der Zeit so stark verwässert, daß die Masse der Funktionäre wie der Mitglieder eine Neuvereinigung Deutschlands nicht einmal mehr als Möglichkeit denken konnte. Zweitens hatte die Partei den Primat des Friedens allzu rigoros mit dem Primat der Stabilität in Europa gleichgesetzt.«[139]

Die Bunte widmete ihm dennoch eine ganze Seite, auf der nichts anderes steht als »Der Visionär: Willy Brandt sah die deutsche Einheit früher als andere. Und dann, als die Mauer fiel, prophezeite er, daß die Einheit noch in weiter Ferne liegt.«[140] So entstehen »Lebenslügen«. Und die Freunde stehen ihm nicht nach. Egon Bahr, der sich durch unrühmliche Äußerungen besonders hervorgetan hatte, will heute glauben machen: »Ich habe das Ende des Kommunismus vorausgesagt.«[141] Wo dies in nachprüfbarer Form geschehen ist, bleibt sein Geheimnis. Noch skrupelloser Momper, der in seinem Buch »Grenzfall. Berlin im Brennpunkt deutscher Geschichte«[142] den Eindruck erweckt, er habe auf die Wiedervereinigung hingearbeitet.

Geschmeidig und zungenfertig erwies sich die SPD auch in der Beurteilung des Kommunismus. Von dem harten Verdikt des Godesberger Programms war bereits die Rede (S. 72). Dann aber wurde eine neue Ausdrucksweise kreiert, die der Verbrüderung Vorschub leistete. Doch kaum hatte die demokratische Revolution der kommunistischen Hydra das Haupt abgeschlagen, fand die SPD zur Sprache des Jahres 1959 zurück. Im letzten Augenblick erhielt das Berliner Programm einen Zusatz, den wir in allen Entwürfen, auch dem letzten vom Mai 1989, vergeblich suchen:

»Die Ordnungen, die als angeblich sozialistische Alternative zum Kapitalismus entstanden, haben die von ihnen geweckte Hoffnung bitter enttäuscht. Anstelle einer Gesellschaft brüderlich und schwesterlich zusammenlebender Menschen haben sie die Herrschaft einer privilegierten Bürokratie errichtet, die weder politische Freiheit noch kulturelle Entfaltung zu sichern vermochte.«

Daß die Sozialdemokraten und die Kommunisten gemeinsame geistige und historische Wurzeln haben, ist schlechterdings nicht zu leugnen, handelt es sich bei der KPD doch um eine Abspaltung der SPD mit Karl Liebknecht, Sohn von Wilhelm Liebknecht, dem führenden Sozialdemokraten des 19. Jahrhunderts, als Parteigründer an der Spitze. Beide Parteien haben sich auf Karl Marx und Friedrich Engels sowie das »Manifest der Kommunistischen Partei« als ideologischer Basis berufen (S. 67 f.), was bei Bedarf auch aktiviert worden ist, so wenn Österreichs führender Sozialist der Nachkriegsära, Karl Renner, schreibt:

»Hochverehrter Herr Generalissimus! Werter Genosse Stalin! Verzeihen Sie, daß ich diese meine Anrede an die alles überragende Persönlichkeit und den größten Staatsmann unserer Zeit mit der vertraulichen Bezeichnung Genosse verbinde, die an die gemeinsamen Wurzeln der Weltanschauung anknüpft, die mich Ihnen näherbringt.«[143] Anders als die österreichischen Sozialisten haben sich die deutschen Sozialdemokraten schon früh sehr abfällig über Lenin und den Bolschewismus geäußert, »aber auch sie erkannten an, daß in aller Entstellung die richtige Idee noch erkennbar sei...«[144]

Bezüglich der gemeinsamen Wurzeln werden wir neuerdings von prominenter SPD-Seite eines besseren belehrt. Peter Glotz im Vorwärts:

»Wer allzu viel taktiert, wird schwammig. Kommunismus, Kollektivismus und Sozialismus haben unterschiedliche Wurzeln. Der Begriff ›Sozialismus‹ tauchte zuerst in der Mitte der 30er Jahre des 19. Jahrhunderts auf: in England bei Robert Owen, in Frankreich bei Saint Simon. Beide waren Sozialreformer, beide waren erklärte Gegner des ›Kommunismus‹, vor allem Gegner des Klassenkampfes, beide waren Ethiker und Harmoniker.«[145]

Schon richtig! Doch es war Marx, den man zum »großen Führer« (S. 67) erkor, nicht Robert Owen, nicht Saint Simon. Und es ist Marx, mit dem man nicht wagt, klar und wahr ins Gericht zu gehen. So lange dies nicht geschieht, weiß man nicht, was von Glotz‹ Worten Bekenntnis, was Camouflage und was geistige Falschmünzerei ist.

Ein treffendes Resumée bietet Helmut Lölhöffel in der Frankfurter Rundschau unter der Überschrift »Erfolge feiern und Fehler verdrängen«:

»›Einen schöneren Erfolg‹ schwärmt Jürgen Schmude, ›kann man sich gar nicht denken.‹ Auch rückblickend hat der SPD-Politiker aus dem niederrheinischen Moers nichts auszusetzen an ›dem gesamten Umgang‹ seiner Partei mit der DDR-Führung . . . Jedenfalls werden sich alle – Willy Brandt, Egon Bahr, Hans-Jochen Vogel, Erhard Eppler, Horst Ehmke, Schmude, Voigt und viele andere – der Diskussion stellen müssen, auch wenn sie schmerzhaft verläuft. Die nächste Gelegenheit böte sich am 18. März, zu Bahrs 70. Geburtstag. Doch als Festredner ist Bundespräsident Richard von Weizsäcker angesagt, der ebenso wie Hans-Dietrich Genscher (FDP) und Wolfgang Schäuble (CDU) längst bemerkt hat, daß eine Campagne gegen die SPD auch sie selbst träfe.«[146]

Wie weit die Gemeinsamkeiten von SPD, FDP und CDU in der DDR-Politik tatsächlich gereicht haben, soll das nächste Kapitel zeigen.

IV. Die »bürgerlichen« Parteien. Die Grünen

Neben der SED gab es in der SBZ/DDR noch vier weitere Parteien, die auf den ersten Blick dem Parteienspektrum in der »alten« Bundesrepublik weitgehend zu entsprechen schienen, insbesondere die CDU, die Liberaldemokratische Partei (LDP) und die Nationaldemokratische Partei (NDP). Sie wurden im Gegensatz zur sozialistischen SED »bürgerliche oder kleinbürgerlich-demokratische Parteien«[1] genannt. Auch in der Bundesrepublik ist die Bezeichnung bürgerliche Parteien mit Blick auf CDU, CSU und FDP nicht unüblich. Wie haben sie sich in der kommunistischen Herausforderung geschlagen, bewährt? Die Grünen machten, wenngleich erst spät angetreten, ebenfalls Ostpolitik, und zwar eigenständig und atypisch.

1. Die CDU(-West)

Die CDU stellte in den 41 Jahren zwischen Staatsgründung und Wiedervereinigung 28 Jahre lang den Bundeskanzler. Konrad Adenauer, ihr Vorsitzender von 1950 bis 1966, konnte als Bundeskanzler seine Vorstellungen weitgehend als amtliche Deutschlandpolitik vertreten: Freiheit vor Einheit, Westintegration, Alleinvertretungsanspruch (S. 23 f.). Entsprechendes gilt für die Ära Kohl, in der das Ministerium für innerdeutsche Beziehungen bis zu seiner Auflösung anläßlich der Wiedervereinigung von CDU-Ministern geleitet wurde. Die in der sozialliberalen Ära gegen ihr Votum geschlossenen Ostverträge waren zu respektieren; in Details konnten Korrekturen vorgenommen werden (S. 43 ff.). Hauptanliegen der CDU blieb es, die deutsche Frage offen zu halten, und zwar durch entsprechende Vertragsklauseln und im Bewußtsein der Menschen diesseits wie jenseits von Mauer und Stacheldraht. Der Vorwurf des Ex-Kanzlers Helmut Schmidt, beim Staatsempfang Honeckers 1987 in Bonn sei Helmut Kohl über das protokollarische Soll hinausgegangen, hat einiges für sich, wenngleich er doppelt auf den zurückfällt, der das Treffen eingefädelt hatte und jede Kritik an »Bruder Honecker« tunlichst unterbinden wollte (S. 34 ff.). Als die SPD 1978 die Verfasser des »Manifests der Opposition« durch ihren Fraktionsvorsitzenden Herbert Wehner »Provokateure« nennen ließ, bekannte sich Helmut Kohl als Fraktionsvorsitzender der CDU/ CSU-Fraktion ausdrücklich zu den »Provokateuren«, weil doch recht deutlich werde,

»daß Freiheit und Menschenrechte, plurale Demokratie und soziale Demokratie für eine kommunistische Diktatur immer eine Provokation sein müssen . . . Das Manifest hat eine ganz wichtige deutsche Realität wieder in das Bewußtsein der Öffentlichkeit gerückt. Das ist die Realität des Fortbestehens der einen deutschen Nation.«[2]

In einem Interview äußerte Schalck-Golodkowski im Mai 1991: Westdeutsche Politiker, »allen voran die jetzt so besonders scharfen SPD-Leute«, hätten die SED-Prominenz doch hofiert und die DDR begeistert anerkannt.

»Nur Kohl und Rühe haben uns wirklich gehaßt. Rühe hat Honecker auch pausenlos ins Gesicht gesagt, was er von der DDR hält. Erich hatte darauf am Ende überhaupt keine Antwort mehr.«[3]

Brigitte Seebacher-Brandt:

Kohl »hat die DDR als ein machtpolitisches Gebilde hingenommen, mit dem man zurechtkommen mußte, aber hat ihr keinen höheren Sinn unterlegt. Und das war auf der Linken und leider Gottes in großen Teilen der SPD völlig anders geworden.«[4]

2. Die CDU(-Ost)

Schon am 26. Juni 1945 durfte sich in der SBZ die Christlich-Demokratische Union Deutschlands (CDU) konstituieren. Ehemalige Mitglieder der Zentrumspartei und der Deutschen Demokratischen Partei bildeten den Kern. Zum Vorsitzenden wählten sie Andreas Hermes, der von der NS-Justiz zum Tode verurteilt worden war und den das rasche Kriegsende vor der Hinrichtung bewahrt hatte. Noch 1945 wurde Hermes zusammen mit seinem Stellvertreter, Walther Schreiber, von der Sowjetischen Militäradministration (SMAD) wegen ihrer Proteste gegen die entschädigungslose Enteignung des Großgrundbesitzes zum Rücktritt gezwungen.

Auch Jakob Kaiser und Ernst Lemmer, die nun an ihre Stelle traten und »christlichen Sozialismus« zum Programm erhoben, fielen bei der SMAD und der SED rasch in Ungnade, insbesondere als sie die Beteiligung an der Volkskongreßbewegung ablehnten, bei der es sich nur um ein SED-Manöver handle. Am 20. Dezember 1947 erreichte sie ein Befehl der SMAD, der ihre Absetzung verfügte. Angesichts des politischen Schicksals, das Hermes und Schreiber, Kaiser und Lemmer erdulden mußten, ist daran zu erinnern, daß alle drei SPD-Vorsitzenden (Grotewohl, Fechner, Gniffke) den Erwartungen der SMAD aufs Ganze gesehen jahrelang entsprachen (S. 70 ff.). Otto Nuschke, der als Favorit der Besatzungsmacht den Vorsitz übernahm, konnte noch einige Jahre in Teilbereichen vorsichtig Vorbehalte anmelden. Besonders bemerkenswert ist sein Versuch, mit Hilfe der übrigen CDU-Minister die Aufhebung der Waldheimer Urteile zu erreichen. Anfang Juli 1950 forderte er in einer Kabinettsitzung die Wiederholung der Verfahren. »Ulbricht verlor die Nerven und schrie Nuschke an, er habe sich nicht wahrheitsgemäß informieren lassen, und Ministerpräsident Grotewohl konnte die drohende Spaltung des Regierungsblocks nur dadurch verhindern, daß er die Entscheidungen über den CDU-Antrag von Regierungssitzung zu Regierungssitzung vertagte.«[5] Auf der Sitzung vom 31. August ließ Ulbricht plötzlich über die Forderung der Christdemokraten abstimmen. »Während die CDU-Minister geschlossen für die Ungültigkeitserklärung der Waldheim-Urteile stimmten, lehnten die SED-Minister bei Stimmenthaltung der Liberalen ab.«[6] Wenig später ließ Ulbricht den Staatssekretär im Ostberliner Justizministerium, Dr. Helmut Brandt (CDU), verhaften. 1954 wurde er wegen »schweren Verrats an den nationalen Interessen des deutschen Volkes« zu zehn Jahren Zuchthaus verurteilt.

Die totale Entmündigung erfolgte Anfang der 50er Jahre mit Gerald Götting an der Spitze (bis November 1989). Von nun an war die CDU ein nützliches Werkzeug in den Händen der Besatzungsmacht und der mit ihr verbündeten SED, ein Transmissionsriemen kirchenpolitischer Vorgaben des marxistisch-atheistischen Staates. Die CDU bekannte sich ausdrücklich zur führenden Rolle der SED, was nach bundesdeutschem Parteienverständnis eine Preisgabe des Parteienstatus bewirken würde.

Aus der CDU-Satzung vom 18. Oktober 1952:

»Die Christlich-demokratische Union der Deutschen Demokratischen Republik ist die führende Kraft der friedliebenden Christen Deutschlands im Kampf um Frieden, Einheit, Demokratie und Sozialismus... Sie bekennt sich zum Aufbau des Sozialismus in der Deutschen Demokratischen Republik, der festen Grundlage unseres Ringens um ein einheitliches, demokratisches Deutschland... Die CDU bekennt sich zu den Grundsätzen des Demokratischen Blocks, der unter der Führung der Partei der Arbeiterklasse, der Sozialistischen Einheitspartei Deutschlands, unsere gesellschaftliche Ordnung festigt und weiterentwickelt.«[7]

Dennoch erschien vielen Bewohnern der DDR die CDU – wie die anderen Blockparteien – als das geringere Übel, verglichen mit der SED. Und da von jedem halbwegs mobilen DDR-Bewohner ein gesellschaftspolitisches Engagement erwartet wurde, hatten die vier kleinen Blockparteien im Schnitt der Jahre insgesamt ca. 400.000 Mitglieder, rund ein Fünftel der Mitglieder, die die SED vorweisen konnte (zuletzt ca. 2,2 Millionen). Auch wenn die »kleinbürgerlichen Parteien« keinerlei Opposition betrieben und als willfährige Mitläufer bezeichnet werden dürfen, aus SED-Sicht blieben sie suspekt. Von den 45 Mitgliedern des Ministerrats war nur eines Mitglied der CDU, je eines Angehöriger der drei anderen »Parteien«. 41 stellte allein die SED. Dem Nationalen Verteidigungsrat gehörten ausschließlich und immer nur SED-Mitglieder an.
Seit Anfang der 50er Jahre gab es keine Kontakte mehr zwischen CDU (West) und CDU (Ost). Wie brutal die Versklavung der CDU in der SBZ/DDR betrieben wurde, lassen die eben erwähnten Fakten nur vage ahnen. Im folgenden einige Beispiele, um die psychische und physische Verstümmelung der CDU-Mitglieder verständlich zu machen. So fand am 24. Juni 1948 vor dem Sowjetischen Militärtribunal Berlin-Lichtenberg ein Prozeß gegen etwa 25 aktive CDU-Mitglieder statt. Alle Angeklagten wurden wegen »Spionage«, »antisowjetischer Propaganda«, »illegaler Gruppenbildung« zu 25 Jahren Haft verurteilt. Über den 18jährigen Schüler Armin Toepfer aus Magdeburg verhängte das Gericht die Todesstrafe. Toepfer hatte einem CDU-Jugendkreis der katholischen Kirche angehört.

»Bei den Studentenratswahlen im Wintersemester 1948/49 gab es an allen Universitäten der SBZ Mehrheiten der CDU- und LDP-Hochschulgruppen von 50 bis 70 Prozent. Das war sowohl für die SMAD wie für die SED Grund genug, mit massiver Gewalt gegen die Hochschulgruppen vorzugehen. Zahlreiche Studenten wurden verhaftet und etliche von Ihnen durch die Sowjets hingerichtet. Mit aller Härte gingen die Sowjets auch gegen illegale Gruppen der Jungen Union vor. Wo sie wie im September 1948 in Straußberg enttarnt wurden, verhafteten die Sowjets die Jugendlichen und verurteilen sie in der Regel zu Haftstrafen von 25 Jahren. Wer sich Ende 1948 noch offen zu Jakob Kaiser bekannte, mußte mit sofortiger Verhaftung rechnen. Viele CDU-Mitglieder, die es dennoch taten, verbrachten viele Jahre ihres Lebens in kommunistischen Gefängnissen und kamen nicht selten darin um.«[8]

Es versteht sich von selbst, daß sich auch beflissene Kollaborateure fanden. Ob aus Furcht oder »besserer Einsicht«, ist nur selten zu ergründen. Doch auch sie lebten gefährlich, wie das Schicksal Georg Dertingers beweist, der, als Außenminister 1952 verhaftet, mehr als zehn Jahre Zuchthaus absitzen mußte.[9]

3. Die CSU

CDU und ihre bayerische Schwesterpartei, CSU, bilden im Bundestag eine Fraktionsgemeinschaft. Die Ostpolitik der CDU-Bundeskanzler wurde von der CSU jeweils voll mitgetragen, wobei die CSU stets jenen CDU-Politikern näherstand, die gegenüber der DDR einen härteren Kurs steuerten, so hinsichtlich des Alleinvertretungsanspruchs und der Nichtanerkennung der DDR. Anders als bei der CDU stimmten alle CSU-Bundestagsmitglieder gegen den Grundlagenvertrag mit der DDR. Da die CDU/CSU-Fraktion die Anrufung des Bundesverfassungsgerichts ablehnte, beschritt auf Betreiben von Franz Josef Strauß allein der Freistaat Bayern – ohne Unterstützung durch ein anderes Bundesland – diesen Weg. Das Ergebnis und die Reaktionen in der Partei des Kanzlers wurden schon in anderem Zusammenhang erwähnt (S. 28 ff.). Strauß schreibt in seinen Memoiren, Alfred Dregger habe 1985 nachdrücklich festgestellt,

»daß die CDU den Freunden von der CSU bestätigen müsse, mit dem Gang nach Karlsruhe eine historische Leistung für Deutschland erbracht zu haben. Diese Klage sei ein geschichtliches Verdienst von Franz Josef Strauß. Solches hörte und höre ich öfter. 1973 hatte man mich ausgelacht, verspottet, allein gelassen.«[10]

Strauß hat stärker als jeder andere Nachkriegspolitiker das Gesicht Bayerns und das Profil der CSU geprägt, 27 Jahre als deren Vorsitzender. An Deutlichkeit ließ er sich, auch in seinen ostpolitischen

Aussagen, durch keinen anderen deutschen Politiker übertreffen, gleichgültig ob CDU und CSU in Bonn als Opposition fungierten oder als Regierungsparteien. Seinem Naturell entsprach der gegen die SPD gerichtete Wahlslogan der 70er Jahre: »Freiheit oder Sozialismus!«

Am 12. Februar 1975, beim Politischen Aschermittwoch in Passau, klagte er die Sowjetunion an, die Entspannung zu sabotieren:

»Ich sage dies in Anwesenheit sowjetischer Gäste: Solange die Aufrüstung der Sowjetunion in diesem atemberaubenden Tempo vor sich geht, so lange sie im Mittelmeer die bekannte Rolle spielt, im Osten, im Norden einen großen Aufmarsch vollzieht, im Atlantik hinausgreift, so lange sie ihre Militärpräsenz an unseren Grenzen erhöht, ihre konventionellen Waffen verstärkt, ihre nukleare Zerstörungskapazität verzweifacht und verdreifacht, ja, wo liegt denn da die Entspannung?«[11]

Zur Überraschung wohl der gesamten deutschen Öffentlichkeit wurde 1983 publik, Strauß habe an die DDR einen Kredit über 1 Milliarde DM vermittelt. Die Bürger, insbesondere seine Parteifreunde, erinnerten sich, wie hart er das kommunistische Regime in der DDR zu tadeln pflegte, wie heftig er noch 1980 Helmut Schmidt wegen seines Verhaltens beim DDR-Besuch (S. 35 f.) kritisiert hatte. Daß er vielfältige menschliche Erleichterungen einhandeln konnte, beweisen die Schalck-Golodkowski-Akten, die dem Deutschen Bundestag vorliegen. Doch dies wäre auch dann geglückt, wenn er Graue Eminenz geblieben wäre. Aber er wollte für jedermann sichtbar unter Beweis stellen, daß er auch als bayerischer Ministerpräsident Bundespolitik zu betreiben versteht.

Seine frühere Gesinnung hat er nicht verraten. Am 14. April 1984, also zwei Jahre nach dem Regierungswechsel in Bonn und ein Jahr nach dem »Milliardenkredit« forderte er: Weg mit dem Schießbefehl.

»Daß die Verhältnisse im geteilten Deutschland von einem ›geregelten Nebeneinander‹ noch weit entfernt sind, ist unbestritten. Wenn mitten in Deutschland von Deutschen auf Deutsche geschossen wird, erfährt diese Feststellung traurige und empörende Bestätigung. Ich richte einen beschwörenden Appell an Erich Honecker: Sorgen Sie dafür, daß das Schießen an der Demarkationslinie, an Mauer und Stacheldraht aufhört, d. h. ›Republikflucht‹ nicht mehr als Verbrechen mit der Maßgabe des Schießbefehls, sondern tiefer eingestuft wird! Sorgen Sie dafür, daß der Schießbefehl endgültig außer Kraft gesetzt wird! Stellen Sie damit unter Beweis, daß Ihre mehrfach bekundete Bereitschaft, es nicht zu einer neuen ›Eiszeit‹ in

Deutschland und zwischen den Deutschen kommen zu lassen, auch für diesen Bereich gilt!«[12]

Honecker, der über die Machtverteilung in der Bundesrepublik Deutschland recht genau Bescheid wußte, besuchte im September 1987 nach Bonn auch München (S. 56f). Treffend die folgende Würdigung:

»Es ist ein Ruhm der CSU, daß sie in der Ablehnung stalinistischer Diktaturen von Anfang an besonders kompromißlos war. Länger als andere deutsche Parteien blieb sie standhaft, doch eben nicht lange genug. Erich Honecker ist schließlich in München nicht nur höflich, sondern auch herzlich empfangen worden.«[13]

Sein Nachfolger im Amt des Parteivorsitzes, Theo Waigel, kann für sich in Anspruch nehmen, bis zur Wende dem Verfassungsauftrag der Präambel treu geblieben zu sein. Was er im Januar 1989 ausführt, hat er sinngemäß vorher und nachher immer wieder klar bekundet:

»Keine Partei stellt sich so deutlich und unmißverständlich hinter das Gebot des Grundgesetzes zur Wiedervereinigung Deutschlands wie die CSU.«[14]

4. Die FDP

Länger als jede andere bundesdeutsche Partei gehörte die FDP einer Regierungskoalition an. Zwischen Gründung der Bundesrepublik und der Wiedervereinigung saßen ihre Minister über 33 Jahre mit am Kabinettstisch. Daher ist zu vermuten, daß die amtliche Deutschlandpolitik weitgehend die Zustimmung der jeweiligen Parteivorsitzenden fand. Freilich, die Außenseiter hatten größere Spielräume, machten mehr Schlagzeilen als die Außenseiter der anderen Parteien. Und ein weiteres Charakteristikum: Zumindest die außenpolitische Position der FDP oszillierte zwischen den Positionen der CDU/CSU einerseits und der SPD andererseits, wodurch sie sich beiden als Koalitionspartner empfahl. Die Westbindungspolitik Adenauers wurde von der FDP mitgetragen, wobei sie aber, dem eben Gesagten gemäß, nicht stimulierend, sondern eher bremsend wirkte. Damals machte sich der Abgeordnete Pfleiderer einen Namen, der als einziger seiner Fraktion den Westverträgen seine Zustimmung verweigerte. Nur noch den Beifall der Kommunisten konnte Pfleiderer für sich verbuchen, als er eine Wiedervereinigung unter Verzicht auf freie Wahlen als ersten Schritt befürwortete.

Nach dem Ausscheiden aus der Regierung Adenauer 1956 votierte die FDP für eine aktive Entspannungspolitik, die Aufnahme diplomatischer Beziehungen mit den kommunistischen Staaten und Verhandlungen mit der DDR. Im gleichen Jahr wurde das »Ostbüro« der Partei geschlossen, ein Akt, der als Signal verstanden werden sollte und auch so verstanden wurde. Dem Anschein nach all dem zuwider attackierte der ehemalige Bundesminister der Justiz und Bundesvorsitzende der FDP Thomas Dehler am 23. Januar 1958 in einer erregt geführten Bundestagsdebatte die Deutschlandpolitik Adenauers mit außergewöhnlicher Schärfe:

»Wie schlecht ist es schon um die deutsche Einheit bestellt! Spielt sie in der Weltpresse, im Weltbewußtsein überhaupt noch eine Rolle? Ja, ich möchte schon fragen. Ist das deutsche Volk, ist gerade auch das Volk in der Bundesrepublik noch angerührt von dieser heiligen Aufgabe, die deutsche Einheit wieder herbeizuführen?«[15]

Ein Beispiel für die Heterogenität der Liberalen in dieser Phase, aber nicht nur in ihr, lieferte der Liberale Studentenverband Deutschlands (LSD), der als erste demokratische Jugendorganisation 1959 am kommunistischen Weltjugendfestival teilnahm. Der Sozialistische Deutsche Studentenbund und der Sozialistische Hochschulbund folgten. In den 60er Jahren zeichnete sich Wolfgang Schollwer als deutschland- und ostpolitischer Vordenker der FDP aus. Ganz im Gegensatz zu Dehlers zitierter Äußerung wollte er das Thema deutsche Einheit vorübergehend in den Hintergrund treten lassen, um das Verhältnis zur DDR zu entkrampfen. Die FDP-Mehrheit verriet Thomas Dehler und folgte Schollwer. Doch die »Konföderationsspinnereien« anderer Freier Demokraten lehnte Schollwer entschieden ab.[16]

1969 hatte sich der LSD so weit nach links entwickelt, daß die Beziehungen zur FDP abgebrochen wurden. Sein Nachfolger, der Liberale Hochschulverband, 1962 gegründet, geriet rasch in ähnliche Strömungen, weshalb er die Zusammenarbeit mit dem Ring Christlich Demokratischer Studenten (RCDS) ablehnte.[17] Derlei Erosionserscheinungen im liberalen Lager zugunsten totalitärer Strömungen erinnern an das einzigartige, scheinbar paradoxe Hinschmelzen des liberalen Wählerpotentials zugunsten der NSDAP in den Jahren 1930 bis 1933,[18] auch wenn eine Partei nicht für das Verhalten ihrer Wähler verantwortlich gemacht werden kann. Der

Extremistenbeschluß der Regierungschefs wurde von zahlreichen Liberalen öffentlich und entschieden bekämpft, vom FDP-Bundesinnenminister Werner Mayhofer äußerst restriktiv interpretiert. Noch 1989 erschien ein umfangreiches Werk »Marxismus und Demokratie«. Der Verfasser: ein »weicher« Marxist-Leninist aus der DDR. Doch das Vorwort steuerte der eben erwähnte Mayhofer bei. Darin heißt es, man müsse Abschied nehmen von der Erwartung, »das jeweils andere politische System werde ohnehin an seinen eigenen Widersprüchen« zugrunde gehen.[19] Aufschlußreich ist auch die Einschätzung seitens der DDR. Mit Blick auf die politische Situation 1987 wird die CDU als die »Hauptpartei« des Monopolkapitals charakterisiert, während die FDP die Interessen jener Teile der Bourgeoisie repräsentiere, »die aufgrund der politischen, ökonomischen, militärischen und geographischen Lage des Landes für die Entwicklung der wirtschaftlichen wie der politischen Beziehungen zu den sozialistischen Staaten eintreten und dem Konfrontationskurs im Interesse des eigenen Überlebens entgegensteuern.«[20] Wenn auch für die SED klar war, daß für die FDP auf absehbare Zeit auf Bundesebene nur eine Koalition mit CDU/CSU »auf der Tagesordnung« stehe, so glaubte man doch einen Hoffnungsschimmer wahrzunehmen: »Dieser Kurs der FDP soll ihr auf lange Sicht Möglichkeiten für eine erneute Koalition mit der SPD offenhalten.« Daher Honeckers Auftrag an die Abteilung Internationale Beziehungen im Zentralkomitee der SED:

»Kontakte und politische Dialoge mit den Koalitionsparteien sind zielstrebig weiterzuentwickeln. Dabei kommt den Kontakten mit führenden Vertretern der FDP, insbesondere mit Genscher, Bangemann und Mischnick, besondere Bedeutung zu.«[21]

Ganz offenbar war die SED-Spitze mit Genschers Entwicklung zufrieden, denn elf Jahre früher wurde er noch von Honecker als »ein richtiger SA- und SS-Typ« denunziert. Breschnew, der Generalsekretär der KPdSU: »Wenn ich Genscher sehe, wird mir übel. Dieser Mann ist mir widerlich.« Und: »Als ich ihn in Helsinki sah, dachte ich, das ist ein richtiger SS-Typ. Der würde uns glatt aufhängen.« Darauf Honecker: Genscher sei »ein mieser Kerl«. Er stehe »der CDU näher als der SPD«.[22] Das Wohlwollen hatte seinen Preis. In einem Protokoll über ein »Vier-Augen-Gespräch« zwischen Erich Honecker und Michail Gorbatschow heißt es:

»Der Generalsekretär der SED war sehr bemüht, Gorbatschow zu verstehen zu geben, daß er über die Verhandlungen mit dem Bonner Außenminister exakt unterrichtet war. ›Genscher hat uns gebeten‹, führte er deshalb aus, ›die Informationen über das Treffen in Moskau entgegenzunehmen. Wir halten das für günstig und sind der Meinung, das wird ihn auch für die Zukunft verpflichten.‹ Wenig später setzte er sogar noch einmal an: ›Um so wichtiger ist, daß er sich bereit erklärt hat, uns auch in Zukunft zu informieren.‹«[23]

5. Die LDP

Am 5. Juli 1945, also knapp zwei Wochen nach Gründung der CDU wurde die Liberal-Demokratische Partei Deutschlands (LDP, häufig auch LDPD) von der SMAD zugelassen. In ihrem Gründungsaufruf betonte sie das Privateigentum und den Wert der freien Wirtschaft. Dennoch hielt sie sich bedeckt, als die CDU-Vorsitzenden Hermes und Schreiber gegen die Art und Weise der Enteignung der Großgrundbesitzer protestierten. An der »Volkskongreßbewegung« nahm die LDP, anders als die CDU (S. 112 f.), von Anfang an teil, was die FDP veranlaßte, die weitere Zusammenarbeit mit der LDP aufzukündigen.

In seinem Potsdamer Tagebuch schildert Wolfgang Schollwer, seit September 1946 Mitglied der LDP, seit Juni 1948 Sekretär in der Landesleitung Brandenburg, die »liberale Politik« unter sowjetischer Besatzung: einerseits die »miserable Stimmung« in der von Spitzeln durchsetzten LDP, die fortschreitende Anpassung an den SED-Kurs und andererseits die barbarischen Akte der Repression gegen jeden, der die Fahrt in den totalitären Sozialismus abbremsen wollte. Unter dem 6. Oktober 1948 notierte er beispielsweise:

»Nach Meldungen der Westpresse sind in den letzten Tagen fünf Spitzenfunktionäre der LDP-Landesleitung Sachsen-Anhalt nach dem Westen geflüchtet. Unter ihnen der dortige Landessekretär für Politik, Altmann, sowie der Presseorganisations- und Jugendreferent der Partei. Der Leiter der unserem Parteifreund Hübener direkt unterstellten Abteilung für Wirtschaftsplanung und dessen Sekretärin wurden von der NKWD verhaftet. Man kommt mit den Verlustmeldungen kaum noch nach.«[24]

Andere Mitglieder sahen es anders, so der LDP-Mitvorsitzende Hermann Kastner. Am 2. Dezember 1949:

»Der Russe steht auf dem Standpunkt, daß man uns zum Aufbau eines einigen Deutschlands braucht und brauchen wird und daß es ohne uns niemals ein einiges Deutschland geben wird. Die CDU hier und drüben wird niemals ins Gespräch kommen, denn dafür wird Herr Kaiser schon sorgen. Die SED kommt weder mit der CDU noch mit Schumacher oder dem Engländer, Franzosen bzw. gar dem Amerikaner ins Gespräch... Wir sind die Partei, die die Verbindung nach drüben herstellen kann und die Möglichkeit besitzt ins Gespräch zu kommen.« Und erläuternd fügte er hinzu: »In vielen Kreisen der Bevölkerung steht immer noch der arrogante Aberglauben, als wäre die SED der besondere Vertrauensmann der Besatzungsmacht. Das ist grob gesagt unwahr...«[25]

Am 31. Mai 1950 bekennt Schollwer:

»Ich begriff endlich, daß die eigene Parteiführung zur völligen Machtlosigkeit verurteilt ist und unsere Parteiarbeit mithin fast nur noch der Ausbreitung des Kommunismus in ganz Deutschland dient. Wir sind Steigbügelhalter der SED. Der politisch-ideologische Unterschied zwischen der LDP und der SED hat sich im Laufe der letzten Monate bedeutend verringert. Unsere Minister und Spitzenfunktionäre ergehen sich fast ausnahmslos in Lobeshymnen auf die Entwicklung der politischen Verhältnisse in der DDR, obwohl diese eindeutig marxistisch sind. Die Masse der Bevölkerung ist indessen mit dieser Entwicklung keineswegs einverstanden. Niemals zuvor gab es in Deutschland eine größere Kluft zwischen der Bevölkerung und ihrer Regierung als heute hier bei uns. Die SED weiß natürlich sehr wohl, daß sie die Menschen in der DDR nicht zu überzeugten Stalinisten machen kann, trotz Terror und einem recht primitiven propagandistischen Feuerwerk...«[26]

Fünf Monate später verließ er das Schiff, das im »Roten Meer« fest vor Anker gegangen war. Von nun an entsprach die LDP der CDU-Ost: beide total denaturiert, ganz auf SED-Kurs. Der erste Satz der LDP-Satzung lautete:

»Die LDPD ist eine in der DDR wirkende demokratische Partei, die unter Führung der Partei der Arbeiterklasse gemeinsam mit den anderen demokratischen Parteien und Massenorganisationen in der Nationalen Front die entwickelte sozialistische Gesellschaft mitgestaltet.«[27]

Während jedoch die CDU-West zur CDU-Ost bis zur Revolution des Jahres 1989 keinerlei Kontakte mehr unterhielt, gab es zwischen LDP und FDP über Jahrzehnte hinweg Beziehungen besonderer Art.

»So erhielt die FDP von der LDP die Einladung, am 13. Parteitag der Liberaldemokraten in Weimar im April 1982 teilzunehmen. Aber es wurde den West-Liberalen ausdrücklich bedeutet, kein Grußwort an die LDPD-

Delegierten zu richten, die FDP-Leute sollten nur als schweigende Beobachter teilnehmen ... Im Auftrag des damaligen Bundesvorsitzenden Hans-Dietrich Genscher reisten FDP-Bundesgeschäftsführer Fritz Fliszar und FDP-Sprecher Herbert Schmülling nach Weimar...«[28]

Beobachter der LDP nahmen an Bundesparteitagen der FDP teil. Zum 14. Parteitag der LDP im April 1987 reiste der stellvertretende FDP-Vorsitzende und Chef der Liberalen im Deutschen Bundestag, Wolfgang Mischnick, an. Doch auch er erhielt nicht die Gelegenheit, ein Grußwort zu sprechen. Gleichwohl: der Beifall für Wolfgang Mischnick war stärker als für alle anderen Gäste, was eben doch zeigt, daß die Angehörigen der »kleinbürgerlichen Parteien« aus SED-Sicht zu Recht als nur bedingt zuverlässig eingeschätzt wurden.

6. Die NDPD

Die National-Demokratische Partei Deutschlands (NDPD) war, wie der Demokratische Bauernbund Deutschlands (DBD), ein höchst bezeichnendes Retorten-Baby der Besatzungsmacht. Sie sollten die numerische Mehrheit der demokratischen Parteien CDU und LDP gegenüber der SED (2 : 1) in ihr Gegenteil verkehren (2 : 3). Die beiden »von oben« betriebenen Neugründungen hatten von Anfang an ganz den Zielen der Sowjetunion zu dienen, auch wenn dies zunächst tunlichst kaschiert wurde. Als Tag der Gründung der NDPD wird der 25. Mai 1948 angegeben (DBD 29. April).

Wie die DBD anerkannte auch sie ohne zu zögern die Führungsrolle der SED. An die Spitze beider Parteien gelangten selbstverständlich zuverlässige Kommunisten, was für die SED jedwedes Risiko ausschloß. Der NDPD-Vorsitzende Lothar Bolz hatte vor 1933 der KPD angehört und in der Sowjetunion Zuflucht gefunden. Während CDU und LDP ehemalige Nationalsozialisten nicht als Mitglieder aufnehmen durften, hatte die NDPD die Aufgabe, die Anhänger Hitlers, die sich nichts weiter hatten zuschulden kommen lassen, zu sammeln, ein Reservoir von rund 2 Millionen. Zu diesem Zweck gab sich die Führung zunächst antimarxistisch und national. Hohe Wehrmachtsoffiziere verliehen der Partei das angemessene Dekorum, u. a. Generalleutnant Vincenz Müller. Damals wie heute sensationell die Gespräche zwischen führenden Mitgliedern der

NDPD, wie dem eben erwähnten Müller, und dem Bundesfinanzminister Fritz Schäffer (CSU) 1955/56. Thema: Mögliche Initiativen zur deutschen Einheit.

Trotz des nationalen Akzents, trotz einer artverwandten Zielgruppe und trotz der Übereinstimmung im Namen gab es offenbar zwischen der Nationaldemokratischen Partei der DDR und der bundesdeutschen Nationaldemokratischen Partei (NPD) keinerlei Kontakte weder vor noch nach dem 9. November 1989. Dennoch beanspruchte die NPD das »Konkurs«-Vermögen der NDPD.

7. Die Grünen

»Die Grünen als Opfer der Deutschen Einheit« lautet eine Überschrift[29], die verdeutlicht, warum diese Protestpartei bei den Bundestagswahlen 1990 gescheitert ist. Sie war geradezu kämpferisch auf die Zwei-Staaten-Position eingeschworen, und nun hatten sich die getrennten Volksteile unbeeindruckt von den antiquierten Argumenten gleichsam über Nacht vereinigt. Den so sprachlos Gemachten verpaßte der Wähler einen Denkzettel. Obgleich also nicht Bundestagspartei, verdient die junge »Bewegung« zumindest eine kurze Beschreibung:

Die eigentliche Gründung der Partei Die Grünen erfolgte erst 1980. Deutschland- und ostpolitische Fragen standen für das Gros der sehr heterogenen Mitglieder nicht im Vordergrund, auch wenn sich manche Prominente als Marxisten-Leninisten verstanden und die Ablehnung des »Kapitalismus« zu den spärlichen Gemeinsamkeiten nahezu aller parteiinternen Gruppierungen zählte.

Ganz im Sinne der SED waren Forderungen wie: Austritt aus der NATO, Neutralisierung der Bundesrepublik Deutschland, Abzug aller ausländischen Streitkräfte, einseitige Abrüstung, völkerrechtliche Anerkennung der DDR, Anerkennung einer eigenen DDR-Staatsbürgerschaft. 1984 verweigerte sie als einzige Partei des Bundestages ihre Zustimmung zu einer deutschlandpolitischen Resolution. Dies alles wurde seitens der DDR hocherfreut registriert. Auch in der Bundesrepublik wurden die Grünen von den moskauorientierten »Antifaschisten« positiv eingeschätzt, nachdem sie zunächst als »Schaden für die Umweltschutzbewegung« abqualifiziert worden waren. 1981 bot die DKP erstmals – erfolglos – ein Bündnis an. Seit 1985 betrachtet die DKP die Grünen als »unverzichtbaren Bestandteil« ihrer »antimonopolistischen Bündnispolitik«.[30] Trotzdem galten Teile der Grünen laut einem Stasi-Bericht als feindliches Potential: »Die Kräfte der Außensteuerung der politischen Untergrundtätigkeit in der Hauptstadt der DDR haben ihre Anstrengungen zur Aktivierung feindlicher Maßnahmen erhöht. Einen wesentlichen Tatbeitrag leisteten und leisten profilierte Vertreter der Partei der Grünen, insbesondere deren Bundestagsmitglieder.«[31] Folglich gibt Honecker die Anweisung, die Zusammenarbeit selektiv fortzusetzen:

»Gegenüber der Partei der Grünen sind Kontakte mit jenen Vertretern zu fördern, die die Staats- und Rechtsordnung der DDR akzeptieren, insbesondere ist der Meinungsaustausch mit realpolitischen Kräften zu führen, vor allem zu Fragen der Friedenssicherung.«[32]

Ein Hauptproblem der Grünen sei es, so die Autoren der Lageanalyse, »eine gemeinsame Sprache mit linksorientierten Kräften in der SPD« zu finden. Für eine »verstärkte Einflußnahme« seien »insgesamt günstige Voraussetzungen« gegeben.[33] Einerseits wurden Grüne zu Gesprächen mit Erich Honecker zugelassen, andererseits hatten die meisten Mitglieder dieser Partei faktisch ein Einreiseverbot in die DDR, was zwangsläufig Verbitterung bewirkte. Von Honecker empfangen wurden u. a. Gert Bastian und Petra Kelly sowie der als IM enttarnte »Grüne« Dirk Schneider (heute PDS), die, ob aus Überzeugung oder der Optik wegen, publikumswirksam zugunsten verfolgter Oppositioneller auftraten. Bastian, die Ikone der »Friedfertigen«, hat mit einer an Sicherheit grenzenden Wahrscheinlichkeit seine Freundin Kelly ermordet und sich dann, woran kein Zweifel besteht, selbst das Leben genommen.[34] Vieles spricht dafür, daß er selbst ein Instrument des Staatssicherheitsdienstes gewesen ist.[35] Wie schwer sich die Grünen taten, sich auf die revolutionären Vorgänge im Herbst 1989 einzustellen, zeigt eine Pressemitteilung des Bundesvorstandes vom 19. Dezember 1989:

»Gleichberechtigte Kooperation beider deutscher Staaten – in welcher Form auch immer: sei es als ›Vertragsgemeinschaft‹, sei es als Konföderation – setzt die Anerkennung der DDR als souveränen und eigenständigen Staat und die Anerkennung ihrer Staatsbürgerschaft voraus... Die deutsche Zweistaatlichkeit bleibt auf absehbare Zeit eine notwendige Rahmenbedingung.«

V. Die politikwissenschaftliche »DDR«-Forschung

Einem einzelnen Autor ist es, noch dazu im vorgegebenen Rahmen, nicht möglich, alle Zweige der Geisteswissenschaften daraufhin zu untersuchen, mit welchen Leistungen über Jahrzehnte hinweg die jeweilige »DDR«-Forschung aufwarten kann. In erster Linie war die DDR ein *politisches* Phänomen, die Politikwissenschaft somit in besonderer Weise gefordert.

Von unbedeutenden, auf die einstige Reichshauptstadt Berlin beschränkten Ansätzen abgesehen, gibt es in Deutschland Politikwissenschaft als eigene Einrichtung und Disziplin erst seit Anfang der fünfziger Jahre. Die Zahl der Lehrenden und Lernenden stieg sprunghaft. Heute, gut 40 Jahre später, ist festzustellen: In den alten deutschen Bundesländern verzichtete so gut wie keine Universität auf Politikwissenschaft. Politikwissenschaft ist offenbar zur Selbstverständlichkeit geworden.

Zwei Überlegungen haben diese Entwicklung ausgelöst und gefördert: Die »jüngste Vergangenheit« – gemeint ist die NS-Zeit – dürfe sich niemals wiederholen, und die Demokratie, die nach 1945 im Gegensatz zu der Zeit nach dem Ersten Weltkrieg von den Deutschen in den westlichen Besatzungszonen innerlich angenommen worden sei, müsse auch über Politik-Schulen heimisch gemacht und abgesichert werden.[1]

In Art. 2 des Gesetzes über die Hochschule für Politik München heißt es dementsprechend beispielsweise und typisch: »Der Hochschule obliegt die Pflege der Politischen Wissenschaft und politischen Bildung. Sie dient damit der freiheitlichen Staats- und Gesellschaftsordnung...«[2]

Von der Staatsgründung an, also seit Herbst 1949, waren die verantwortlichen Politiker und die Politikwissenschaftler gehalten, danach zu fragen: Was geht uns die »DDR« an? Was ist dort wirklich, und wie verändert es sich? Wie kann es weitergehen? Wie soll es weitergehen?

Prüfen wir heute, nach dem Ende der »DDR«: Hat die »Demokratiewissenschaft«, wie sie mit Blick auf die Inauguralmotive genannt worden ist, den Erwartungen entsprochen, die Bewährungsprobe bestanden?

1. »Real war nur der schöne Schein«

Unter dieser Überschrift fragt Kurt Sontheimer, Professor der Politischen Wissenschaften an der Universität München, ob Wissenschaft und Medien bei uns den wirklichen Zustand der DDR verschleiert haben. Selbstkritisch räumt er ein, er habe als Mitautor eines erfolgreichen Lehrbuches sorgsam alle Anzeichen registriert,

»die darauf hindeuteten, daß sich in der »DDR« ein eigenes sozialistisches Staatsbewußtsein entwickelte, daß die »DDR«-Bürger sich in ihrer großen Mehrheit mit dem sozialistischen System arrangierten und ihm – auch im Vergleich zur Bundesrepublik – manche positiven Züge abgewinnen konnten.«[3]

Im weiteren veranschaulicht Sontheimer, daß andere viel schwerer gefehlt haben, und gibt dafür zwei Beispiele:

»Zahlreiche Redakteure der Wochenzeitung ›Die Zeit‹ bereisten 1986 die DDR und berichteten in aller Ausführlichkeit über das, was sie gesehen hatten. Doch man las in ihren Berichten nichts über die schreckliche Allgegenwärtigkeit des Staatssicherheitsdienstes, nichts über den permanenten Druck, den die SED auf die Bevölkerung ausübte, nichts über den schlimmen Verfall der Städte, nichts, was auf die Brüchigkeit und Hohlheit des Systems aufmerksam machen konnte. Statt dessen bot die Redaktion das Bild einer lebendigen, in dynamischer Bewegung begriffenen, nach vorne strebenden DDR. In den Worten von Chefredakteur Theo Sommer: ›DDR 1986. Es herrscht Bewegung statt Stagnation, die Zaghaftigkeit hat einer selbstbewußten Gelassenheit Platz gemacht, das Grau weicht überall freundlichen Farben, die niederdrückende Trübsal ist verflogen... vor allem wirkt das Land bunter, seine Menschen sind fröhlicher geworden.‹ ... Am weitesten hat diese beschönigende, die repressiven und brutalen Seiten des kommunistischen Herrschaftssystems stark relativierende Sicht der Dinge zweifelsohne Günter Gaus getrieben. Gaus war immerhin sechs Jahre lang der Bevollmächtigte der Bundesrepublik in Ost-Berlin gewesen.«

Soweit Sontheimer. Co-Autor des von Sontheimer erwähnten erfolgreichen Lehrbuchs ist Wilhelm Bleek. Auch er stellt in einer Besprechung von DDR-Büchern des Professors für Politische Wissenschaft an der Freien Universität Berlin Gert-Joachim Glaeßner die Frage:

»Hat dieser Forschungsbereich die dramatischen Entwicklungen in der DDR, den Zusammenbruch der Parteiherrschaft der SED und dann die Auflösung des ostdeutschen Separatstaates vorhergesehen, wenn schon nicht im Detail der revolutionären Abläufe, dann doch wenigstens im Hinblick auf ihre Ursachen?«[4] Seine Antwort lautet: »Viele der wissenschaftlichen Beobachter der DDR-Entwicklung waren noch bis Anfang des Jahres 1989 der Ansicht, daß sich das ökonomische, soziale und politische System der DDR durch Stabilität auszeichne...«

Doch Glaeßner, der Autor bzw. Herausgeber der von Bleek besprochenen Bücher, tut heute seinerseits so, als ob die Auflösungserscheinungen durchaus erkennbar gewesen seien:

»Entgegen dem Willen der SED hat die Gesellschaft seit dem Beginn der sechziger Jahre eine gewisse Eigenständigkeit gewonnen. Sie hat sich von der Partei emanzipiert. Die ursprüngliche Erwartung, daß sich die Arbeits- und Lebensbedingungen immer mehr vereinheitlichen sowie die Normen und Werte des Sozialismus von immer mehr Menschen akzeptiert und bewußt gelebt würden, sich also eine neue, ›sozialistische Lebensweise‹ herausbilden werde, hat sich nicht erfüllt.«[5]

Freilich, ein Jahr zuvor, also noch vor der Revolution, glaubte er in einer Hartmut Zimmermann, einem ebenfalls einflußreichen DDR-Experten, zum 60. Geburtstag gewidmeten Festschrift bekunden zu müssen: »In den über 15 Jahren der Ära Honecker hat die DDR an... innerer Stabililtät gewonnen.«[6] Anders als Sontheimer sieht Bleck keinen Anlaß zu Selbstkritik.[7]

Auch Rüdiger Thomas, allen DDR-Forschern als besonders wohlwollender Analytiker der DDR-Verhältnisse bekannt, beginnt einen Rückblick mit der Feststellung:

»Es ist wahr: DDR-Forscher haben Zeitpunkt und Ausmaß der politischen Umwälzung in der DDR ebensowenig prognostizieren können wie Politiker oder Publizisten. Daß die Menschen ihre Geschichte selbst machen und nicht Objekte einer historischen Zwangsläufigkeit sind, hat uns die gewaltlose deutsche Novemberrevolution 1989 eindrucksvoll gelehrt.«[8]

Doch anders als Sontheimer, der es weniger nötig gehabt hätte, verzichtet er, wie Glaeßner, auf jede Selbstkritik, obgleich der sprachliche Nebel, den er jahrzehntelang meisterhaft aussprühte, den Blick auf das Wesentliche, auf die Erosionserscheinungen versperren mußte. So schließt er beispielsweise seine »Materialien zu einer Ideologiegeschichte der DDR« betitelten Ausführungen mit den Worten:

»Wenngleich man nicht übersehen darf, daß sich ein auf den Status quo fixiertes Denken häufig mit dem offiziellen Hinweis begnügt, die sozialistische Demokratie sei durch die Mitwirkung der Werktätigen in den Volksvertretungen, Produktionskomitées und Gesellschaftlichen Räten, Schieds- und Konfliktkommissionen und Elternbeiräten in einem hohen Maße verwirklicht, darf nicht verkannt werden, daß sich ein derart bestimmter politischer Konservatismus zunehmend mit einer wissenschaftsimmanenten Sachrationalität und dem Anspruch emanzipatorischer Gesellschaftstheorie konfrontiert sieht. Indem sich die Philosophie auf ihre wissenschaftslogisch orientierte Erkenntnisfunktion besinnt, leistet sie auf neue Weise einen Beitrag zu ideologiekritischem Denken und stellt sich damit in die Tradition des Marxismus. Insofern sich die Philosophie als dialektische Gesellschaftstheorie konstituiert, erweist sie die Notwendigkeit, eine konkrete Utopie herrschaftsfreier Gesellschaft zu vergegenwärtigen, um so die gesellschaftsverändernde Potenz Marxscher Denkweise zur Geltung zu bringen. Wenn man die Dimension verbreiteter Deklamationen durchstoßen hat, ergibt sich somit als Resümée einer Philosophiegeschichte der DDR: Die Erkenntnis ist der Wirklichkeit voraus.«[9]

Mitautor des zitierten Buches ist Peter Christian Ludz, bis zu seinem Freitod im Jahre 1979 das Flaggschiff der dominierenden DDR-Forschung. Auf Ludz und seinen Geleitzug gerichtet, trifft Thomas die Feststellung:

»Indem die DDR als sozialistische Industriegesellschaft aufgefaßt wurde, konnten gleichermaßen systemspezifische Bestimmungsfaktoren wie auch systemübergreifende parallele Entwicklungsprozesse und analoge Problemlagen in beiden deutschen Gesellschaften analytisch erfaßt werden.«[10]

2. »Sozialistische Industriegesellschaft« oder »totalitärer marxistischer Einheitsstaat«?

Niemand bezweifelt mit Blick auf die ehemalige »DDR« den Befund »Industriegesellschaft«. Das war sie schon vor der Staatsgründung trotz Ruinen und Demontagen. Ganz anders verhält es sich mit der Behauptung, es habe sich um eine *sozialistische* Gesellschaft gehandelt. Sowohl unter denen, die sich zum Sozialismus bekennen, wie auch unter denen, die ihn ablehnen, dürften die Meinungen insofern sehr geteilt sein. Und Ludz hat keinen Beitrag dazu geleistet, *diese* Meinungsverschiedenheit einer Klärung zuzuführen. Die

Antwort auf die Frage: Sozialistisch ja oder nein? hängt ganz davon ab, wie »Sozialismus« definiert wird, und insofern hat der Pluralismus hundertfältige Blüten getrieben. Die Feststellung »sozialistische Industriegesellschaft« ist also teils selbstverständlich, teils nichtssagend. Inwiefern sie der Forschung Freiraum verschafft, den sie andernfalls nicht hätte, bleibt unerfindlich. Und was würde man von einem Wissenschaftler sagen, der das Deutsche Reich zwischen 1933 und 1945 vorrangig mit »nationalsozialistische Industriegesellschaft« kennzeichnen wollte?

Alle deutschen Beamten, insbesondere alle Professoren, sind gemäß den Beamtengesetzen des Bundes und der Länder auf die Wertordnung des Grundgesetzes verpflichtet (Art. 5 Abs. 3): »Die Freiheit der Lehre entbindet nicht von der Treue zur Verfassung.« Zwei ihrer Normen sind von überragender Bedeutung, was sowohl aus ihrem Wortlaut als auch ihrer Stellung im Gefüge des Gesetzes und ihrer grundsätzlichen Unantastbarkeit (Art. 79 Abs. 3) folgt, nämlich Art. 1 und Art. 20. Art 1 bestimmt: »Die Würde des Menschen ist unantastbar. Sie zu achten und zu schützen ist Verpflichtung aller staatlichen Gewalt...« Art. 20 fixiert das Wesen unserer politisch organisierten Gesellschaft: »Die Bundesrepublik Deutschland ist ein demokratischer und sozialer Bundesstaat.« Sind das nicht Aussagen von ganz anderem Gewicht als »kapitalistische Industriegesellschaft«, »sozialistische Industriegesellschaft«? Müßten nicht diese Ordnungsvorstellungen und die durch sie geschützten obersten Werte den Kern jeder vergleichenden Deutschlandforschung bilden? Doch wie sah die Wirklichkeit aus?

a) Beginnen wir mit einem Vorgang, der nicht kritikwürdig, doch gleichwohl bemerkenswert ist: Das amtliche Bonn und viele DDR-Forscher zögerten Jahrzehnte, das am 7. Oktober 1949 für den Bereich der Sowjetischen Besatzungszone geschaffene Gebilde dem selbstgewählten Namen gemäß »Deutsche Demokratische Republik« zu nennen. Der 1962, also 13 Jahre später, erschienene Kommentar Mampels trug noch den Titel: »Die Verfassung der Sowjetischen Besatzungszone Deutschlands...« Derselbe veröffentlichte vier Jahre später eine umfangreiche Untersuchung: »Arbeitsverfassung und Arbeitsrecht in Mitteldeutschland«. 1969 erschien »A bis Z – Ein Taschen- und Nachschlagebuch über den anderen Teil Deutschlands«. Der Herausgeber: Das Bundesministerium für gesamtdeutsche Fragen. – »SBZ«, »Mitteldeutschland«, »Das andere Deutschland«, andere sprachen vom »Phänomen«, bis dann 1969, nach Beginn der sozialliberalen Ära, DDR oder formal noch korrekter Deutsche Demokratische Repulik üblich wurde. Und jeder, der es wagte, durch Anführungszeichen einen Vorbehalt gegen die Realität dieser Bezeichnung oder eines ihrer Elemente, beispielsweise »demokratisch«, anzumelden, mußte sich als Kalter Krieger belächeln oder beschimpfen lassen, was deren Zahl nahezu auf Null schrumpfen ließ; zu den Ausnahmen zählte Axel Springer.

b) Diese Entwicklung, die neue Sprachregelung, bot insbesondere dann keinen Anlaß zu Verdächtigungen, wenn ihre Protagonisten der nämlichen formalen Gründe wegen von der Nationalsozialistischen Deutschen Arbeiterpartei und nicht nur von den Nazis oder der Nazipartei sprachen. Jedoch unverzeihlich, zugleich symptomatisch, was sonst auf dem sprachlichen Felde vor sich ging: Am 6. Juli 1988 brachte die Frankfurter Allgemeine Zeitung einen Artikel, betitelt: »Wer nennt die Mauer noch Mauer?« Darin wird aufgezeigt, wie aus dem »freien Teil Berlins« schlicht »Westberlin« geworden war, wodurch die Teilung der Stadt als endgültig erschien. Aus »Mauer« und »Todesstreifen« wurden schlicht »Hürde« oder noch besser, aus DDR-Sicht, »Grenze«. Aus den Morden an der Mauer, wiederum dem Sprachgebrauch der Mörder oder Totschläger angepaßt, schlicht und unverfänglich »Schußwaffengebrauch«. Fazit des Artikels:

»Die Konsequenz aus dieser von den Politikern der demokratischen Parteien zumeist zeitversetzt von links nach rechts übernommenen Begriffe ist, daß es der Öffentlichkeit zunehmend schwerer fällt zu erkennen, worin eigentlich die Unfreiheit im Ostsektor Berlins und in der DDR gründen soll.«[11]

Auf dem Wege der Annäherung durch Sprachwandel scheute man nicht davor zurück, aus Liebesdienerei, aus Gedankenlosigkeit, geistigem Defätismus, vorbeugender Unterwerfung, aus welchen Gründen auch immer, Vorgänge von prinzipieller Bedeutung falsch zu benennen. Fast immer war von Wahlen in der DDR die Rede. Doch Wahlen zur Volkskammer fanden in den 40 Jahren des Bestehens der DDR nie statt, sondern nur Veranstaltungen, die die Bezeichnung Wahlen trugen.[12] Wahlen haben sprachlogisch zur Voraussetzung, daß etwas auszuwählen ist. Steht aber das Ergebnis vor den »Wahlen« schon mit absoluter Sicherheit fest, ist jede falsa demonstratio, zumal wenn sie irreführend ist, entschieden zu mißbilligen. Die theoretisch mögliche Abänderung des Stimmzettels, die aber bei Tausenden von »Bewerbern« keine einzige Verschiebung bewirkte, war von vornherein nur als Täuschungsmanöver gedacht. In der DDR kursierte ein Witz: »Letzte Nacht erfolgte ein Einbruch im Innenministerium!« – »Wurde etwas Wichtiges entwendet?« – »Ja, leider! Die Wahlergebnisse für die nächsten 20 Jahre!«

Ein Witz ist auch, wenngleich nur ein schlechter, was Glaeßner in diesem Zusammenhang an Alternativen für die Wähler nachweisen zu können glaubte:

»Am Wahltag hat der Wähler drei Möglichkeiten. Er kann die Liste bestätigen, indem er den Wahlvorschlag unverändert in die Urne wirft (in aller Regel ohne die bereitstehende Wahlkabine zu benutzen), er kann ihn ablehnen, indem er den Wahlvorschlag durchstreicht oder einzelne Kandidaten streicht. Da die Liste mehr Bewerber enthält, als Mandate zu vergeben sind, ist diese Möglichkeit formal gegeben, wird aber kaum genutzt.«[13]

Da bei den letzten Volkskammerwahlen der alten DDR (1986) 99,94 vom Hundert Ja-Stimmen abgegeben wurden, hatten nach dieser »politikwissenschaftlichen« Logik offenbar nur sechs aus 10.000 Bedenken gegen die Einheitsliste, Bedenken gegen das politische System der DDR! Daß diese sechs sich damit als knallharte Opposition zu erkennen gaben mit allen Konsequenzen, die einem totalitären Staat für derlei Subjekte zu Gebote stehen, davon kein Wort. Deshalb doch auch die offene Stimmabgabe all jener, die sich diesem Verdacht nicht aussetzen wollte.

Auch ein schlechter Witz ist das Lamentieren über die Fälschung der »Kommunalwahl« vom 7. Mai 1989. Der letzte SED-Oberbürgermeister von Dresden, Berghofer, verteidigt sich trefflich gegen den Vorwurf des Wahlbetrugs: Da es keine Wahlen in der DDR gegeben habe, sei Wahlfälschung als Tatbestand nicht denkbar. Ja, die sogenannten Wahlen waren von Anfang an ein gigantischer Schwindel. Die Verantwortlichen wußten das. Doch bundesdeutsche Politikwissenschaft war moralisch oder intellektuell überfordert, diesen klaren Sachverhalt ebenso klar zu bezeichnen, den Volksbetrug zu demaskieren.

Ein weiteres Beispiel bietet die Darstellung der »Grundrechte« der DDR-Bewohner. Die »Materialien zur Lage der Nation« des Jahres

1972, herausgegeben von der Bundesregierung, galten dem Vergleich der beiden Rechtsysteme in Deutschland. Darin lesen wir über

»Die Grundrechte (DDR): Die Verfassung der DDR erklärt, daß Achtung und Schutz der Würde und Freiheit der Persönlichkeit Gebote für alle staatlichen Organe sind (Art. 19 Abs. 2) und daß der Mensch im Mittelpunkt aller Bemühungen der sozialistischen Gesellschaft und ihres Staates steht (Art. 2 Abs. 1). Hiervon ausgehend entfaltet die Verfassung in Abschnitt II Kap. 1 einen umfangreichen Katalog der Grundrechte und Grundpflichten der Bürger (Art. 19 – 40).

Das Menschenbild
Der in der Verfassung erklärte Schutz von persönlicher Würde und Freiheit sowie die Grundrechte gewinnen ihren materiellen Gehalt aus dem Marxismus-Leninismus. Der Mensch soll sich in die sozialistische Gesellschaft freiwillig einordnen. Die Freiwilligkeit soll durch erzieherische Einwirkung gefördert werden.«[14]

Die für diesen Text Verantwortlichen haben in hohem Maße der Irreführung Vorschub geleistet, zumal sie es unterließen, die den schönen Worten hohnsprechende Realität aufzuzeigen, ferner die Unmöglichkeit, sich auf diese »Grundrechte« gegenüber Staat und Partei zu berufen.

c) Eine andere Chance, rote Pluspunkte einzuheimsen, bestand darin, manche Themen ganz auszusparen – so lehnten es die Herausgeber des DDR-Handbuchs 1976 ab, Stichworte wie »Privilegien«, »Wandlitz« und »Regierungskrankenhaus« aufzunehmen – oder bei der Abhandlung von Themen wichtige Fakten unerwähnt zu lassen. Man kann unschwer viele gelehrte, keineswegs irrelevante, sachlich einwandfreie Abhandlungen über den Nationalsozialismus schreiben, nicht nur über »Arbeitsbeschaffungsprogramme«, »Die erzieherische Wirkung des Winterhilfswerkes«, »Das Verhältnis von Partei und Staat« usw; bleiben die schweren Menschenrechtsverletzungen ausgeblendet, so ist alles andere, an sich Untadelige, ein trauriger Torso. Hat man den zentralen Wert unserer Verfassung, die Menschenwürde, so häufig und mit allen Konsequenzen thematisiert, wie sie in der DDR mit Füßen getreten wurde, z. B. durch die Verpflichtung zur Parteilichkeit, durch die Haßerziehung, durch die Arbeit des Staatssicherheitsdienstes? Der für dieses Thema bestens ausgewiesene Karl Wilhelm Fricke wurde erstmals im Sommer 1990 zu einer, wie es heißt, »DDR-Forschertagung«, nämlich der XXIII., als Referent eingeladen, um über diese allgegenwärtige, so bedrückende Realität zu sprechen. Vorher war das Thema dort tabu, Fricke persona non grata. In seinem 1989 erschienenen Buch über »Die andere deutsche Republik« widmete Glaeßner zwei von 336 Seiten dem DDR-Staatssicherheitsdienst. Ein Schaubild »Strukturschema des MfS« ist dem Buch Frickes »Die DDR Staatssicherheit« entnommen. Doch ansonsten waren Frickes Einsichten nicht akzeptabel, da sie die DDR-Realität keineswegs »um ihrer selbst willen« betrachtete.[15] Ein weiteres typisches Beispiel: Das schon erwähnte Flaggschiff der DDR-Forschung, Peter Ludz, befaßte sich mit der »sozialistischen Entwicklung der SED-Mitgliedschaft«. Dieses Kapitel beschließend, schrieb er:

»Weniger ruhmreich ist der traditionell niedrige statistische Frauenanteil, der seit Bestehen der SED erstmals 1976 mit 31,3 % über 30 % angestiegen ist. Da jedoch der Anteil der Frauen an der Gesamtbevölkerung der DDR noch immer mehr als 50 % beträgt..., sind die Frauen in der SED erheblich unterrepräsentiert – und dies trotz der mannigfachen Anstrengungen der Partei, die ›Emanzipation‹ der Frau voranzutreiben.«[16]

War das nicht eine exakte, distanziert kritische Zustandsbeschreibung, die beiden Seiten Anlaß zum Nachdenken geben mußte, den westlichen Parteien, die es noch nicht so weit gebracht hatten, der SED-Führung, auf dem erfolgreich eingeschlagenen Wege nicht stehenzubleiben? Doch wie ganz anders wäre der Eindruck auf den Leser gewesen, hätte er erfahren, daß die eigentlichen Machtorgane der SED, das 18köpfige Politbüro und das 11köpfige Sekretariat – von einer einzigen Ausnahme abgesehen (Ingeburg Lange für Frauenfragen im Sekretariat) – aus Männern bestand. Unter den knapp 50 Mitgliedern des Ministerrats war ebenfalls nur eine weibliche Person, nämlich die Frau des Staatsratsvorsitzenden: Dr. h.c. Margot Honecker, zuständig für Frauenfragen.[17] (Freilich, auf das weibliche Element in Gestalt der früheren Justizministerin Hilde Benjamin kann wohl jeder auch nur halbwegs anständige Mensch verzichten. Sie gab sich öffentlich als Schülerin von Andrei Wyschinskij aus, der in den dreißiger Jahren den Mord an Hunderttausenden von »Volksfeinden« zu rechtfertigen versucht hatte.)

d) Ein weiterer Akt wissenschaftsfeindlicher Courtoisie war die Forderung, auf den Vergleich der Systeme, insbesondere der DDR einerseits, der Bundesrepublik andererseits, zu verzichten. Hören wir nochmals Ludz, den Wortführer der neuen Schule: Er forderte Analysen,

»die nicht anklagen und abwerten wollen, die nicht Standpunkte und ›Meinungen‹ vortragen, die nicht die Situation in der DDR an den Zuständen in der Bundesrepublik messen, sondern die die Eigendynamik von Herrschaft, Wirtschaft und Gesellschaft im anderen Teil Deutschlands exakt erfassen.«[18]

Dabei ist doch der inter- und intrasystemare Vergleich ein unverzichtbares Element politikwissenschaftlicher Methodik. Wer sich offen zu Werten bekennt, kommt schon dadurch um eine Wertung nicht herum. In der DDR wurde beispielsweise das zentrale Grundrecht »Freiheit« scheinbar bejaht, aber kaum verklausuliert als Fremdbestimmung durch die SED definiert.[19] Ist es da nicht unverzichtbar notwendig, den Hörern und Lesern klarzumachen, daß und warum in der freien Welt »Freiheit« Selbstbestimmung bedeutet, die Freiheitsbegriffe in beiden Teilen Deutschlands sich somit knallhart widersprachen?

Doch dementgegen hieß es beispielsweise: »So bleibt festzuhalten, daß die Grundrechte in der DDR, vielleicht stärker als programmatische Quellen, das öffentliche Leben strukturieren sowie dem einzelnen in Übereinstimmung mit gesamtgesellschaftlichen Zielstellungen Entfaltungsmöglichkeiten geben...«[20] – War das nicht Verrat an der Freiheit?

e) In nahezu allen hochbedeutsamen internationalen Abkommen wird das Recht der Völker auf Selbstbestimmung an vorderster Stelle festgeschrieben, z. B. in der Charta der Vereinten Nationen, im Internationalen Pakt über bürgerliche und politische Rechte, im Internationalen Pakt über wirtschaftliche, soziale und kulturelle Rechte, jeweils in Art. 1, z.B. mit den Worten: »Alle Völker haben das Recht auf Selbstbestimmung.« Doch die sozialistischen Staaten deklarierten die Geltendmachung dieses Rechts seitens der Deutschen als Revanchismus, und das Gros der DDR-Forscher reagierte prompt im Geiste derer, die ganz eklatant gegen ihre eigenen Gelöbnisse verstießen. Wilhelm Bruns, auch ein dank seiner staatlich subventionierten Analysen (Bundeszentrale für politische Bildung) einflußreicher DDR-Wissenschaftler, äußerte noch am 1. Juni 1989 vor dem Gesprächskreis Politik und Wissenschaft des Forschungsinstituts der Friedrich-Ebert-Stiftung:

»Zugespitzt formuliert könnte man sagen: Die deutsche Frage im Jahre 1989 ist ein deutscher Widerspruch! Je intensiver die Westbindung der Bundesrepublik mit dem gemeinsamen Markt ab 1992 und der Politischen Union des EG-Europas werden wird, desto unwahrscheinlicher wird die staatliche Wiedervereinigung Deutschlands... Eines ist gewiß: Das ›eschatologische‹ Wunschbild eines vereinigten Deutschlands in Frieden und Freiheit, d. h. in etwa nach dem Muster der BRD, (Zündorf), kann... keine Orientierung realistischer Politik sein.«[21]

Kein Wort der Anklage, daß die Sowjetunion, daß die SED den Menschen hier wie dort das Selbstbestimmungsrecht in der deutschen Frage auf völkerrechtswidrige Weise vorenthielten. War dies nicht auch eine Form des Verrats, begangen durch Unterlassen, durch Verschweigen des Unrechts?

f) Die SED-Funktionäre liebten es, den Westen, insbesondere die USA und die Bundesrepublik, als Exponenten des Kapitalismus, das eigene System aber als Exponenten des Sozialismus, ja sogar des real existierenden Sozialismus auszugeben. So äußerte Erich Honecker bei seinem Staatsbesuch in der Bundesrepublik im September 1987:

»Die Entwicklung unserer Beziehungen, der Beziehungen zwischen der Deutschen Demokratischen Republik und der Bundesrepublik Deutschland, dessen sind wir uns bewußt, ist von den Realitäten dieser Welt gekennzeichnet, und sie bedeuten, daß Sozialismus und Kapitalismus sich ebenso wenig vereinigen lassen wie Feuer und Wasser.«[22]

Der eben schon erwähnte Bruns teilte in diesem zentralen Punkt Honeckers Auffassung und publizierte in Tausenden von Exemplaren, von der Bundesregierung finanziert, die folgende Analyse, nicht etwa als die Sicht eines sozialistischen Despoten, sondern als eigene Einsicht:

»Unter Ost-West-Konflikt als Teilbereich der internationalen Politik wird ein komplexes Beziehungsmuster verstanden, das aus einem Gemisch von kooperativen, koexistentiellen und konfrontativen Elementen besteht. Zur weiteren Kennzeichnung sollte hinzugefügt werden: Es handelt sich um intersystemare Beziehungen, d. h., es konkurrieren bzw. stehen sich gegenüber: der Sozialismus und der Kapitalismus.«[23]

Wer unsere Wehrpflichtigen dahingehend indoktrinierte, daß sie für den Kapitalismus zu den Waffen greifen sollten, brauchte sich nicht zu wundern, wenn Zehntausende, insbesondere Abiturienten, den Wehrdienst verweigerten. Um den Kapitalismus zu retten, würde auch ich nicht zu den Waffen greifen. Es geht und ging doch primär um ganz andere Werte. Und wer als Erwachsener das nicht sehen wollte und nicht sehen will, verrät den Grundwert der Freiheit.

g) Auf der gleichen Schiene rollte der Vorwurf »Antikommunismus«. Für die DDR war er schlicht ein Verbrechen: »Der Antikommunismus ist eine Hauptwaffe aller reaktionären Kräfte. Wir beziehen aus vielen Gründen eine feste Position gegen die Kräfte des Antikommunismus. Wir weisen den Antikommunismus als absolute Lüge zurück. Wir verurteilen ihn, weil er ein Deckmantel für die Verbrechen des Kapitalismus ist. Wir entlarven ihn, weil er eine Waffe der Spaltung und zur Zersplitterung der Kräfte der Demokratie ist. Wir sind gegen ihn, weil er eine Waffe zur Zerstörung des parlamentarischen Regierungssystems ist.«[24]
In einem Beitrag der Oktoberausgabe 1987 der internationalen KP-Zeitschrift »Probleme des Friedens und des Sozialismus« konnte der SEW-Vorsitzende Schmitt triumphierend auf »die Erosion der Grundpfeiler des Antikommunismus« hinweisen.[25] Längst hatte sich die DDR-Forschung aus der »Umklammerung eines plumpen Antikommunismus«, wie sich der schon erwähnte Glaeßner ausdrückte, gelöst.[26] »Plumper«, »militanter«, »perverser«, »emotionaler« Antikommunismus, der insinuierenden Beiworte gab es viele. Sie waren meist ohne Belang. Die Ablehnung traf den Antikommunismus als solchen und ging Hand in Hand mit der De-facto-Bejahung wachsender Amerikafeindschaft. Man wollte den Anti-Antikommunismus nur nicht ganz ohne rhetorischen Notausgang riskieren; denn schließlich war die rote Fahne mit dem Blut Millionen Unschuldiger getränkt. Da heute allgemein angenommen wird, »Das Ende des Kommunismus«[27] sei gekommen, wir befänden uns »Auf dem Wege zum postkommunistischen Europa«[28], um die Titel zweier Aufsätze aufzugreifen, wird der Antikommunismus vom Zeitgeist verabschiedet, so als habe man ihn nie willkommen geheißen.

h) Das »progressive« Denken hatte auch längst der Totalitarismusforschung[29] den Kampf angesagt (S. 36). Eine der gefällig formulierten Begründungen lautete:

»Die komplexen Wechselwirkungen zwischen Machtsicherungsinteressen und sozio-ökonomischer Eigendynamik blieben dem ordnungstheoretischen Ansatz der Totalitarismusanalyse ebenso verschlossen wie die Prozesse sozialen Wandels unter den Bedingungen einer effizienzorientierten industriegesellschaftlichen Entwicklung, die sich unter dem Vorzeichen der ›wissenschaftlich-technischen Revolution‹ in der DDR und anderen sozialistischen Ländern seit Mitte der sechziger Jahre verstärkt ausprägte. Damit rückte die Frage in den Vordergrund, ob die DDR als totalitäre Herrschaftsordnung interpretiert werden sollte ...«[30]

Das »Entweder-Oder« war und ist nicht nachvollziehbar. Die »wissenschaftlich-technische Revolution«, die der Verfasser und seinesgleichen in der DDR glaubten ausmachen zu können, hätte nicht daran hindern dürfen, die Frage nach dem Essentiale einer humanen politischen Ordnung und ihrer schärfsten Negation zu stellen. Dies geschieht eben mit dem Totalitarismusansatz. Das schließt doch nicht aus, daß totalitäre Staaten auch noch nach ganz anderen Kriterien gemustert werden. Jesse schreibt treffend: »Es galt mitunter als anrüchig, den zweiten deutschen Staat als das zu bezeichnen, was er war – eine Diktatur.«[31] Der Vorwurf trifft vor allem jene, die nicht müde wurden, die systemimmanente DDR-Forschung zu propagieren. Gerade sie wollten nicht wahrnehmen, daß die DDR nach ihrem Selbstverständnis eine Diktatur, angeblich des Proletariats, gewesen ist. Sie glaubten, wie v. Beyme, zu wissen:

»Der Sozialismus ist in vielen Ländern heute hinreichend legitimiert durch die Zustimmung der Mehrheit und durch objektive Erfolge ...«[32]

Nach dem Willen vieler, die »Totalitarismus« aus dem politikwissenschaftlichen Sprachschatz eliminieren wollten, sollte an die Stelle dieser »unscharfen«, »polemischen« Bezeichnung das Wort »Antifaschismus«[33] treten. Noch kurz vor dem Ende der »stalinistischen« DDR triumphierte der marxistische Historiker Reinhard Kühnl, daß es gelungen sei, in der Bundesrepublik »antifaschistische Bewußtseinsformen so breit und so tief zu verankern, daß die herrschende Politik darauf in einem nicht unbeträchtlichen Maße Rücksicht nehmen muß.«[34]

i) Marx war nach dem Zweiten Weltkrieg in Mode gekommen, in manchen Ländern rascher, z. B. in Frankreich, in der Bundesrepublik erst in den sechziger Jahren. Karl-Marx-Universitäten wurden für die Länder des Ostblocks zur Selbstverständlichkeit, und auch im Westen wurden Hochschulen gegründet, z. B. in Bremen, oder schwerpunktmäßig gefördert, z. B. in Frankfurt, Marburg, Berlin, die sich dem marxistischen Geiste verschrieben hatten. Wer es wagte, den Degen der Kritik nicht nur für Spiegelfechtereien zu gebrauchen, sondern gegen die Ikone selbst zu richten, d. h. Marx und den Marxismus als das zu dekuvrieren, was sie waren und mitunter noch sind: Opium für Intellektuelle, begab sich nahezu überall ins Abseits.

Salcia Landmann, die eigenwillige Jüdin, erinnert sich:

»Den rabiatesten Zorn löste aber mein Buch ›Marxismus und Sauerkirschen‹ aus, in welchem ich sämtliche marxistischen und neomarxistischen marcusianischen Welterlösungsrezepte in allen ihren Varianten als a priori unbrauchbar und sogar verderblich deklarierte, und zwar sowohl in politischer wie in wirtschaftlicher, sozialer und pädagogischer Hinsicht. Darüber ist man sich zwar heute – 1990 – allgemein einig. Damals aber, während der ›Bildungsrevolution‹ gegen Ende der 60er Jahre, bezahlte ich meine Einstellung mit dem Boykott praktisch sämtlicher Schweizer Printmedien, für die ich zuvor gearbeitet hatte«.[35]

Im Kern sind dies die Erfahrungen aller, die den Kaiser nackt sahen und nicht so klug waren, gleichwohl seine Kleider zu bewundern. Schließlich hatte doch der abgöttisch verehrte Jean Paul Sartre den Marxismus zum »unüberschreitbaren Horizont«[36] erklärt. In Frankreich, so heißt es, gibt es heute keine Marxisten mehr.[37] Die Universität Leipzig hat den Namen »Karl Marx« abgelegt. Was gestern noch »Karl-Marx-Platz« hieß, ist wieder »Augustinus-Platz«. Nach 37jähriger Zwangsehe haben die Bewohner von Chemnitz mit einer satten Dreiviertelmehrheit die Scheidung von der aufgenötigten Namensehe beschlossen.

Doch was haben Aufstieg und Fall des Obervaters Marx mit der DDR-Forschung zu tun? – Nun, Marx war aus SED-Sicht der »größte Sohn des deutschen Volkes«. Die Blüte des Marxismus in der Bundesrepublik ging Hand in Hand mit dem Verwelken einer primär an den Grundwerten der Verfassung orientierten DDR-Forschung. Anders ausgedrückt: Keiner der genannten oder ungenannten progressiven DDR-Forscher hat sich durch fundierte Marxismus-Kritik ausgezeichnet. So weit sie sich zu Worte meldeten, waren sie Mitläufer des Zeitgeistes, der umschlug, als die ihn tragende Weltmacht, aus ökonomischen Gründen in die Knie gezwungen, die Marxsche Wirtschaftsverfassung verabschieden mußte. Hätte der Marxismus wissenschaftliche Erkenntnisse aufzuweisen, würde nicht gerade der Rowohlt-Verlag ein Buch herausbringen mit dem bezeichnenden Titel: »Adieu Marx«.[38] Die »Auseinandersetzung« mit Marx erinnert fatal an die Deutsche Physik in der NS-Zeit.

k) Das Leitmotiv von Glaeßners Buch »Die andere deutsche Republik« lautet:

»Keine Gesellschaft ist vollkommen. Jede enthält ihrer Natur nach eine Unreinheit, die sich mit den Normen, die sie verkündet, nicht vereinbaren läßt ... Jede von ihnen bietet ihren Mitgliedern gewisse Vorteile, ungeachtet eines Rückstandes an Ungerechtigkeit, deren Bedeutung ungefähr konstant erscheint ...«[39]

Dieses Motto spricht für sich selbst. Die Orientierungslosigkeit könnte sich kaum besser demaskieren: Alle Staaten sind letztlich gleich gut. Ob Demokratie oder Diktatur ist eine individuelle Geschmacksfrage. – Wer so urteilt, begeht Verrat an der Freiheit!

3. Die »liberalen« und die »konservativen« »DDR«-Forscher

Tilman Fichter, Referent an der Parteischule der SPD in Bonn, glaubt zu wissen:

»Der Alltag der deutsch-deutschen Tagespolitik verstellte in der Bundesrepublik den Blick auf die innere Hohlheit und die Legitimationsschwäche des DDR-Regimes. Mit wenigen Ausnahmen – wie Wolfgang Seiffert (Kiel), Theodor Schweisfurth (Heidelberg) und Peter Brandt (Hagen) – trifft dies auch für die westdeutsche DDR-Forschung zu.«[40]

Gab es wirklich nur die ganz wenigen Ausnahmen? Wenn wir die Untersuchungen der Akademie für Gesellschaftswissenschaften beim Zentralkomitee der SED zugrunde legen, erhalten wir ein ganz anderes, treffenderes und sehr aufschlußreiches Bild. Da heißt es unter der Überschrift »Zur liberal-sozial reformistischen Grundrichtung der DDR-Forschung in der BRD«:

»Seit der ›Geburt‹ der im akademischen Bereich betriebenen bürgerlichen DDR-Forschung in der BRD, d. h. seit der zweiten Hälfte der sechziger Jahre, können wir, bei fließenden Übergängen und zunehmender innerer Differenziertheit, zwei Grundrichtungen unterscheiden: eine konservative und eine liberal-sozial reformistische. Die letztere – ich nenne sie fortan der Einfachheit halber meist nur noch die liberale Richtung – übte bis Ende der 70er Jahre einen sehr starken, zeitweilig sogar dominierenden Einfluß aus. Ihr führender Kopf war Peter Christian Ludz ...«[41]

Als der liberalen Richtung zugehörig werden dann u. a. aufgeführt: Wilhelm Bleek, Wilhelm Bruns, Gerd-Joachim Glaeßner. Dann

heißt es: »Zu nennen wären darüber hinaus an zeitgeschichtlichen
Fragen besonders interessierte Journalisten wie Peter Bender,
Günther Gaus... und Theo Sommer.«[42]
Stephan Löffler behandelt in der gleichen Schrift die, wie es heißt,
konservative Grundrichtung der DDR-Forschung. Auch hier wer-
den Fakten und Namen genannt:

»Ein wesentlicher Einschnitt in der Entwicklung der konservativen Grundrichtung war die Bildung der ›Gesellschaft für Deutschlandforschung‹ im
April 1978. In dieser Organisation, deren Gründung von der großbürgerli-
chen Presse der BRD als ›Chance für die Deutschlandforschung‹ bezeichnet
wurde, geben solche konservativen ›Kommunismus‹- und DDR-Forscher
wie J. Hacker, K. Löw, S. Mampel, B. Meissner, F. Oldenbourg, K.C.
Thalheim und G. Zieger den Ton an.«[43]

Angesprochen wird ferner der »stockreaktionäre« K. W. Fricke,
also der schon erwähnte erste Experte für den DDR-Staatssicherheitsdienst. Über die von den »Konservativen« vertretenen Positionen wird u. a. ausgeführt:

»Allerdings geht es dabei nicht um eine solche durchaus kritische Bestands-
aufnahme von Gemeinsamkeiten und Unterschieden zwischen der DDR
und der BRD..., sondern vielmehr um den ›wissenschaftlichen‹ Nachweis
der Existenz einer ›offenen deutschen Frage‹ in der Gegenwart. Es ist ein
Ziel der Konservativen, derartige nationalistische Thesen wieder stärker im
Massenbewußtsein zu verankern...[44] Rechtskonservative wie der Völker-
rechtler J. Hacker verbinden diese Angriffe auf die Souveränität der DDR
mit der offenen Verleumdung der Politik der Sowjetunion gegenüber den
sozialistischen Staaten nach 1945. Dieser Politik wird eine expansionistische
und annexionistische Zielrichtung unterstellt; das Ergebnis dieser Politik sei
dementsprechend ein sowjetisches ›Imperium‹ in Europa gewesen... In
den Darstellungen der Konservativen wird die DDR zu einem ›Teil
Deutschlands‹, zu einem ›Staat in Deutschland‹ deklassiert... Zugleich
ziehen Rechtskonservative, wie z. B. der Politologe K. Löw, die Verleumdung der sozialistischen Gesellschaft als ›totalitäres Regime‹ und die Verteufelung des Marxismus-Leninismus als ›Gewaltlehre‹ dazu heran, offen
den Konfrontationskurs und die Politik der Hochrüstung zu befürworten.
Nach Auffassung dieser Kräfte kann ›der Kampf um den Frieden... nicht
getrennt werden von der Verteidigung gegen den Totalitarismus, vom
Kampf für Demokratie und Freiheit‹.«[45]

Diese Ausführungen beweisen wohl zur Genüge, daß es abwegig
wäre, der DDR-Forschung schlechthin eine Kapitulation vor dem
Zeitgeist anlasten zu wollen. Jene, die die Gesellschaft für Deutschlandforschung ins Leben riefen – ich zähle nicht dazu –, haben sich

um die Reputation der Geisteswissenschaften verdient gemacht. Die feste Haltung hat den Blick auf das Wesentliche keineswegs verstellt. Theo Sommer, den die Akademie für Gesellschaftswissenschaften der SED den progressiven Wissenschaftlern an die Seite stellt, nennt uns »Konservative« »Stahlhelmer« und glaubt zu wissen, daß wir am allerwenigsten einen Mann wie Gorbatschow für möglich gehalten hätten:

»Die Erklärung dafür, daß diese Gründe hinfällig wurden, liegt in der erstaunlichen Gestalt des Michail Gorbatschow. Daß er aufhören würde, hegemonial zu denken, daß er nicht mit seinen Atomraketen rasseln werde, um den Status quo zu retten, daß er Emanzipation und Stabilität in Osteuropa nicht als gefahrenträchtigen Widerspruch begreifen werde – wer hätte das zu denken gewagt? Am allerwenigsten wohl die Stahlhelmer: die rechten Kritiker der Entspannungspolitik . . .«[46]

Diese Diffamierung ist nachweislich unrichtig: Im Februar 1985 schrieb ich in der Bayerischen Staatszeitung – »Die Zeit« hätte mir dafür ihre Spalten sicher nicht geöffnet –:

»Ist es wirklich reine Utopie zu hoffen, daß sich unter den jüngeren sowjetischen Kommunisten anständige Leute befinden, die schrittchenweise die Konsequenzen aus den leeren Versprechen des Marxismus-Leninismus ziehen, denen das Glück der Mitmenschen mehr wert ist als die eigene Macht? Was 1968 in der Tschechoslowakei geschah, kam, auch für Eingeweihte, völlig überraschend. Gerade die Mitglieder der dortigen KP galten als die linientreuesten. Und trotzdem haben sie, fast ausnahmslos, den Prager Frühling mitgetragen. Derlei ist, bei allen Besonderheiten, auch in der Sowjetunion nicht völlig undenkbar. Das ist unsere Hoffnung, das ist die Chance der freien Welt, der Menschen in Ost und West.«[47]

Am 11. März 1985, also nur einen Monat später, wurde Gorbatschow zum Generalsekretär der KPdSU gewählt. Der Stahlhelm, den uns Herr Sommer aufs Haupt drücken möchte, ist ein besonders fester Hut, und fest auf der Hut wollten und wollen wir sein. Wer, wie Sommer, ein Land, in dem die Bausubstanz verfällt, die Wartezeit für einen Trabi zehn bis zwanzig Jahre beträgt, die Flüsse total vergiftet sind, als Oase erlebt, in der Milch und Honig fließen, trägt zwar keinen Helm auf dem Kopf, aber Milchglas vor den Augen. Die Mitglieder der Gesellschaft für Deutschlandforschung und die ihr Nahestehenden haben sich also dem scheibchenweisen Ausverkauf zentraler Verfassungspositionen an die SED-Machthaber nach Kräften entgegengestemmt. Doch der Erfolg blieb bescheiden, da viele wichtige staatliche und staatlich geförderte Institutionen von – nach dem DDR-Sprachgebrauch – »Liberalen« besetzt waren.

4. Vorzüge des Sozialismus gegenüber dem Kapitalismus »prinzipieller Natur« – Die Gründe für das Versagen

Der eingangs dieses Kapitels zitierte Sontheimer nennt drei Gründe, warum es zu »jener verzerrenden Perspektive« der dominierenden DDR-Forschung gekommen sei:

Die DDR werde »für alle voraussehbare Zeit ein integraler Bestandteil des von der Sowjetunion beherrschten Machtblocks« bleiben und es gebe in diesem Rahmen durchaus positive Entwicklungen, ferner eine »vage Sympathie für alles Sozialistische« und schließlich Positives über die DDR zu vermelden, habe unserem die DDR umschließenden Nationalbewußtsein entsprochen.

Bei der Ursachenforschung bewegen wir uns meist auf einem für exakte Vermessungen ungeeigneten Terrain. Sicher ist, daß es für das Versagen nicht nur *ein* Motiv gegeben hat. Das von Sontheimer zuletzt genannte, nationale Gewogenheit, wäre mir nicht in den Sinn gekommen, und ich kann es mir gerade mit Blick auf jene, die der Wiedervereinigung schon abgeschworen hatten, nicht zu eigen machen. Auch das erste Argument ist schwach, aber vielleicht doch nicht von der Hand zu weisen. Wenn jemand zu lebenslanger Freiheitsstrafe verurteilt ist, wird das »Fatum« für die Angehörigen erträglicher, malen sie sich das Gefängnis wie ein Sanatorium aus. Von weit größerem Gewicht dürfte – neben generell Zutreffendem[48] – sein, daß das Gros der Wissenschaftler nicht immun ist gegen die Einflüsterungen des Zeitgeistes. Zwei DDR-Marxisten erhielten im Sommer 1989 Gelegenheit, in den Beilagen zur Wochenzeitschrift Das Parlament »Kritische Bemerkungen zur bundesdeutschen DDR-Forschung« zu veröffentlichen. Als Ausgangspunkt wählten sie ein vermeintlich brisantes Geständnis. Sie schreiben:

»Auf der XX. DDR-Forschertagung im Juni 1987 resümierte Alexander Fischer als Hauptreferent zum Thema ›Bilanz und Perspektiven der DDR-Forschung‹: Erich Honecker und sein Politbüro sind ihren Weg ›zur weiteren Gestaltung der entwickelten sozialistischen Gesellschaft in der DDR‹ auch ohne die Ratschläge westdeutscher DDR-Forscher gegangen, und hierzulande läßt sich eine Grundhaltung bedingungsloser Konfrontation angesichts der Absicht der Bundesregierung, ›die Beziehungen zwischen den beiden Staaten in Deutschland in einem guten, offenen Klima weiterzuentwickeln‹, sowie der bemerkenswerten Kooperation in ideologischen Fragen zwischen SPD und SED nicht mehr aufrechterhalten.‹ Für die Vergangenheit wird damit eingeräumt, daß ›eine Grundhaltung bedingungsloser Konfrontation‹ dominierte.«[49]

Nun, von »bedingungsloser Konfrontation« als einer bundesdeutschen Realität zu sprechen, ist abwegig. Wissenschaft sollte bedingungslos nur der Wirklichkeit und den allgemeinen Gesetzen logischen Denkens verpflichtet sein, nicht aber einem Für oder Wider mit Blick auf Personen, Institutionen, Weltanschauungen. So sehr das »bedingungslos« – hoffentlich – am wahren Sachverhalt vorbeigeht, ebensosehr ist es – leider – richtig, daß die Mehrheit der DDR-Forscher teils nolens teils volens den Weg beschritten hat, der mit Blick auf die Gegenwart und Bonn bequemer, mit Blick auf eine mögliche kommunistische Zukunft und Moskau sicherer war. Sie glich einem Arzt, der seinen Krebspatienten auf Pilzbefall im Zwischenzehenbereich untersucht, weil die andere Wahrheit unerwünscht ist.

Die junge Politikwissenschaft hat sich vor 1933 angesichts der totalitären Bedrohung nicht rühmenswert geschlagen.[50] Nach dem Ende des Zweiten Weltkriegs als Demokratiewissenschaft reanimiert, ist sie gleichsam als »politische Wissenschaft« in erheblichem Umfang Opfer ideologisch verbohrter oder opportunistischer Kräfte geworden. Zum selben Ergebnis kommt auch der Forschungsverbund SED-Staat der Freien Universität Berlin:

»Nach dem Untergang der sich stets so zukunftgewiß gebenden DDR-›Zielkultur‹ liegen jetzt die Verhältnisse offen, an denen der größere Teil der etablierten bundesdeutschen DDR-Forschung so zielgerichtet vorbeigeforscht hat. Nicht nur ihre Prognosekraft steht in einem schlechten Licht, auch die beanspruchte Vorurteilsfreiheit und der kritische Rationalismus erweisen sich angesichts der nun offenbarten Realität als leere methodische Hülsen.«[51]

Wird es gelingen, diese Schwächen zu überwinden, oder muß auf diese Wissenschaft als Bestandteil der wehrhaften Demokratie verzichtet werden? Das 15. Bildungspolitische Forum des Bundes Freiheit der Wissenschaft, das am 26. April 1991 in Bonn tagte, hatte zum Gegenstand die »Ideologieanfälligkeit der Geisteswissenschaften«. Darf es den Politologen zum Trost gereichen, daß die Nachbardisziplinen (Zeitgeschichtsforschung, Philosophie, Soziologie, Nationalökonomie, Sinologie[52]) offenbar aus ähnlichen Gründen zur Selbstkritik Anlaß hatten und haben? »Helden, Schurken und auch so mancher Narr bevölkern die akademische Bühne, vor der sich hier der Vorhang hebt; im düsteren Hintergrund die Masse der Mitläufer.«[53]

VI. Die Gewerkschaften

1. Bewährung und Versagen in der Weimarer Zeit

Die deutschen Gewerkschaften sind ein eminenter ökonomischer, aber auch politischer Machtfaktor. 1989, also unmittelbar vor der Wiedervereinigung der beiden deutschen Staaten, betrug die Gesamtzahl ihrer Mitglieder in der Bundesrepublik 9,5 Millionen.[1] 38 vom Hundert aller abhängig Beschäftigten gehörten ihnen an. Die Anfänge der deutschen Gewerkschaftsbewegungen reichen 150 Jahre zurück. Da sich die Gewerkschaftsführer nicht nur um die Arbeitsbedingungen sorgen, sondern auf die Lebensbedingungen allgemein einwirken wollen, sind sie keine Statisten auf der politischen Bühne, sondern gefürchtete, geschmähte, bewunderte, umworbene Akteure, die weit überwiegend der SPD nahestehen. Die Revolution des Jahres 1918 war nicht ihr Werk. Sie wurde nicht von einer Kommandozentrale aus inszeniert, entsprang vielmehr den Folgen des langen, hoffnungslosen Krieges, Sorgen, Hunger, Not. Die SPD und die Gewerkschaften stellten sich rasch auf die neue Situation ein. Der vom 16. bis 19. Dezember 1918 in Berlin tagende Kongreß der »Arbeiter- und Soldatenräte Deutschlands« beschloß mit 344 gegen 98 Stimmen die Einberufung einer verfassunggebenden Nationalversammlung. Deutschland war auf dem Wege zur Demokratie. Die Spartakisten konnten sich nicht durchsetzen. Auf dem Gründungsparteitag der KPD (30. 12. 1918 – 1. 1. 1919) waren sich die Delegierten, auch Karl Liebknecht und Rosa Luxemburg, darin einig, die Gewerkschaften zu zerschlagen, »den Kampf gegen die Gewerkschaften von außen aufzunehmen und ... unverzüglich eine Austrittspropaganda aus den Gewerkschaften aufs nachdrücklichste zu entfalten«.[2] Die Resolution entsprach jener Betrachtungsweise, die in der Roten Fahne vom 24. Dezember 1918 ihren Ausdruck gefunden hatte:

»Die wirtschaftlichen Aufgaben der Arbeiter, so weit sie auf die Verbesserung der Lohn- und Arbeitsbedingungen in den Betrieben abzielen, lagen bisher in den Händen der Gewerkschaften. Es ist jedoch zweifellos: Die Gewerkschaften haben das ehemals große Vertrauen, das sie bei der Arbeiterschaft besessen haben, während des Krieges restlos verwirtschaftet.«[3]

Tatsächlich aber strömten die Arbeiter wie kaum jemals zuvor in die Gewerkschaften. Die Zahl ihrer Mitglieder wuchs im Verlaufe des Jahres 1919 von 2,8 Millionen auf 7,3 Millionen. Die kommunistische Austrittspropaganda löste also nicht das erhoffte Echo aus. Auch der von den Kommunisten im Januar 1919 angezettelte blutige Aufstand zum Sturz der Regierung verhallte von den Massen ungehört trotz der demagogischen Agitation Rosa Luxemburgs:

»Handeln! Handeln! Mutig, entschlossen, konsequent – das ist die verdammte Pflicht und Schuldigkeit der revolutionären Obleute und der ehrlich sozialistischen Parteiführer«.[4]

Eine zweite herausragende Bewährungsprobe bot der Kapp-Putsch vom 13. März 1920. Die Gewerkschaften riefen zum Generalstreik auf, um die Republik zu verteidigen. Doch die KPD widersprach auf das Heftigste:

»Im Augenblick des Versinkens ruft diese Gesellschaft von Bankrotteuren die Arbeiterschaft zum Generalstreik auf, zur ›Rettung der Republik‹. Das revolutionäre Proletariat weiß, daß es gegen die Militärdiktatur auf Leben und Tod zu kämpfen haben wird. Aber es wird keinen Finger rühren für die in Schmach und Schande untergegangene Regierung der Mörder Karl Liebknechts und Rosa Luxemburgs. Es wird keinen Finger rühren für die demokratische Republik, die nur eine dürftige Maske der Diktatur der Bourgeoisie war.«[5]

Als die Vasallen Lenins einsehen mußten, daß sie wiederum von den Massen unbeachtet blieben, vollzogen sie eine taktische Wendung, ohne Preisgabe ihres Ziels, »die bürgerliche Demokratie, vertreten durch die Ebert, Noske, Scheidemann«[6], zu stürzen. Die Gewerkschaftspolitik der Kommunisten schwankte in den folgenden Jahren zwischen Wühlarbeit innerhalb und radikaler Kampfansage von außen, letzteres durch konkurrierende Organisationen, so die Revolutionäre Gewerkschaftsopposition (RGO). Am 30. November und 1. Dezember 1929 tagte in Berlin ihr erster Reichskongreß. Er erklärte die Sozialdemokratie zum gefährlichsten Feind der Arbeiter. In den Freien Gewerkschaften wurde eine »breite arbeiteraristokratische Schicht« gesehen.[7]

Auch die demokratischen Gewerkschaften verkannten die National-sozialisten und unterschätzten die von ihnen ausgehende Gefahr. Ein Generalstreik wie beim Kapp-Putsch wurde erörtert. Die Massenarbeitslosigkeit hatte die Gewerkschafter dezimiert und ihre Kampfbereitschaft gelähmt. Auch stand zu befürchten, daß die Kommunisten im Falle eines Erfolges gewaltsam die Macht an sich zu reißen versuchten. Hatten nicht die SPD und die bürgerlichen Parteien augenfällig versagt? Waren die Nationalsozialisten nicht auch Sozialisten, von vielen Arbeitern gewählt? Sollte der NSDAP nicht Gelegenheit gegeben werden, ihre Patentrezepte unter Beweis zu stellen? – Also ließ man Hitler gewähren. Der ADGB rief sogar zur Teilnahme an den Maifeiern der braunen Führer auf und bastelte noch an Programmentwürfen für eine Einheitsgewerkschaft. Am 2. Mai 1933 wurde er verboten.[8]

2. DGB-Gewerkschaften und die Kommunisten in der Bundesrepublik (1949–1989)

Die von Stalin nach dem Scheitern seiner Deutschlandpolitik ausgegebene Volksfrontdevise erreichte auch die KPD. 1935 beschloß sie auf der Brüsseler Konferenz:

»Unter keinen Umständen darf wieder die frühere Zerreißung der gewerkschaftlichen Bewegung nach Parteirichtungen eintreten. Die Kommunistische Partei ist für die Einheit und die volle Selbständigkeit der Gewerkschaftsbewegung und wird ihren Wiederaufbau mit allen Kräften unterstützen und fördern.«[9]

Nach 1945 bejahte sie dementsprechend die »Einheitsgewerkschaften« des DGB und konnte in ihnen zahlreiche Positionen besetzen. Der Kalte Krieg gab ihr 1951 Veranlassung, die westlich orientierten Gewerkschaftsführer als Agenten des amerikanischen Imperialismus zu denunzieren und ihnen Beihilfe zur Kriegsvorbereitung vorzuwerfen. Es sei geboten, »Kampfhandlungen auszulösen auch gegen den Willen rechter Gewerkschaftsführer«.[10] Im Gegenzug wurden die Kommunisten vor die Alternative gestellt, sich entweder von dieser Losung zu distanzieren oder den Ausschluß zu gewärtigen. Daraufhin sah sich die KPD gezwungen, ihren Mitgliedern freie Hand zu lassen, um deren Einflußnahme auf die Gewerkschaftspolitik von innen her nicht zu beenden.

Auf dem 7. Ordentlichen Gewerkschaftstag der IG Metall gab sich deren Vorsitzender, Otto Brenner, kämpferisch und vorbildlich verfassungstreu:

»Wir bleiben in gewerkschaftlicher Solidarität verbunden mit der ehemaligen Hauptstadt unseres Landes, mit ihren mutigen Bewohnern und mit allen unseren Landsleuten in der Zone. (Beifall) Wir bleiben das Sprachrohr ihres Freiheitswillens, solange es ihnen eine brutale Diktatur verwehrt, ihre Meinung frei und ungehindert zu sagen, ja, sie erbarumungslos niederschießt, wenn sie versuchen, aus dem sogenannten ›Arbeiter- und Bauern-Staat‹ in die Freiheit zu flüchten. In einem der Zuchthäuser dieses großen Gefängnisses, das sich ›Deutsche Demokratische Republik‹ nennt, sitzt auch unser Kollege Heinz Brandt. Zu 13 Jahren wurde er in einem Geheimprozeß verurteilt – weil er nicht gewillt war, seinen lebenslangen Kampf gegen jeden Totalitarismus, für den Frieden, die Demokratie und die Rechte der arbeitenden Menschen auf Ulbrichts Geheiß aufzugeben.«[11]

1956 wurde die KPD durch Urteil des Bundesverfassungsgerichts verboten; 1969 trat die DKP an ihre Stelle (S. 25 f.). Auf dem ersten Parteitag im April 1969 stellte ihr Vorsitzender, Kurt Bachmann, klar, daß sich seine Partei »nicht als Opposition in den Gewerkschaften« verstehe, »sondern als zum Kern dieser Organisation gehörig«.[12] Nahezu zeitgleich fand der 8. Bundeskongreß des DGB in München statt. Die IG-Metall solidarisierte sich rückhaltlos mit den Reformkräften in der CSSR und wollte die Kontakte zu ihren dortigen »Gewerkschafts«-Funktionären erst fortsetzen, »wenn sich die Verhältnisse in der CSSR soweit normalisiert haben, daß die Selbständigkeit der Entscheidungen der tschechoslowakischen Staats-, Partei- und Gewerkschaftsführung gegenüber der UdSSR als gewahrt angenommen werden kann.« Aber der DGB-Kongreß beschloß mehrheitlich einen Antrag der IG-Druck und Papier, der den Bundesvorstand beauftragte, die Kontakte »zu den Gewerkschaften des Ostblocks« weiter auszubauen, »trotz der von uns scharf verurteilten Ereignisse in der CSSR«.[13] Die militärische Intervention von 800.000 Rotarmisten samt Satelliten wurde den Vorstellungen der Besatzungsmächte entsprechend zu einem bloßen »Ereignis« umfrisiert. Damals verpflichtete die DGB-Satzung noch zur »Bekämpfung von faschistischen, kommunistischen . . . und allen sonstigen antidemokratischen Einflüssen.«[14] Bereits zwei Jahre später wurde diese Linie verlassen. Der Unvereinbarkeitsbeschluß des Jahres 1973 traf nur noch die Mitglieder der maoistischen K-Gruppen. 1978 sah »Der Spiegel« Veranlassung zu folgender Zustandsbeschreibung:

»Auch in etlichen regionalen DGB-Gremien, in Orts-, Kreis- und Landes-jugendausschüssen, übernahmen die DKP-Freunde die Macht. Die Partei-oberen der DKP registrieren die Erfolge ihrer Junioren mit Wohlgefallen. ›Wir Kommunisten‹, freute sich unlängst das DKP-Präsidiumsmitglied Kurt Fritsch, ›haben einen sehr bedeutenden Einfluß in der Arbeiterjugend‹. Bündige Erklärungen für den Vormarsch der DKP-Kader fallen selbst gestandenen Funktionären schwer.«[15]

Die »neue Ostpolitik« des DGB wurde vom amerikanischen Gewerkschaftsbund AFL/CIO entschieden mißbilligt. Ihr Vorsitzender, George Meany, warnte mit aller Entschiedenheit vor den Selbsttäuschungen der Deutschen und verurteilte die Kontakte deutscher Gewerkschaftsführer mit den Staatsfunktionären des Ostblocks.[16] Die so ausgelösten Spannungen steigerten sich bis zum Abbruch der Beziehungen mit dem DGB und zum Austritt des AFL/CIO (Wiedereintritt 1982) aus dem Internationalen Bund Freier Gewerkschaften. Meanys Erklärung vor dem Ausschuß für auswärtige Angelegenheiten des Senats der USA vom 1. 10. 1974 verdeutlicht den Geist der Amerikaner:

»Wir von der Arbeiterbewegung werden nicht von Demagogen gelenkt oder beeinflußt, die unter jedem Bett einen ›Kalten Krieger‹ sehen, vielmehr geleitet von den alten Prinzipien der Arbeiterbewegung. Diese Prinzipien wurden von Sam Gompers sehr treffend formuliert, der einmal gesagt hat: ›Ich bewerte die Arbeiterbewegung nicht nur nach ihrer Fähigkeit, höhere Löhne, bessere Kleidung und bessere Wohnungen zu beschaffen. Ihr letztes Ziel ist vielmehr in ihrer Hingabe an die Aufgabe zu sehen, die grundsätzliche Idee der Freiheit für alle Menschen in der ganzen Welt zu fördern.‹... Mit anderen Worten, Herr Vorsitzender, während die Entspannungspolitik den Antikommunismus im Westen unmodern gemacht hat – und sie wissen natürlich auch, daß Antikommunismus bei den vornehmen Leuten nicht mehr ›in‹ ist -, bedeutet ›Entspannung‹ im Osten die Verschärfung des ideologischen Auseinandersetzungen. Die Sowjetunion sieht die Entspannungspolitik so:
Entspannung setzt amerikanische Schwäche voraus.
Entspannung bedeutet Verschärfung des ideologischen Kampfes...
Das alles ist für die Sowjetunion Entspannung. Und was bedeutet Entspannung für uns? Zunächst bedeutet sie für gewisse amerikanische Unternehmer den herrlichen Traum von neuen Profiten und erweiterten Märkten, das alte Streben für den allmächtigen Dollar, der nun in das Land der Kommissare getragen wird.«[17]

Dieser Text wurde, wie nach dem Gesagten geradezu selbstverständlich, nicht vom DGB, sondern als Sonderdruck des Christlichen Gewerkschaftsbundes Deutschlands, CGB, verbreitet.

Ende der 70er Jahre marschierten die »fortschrittlichen« Gewerkschafter aus der IG-Metall, der Gewerkschaft Erziehung und Wissenschaft, der Gewerkschaft Holz und der Gewerkschaft Handel, Banken und Versicherungen (HBV) zusammen mit Kommunisten aller Schattierungen an der Spitze der »Friedensbewegung« gegen den NATO-Doppelbeschluß. 1983 stellte der 14. ordentliche Gewerkschaftstag der IG-Metall fest, daß die Kommunisten neben den Sozialdemokraten und den Christen »ihren Platz in der IG-Metall« hätten. Ein Jahr später ging die Meldung durch die Presse, daß 95 vom Hundert der 778 auf ihrem 7. Parteitag in Nürnberg versammelten Kommunisten Mitglieder des DGB seien, die meisten davon (90 v. H.) als betriebliche und gewerkschaftliche Funktionsträger.[18] Im September 1984 warnte die Vorsitzende der Gewerkschaft ÖTV, Monika Wulf-Mathies, vor dem Rechtsextremismus und betonte zugleich: »Die Gewerkschaften können mit Kommunisten leben.« »40. Jahrestag der Befreiung nutzen«, war die von der KPD ausgegebene Devise. Ihr »Aufruf zum 40. Jahrestag der Befreiung und des Friedens« trug auch die Unterschrift von Christian Götz vom Hauptvorstand der Gewerkschaft HBV, ferner des stellvertretenden Vorsitzenden der IG-Druck und Papier, Detlef Hensche und des KPD-Vorsitzenden Herbert Mies. Als diese Praktiken auf dem Hamburger Kongreß des DGB im Mai 1986 zum Gegenstand eines Verbotsantrags gemacht wurden, bejahten elf Gewerkschaften (gegen sechs) das Recht auf punktuelle Zusammenarbeit zur Durchsetzung »eines konkret genau bestimmbaren Zieles«.[19] 1988 wählten 70 vom Hundert der Delegierten der DGB-Gewerkschaft Holz und Kunststoffe den Kommunisten Peeter Raane in den Vorstand. Kurz vor der Wende wurde in Berlin ein Mitglied der »Sozialistischen Einheitspartei Westberlin«, die Lehrerin Uesseler-Gothow, zur Vorsitzenden des Landesverbandes der Gewerkschaft Erziehung und Wissenschaft gewählt.

Besonders bemerkenswert ist ein Buch, das 1988 unter dem Titel »Wie weiter? Plädoyer für eine sozialistische Bundesrepublik« erschien. Darin kommen einige Dutzend Autoren zu Wort, z. B. Jutta Ditfurth, der katholische Theologe Norbert Greinacher und der stellvertretende Vorsitzende der IG Druck und Papier, Detlef Hensche. Mit ihnen in Reih und Glied als gleichberechtigt und gleichwertig Mitglieder des Parteivorstandes der DKP wie Jörg Huffschmid und Josef Schleifstein. Die Staatsfarben zieren die Titelseite.

Doch Schwarz und Gold sind nur Marginalien. Rot allein dominiert. Das Verlagsemblem: ein Aasgeier auf dem Galgenberg –»Galgenberg« der Name des Verlags. Es fällt schwer, darüber keine Satire zu schreiben, sind doch die Autoren insgesamt Wegweiser zu einem blutroten Galgenberg gewesen.

Karin Benz-Overhage, geschäftsführendes Mitglied des Vorstandes der IG-Metall, und Gregor Witt, Bundessprecher der Deutschen Friedensgesellschaft – Vereinigte Kriegsdienstgegner, äußerten in ihrer »Gemeinsamen Erklärung« im März 1989:

»Mit einer gemeinsamen Informationskampagne von IG-Metall und DFG-VK soll aufgeklärt und Mut gemacht werden, ›nein!‹ zu sagen zu einem Dienst, der zunehmend als sinnlos begriffen wird... Massenhafte, hunderttausendfache Kriegsdienstverweigerung kann zu einem unübersehbaren Druckfaktor auf die Regierenden werden, Abrüstung voranzutreiben.«

Mit Schreiben vom 3. August 1989 wandte sich die Gewerkschaft Erziehung und Wissenschaft Landesverband Bayern an den Bayerischen Landtag und führte Klage gegen eine Publikation der Landeszentrale für politische Bildungsarbeit. Dieter Blumenwitz' Werk »ist geeignet, durch eine Wiederbelebung deutschnationaler Großmannssucht Unfrieden zu schaffen und die Entwicklung von Rechtsextremismus unter Jugendlichen aktiv zu fördern.« Das Neue Deutschland und andere kommunistische Blätter übernahmen unverzüglich und entsprechend gepfeffert die Vorwürfe (»Ungeist revanchistischer Forderungen« u.a.). Was war geschehen? Die abgebildeten Landkarten zeigten exakt die damaligen völkerrechtlichen Gegebenheiten, insbesondere die offene Grenzfrage im Osten. Da nimmt es nicht wunder, daß sich die DDR-Gewaltigen über diese Entwicklung in bundesdeutschen Gewerkschaften hochzufrieden zeigten: In den DGB-Gewerkschaften »konnte die Partei ihren Einfluß und ihre Position... festigen und ausbauen. Bei den Betriebsratswahlen 1987 hat sich die Zahl kommunistischer Betriebsräte um 35 bis 40 Prozent erhöht. Vielerorts nehmen Kontakte und Zusammenarbeit zwischen DKP-Organisationen und Gewerkschaftsgremien offiziellen Charakter an.«[20] Zum 50. Jahrestag des Beginns des Zweiten Weltkriegs veranstaltete der DGB ausgerechnet am sowjetischen Ehrenmal in Berlin eine Gedenkstunde, selbstverständlich ohne dabei zu erwähnen, daß die geheimen Abkommen zwischen Hitler und Stalin den deutschen Angriff vorbereitet hatten. Die Mit-Kriegsverbrecher wurden als Befreier gefeiert.

3. DGB-Gewerkschaften und die »Deutsche Demokratische Republik«

»Die kommunistischen Führer warnen:
Mischt euch nicht in unsere inneren Angelegenheiten,
laßt uns unsere Bürger in Ruhe unterdrücken . . .
Ich aber sage: Mischt euch ein, mischt euch
so viel ihr könnt in unsere inneren Angelegenheiten
ein.
Wir bitten euch, mischt euch ein!«

Solschenizyn Juni 1975 vor
US-Gewerkschaftern in Washington

Schon in den 50er Jahren war es den deutschen Kommunisten ein Anliegen, daß die DGB-Gewerkschaften zur Einheits-»Gewerkschaft« der DDR, zum FDGB, Kontakt aufnehmen. Doch der DGB unterstützte wärmstens eine Entschließung des Exekutivausschusses des Internationalen Bundes Freier Gewerkschaften des Jahres 1955, in der es heißt, die kommunistischen Staaten strebten den Austausch von Delegationen mit Westgewerkschaften an, »um für ihre eigenen Schein-Gewerkschaften moralische Achtbarkeit und Rechtmäßigkeit zu erlangen, den Arbeitnehmern der freien Welt sich als angeblich echte, freie Gewerkschaften darzustellen, vor allem aber um die Infiltration und Unterwanderung im Westen zu erleichtern und die expansionistischen Interessen des Sowjetimperialismus zu fördern.«
Trotz dieses Beschlusses und der ihm zugrundeliegenden klaren Erkenntnisse erreichte der FDGB bereits 1972 sein Ziel. Ehrendelegierte beteiligten sich an den größeren Veranstaltungen der entsprechenden Organisationen im anderen Deutschland. Bereits 1983 kam es zu Bittgesuchen der ÖTV an die Adresse der Sowjetunion und der DDR, um beim Fernfahrerstreik zu verhindern, daß Streikbrecherarbeit geleistet werde. Wie aus einem Schreiben des DDR-Außenministers Fischer vom 28. September

1983 hervorgeht, hatte Honecker noch am gleichen Tag u. a. den Minister für Staatssicherheit, Mielke, aufgefordert, »die erforderlichen Schritte« einzuleiten, um diese Bitte der ÖTV von Seiten der DDR zu erfüllen. In dem Brief führte Fischer aus, daß sich LKW-Fahrer der staatlichen DDR-Spedition Deutrans »während der Dauer des Streiks in der BRD und Westberlin nicht an der Entladung ihrer LKW beteiligen« sollten.[21] Besonders düster ist die Geschichte der IG-Druck und Papier sowie der Gewerkschaft Kunst, die sich am 3. Dezember 1985 zur IG-Medien zusammenschlossen. Schon 1956 hatte die IG Druck und Papier die Einsetzung einer Kommission beschlossen, die die Verhältnisse in der DDR beurteilen sollte. Diese Gewerkschaft war es auch, die als einzige nach dem Bau der Berliner Mauer 1961 die Abgrenzung des DGB gegen Kommunisten ablehnte. Der Rolle als Linksaußen blieb sie treu und erfüllte die Erwartungen, die die sozialistischen Gewerkschaftsunterdrücker in sie setzten. Die führenden Funktionäre der Gewerkschaft waren voll des Lobes für die Errungenschaften des SED-Staates. Im Bericht der IG-Druck vom Oktober 1976 über die Ergebnisse der DDR-Reise, an der Hensche teilnahm, heißt es:

»Arbeitsdruck und Belastung sind geringer... Arbeitslosigkeit ist ein Fremdwort... Die Menschen können sich wichtige Dinge ebenso, ja besser leisten als ihre Verwandten in der Bundesrepublik. Der Direktor kommt nicht – wie üblicherweise hierzulande – aus einer anderen Welt und ist nicht einer anderen gesellschaftlichen Gruppe, den privaten Eigentümern und ihren Funktionären verantwortlich.«[22]

Erwin Ferlemann ersuchte im Mai 1984 die »Kollegen« im Osten, den Druckerstreik im Westen zu unterstützen.[23] Alle dunklen Machenschaften und Instrumentalisierungen, die man schon geahnt hat oder zu wissen glaubte, werden in »Das Genossenkartell – die SED und die IG Druck und Papier/IG Medien« anhand von Dokumenten nachgewiesen, beginnend mit dem Beschluß des Sekretariats des FDGB-Bundesvorstands:

»Verantwortung und Aufgabenstellung für die Westarbeit des Bundesvorstandes des FDGB ergeben sich aus den Klassenauseinandersetzungen zwischen Sozialismus und Imperialismus, aus der unmittelbaren Konfrontation mit dem feindlichen staatsmonopolistischen Herrschaftssystem in der BRD an der Nahtstelle zwischen beiden Gesellschaftssystemen... Davon ausgehend ist die Propagierung des realen Sozialismus vom Standpunkt der wachsenden Rolle der Arbeiterklasse und ihrer Gewerkschaften unter Führung der marxistisch-leninistischen Partei in Auseinandersetzung mit der bürgerlichen Ideologie zur Unterstützung des Kampfes der Arbeiterklasse und der Gewerkschaftsbewegung in der BRD eine wichtige Aufgabe.«[24]

Die Dokumentation endet mit dem Satz:

»Die Delegation [der IG Medien] war beeindruckt von ihrem Gesamtbesuch und verabschiedete sich am 7. Oktober mit besten Wünschen zu unserem 40. Jahrestag der Gründung der DDR und dem Wunsch nach weiterer konstruktiver Zusammenarbeit.«[25]

Dazwischen erfahren wir, wie sich Leonhard Mahlein resolut weigerte, einen Solidaritätsappell mit in der DDR inhaftierten Schriftstellern zu unterzeichnen.

»... trotz Deines erneuten Schreibens vom 17. 12. 1976 bleibe ich bei meinem Nein. Ich habe etwas dagegen, daß man immer gegen Vorgänge in anderen Ländern protestiert, aber nicht den Mut findet, im eigenen Land mit der gleichen Intensität Stellung zu nehmen. Dies gilt z. B. für die Berufsverbote bzw. den Radikalenerlaß...«[26]

Im April 1989 erstattete FDGB-Chef Harry Tisch dem »Genossen Honecker« Bericht darüber, daß der »Kollege Ernst Breit« im Hause des FDGB »weilte«. Lobend wird erwähnt, daß sich Breit, anders als die »BRD-Regierung«, nicht in die inneren Angelegenheiten der DDR eingemischt und keine Veränderung des FDGB angemahnt habe. Stattdessen, so berichtet Tisch, habe man sich gemeinsam um »rechtskonservative Tendenzen« in der Bundesrepublik Sorgen gemacht. – Breit wie Mahlein und andere lehnten die Einmischung in die inneren Angelegenheiten des anderen deutschen Staates ab, zögerten aber nicht, am äußersten Rand ferner Kontinente mit scharfen Worten zu intervenieren. So forderte Breit Wirtschaftssanktionen und den Boykott südafrikanischer Waren, um die Apartheid am Kap der Guten Hoffnung zu beenden.

Als bereits Tausende von DDR-Bürgern über Ungarn, die Tschechoslowakei und Polen in die Bundesrepublik flüchteten, im August 1989, reiste eine Delegation der Gewerkschaft Handel, Banken und Versicherungen (HBV) unter Leitung ihres Ersten Vorsitzenden, Lorenz Schwegler, nach Ost-Berlin. Der HBV-Pressedienst berichtete:

»Die Delegation wurde vom Vorsitzenden des Bundesvorstandes des Freien Deutschen Gewerkschaftsbundes, Harry Tisch, zu einem freimütigen Informations- und Meinungsaustausch empfangen. Das Wirken der

Gewerkschaften für den Frieden und Tätigkeit in den unterschiedlichen Wirtschaftsordnungen standen dabei im Mittelpunkt.«[27]

Auch hier hatten die Gesprächspartner gemeinsame Sorgen, aber nicht etwa die Massenflucht, sondern den »Vormarsch neonazistischer Kräfte in der BRD«. Offenbar waren die DGB-Delegierten kaum mehr als Marionetten in den Händen ihrer dortigen Gesprächspartner.

Vom 12. bis 15. September 1989 lud der DGB Harry Tisch in die Bundesrepublik Deutschland ein. Wiederum verliefen die Gespräche zwischen dem DGB-Vorsitzenden Breit und seinem Ostberliner »Kollegen« »in einer freundlichen, offenen Atmosphäre.« Beide Seiten drückten ihre Befriedigung darüber aus, daß sich die Beziehungen zwischen dem DGB und dem FDGB positiv entwickelt hätten. Der DGB-Vorsitzende sprach davon, wie die Arbeitszeit weiter zu verkürzen sei, um die Massenarbeitslosigkeit in der Bundesrepublik Deutschland zu bekämpfen.

Ganz typisch das Interview, das Ernst Breit dem FDGB-Zentralorgan anläßlich dieses Besuches gab:

»Kollege Breit, würdest Du die Begegnungen FDGB-DGB vom 12. – 15. September in der BRD als Erfolg, als weiteren Fortschritt für die Zusammenarbeit bewerten?

Breit: Ich denke, daß die Begegnung trotz oder sogar wegen der aktuellen Probleme eine gute und der weiteren Entwicklung dienliche Begegnung war. Sie hat gezeigt, daß wir selbst unter schwierigen Bedingungen in der Lage sind, vernünftig miteinander zu reden, ohne daß wir etwas ausklammern müssen.

Tribüne: Du hast gerade das wiederholt betont. Könntest Du einige der wichtigsten Themen nennen?

Breit: Wir haben uns über den Stand unserer Beziehungen, die sich seit Jahren verstärkt haben, unterhalten . . .

Tribüne: Du hast Anfang dieses Jahres von ungelösten Fragen, sogar Klassenfragen, in der Bundesrepublik gesprochen. Würdest Du zustimmen, daß unter diesem Gesichtspunkt in der BRD Reformen notwendig sind, die in andere Interessen gehen, als jene, die im Augenblick stattfinden?

Breit: Was wir brauchen, ist eine intensive Bekämpfung der Arbeitslosigkeit.«[28]

Die bundesrepublikanischen Probleme wurden breitgewalzt, die unvergleichlich größeren der DDR mit keiner Silbe angesprochen.

4. Was alles geflissentlich unbeachtet blieb

Die Fakten, die in den vorausgegangenen Abschnitten zusammengestellt worden sind, bekommen noch mehr Gewicht, wenn wir folgendes bedenken:
a) Eben war vom Freien Deutschen Gewerkschaftsbund (FDGB) die Rede. Dieser »Gewerkschaftsbund« war weder Bund noch Gewerkschaft, ähnelte vielmehr der NS-Arbeitsfront. Der Verfassungstext (Art. 2 Abs. 2 DDRV) hatte dekretiert: »Die Ausbeutung des Menschen durch den Menschen ist für immer beseitigt. Was des Volkes Hände schaffen, ist des Volkes eigen.« Kein Kapitaleigner wird gegen sich selbst einer Gewerkschaft beitreten, ja er dürfte es nicht einmal (»Gegnerfreiheit«). Zudem galt in der DDR als allgemeinverbindlich der große Plan, der auch die Löhne und Gehälter sowie die Arbeitszeit, also die Kernelemente der Arbeitsbedingungen, festlegte. Nein, der FDGB, eine De-facto-Zwangsvereinigung mit De-jure-Monopolstellung, diente dazu, Normerhöhungen zu propagieren (so 1953) und die Erfüllung der Pläne sicherzustellen. Die »Gewerkschaft« war der verlängerte Arm der Staatspartei und ließ daran nie den geringsten Zweifel aufkommen. In der Chronik des FDGB hieß es:

»In der Auseinandersetzung mit Auffassungen von der ›politischen Neutralität‹ der Gewerkschaften und mit Versuchen, einen Keil zwischen SED und FDGB zu treiben, erklärt der Kongreß, daß die Gewerkschaften die führende Rolle der Partei der Arbeiterklasse, der SED, anerkennen. Er bekennt sich zum Marxismus-Leninismus als grundsätzliche Orientierung für eine erfolgreiche gewerkschaftliche Interessenvertretung. Alle Gewerkschaftler werden verpflichtet, sich Grundkenntnisse der wissenschaftlichen Weltanschauung der Arbeiterklasse anzueignen, für die Festigung der Freundschaft mit der Sowjetunion einzutreten und stets im Geiste des proletarischen Internationalismus zu handeln.«[29]

Eine weitere Aufgabe des FDGB schildert ein Experte mit 25jähriger Mitgliedschaft:

»Den entscheidenden Eckpfeiler im System der politischen Überwachung der Gewerkschaftsmitglieder bilden die geheimen Informationsberichte. Hierbei handelt sich um mehr oder weniger formlose Mitteilungen über besondere Vorkommnisse, unliebsame Meinungen, Unmutsäußerungen und dergleichen, die die Vorsitzenden der Abteilungsgewerkschaftsleitung 14täglich oder monatlich der jeweiligen Betriebsgewerkschaftsleitung zuarbeiten. In verdichteter Form landen diese Machwerke von Gesinnungsschnüffelei, nachdem sie mehrere Stufen der Leitungshierarchie durchlaufen haben, auf dem Tisch des obersten Gewerkschaftsführers. Da die SED nach dem gleichen Informationsprinzip verfährt, unterstehen die Gewerkschaftsfunktionäre doppelter Kontrolle. Verschweigen sie aus Kollegialität unliebsame Vorfälle, setzen sie sich der Gefahr aus, als politisch ungefestigt dazustehen, denn sie müssen damit rechnen, daß die jeweils übergeordnete Gewerkschaftsleitung durch den Informationsbericht der Partei von den Vorkommnissen Kenntnis erhält. Das doppelseitige Informationssystem ist teuflisch.«[30]

Es gereicht dem christlichen Gewerkschaftsbund Deutschlands zur Ehre, daß zumindest er derlei Abscheulichkeiten über Jahrzehnte hinweg publik gemacht hat.

b) Die DKP, deren Mitglieder im DGB willkommen waren, vertrat in allem den Standpunkt der früheren KPD und der SED. Der SED-Staat sollte in der Bundesrepublik verwirklicht, also der DGB in den FDGB umgewandelt, das heißt die Koalitionsfreiheit beseitigt werden. DKP-Chef Mies:»Die DDR ist unser Vorbild.«[31]

c) Gegen die einseitige Darstellung sozialer Mißstände in der Bundesrepublik durch die SED-Medien wandte sich ein Leser der in Frankfurt/Oder erscheinenden Parteizeitung »Neuer Tag«. Er machte dem Blatt den Vorwurf, mit Beschimpfungen und entwürdigenden Äußerungen gegen die Staatsorgane der Bundesrepublik die Koexistenzregeln zu verletzen. Außerdem hielt der Leser den düsteren Schilderungen des Blattes über Armut, Massenarbeitslosigkeit und Wohnungselend in der Bundesrepublik den Wohlstand des größten Teils der bundesdeutschen Bevölkerung entgegen. Der Chefredakteur erwiderte ausführlich, indem er Aussagen der bundesdeutschen Gewerkschaften und der SPD zitierte und betonte,

»daß sowohl die qualitative Bestimmung von zehn Millionen betroffenen Bundesbürgern als auch die sprachliche Benennung ihrer ›Armut und Ausgrenzung‹, der Begriff der ›neuen Armut‹ überhaupt, ausschließlich den Quellen und dem Vokabular von politischen Kräften der BRD entstammen.«[32]

Viele bundesdeutschen Gewerkschafter verschwiegen die Vorzüge der freien Marktwirtschaft: die um 200 Prozent höheren Reallöhne, die kürzere Arbeitszeit, die weit bessere Ausstattung der Arbeitsplätze. Sie suchten und beklagten die Unzulänglichkeiten, die sich immer und überall finden lassen, und lieferten so denen die Munition, die die ›stalinistische‹ DDR als die bessere Alternative durchsetzen wollten.

d) Dabei mußte jedem halbwegs gebildeten Gewerkschafter klar sein, daß der FDGB in der DDR genau den ideologischen Vorgaben Lenins entsprach: »Wie die beste Fabrik mit einem ausgezeichneten Triebwerk und erstklassigen Maschinen stillestehen wird, wenn der Transmissionsmechanismus zwischen dem Triebwerk und den Maschinen nicht funktioniert, so ist eine Katastrophe unseres sozialistischen Aufbaus unvermeidlich, wenn der Transmissionsmechanismus zwischen der kommunistischen Partei und den Massen – die Gewerkschaften – falsch aufgebaut ist oder nicht richtig funktioniert.«[33] »Jede unmittelbare Einmischung der Gewerkschaften in die Leitung der Betriebe muß unter diesen Bedingungen als unbedingt schädlich und unzulässig betrachtet werden.«[34] Also nicht einmal von innerbetrieblicher Mitbestimmung ist hier bei Lenin die Rede, ganz im Gegensatz zu der umfassenden Mitbestimmung, die die Verfassung der DDR zu garantieren schien. »Die Gewerkschaften müssen die engsten und ständigen Mitarbeiter der Staatsmacht sein«[35], so Lenin. Den Kommunisten außerhalb der Sowjetunion befahl er hingegen:

»Man muß zu allen möglichen Kniffen, Listen, illegalen Methoden, zu Verweigerung, Verheimlichung der Wahrheit bereit sein, um nur in die Gewerkschaften hineinzukommen, in ihnen zu bleiben und in ihnen um jeden Preis kommunistische Arbeit zu leisten.«[36]

Diesen doktrinären Weisungen entsprach doch auch die Geschichte der Arbeiterbewegung in der Sowjetunion, in der DDR, in den anderen Staaten des Ostblocks sowie die kommunistische Strategie in Deutschland vor 1933 und in der Bundesrepublik nach 1945.

e) Seit Kriegsende wurde laut und deutlich vor den Kommunisten gewarnt. Kurt Schumacher, der erste SPD-Nachkriegsvorsitzende, wurde nicht müde, ausdrücklich oder sinngemäß ins Bewußtsein zu rufen: »In Wahrheit waren die Gewerkschaften das Instrument der Eroberung der Sozialdemokratie durch den Kommunismus.«[37] Der Parteivorstand der SPD vertrieb ein Büchlein, betitelt »Die Gewerkschaften in den kommunistischen Ländern«. Darin heißt es u. a.:

»Die kommunistischen Gewerkschaften sind ein Werkzeug – ein sehr wichtiges Werkzeug – in den Händen einer rücksichtslosen Diktatur, welche die Arbeiter in eine Organisation hineinpreßt, die, abgesehen vom Namen, mit der ursprünglichen Gewerkschaftsidee nichts mehr gemein hat. Man gab diesen Namen einer Organisation, die lediglich dazu diente, die Ausbeutung der Schaffenden zugunsten einer kleinen kommunistischen Oligarchie ständig zu verstärken, und verwirrte damit die Arbeiter, die von einer Gewerkschaft die Verteidigung ihrer Rechte und Interessen erwarten. Eine Scheingewerkschaft aber läßt die Arbeiter in einem totalitären Staat ihre Hilflosigkeit nur noch stärker empfinden. Sie zersetzt und demoralisiert den natürlichen Kampfgeist und dient damit der Diktatur genauso wirksam wie der offene Terror der geheimen Staatspolizei.«[38]

Ein ganzes Kapitel ist dem Thema gewidmet:»Wie sie (die Gewerkschaften) geschlossen erobert wurden«. Ein anderes:»Keine Lohnforderungen, kein Streikrecht«. Daran hat sich über die Jahrzehnte hinweg nichts geändert. Der IG-Chemie-Vorsitzende Hermann Rappe hat noch 1987 nachdrücklich betont:»Der kommunistischen Partei geht es noch immer um die Zerschlagung der freien Gewerkschaften.«[39] Zu diesem Ergebnis kamen auch die Gerichte, weshalb sie es für zulässig erklärten, Kommunisten aus den bundesdeutschen Gewerkschaften auszuschließen.[40] Alle offenbar richtigen Diagnosen waren weitgehend in den Wind gesprochen. Immerhin einige Gewerkschaften haben die Freiheit nicht für ein Linsengericht verkauft, so die IG-Chemie und die IG Bergbau und Energie.

f) Den Kontrapunkt zur Willfährigkeit gegenüber den gewerkschaftsfeindlichen Kommunisten bildet die beharrliche Weigerung von DGB-Gewerkschaftern, jene Kräfte zu unterstützen, die, wie Solidarnosc, die Arbeiter im Ostblock befreien wollten. Der damalige Vorsitzende der IG Druck und Papier, Leonhard Mahlein, begründete schriftlich, was offenbar viele – unbewußt preußischer Tradition verhaftet – dachten: Er wolle sich nicht mit einer Organisation solidarisch erklären, die »vom Katholizismus beherrscht« sei, deren »Hauptziel der Kampf gegen das sozialistische Volkspolen« sei und die eine »marktwirtschaftliche Ordnung mit all ihren Konsequenzen« in Polen einführen wolle.[41] Was primär freiheitlich orientierte Gewerkschaften zu tun in der Lage waren, dafür sind wieder die Amerikaner ein Beispiel. Im Herbst 1980 meldete die Presse:

»Die amerikanische Gewerkschaftsdachorganisation AFL-CIO will trotz Bedenkens des Außenministerium einen Hilf-Fonds einführen zur Sicherung der Folge der polnischen Gewerkschaft in deren Bemühung um Unabhängigkeit. Der AFL-CIO-Vorsitzende Lane Kirkland hat diese Forderung der Führungsgruppe des Arbeitnehmerverbands am Donnerstag vorgetragen.«[42]

Die Zeitung für die Mitglieder der IG Bergbau und Energie, Einheit, berichtete:

»Der Vorstand des amerikanischen Gewerkschaftsbundes AFL-CIO hat sich in mehreren Entschließungen zur Frage der internationalen Politik geäußert. Unsere amerikanischen Kollegen nehmen darin klare Positionen ein. So z. B., daß AFL-CIO zu mehr bereit ist, als nur die Rassendiskriminierung in Südafrika zu verdammen: ›Wir sind vorbereitet, mit einem Programm die Möglichkeiten der schwarzen Arbeiter zu verbessern...‹ Auch fordern sie die Einstellung der Gewalttätigkeiten von ›kommunistischen und rechtsreaktionären Terroristen‹ in El Salvador... Die AFL-CIO bleibt jedoch weiterhin bei ihrer Unterstützung für eine starke nationale Verteidigung – und dies nicht etwa, um Arbeitsplätze zu sichern, sondern als eine notwendige Vorbedingung für das Überleben der demokratischen Institutionen, einschließlich der freien Gewerkschaften, die vom totalitären Expansionsstreben bedroht sind.«[43] »Einheit« brachte auch den Wortlaut einer Erklärung des Präsidenten der AFL-CIO Lane Kirkland, die die Überschrift trägt: »Das amerikanische Volk wird nicht darauf verzichten die Freiheit zu verteidigen.«[44]

Große Scharen deutscher Gewerkschafter taten hingegen alles, die Verteidigungsfähigkeit der freien Welt zu untergraben. An der Einstellung der amerikanischen Gewerkschafter gegenüber Solidarnosc hat sich bis zum Zusammenbruch des Ostblocks nichts geändert. Noch im Jahre 1986 rief der AFL-CIO-Exekutivausschuß die angeschlossenen Mitgliedsgewerkschaften auf, erneut für den Hilfsfonds zugunsten polnischer Arbeiter zu spenden.

5. DGB-Gewerkschaften danach – Einsichten und Aussichten

»Mich macht es rasend, wenn von der ›Rettung der sozialistischen Errungenschaften‹ geredet wird. Welche Errungenschaften? Die Schlangen um Milch und Brot? Das Wüten des Verbrechertums? Interethnischer Hader?... Wer erklärt mir, was das ist: der ›humane Sozialismus mit menschlichem Antlitz‹? Meiner Meinung nach ist das irgend so ein Abrakadabra. Wozu soll man das Fahrrad erfinden, wenn es diesbezüglich eine weltweite Erfahrung gibt?«

Oberst Alexander Ruzkoj, B.N.Jelzins Vizepräsident, in einem Interview der KOMSOMOLSKAJA PRAWDA vom 6. April 1991

Als dem Honecker-Staat schon die Sterbeglocke geläutet wurde, attestierte der erste Vorsitzende der IG-Medien, Druck und Papier, Erwin Ferlemann, dem Todgeweihten ein schutzwürdiges Lebensrecht: »Auch solle man deshalb nicht von Wiedervereinigung reden, weil das die Zerstörung von Erich Honeckers Lebenswerk bedeutete und nur dazu beitrage, Reformmöglichkeiten in der DDR zu blockieren.«[45] Was für ihn noch eine gute Sache war, wurde für viele seiner Freunde gleichsam über Nacht zum Stalinismus. »Der Sozialismus ist am Ende. Welche Zukunft haben die Gewerkschaften in einem vereinigten Deutschland?« fragt »Die Zeit« und fährt fort mit einer weiteren Überschrift: »Kollegen ohne Konzepte«.[46] Viele Gewerkschafter hatten mit der DDR geliebäugelt, und nun ist sie von einer friedlichen Revolution hinweggerafft worden. Verlegen, unsicher, widersprüchlich äußern sie sich. Den Vogel schoß wohl der IG-Medien-Vize Detlef Hensche ab, der in einem Interview mit der Frankfurter Rundschau einräumte, es habe generell eine Hemmschwelle gegeben, die negativen Erscheinungen des real existierenden Sozialismus deutlich herauszustellen. Die Überlegung sei dabei gewesen, daß man den Verdacht des Antikommunismus und den Vorwurf habe vermeiden wollen, »man tute ins gleiche Horn wie Springer und Strauß«. »Das war ein Fehler«, räumte Hensche ein.[47] Auch der GEW-Chef Dieter Wunder äußerte sich in diesem Sinne, indem er schrieb, in der Auseinandersetzung zwischen der IG-Chemie und der IG-Metall scheine die IG-Chemie durch die Entwicklung in Mittel- und Osteuropa vollauf bestätigt. Wunder räumte zugleich ein, daß die erforderliche Neubesinnung schwerfallen werde.[48] Den Vorsitzenden des Deutschen Journalistenverbandes/Gewerkschaft der Journalisten (DJV), Hermann Meyn, ehrt es, daß er Anfang November 1990 auf dem Verbandstag seiner Organisation bekannte:

»Ich habe über viele Jahre als Anhänger der sozialliberalen Entspannungspolitik Kollegen für Kalte Krieger und Ewiggestrige gehalten, die eher über prinzipielle Defizite als minimale Veränderungen des Honecker-Regimes berichteten. Mich hat der Neuaufbau des Nicolai-Viertels in Berlin-Mitte stärker interessiert als der seit langem bekannte Verfall der Mietskasernen am Prenzlauer Berg: Ich habe mitgeschrieben, mitgemalt am Bild einer DDR, in der es nach meinem Eindruck eher auf- als abwärts ging. Ich bin mitgeschwommen im publizistischen ›mainstream‹ meiner politischen Freunde, die Entspannungspolitik mit dem Ziel betrieben, das Los der Menschen zu erleichtern und die DDR so zu stabilisieren, daß sie sich einiges erlauben konnte. Der Unrechtscharakter der SED-Herrschaft war mir zwar stets bewußt, aber ich muß selbstkritisch einräumen: Ich habe mich weniger mit ihm und mehr mit Veränderungen an der Oberfläche befaßt. Mit anderen Worten: Ich habe mich täuschen lassen, und ich habe auch andere getäuscht.«[49]

Dafür, daß die Neubesinnung schwerfällt, gibt es zahlreiche Gründe. Für den damaligen IG-Metall-Vorsitzenden Steinkühler war der »Zusammenbruch des sogenannten real existierenden Sozialismus keinesfalls eine Niederlage des Sozialismus.« Für ihn war es nur die »Abkehr von der stalinistischen Perversion des sozialistischen Gedankens.« Und weiter, an die Kollegen im Osten gerichtet: »Wahrt die Chance eines demokratischen Sozialismus!«[50] Durch seine anrüchigen Börsenspekulationen, die ihn zum Rücktritt zwangen, haben seine Sozialismusschwärmereien wohl auch in den Augen der Dümmsten ihre Glaubwürdigkeit eingebüßt. Karl Heinz Blessing, damals noch einer der engsten Mitarbeiter von Franz Steinkühler, Ex-Bundesgeschäftsführer der SPD, ergänzte:

»Jedes sozialistische Modell muß sich daran messen lassen, wie Freiheit, Gerechtigkeit und Solidarität verwirklicht werden ... Keines der real existierenden ›sozialistischen‹ Länder hat unter Zugrundelegung dieses Maßstabs die Bezeichnung sozialistisch verdient.«

Die Bundesfachgruppe Journalismus in der IG Medien hat am 24. November 1990 in Mainz ihren 5. Bundesjournalistentag veranstaltet. Er stand unter dem Motto »Schere im Kopf deutsch-deutsch geschärft?« Der medienpolitische Sprecher der PDS, Professor Lothar Bisky, war der einzige geladene Politiker.

Die gewerkschaftlichen Monatshefte (8/90) verkünden: »Der Sozialismus wird überleben«. Nach Siegfried Bleicher, geschäftsführendes Vorstandsmitglied der IG-Metall, gehört »zu den ideengeschichtlichen Wurzeln der Einheitsgewerkschaft... unabänderlich die sozialistische Theorie.«[51] Dieser Satz ist aussagekräftiger, als es beim ersten Lesen den Anschein hat. Bleicher verweist auch darauf, daß neben anderem die sozialistische Theorie »das Gedankengut für gewerkschaftliche Tagespolitik und gewerkschaftliche Grundsatzüberlegungen« bilde. Das heißt konkret, der Klassenkampf gehört nicht der Vergangenheit an, wird vielmehr von Gewerkschaftern immer aufs neue auf die Tagesordnung gesetzt. Ein Mittel dieses Kampfes ist die maßlose Kritik an unserer Gegenwart, z. B. Detlef Hensche in einem Kommentar:

»Die Lage in den neuen Bundesländern verschlechtert sich von Tag zu Tag. Massive wirtschaftliche Hilfe ist unabdingbar. Prompt entbrennt der Streit darüber, wer es bezahlt. Tag für Tag steigt in den neuen Bundesländern die Arbeitslosigkeit; ein Ende ist nicht absehbar... Was seit Monaten vorhersehbar war, tritt nun mit aller Deutlichkeit zutage. Statt Wirtschaftswunder wirtschaftlicher Niedergang!«[52]

Monika Wulf-Mathies polemisierte in Leipzig vor den Opfern der roten Diktatur:

»Gnadenlos ist der soziale Kahlschlag, der die Kassen des Bundes füllt!«[53]
(Die Wirklichkeit: Hunderte Milliarden Defizit!)

Nimmt es da wunder, wenn junge Leute Transparente enthüllen mit der Aufschrift: »Treuhand größte Mafiabande seit Al Capone«[54]? Dem Mord an Detlev Rohwedder ist der Rufmord vorausgegangen. Zur sozialistischen Theorie zählt eben unverzichtbar auch Karl Marx, der, wie ausgeführt (S. 104), dem Terror offen das Wort geredet hat. In den Augen der Täter war Rohwedder ein solches »verhaßtes Individuum« der kapitalistischen Gesellschaft.

Ende 1992 versammelten sich rund 100 Gewerkschaftsfunktionäre am Müggelsee im Südosten Berlins. Einer der Wortführer äußerte die Überzeugung, die Gewerkschaften seien als Anführer des linken

Bündnisses besonders geeignet. Er beschwor die Gesinnungsgenossen, die Gewerkschaften müßten ihre »Deutungsmacht« über die Köpfe zurückerobern.[55] Doch nach all dem Gesagten stellt sich die Frage, ob sie diese »Deutungsmacht« wirklich verdient haben oder nicht vielmehr in politicis ein Bußschweigen beginnen sollten.

VII. »Deutschland, deine Intellektuellen«

*»Wir Intellektuellen haben schauerliche
Dinge gemacht, wir sind eine große
Gefahr... Wir sind nicht nur anmaßend,
sondern auch bestechlich.«*

Karl Popper

Hans Mayer, Kölner Ehrenbürger, deutsch-jüdischer Emigrant, Leipziger und Tübinger Literaturprofessor, beschließt seine »Erinnerung an eine Deutsche Demokratische Republik« mit der Feststellung: »Sie ging zugrunde im Prozeß einer friedlichen Revolution. Schriftsteller haben dabei eine wichtige Rolle gespielt, die es müde waren, in der Sklavensprache zu schreiben.«[1] Angesprochen auf die Rolle der DDR-Schriftsteller in der deutschen Herbstrevolution von 1989, meinte Günter de Bruyn: »Die Literatur hat seit Jahren Vorarbeit geleistet auf ihrem, dem geistigen Feld. Die Stärke ihrer Wirkung ist natürlich schwer meßbar, aber sie war da.«[2] Andere sehen es anders und untersuchen, »Warum die DDR-Revolution ohne Intellektuelle stattfand«.[3] Jean-François Revel stellt vorwurfsvoll die Frage: »Wie gewann der Marxismus solche Macht über kluge Menschen?«[4] Paul Noack ruft besorgt: »Deutschland, deine Intellektuellen«[5] und beschreibt dann auf 158 Seiten »Die Kunst, sich ins Abseits zu stellen«.

1. Gegen Bonn wie gegen Weimar

Die Satzung der IG-Medien schließt nur Autoren aus, die »faschistische Ziele verfolgen«. Offenbar können nur Faschisten Geist, Seele, Leib vergewaltigen, Menschheitsverbrechen begehen. Diese eigentümliche Weltsicht ist Ursache des Versagens, das im folgenden thematisiert werden soll. Die Literaten, die Intellektuellen sind

nicht die einzigen, die das schwache Fundament der Weimarer
Demokratie untergraben haben; doch sie haben in hohem Maße
Mitschuld auf sich geladen, so die Autoren der Weltbühne, des
Simplizissimus, Männer wie Lion Feuchtwanger, Oskar Maria Graf,
Carl v. Ossietzky. Um die Anschuldigung zu veranschaulichen, sei
Kurt Tucholskys »Novemberumsturz« zitiert:

»Folgende Möglichkeiten sind damals ausgelassen worden:
Zerschlagung der Bundesstaaten;
Aufteilung des Großgrundbesitzes;
Revolutionäre Sozialisierung der Industrie.
Gesetze fallen nicht vom Himmel. Erst wenn dem Deutschen die revolutio-
näre Idee über das Gesetz, über die Bestimmung und über seine eigene
Wichtigkeit geht, werden wir einen 9. November erleben, der keinen
Noske, keinen Ludendorff und keinen Otto Wels übrigläßt. Nieder mit den
lebenden Leichnamen! Es lebe die Revolution!«

Am 22. November 1990 hielt Friedrich Dürrenmatt aus Anlaß der
Verleihung des Gottfried-Duttweiler-Preises an Vaclav Havel eine
Ansprache, die sich in absurden Paradoxien krankhaft lachhaft ver-
steigt. An den seiner Unbeugsamkeit wegen so schwer heimgesuchten tschechischen Dramatiker wandte sich aus der sichtbaren Über-
fülle des in Freiheit genossenen Wohlstandes heraus der Schweizer
Kollege:

»So läßt sich ihren tragischen Grotesken auch die Schweiz als Groteske
gegenüberstellen: Als ein Gefängnis, als ein freilich ziemlich anderes, als es
die Gefängnisse waren, in die Sie geworfen wurden, lieber Havel, als ein
Gefängnis, wohinein sich die Schweizer geflüchtet haben. Weil alles außerhalb des Gefängnisses übereinander herfiel und weil sie nur im Gefängnis
sicher sind, nicht überfallen zu werden, fühlen sich die Schweizer frei, freier
als alle andern Menschen, frei als Gefangene im Gefängnis ihrer Neutralität.
Es gibt nur eine Schwierigkeit für dieses Gefängnis, nämlich die, zu beweisen, daß es kein Gefängnis ist, sondern ein Hort der Freiheit, ist doch von
außen gesehen ein Gefängnis ein Gefängnis und seine Insassen Gefangene
und wer gefangen ist, ist nicht frei: frei gelten für die Außenwelt nur die
Wärter, denn wären diese nicht frei, wären sie ja Gefangene.«[6]

Ähnlich satt und ähnlich gesellschaftskritisch Max Frisch anläßlich
der Verleihung des Friedenspreises des Deutschen Buchhandels
1976:

»Wie ließe sich Herrschaft erhalten ohne das Feindbild, das die Existenz-
angst des einzelnen in einer Gesellschaft mit rechtsstaatlich geschützter

Ausbeutung ummünzt in die gemeinschaftliche Angst vor der Sowjetunion?«[7]

Ein geistreicher Kopf kann alles und jedes kritisieren, so auch die Schweiz, obgleich sie unter nahezu jedem Gesichtspunkt im internationalen Vergleich mit an der Spitze rangiert. Deutsche Literaten haben es da noch viel leichter, glaubhaft alles und jedes zu »hinterfragen«, die Schattenseiten, die allem und jedem eigen sind, ins Licht zu rücken. »Der Verfassungsstaat im (Zerr?)Spiegel der Schönen Literatur« lautet der Untertitel eines Buches, in dem der Verfassungsrechtler Peter Häberle Attacken registriert, die mit spitzer, in Galle getränkter Feder gegen das Grundgesetz und einzelne Aussagen geritten werden. Einige Kostproben:

»Ein Volk von
Ex-Nazis
und ihren
Mitläufern
betreibt schon wieder
seinen Lieblingssport
die Hetzjagd auf
Kommunisten
Sozialisten
Humanisten
Dissidenten
Linke ...« (Alfred Andersch)[8]

»... Auch andere Länder sind da
und dort von Unrecht befleckt
aber das Unrecht bei uns
ist von anderer Art und Herkunft.
So gilt noch immer was Brecht schrieb
vor vielen Jahren
anklagend und beklagend
das Land das er liebte:
›Oh Deutschland, bleiche Mutter!
wie sitzest Du besudelt
unter den Völkern.
Unter den Befleckten
fällst Du auf.‹« (Erich Fried)[9]

»Es ist das Märchen, die Bundesrepublik sei ein Rechtsstaat« (Rolf Hochhuth)[10]

Noch erschütternder, was Lothar Ulsamer in seinem Buch »Zeitgenössische deutsche Schriftsteller als Wegbereiter für Anarchismus und Gewalt« zusammengetragen hat. »Es bleibt nur das eine: zersetzen, zersetzen, zersetzen. Zersetzung ist hier die einzig mögliche Form der Revolution.«[11] So die Meinung des in der Nachkriegsära bis zu seinem Tode (1985) führenden deutschen Literaten, Heinrich Bölls, niedergeschrieben in seinen »Notstandsnotizen«. Daß die Notstandsgesetzgebung, die in der Zeit der großen Koalition verabschiedet wurde, nicht eine der zahlreichen schaudererregenden Vorhersagen erfüllt, konnte man damals schon wissen und hat sich zwischenzeitlich als unbestreitbares Faktum erwiesen. Lang ist die Liste der Kollegen, die im Geiste Bölls ihrem Herzen Luft machten. Nur einer für viele sei noch zitiert, Hans Magnus Enzensberger:

»Heute läßt eine sozialdemokratische Regierung in Berlin auf demonstrierende Studenten schießen, Abgeordnete hetzen den Pöbel öffentlich dazu auf, Andersdenkende auf der Straße niederzuschlagen; alle Parteien sind sich darin einig, daß die Verfassung, so wie sie ist, verschwinden muß; die Treibjagd auf die außerparlamentarische Opposition hat begonnen.«[12] »In der Tat, was auf der Tagesordnung steht, ist nicht mehr der Kommunismus, sondern die Revolution. Das politische System der Bundesrepublik ist jenseits aller Reparatur.«[13] (Enzensberger hat diese Infantilität später überwunden.)

2. Flucht in das Reich sozialistischer Träume

1992 erschien in 2. Auflage »Die großen Gesänge – Lenin, Stalin, Mao Tse-tung: Führerkulte und Heldenmythen des 20. Jahrhunderts«. Gerd Koenen beweist auf 550 Seiten, was der Titel verspricht. Männer, die als Heroen des Geistes gelten, huldigen den Zynikern der Macht. Es genügt daher, im folgenden diese Selbstentwürdigung an wenigen Beispielen zu veranschaulichen.

»Unter Stalins Führung schritten die Völker der Sowjetunion, ungeachtet aller Sabotageversuche der Parteifeinde, von Sieg zu Sieg, schufen sich eine sozialistische Wirtschaft und alle Voraussetzungen eines freien glücklichen Lebens . . . Unter Stalins Führung gaben sich die Völker der großen Sowjetunion eine Verfassung, die wahrhaft freieste und beste, die die Welt bisher gekannt . . . Unter Stalins Führung marschieren 170 Millionen, ein Bund freier Völker, als erste in der Geschichte der Menschheit einer sozialistischen, klassenlosen Gesellschaft entgegen . . .«

So Willi Bredel als Vertreter deutscher exilierter Schriftsteller in einer mehrmals von »großem Beifall« unterbrochenen Rede am 21. August 1936.[14]

Wie schon bei dem Literaten Marx – denn Wissenschaftler war er nicht[15] – die rücksichtslose Kritik an allem und an allen mit den wunderbaren Verheißungen eine süßsaure Melange aus Bitterkeit und Verklärung schuf, so auch bei vielen deutschen Literaten in der Mitte des 20. Jahrhunderts, angefangen mit Adorno, Bloch, Böll, Brecht und wie sie alle heißen bis hin zu Christa Wolf, Gerhard Zwerenz. Der »Antifaschismus« war ihr gemeinsamer Nenner, der Anti-Antikommunismus ihre Losung. Der Anti-Antikommunismus sollte dadurch an Gewicht und Glaubwürdigkeit gewinnen, daß Thomas Mann als sein Verfechter immer wieder in den Zeugenstand gerufen wurde. So heißt es bei Franz Xaver Kroetz, einem zeitweiligen Mitglied der DKP, der später sogar in der WELT schrieb: »Kennen sie den deutschen Dichter Thomas Mann? frage ich lächelnd. Er sagte vor vielen Jahrzehnten: Der Antikommunismus sei die Grundtorheit dieses Jahrhunderts.«[16] Und Hans Mayer: »Nach dem Kriegsende von 1945 und dem Beginn eines Kalten Krieges schrieb Thomas Mann einen viel bewunderten und viel umstrittenen Aufsatz, worin er den Antikommunismus als ›Grundtorheit unserer Epoche‹ bezeichnete. Vieles spricht dafür, daß er richtig urteilte.«[17]

Tatsächlich hatte sich Thomas Mann gegen Ende des Zweiten Weltkriegs zum Thema Sozialismus und zum »Wort Kommunismus« geäußert, aber so, daß es keinem Sozialisten ratsam schien, ihn wörtlich wiederzugeben. Mann:

»Sie sehen, daß ich in einem Sozialismus, in dem die Idee der Gleichheit die der Freiheit vollkommen überwiegt, nicht das menschliche Ideal erblicke, und ich glaube, ich bin vor dem Verdacht geschützt, ein Vorkämpfer des Kommunismus zu sein. Trotzdem kann ich nicht umhin, in dem Schrecken der bürgerlichen Welt vor dem Wort Kommunismus, diesem Schrecken, von dem der Faschismus so lange gelebt hat, etwas Abergläubisches und Kindisches zu sehen, die Grundtorheit unserer Epoche.«[18]

Er lehnt also den Kommunismus ausdrücklich ab. Trotzdem wurde er zum Anti-Antikommunisten hochmanipuliert! –

Ein Anti-Antikommunist reinsten Wassers war das geistige Haupt der kommunistischen Weltbewegung von Mitte der 20er Jahre bis 1953, Josef Stalin. Groß ist die Zahl der Literaten, die ihm wortgewandt hymnische Kränze flochten. Zu seinem 75. Geburtstag erschien »Du Welt im Licht – J. W. Stalin im Werk deutscher Schriftsteller«. Der größte Feldherr, hervorragendste Dialektiker und genialste Sprachschöpfer aller Zeiten war zwar schon vor eineinhalb Jahren gestorben, aber der Stalin-Kult immer noch ungebrochen. Das Verzeichnis der Lobhudler ist bestürzend, ein »Who is Who? der DDR- und deutschen Exilliteratur«[19]: Alexander Abusch, Erich Arendt, Johannes R. Becher, Bertolt Brecht, Willi Bredel, Lion Feuchtwanger, Franz Führmann, Louis Fürnberg, Stephan Hermlin, Alfred Kurella, Heinrich Mann, Jan Petersen, Anna Seghers, Erwin Strittmatter, Paul Wiens, Friedrich Wolf, Arnold Zweig. Stalin wurde zelebriert als »Genius des Friedens«, »unübertrefflicher Lehrer«, »Fels«. Seghers: »Als Stalins Herz zu schlagen aufgehört hatte, fühlten sich Millionen Menschen verwaist ...« Brecht gebrauchte für die Stalinschen Säuberungen das Bild des Chirurgen, der den Krebs vom gesunden Fleisch löst. An anderer Stelle sieht er in Stalin den weisen Gärtner, »des Sowjetvolkes großen Ernteleiter«, der die Rückständigen zum Glücke zwingt, das Unkraut überlistet und eine neue Rasse züchtet. Hermlin verlieh Stalin christusförmige Züge. Sein siebenseitiges Gedicht »Stalin« beginnt mit einer weihnachtlichen Szene: In einer kleinen Hütte wird der Welt der neue Erlöser geboren. In der »Ballade von den weitschauenden Augen« tritt Stalin als der klarblickende Führer auf, der jeden überall sieht mit einem großäugigen Antlitz wie Christus auf einer russischen Ikone. »Er starb für mich, für dich, für uns.«[20] Bloch: »Wer der Wahrheit nach will, muß in das mit Marx eröffnete Reich; es gibt sonst keine Wahrheit mehr, es gibt keine andere.« Verbrechen, die im Namen der Marxschen Ideologie begangen worden waren, hatte er schon vorher gerechtfertigt:

»Politische Aufsätze ... erweisen eine unabirrbare Haltung einsichtig schwarz auf weiß. Die mir selbstverständliche Treue zur Sowjetunion habe ich auch zur Zeit der Moskauer Prozesse gehalten, die ich dargestellt und zu interpretieren versucht habe in der ›Neuen Weltbühne‹, Prag, 1937 und 1938.«[21] Becher: »Ich habe die fruchtbarsten Jahre meiner literarischen Arbeit in unmittelbarer Nähe des Genossen Stalin verbracht, in Moskau. Keine der Dichtungen, die ich auf Genossen Stalin geschrieben habe, und deren sind zahlreiche und, wie ich wohl sagen darf, auch gute, habe ich auf Grund eines äußeren Auftrags verfaßt, sondern sie alle sind einem tiefinnersten Erlebnis entsprungen.«[22]

Welchem Erlebnis? Er hat mitgewirkt – wohl notgedrungen – an den schrecklichen Säuberungen Stalins, um nicht selbst ein Blutopfer zu werden.[23] Aber inzwischen hätte er längst Zeit gehabt, die Fronten zu wechseln, sich in seine Heimatstadt München zurückzubegeben. Doch er bewahrt dem Henker die mit Privilegien prämierte Treue. Selbst Thomas Mann, den Kurt Sontheimer als »ein geistiges Vorbild« mit vielen Worten preist,[24] hat diese Nagelprobe nicht bestanden. Am 20. August 1936 schrieb er in sein Tagebuch:

»Abendessen mit den drei Kindern auf der Terrasse. Üble Eindrücke durch den Moskauer Sender: Bericht über den ›Trotzkisten‹-Prozeß, an propagandistischer Verlogenheit faschistischen Leistungen dieser Art nicht nachstehend, im Stil durchaus verwandt. Schlimm und traurig...«[25]

Warum hat er seine treffende Diagnose für sich behalten und nicht aller Welt kundgetan? Er befand sich doch im sicheren US-amerikanischen Exil. Damals klagte die in Paris erscheinende trotzkistische Zeitung »Unser Wort«:

»Das traurigste und beschämenste Kapitel an dieser blutigen Tragödie ist die Haltung der offiziellen deutschen Immigration gegenüber dem Schicksal ihrer nach der Sowjetunion ausgewanderten Mitglieder: Die Herren Heinrich und Thomas Mann, Berholt Brecht, Lion Feuchtwanger, Arnold Zweig, die Weltbühne, die Pariser Tageszeitung..., sie alle, alle hüllen sich in Schweigen... Wenn Felix Halle, Ernst Ottwald, Carola Neher... in Hitlers Kerker säßen und in Todesgefahr schwebten, wie würdet ihr schreien, schreiben, das arme ›Weltgewissen‹ malträtieren. Doch wenn Stalin die gleichen Leute umbringt, so rührt euch das nicht im geringsten. Muß man nicht daraus schließen, daß ihr euch um Ossietzky... und andere den Teufel gekümmert hättet, wären sie von Stalin statt von Hitler zu Tode gequält worden.«[26]

An dieser Linkslastigkeit, an dieser Neigung, Verbrechen »von links« geflissentlich zu übersehen oder zu bagatellisieren, hat sich auch in den folgenden Jahrzehnten nichts geändert. Wolfgang Strauß, den sein Mut und der Archipel Gulag, genauer Workuta, als »Rechts«-Folge dazu in besonderer Weise legitimieren, stellt die rhetorische Frage:

»Wo standen Hermlin, Heym, Kuba, Brecht, Arnold Zweig, Anna Seghers, Ludwig Renn, als am 17.Juni die Hennigsdorfer Stahlwerker durchs Brandenburger Tor stapften und die SED-Fahne in die Flammen warfen, als die Leuna-Proletarier, die aus dem ›roten Leuna‹, die erste Strophe des Deutschlandliedes sangen auf ihrem schon zur Legende gewordenen Marsch nach Merseburg, als die Arbeiterklasse den Stasi-Knast in Görlitz stürmte und die Zellentüre aufsprengte?« Strauß fährt fort: »Auf welcher

Seite standen die Bredel, Marchwitza, Weinert, Fürnberg, Abusch, Bloch, Becher, Kurella, als die Fundamente der ›kriminellen DDR‹ (Frank Schirrmacher) gegossen wurden, mit Todesurteilen, Massenterror, Konzentrationslagern, Deportationen, Enteignungen, Berufsverboten, Säuberungen? Auf der Seite des Volkes nicht.«[27]

Warum war »die Mauer«, die stein-gewordene Konkurserklärung der Verwalter des roten Paradieses, in der Literatur kaum noch zu entdecken, während die Astronauten an Bord des Spaceshuttle sie mit bloßem Auge ausmachen konnten?

Wie schwer auch in den Altländern das (Um-)Denken fällt, zeigt ein Bericht der Süddeutschen Zeitung, der die Überschrift trägt »Liebeswerben um Gregor Gysi.« Gemeint ist das ehemalige SED-Mitglied, das an die Spitze der Nachfolgepartei PDS gestellt wurde:

»Das Audimax der Eberhard-Karls-Universität war überfüllt, die Luft zum Schneiden... Alle in Tübingen wollten sie Gysi: Nachmittags saß er auf dem Sofa bei Carola Bloch, der Witwe des aus Leipzig vertriebenen marxistischen Philosophen, das Frühstück nahm er im Hause von Inge und Walter Jens ein; zwischendurch beehrte er mit einem Besuch das Schwäbische Tagblatt, dessen Redakteure das Ereignis in ihrem Monopolblatt anderntags verzückt mit vierspaltigem Aufmacher, Lokalspitze, dreispaltigem Bericht und vierspaltigem Feature-Kasten feierten.«[28]

Nicht nur im Ausland, z.B. in Jugoslawien (Djilas), Polen (Kolakowski), der CSSR (Pachmann, Havel), auch in der DDR hatte die Zunft der Schriftsteller ihre aufrechten und unbestechlichen Vertreter. Die Zahl war nicht gering. Aber von ganz wenigen abgesehen, die sich zudem gleich durch nicht minder scharfe Kritik an den bundesdeutschen Gegebenheiten auszeichneten, wie Wolf Biermann, wurde ihnen vom ansonsten recht heterogenen Literaten-Clan die Kehle rasch zugeschnürt, so daß ihre Stimme nahezu unterging, auch die eines Reiner Kunze, Hartmut Lange, Ulrich Schacht und Siegmar Faust.

3. »Einigkeit und Recht und Freiheit«[29]

Wohl niemand wollte die Wiedervereinigung um jeden Preis. Für alle, die sich zu Worte meldeten, standen humanitäre Erleichterungen zugunsten der DDR-Bewohner ganz im Vordergrund. Aber davon abgesehen blieb gemäß dem ranghöchsten bundesdeutschen Gesetz das »gesamte deutsche Volk aufgefordert, in freier Selbstbestimmung die Einheit und Freiheit Deutschlands zu vollenden.« Jene Literaten, deren verquertes Verhältnis zu ihrem freiheitlichen Rechtsstaat oben schon geschildert worden ist, fühlten sich vom eben zitierten Text nicht in die Pflicht genommen, machten die Wiedervereinigung nicht zum Sujet ihrer Kunst. Genau das Gegenteil beflügelte ihr Denken und Tun. Die Zweistaatlichkeit wurde ihnen zur Selbstverständlichkeit, in der sie sich behaglich einrichteten, die sie nicht nur hinnahmen, sondern – den Erwartungen Honeckers entsprechend – für gut befanden, begrüßten, ja für jedermann zum Kriterium der Beurteilung des intellektuellen wie staatsbürgerlichen Habitus machten. Das Erwünschte wurde noch dadurch einzementiert, daß die Zukunft als in diesem Punkt langfristig determiniert ausgegeben wurde. Als Beleg genüge eine Stimme, die des Sebastian Haffner:

»Aber eine Wiedervereinigung, in der die beiden deutschen Staaten, so wie sie nun einmal sind und geworden sind, zu einem funktionierendem Staat verschmolzen würden, ist nicht vorstellbar, nicht einmal theoretisch.«[30]

Freilich, es gab einige Ausnahmen, die sich fast an den Fingern einer Hand aufzählen lassen. Als Martin Walser 1988 davon sprach, daß er die Teilung als Belastung empfinde und nicht als unabänderlich betrachten könne,[31] rief er Aufregung und Bestürzung hervor. Die realpolitische Entwicklung kam ihm zu Hilfe, sonst wäre er rasch zur literarischen Unperson, zu »Wer ist Walser?« geworden. Hans Christoph Buch überschreibt einen Essay mit den bezeichnenden Worten:

»Wer Einheit sagte, war rechtsradikal – Ein Trauma wird verdrängt: Warum die Berliner Mauer in der Literatur kaum vorkommt«.[32]

The Wall Street Journal schrieb am 30. Juli 1992 unter der Überschrift »Enno and Erich«:

»Als Erich Honecker gestern in Berlin landete, machten deutsche Journalisten und Politiker sich daran, seine Verbrechen aufzulisten... Aber noch vor gar nicht so langer Zeit rief die bloße Vorstellung, daß Honecker unrecht tue, Entrüstung in den meisten derselben Leute hervor – nicht, freilich, bei Enno von Loewenstern... Er überschrieb seinen Kommentar: ›Westdeutschland bereitet sich darauf vor, einen Mörder zu empfangen... Von Rechts wegen müßte Honecker verhaftet werden, sobald er westdeutschen Boden betritt.‹ Diesmal wird Honecker natürlich verhaftet. Aber es lohnt daran zu erinnern, wieviel Zorn und Zurückweisung von Loewenstern damals wegen seiner Worte erfuhr. Er wurde von deutschen Kollegen attackiert, persönlich wie auch im gedruckten Wort. Der ›Spiegel‹, Deutschlands einflußreiches Wochenblatt, zitierte aus seinem Artikel in einer Rubrik, die er als lächerlich eingestuften Texten vorbehält [Hohlspiegel].«

Mit welcher Leichtigkeit und Leichtfertigkeit sich das Gros der deutschen Literaten über das in allen einschlägigen internationalen Dokumenten an vorderster Stelle (!) verankerte Selbstbestimmungsrecht der Völker, hier des eigenen Volkes, hinwegsetzte, verschlägt schier den Atem. Eben diesen Literaten verschlug es tatsächlich den Atem, als »das nicht Vorstellbare« fast über Nacht Wirklichkeit wurde. Wie geschockt verstiegen sie sich zu den absurdesten Diffamierungen. Jens Jessen hat die peinlichsten Entgleisungen wie abholbereite Sperrmüllrelikte aneinandergereiht: Von »DM-Nationalismus« sprach Jürgen Habermas, »Deutsche kaufen Deutsche«, rief Heiner Müller. »Kapitalistische Landnahme«, »Ausverkauf« und »Anschluß« klagte ein ganzer Chor. Alles sei 1933 schon dagewesen, meinte Stefan Heym. Die Schlagworte wurden in bewußter Anlehnung an die Sprache der nationalsozialistischen Machtergreifung gewählt; von einem »Ermächtigungsgesetz« sprach Günter Grass im Zusammenhang mit dem Beitritt nach Art. 23 des Grundgesetzes. »Ein Gedenken tut not und kein geschichtsferner Traum von einer Wiedervereinigung, die in Wahrheit, da es Auschwitz gab, undenkbar ist«, erklärte Walter Jens. »Bleiben Sie doch in Ihrer Heimat, bleiben Sie bei uns«, beschwor Christa Wolf ihre Landsleute. »Nur die Unfreiheit wird sich ändern«, warnte Günter Gaus. Heiner Müller lenkte die Schreckensperspektive auf kontinentale Dimensionen: »Ohne die DDR als basisdemokratische Alternative zu der von der Deutschen Bank unterhaltenen Demokratie in der BRD wird Europa eine Filiale der USA sein.«[33] – Da bleibt nur noch der Seufzer: Deutschland, deine »Intellektuellen« – Armes Deutschland! Die Lakaien des Despotismus, mit denen die Sowjetunion wie die DDR Staat machen konnten, treten in der Demokratie als Hofnarren auf, die Liebesdiener Stalins als Scharfrichter des Rechtsstaats.

4. »Die Zeit« und die deutsch-deutsche Wirklichkeit – eine Fallstudie

*»Immer nur die Wahrheit zu sagen ist
ein edler Grundsatz, aber langweilig.
Und schwer einzuhalten: denn Tricks
und Täuschungen gehören nun mal
zur menschlichen Natur.«*

ZEIT-Magazin (17/93)

Ist es purer Zufall, daß das mit Abstand Dümmste die DDR betreffend just vom Chefredakteur des auflagenstärksten Intelligenzblattes verfaßt und auch noch veröffentlicht wurde? Vorwort: Helmut Schmidt, weitere Beiträge: Gräfin Dönhoff und leitende Redakteure der »Zeit«. Man höre und staune:

»Und aus dem tröpfelnden Motorverkehr von ehedem ist mittlerweile ein fast reißender Strom geworden – fast wie bei uns...Bis 1990 wird mit annähernder Vollmotorisierung gerechnet...Heutzutage gibt es ziemlich alles in der DDR.«[34]

»Die DDR ist eine einzige Großbaustelle. Allenthalben wird rekonstruiert, modernisiert, saniert. Straßenzug um Straßenzug wird hergerichtet, Baulücke um Baulücke gefüllt, Stadtkern um Stadtkern erneuert...Das Verhältnis zwischen Volk und Obrigkeit ist entspannter als je zuvor. Die Bürger sehen, daß es vorangeht.«[35]

»Und es ist drüben ja in der Tat ein soziales System entstanden, das unseres in mancher Hinsicht in den Schatten stellt...Leben unter Honecker: Die Bürger des anderen deutschen Staates bringen ihm fast so etwas wie stille Verehrung entgegen.«[36]

Diese »Einsichten« wurden 1986 veröffentlicht. Genau das Gegenteil war richtig. Vier Jahre später belehrt »Die Zeit« ihre Leser dementsprechend:

»...Mit der DDR ist kein Staat mehr zu machen. Vom anderen Deutschland bleibt nichts mehr übrig als eine Notordnung. Das lehrt der Blick auf den Nachlaß...
Der Nachlaß: Erst nach und nach zeigt sich das makabre Ausmaß an Staatsverderbtheit, die das Honecker-Regime von oben bis unten durchdrungen hatte... Aber was, so müssen wir uns spätestens heute alle fragen, war an einem Staat noch zu bessern, der sich – mitten in Europa – seit zehn Jahren insgeheim zum Unterschlupf terroristischer Verbrechen gemacht hatte?

Bisher wurden acht Mitglieder der RAF in der DDR festgenommen...
Wir stehen vor dem Schreckensbild eines leviathanischen Staates, der
nicht nur seine Bevölkerung ›fürsorglich‹ und vorsorglich terrorisierte,
sondern sich darüber hinaus terroristischen Mördern zur zweiten Heimat
machte...
Ein Schreckensstaat, ein Wahngebilde zugleich...«[37]

Da fällt es schwer, keine Satire zu schreiben, z.b.: Wie intelligent
sind die Intellektuellen? Theo Sommers Beobachtungen erinnern an
Lion Feuchtwangers Reisebericht, den er veröffentlichte, nachdem
er im Winter 1936/37 für mehrere Wochen nach Moskau gekommen
war:

»Die ganze große Stadt Moskau atmete Zufriedenheit und Einverstanden-
sein, mehr als das: Glück! Gewiß, es gab Wohnungsnot und andere Entbeh-
rungen. Aber sie waren vorübergehende Phänomene: So genau die Moskauer wissen: Der Zug nach Leningrad geht um soundsoviel Uhr, so genau
wissen sie, in zwei Jahren werden wir Kleider haben, welche und soviel wir
wollen, und in zehn Jahren Wohnungen, welche und soviel wir wollen.«

Der Grund für dieses Vertrauen in die Zukunft war das reibungslose
Funktionieren der Planwirtschaft: »Die sozialistische Planwirtschaft
garantiert jedem einzelnen vernünftige Arbeit zu jeder Zeit und ein
sorgloses Alter.«[38]
»Die Zeit« wurde zu Honeckers unbezahlbar wertvollem Sprachrohr in der freien Welt. Die Hintergründe dieser Kumpanei spren-
gen die schlimmsten Befürchtungen und müssen deshalb dokumentiert werden:
Aus den Akten der Hauptabteilung Presse des ehemaligen Außenministeriums der DDR läßt sich die Entstehungsgeschichte
dieser Reise und ihres publizistischen Niederschlages rekonstru-
ieren. Sie begann mit dem Honecker-Interview, über das der heutige »Zeit«-Herausgeber Theo Sommer mit Wolfgang Meyer, dem
damals für die Presse zuständigen Botschafter im Ministerium für
Auswärtige Angelegenheiten der DDR, am 30. Januar 1986 kor-
respondiert:

»Sehr geehrter Herr Meyer,
das Interview mit dem Staatsratsvorsitzenden ist im Blatt. Eben kommt mir
der Andruck auf den Tisch. Die Sache sieht sehr gut aus. Wir haben viel
Platz und Mühe darauf verwendet. Ich hoffe, daß Art und Umfang der
Aufmachung auch Ihre Zustimmung finden.
Jedenfalls möchte ich nicht verfehlen, mich bei Ihnen dafür zu bedanken,

daß Sie sich des Projekts so energisch angenommen haben . . . Wenn ich mir die Bemerkung erlauben darf: Ihr Staatsratsvorsitzender braucht, was die gekonnte Verhandlung mit westlichen Journalisten angeht, nicht hinter Herrn Gorbatschow zurückzustehen.

Besonders glücklich bin ich darüber, daß der Vorsitzende uns zugesagt hat, daß wir die ›Reise in ein fernes Land‹ wiederholen dürfen, die Marion Gräfin Dönhoff, Rudolf Walter Leonhardt und ich vor 22 Jahren durch die Deutsche Demokratische Republik gemacht haben . . . Nochmals besten Dank für Ihr Interesse und Ihre Mühe. Wie es aussieht, werden wir uns ja bald schon wieder treffen. Bis dahin bin ich mit ergebenstem Gruß Ihr Theo Sommer«.

Unter dem Datum des 11. März 1986 unterrichtet Meyer das Mitglied des Politbüros und Sekretär des ZK der SED Joachim Herrmann über die beantragte und mittlerweile genehmigte Reise. Die Reise soll »die gestiegene Leistungskraft der DDR auf verschiedenen Gebieten« veranschaulichen.

»Werter Genosse Herrmann!
. . . Sommer ließ uns jetzt wissen, daß er gemeinsam mit Gräfin Dönhoff . . . eine Reise durch die DDR unternehmen möchte. Im Ergebnis sollen mehrere Artikel in der »Zeit« sowie ein Buch erscheinen (Das Buch ›Reise in ein fernes Land‹ Produkt der Reise von 1964, wurde insgesamt mit 56.000 Exemplaren, letztmalig 1971 in 11. Auflage, veröffentlicht).
Anliegen der Reise soll nicht das exakte Nachvollziehen der damaligen Reiseroute sein, sondern das Kennenlernen des heutigen Entwicklungsstandes und der gestiegenen Leistungsfähigkeit der DDR auf den unterschiedlichsten Gebieten . . . Gemeinsam mit seinen Kollegen möchte Sommer außerdem Betriebe und Einrichtungen besuchen, die die gestiegene Leistungskraft der DDR auf verschiedenen Gebieten (Wirtschaft, Landwirtschaft, Volksbildung, Hochschulwesen) veranschaulichen. Gleichermaßen soll ein Überblick vermittelt werden über die Verwirklichung der Gleichberechtigung der Frau, die Förderung der Jugend, die Pflege des kulturellen Erbes, das Verhältnis von Kirche und Staat, die Entwicklung von Architektur und Städtebau, das Freizeitverhalten der DDR-Bürger . . .
Mit sozialistischem Gruß
Meyer«

Eine »Kurzinformation« über den bisherigen Verlauf der »Zeit«-Reise hielt Meyer in einer Notiz vom 2. Juni 1986 fest:

»Der Prozeß des Lernens und Nachdenkens, der bei den Journalisten mit Beginn der DDR-Reise anfing, setzt sich fort. Eine der wichtigsten Erkenntnisse, zu der Theo Sommer aufgrund der zahlreichen Gespräche gelangte, ist die, daß es – so bemerkte er – seit dem VIII. Parteitag der SED eine große Entwicklung auf vielen Gebieten gegeben hat und nicht nur – wie er vor der Reise glaubte – auf dem Gebiet des Wohnungsbaus. Dazu gehörten auch die Veränderungen, die in den Menschen vor sich gegangen sind. Wenn man von Ausreiseanträgen hört, bekäme man Vorstellungen, die nicht den Realitäten entsprechen, meinte Sommer.«

Am 19. August 1986 resümierte die Hauptabteilung Presse die publizistische Bilanz der »Zeit«-Reise. Die Öffentlichkeitsarbeiter des DDR-Außenministeriums heben stolz hervor, daß durch die Berichterstattung über die »Zeit«-Reise

»sowohl die großartige Entwicklung der DDR... als auch der veränderte Betrachtungsstandpunkt der Autoren aufgrund der Realitäten« deutlich gemacht wurde. Bilanzierend wird festgehalten, daß diese Reportagen dazu beitragen, »das Bild der DDR im Bewußtsein der Menschen in der BRD weiter zu unseren Gunsten zu verändern, antikommunistische Vorurteile abzubauen und der Bedrohungslüge entgegenzuwirken.«[39]

Sommer ließ in der »Zeit« seinesgleichen zu Wort kommen, und das Resultat bedarf keines Kommentars:

»Adenauer, Ulbricht, Brandt und Honecker haben, bei allen sonstigen Unterschieden, eines gemeinsam: Sie verstanden es, ihre Fähigkeiten zum politischen Handeln in volle Übereinstimmung mit den jeweils gegebenen politischen Bedingungen zu bringen... Aber der Parteiführer [Honecker] hat – ich denke vor allem, weil er Augenmaß besitzt – die Voraussetzungen dafür erfüllt, daß die DDR nicht ein doch alsbald vorübergehendes, flüchtiges Phänomen blieb, wie Kiesinger sie noch nannte, nicht viel mehr als eine sowjetische Militärkolonie, sondern ein handlungsfähiger Staat wurde, mit dem auf Dauer, alle vorhersehbare Zeit darunter verstanden, zu rechnen ist. Man kann, nach 15 Jahren Honeckerscher Politik, auch sagen: Die DDR wird genauso lange existieren wie die Bundesrepublik.«[40]

Ziemlich zeitgleich berichtete die »Zeit« ebenso zeitgemäß wie »Zeit«-gemäß über Chile. Die gleiche dolose Desinformation, nur mit umgekehrtem Vorzeichen, waren doch dort nicht die Marxisten an der Macht, sondern von der Macht verbannt. (Wie eng liiert diese Marxisten mit dem SED-Staat gewesen sind, hat die Gastfreundschaft gezeigt, die dem aus Deutschland geflohenen Honekker monatelang ausgerechnet in der chilenischen Botschaft zu Moskau gewährt wurde.) Es ist gefährlich, über das Chile Pinochets zu schreiben – auch wenn man alle Menschenrechtsverletzungen entschieden mißbilligt –, ganz einfach deshalb, weil der deutschen Öffentlichkeit die für eine zutreffende Urteilsbildung wesentlichen Tatsachen bis heute vorenthalten werden. »Die Zeit« am 26. September 1986: »Pinochet... führt einen gnadenlosen Krieg gegen...

Demokratie«.[41] Kein Wort über den Inhalt der 1980 verabschiedeten Verfassung, die eine Rückkehr zur vollen Demokratie vorsah, so freie Parlamentswahlen im Jahre 1989. Dieser Fahrplan wurde genau eingehalten. Gab es Vergleichbares auch nur ansatzweise in einem sozialistischen Ostblockstaat, etwa in der DDR? Kein Wort darüber, wie Allende an die Macht gekommen ist, kein Wort darüber, daß das Parlament (auch der jetzige Präsident Patricio Aylwin), das Allende gewählt hat, später unmißverständlich seinen Sturz forderte. In einer Resolution der Abgeordnetenkammer vom 22. August 1973 heißt es u.a.:

»Es ist erwiesene Tatsache, daß die gegenwärtige Regierung von allem Anfang an auf die Eroberung der totalen Macht ausgegangen ist in der offenkundigen Absicht, die gesamte Bevölkerung der rigorosesten politischen und wirtschaftlichen Kontrolle durch den Staat zu unterwerfen und auf diesem Wege ein Regime zu errichten, welches dem System der repräsentativen Demokratie, wie die Verfassung sie vorsieht, diametral entgegengesetzt ist. Um dieses Ziel zu erreichen hat die Regierung nicht nur in vereinzelten Fällen gegen Gesetz und Verfassung verstoßen, sondern aus diesen Verstößen ein Dauersystem ihres Verhaltens gemacht... Auf diese Weise hat die Regierung wesentliche Elemente der Rechtsstaatlichkeit und Verfassungsmäßigkeit vernichtet.«

Auch der Oberste Gerichtshof hat sich bereits am 28. Mai 1973 in diesem Sinne an Allende gewandt:

»Der Oberste Gerichtshof sieht sich zum x-ten Male veranlaßt, Sie auf das illegale Verhalten der Exekutive bei der unstatthaften Einmischung in Rechtsangelegenheiten... aufmerksam zu machen... Dieses Vorgehen bedeutet eine hartnäckige Auflehnung gegen gerichtliche Entscheide..., es stellt darüber hinaus schon nicht mehr nur den Ausdruck der Krise des Rechtsstaates dar..., sondern den des unmittelbar bevorstehenden Zusammenbruchs der Rechtsstaatlichkeit in diesem Lande.«

Die katholische Kirche hat damals das Militär unmißverständlich gedrängt, dem Treiben Allendes ein Ende zu setzen. Pinochet war nicht ein machtlüsterner Obrist, sondern der von Allende selbst berufene Oberbefehlshaber des Heeres. Die Oberbefehlshaber der Kriegsmarine und der Luftwaffe sowie der Generaldirektor des Polizeicorps haben sich gleichfalls dem Aufruf der vorhin genannten Institutionen nicht versagt. Nur die wenigsten Europäer wissen, daß gerade die Angehörigen der chilenischen Streitkräfte immer als weitgehend unpolitisch galten, und selbst politische Gegner bescheinigen, daß die Militärs erst zum Sturz Allendes gedrängt werden mußten. Am Tage des Umsturzes äußerte der Vorsitzende des Bischöflichen Bundes, Kardinal Silva Henriquez:

»Wir vertrauen dem Pariotismus und der Selbstlosigkeit der Männer, die jetzt die schwere Aufgabe auf sich genommen haben, die Ordnung der staatlichen Institutionen und der Wirtschaft des Landes wiederherzustellen, die alle ernstlich beeinträchtigt waren...«[42]

Der »Zeit«-Bericht äußerte sich ferner zur wirtschaftlichen Lage. Die Feststellungen mündeten in die Worte:

»Nach einem kurzzeitigen Aufschwung, den Optimisten schon als ›chilenisches Wirtschaftswunder‹ begrüßten, kam die große Krise. 1982 meldeten knapp 500 große traditionsreiche Firmen Konkurs an, mehr als 100.000 Arbeitsplätze gingen verloren, und die Arbeitslosigkeit schnellte auf 35 %.«

Der Leser konnte sich kaum des Eindrucks erwehren, daß sich an diesem Desaster in den folgenden vier Jahren nichts geändert habe, da dieser Zeitraum mit keinem Wort angesprochen wird, aber doch angesprochen werden müßte, wenn nicht alles beim alten geblieben wäre. Doch die Situation hatte sich in der Zwischenzeit augenfällig zum Besseren gewendet. Den Tatsachen wesentlich näher und frühere Berichte revidierend schrieb Die Welt praktisch gleichzeitig, nämlich am 25. September 1986:

»Dem ›Boom auf Pump‹ folgte ›Wachstum in Austerität‹ – die chilenische Wirtschaft floriert / hohe Wachstumsrate... Viele Beobachter glauben sogar, daß dieser Staat über die stabilsten wirtschaftlichen Strukturen der Region verfügt und die besten Zukunftsaussichten hat... Chile verbuchte 1984 mit 6,8 % die höchste Wachstumsrate Lateinamerikas... Die Inflation: ungefähr 15 % in diesem Jahr. Die Arbeitslosigkeit: 11 % nach offiziellen Schätzungen.«

Auch die Frankfurter Allgemeine Zeitung äußerte sich zur gleichen Zeit (29. September 1986) im gleichen Sinne:

»Chile ist damit das einzige lateinamerikanische Land, das außer pünktlichen Tilgungen der Zinsen seine derzeit bei noch 20 Milliarden Dollar liegenden Auslandsschulden abbaut.«

Von alledem wußte »Die Zeit«-Berichterstattung nichts. Für sie war die Zeit stehengeblieben. Daß die Feststellungen der »Welt« und der Frankfurter Allgemeinen Zeitung richtig waren, pfeifen heute die Spatzen von den Dächern, zumal die jetzige, demokratisch legitimierte Regierung Aylwin die Wirtschaftspolitik Pinochets fortsetzt. 1993 war zu lesen:

»Tiger‹ gibt es nicht nur in Asien, sondern auch in Lateinamerika. Ähnlich wie die asiatischen ›Tiger‹-Länder hat in Lateinamerika Chile zum Sprung nach vorne angesetzt. Das Entwicklungsland ist zum Schwellenland geworden und wird vielleicht in einigen Jahren zu einem Stück Westeuropa in Südamerika. Immer mehr bestimmen die typischen Themen der Industriestaaten die Diskussion... Der Kurs der Wirtschaftspolitik ist hingegen kein Streitpunkt mehr. Die Leistungen der Marktwirtschaft sprechen in der Tat für sich. Seit 1984 ist Chiles Wirtschaft im Durchschnitt um 6 Prozent im Jahr gewachsen.«[43]

So wurde der »intelligente« Leser für dumm verkauft. Unbezahlbar wertvoll diese Manipulation im Interesse der DDR-Machthaber.

Auch der Abgang von diesem dramatischen Stück deutscher Geschichte, die anders verlief, als sie nach den Beschwörungsformeln der »Zeit« hätte verlaufen dürfen, ist kläglich. Theo Sommer: »Den Deutschen widerfährt das Glück der Einheit.« Ist auch er ein Deutscher? – »Damit nicht gerechnet zu haben ist keine Schande.« Eine Schande ist es jedoch, die Chance dieses Glücks bekämpft zu haben, als sie in greifbare Nähe kam. – »Jetzt, wo der ungeträumte Traum wider Erwarten wahr wird, ist nachdenklicher Realismus gefragt. Wir bleiben dabei.«[44] Waren die nachgewiesenen Manipulationen »Realismus« im Sinne der »Zeit«?

In einem Gespräch mit Studenten verplauderte sich Theo Sommer : »Eigentlich erzähle ich dies in der Öffentlichkeit ja nicht.« Was will er nicht publik werden lassen?

»Vor der letzten Bundestagswahl haben wir auf einer Gesamtkonferenz eine interne Abstimmung unter den Redakteuren organisiert. Das Ergebnis war, daß 40 % SPD, 34 % die Grünen, 25 % die FDP und nur 1 % die CDU wählen wollten.«[45]

Die Zahlen belegen, besser als es Worte vermögen, welcher Starkmut erforderlich war, um gegen diese Fronde treu dem Grundgesetz Deutschlandpolitik zu machen.

»Die Zeit« als einer der Trendsetter steht für einen Großteil der Repräsentanten der veröffentlichten Meinung in allen Medien, im In- und Ausland. Die auflagenstärkste Illustrierte brachte zu Honeckers Staatsbesuch einen Extra-Stern, der den »Mann aus Wiebelskirchen« auf Dutzenden von Spalten verherrlichte. Die Überschrift: »Arm, aber stolz und klassenbewußt: Erich Honecker – eine Proletarier-Biographie wie aus dem Bilderbuch«. Im Editorial der gleichen Ausgabe wird ihm als Gastgeschenk alles geboten, was er nur erträumen konnte:

»Nun kommt er also wirklich, der DDR-Staatsratsvorsitzende... Eine Horrorvision für alle Ewig-Gestrigen, die noch immer davon träumen, eines Tages könne die DDR in die Bundesrepublik einverleibt werden – eine Annexion, Wiedervereinigung genannt. Eine Provokation für jene, die stets eine Anerkennung der DDR als zweiten deutschen Staat bekämpft und sich dabei ständig selbst belogen haben. Doch der Honecker-Besuch zwingt zu Ehrlichkeit: Die deutsche Teilung ist endgültig...«[46]

Schon längst war es in diesem Massenblatt möglich, die Schandmauer quer durch Berlin als »endlich erreichte Sicherheit« zu preisen und die Mauerkiller in Schutz zu nehmen, Sünden, die kein geringerer als Sebastian Haffner beging:

»Dank der Mauer ist Berlin keine Fluchtschleuse mehr... Wenn die Westberliner jetzt – gerade jetzt – wieder anfangen, gegen die Mauer zu demonstrieren, wissen sie nicht, was sie tun. Sie demonstrieren damit gegen ihre eigene endlich erreichte Sicherheit... Aber mußte an der Mauer auch geschossen werden? Leider ja. Die Mauer ist nun einmal dazu da, ungenehmigte Grenzübertritte von Ost-Berlin nach West-Berlin unmöglich zu machen, und dazu muß sie bewacht sein, und die Bewacher müssen bewaffnet sein, und sie müssen im Notfall von ihren Waffen auch Gebrauch machen können...«[47]

Auch eine Gegenüberstellung dessen, was Deutschlands führendes Nachrichten-Magazin, Der Spiegel, vor und nach der Wende über Honecker zu sagen wußte, stimmt nachdenklich und bestätigt die in diesem Abschnitt vertretene Grundthese:
Früher: »Die DDR-Bürger sind längst dem Klischee west-deutscher Rechter vom ängstlich verklemmten Untertan entwachsen.« (1. 8. 83)
Heute: »Doch die zerstörten Leben, verlorenen Jahre, verpfuschten Karrieren sind nicht reparabel, die Verklemmungen und Verbiegungen einer verängstigten Nischengesellschaft so leicht nicht zu kurieren.« (23. 12. 91)
Früher: »... wächst unter Honeckers Anhängern im SED-Apparat die Sorge vor einem neuen harten Kurs in Moskau.« (14. 11. 83)
Heute: »... Überwachungskaste, deren Netz lückenloser war als selbst das von Gestapo oder KGB. Wenn es eine ›Identität‹ der DDR gab – hier tritt sie am klarsten und schrecklichsten zutage.« (23. 12. 91)
Früher: »... zwei deutsche Staatsmänner...« (6. 1. 89 über Honecker und Kohl)
Heute: »... unbelehrbare Ex-Größe der DDR.« (23. 12. 91 über Honecker)

Früher:»... übten sich Volkspolizei und Stasi in erstaunlicher Zurückhaltung.« (15. 6. 87 über ein Rock-Konzert in Ost-Berlin) *Heute:*»Mit Spähern und Spitzeln überzog die SED ihr Volk wie mit einem Netz.« (13. 1. 92) *Früher:*»Erich, der sozialistische Sieger...« (14. 9. 87 über Honekker) *Heute:*»Die DDR war eine als Staat getarnte Zwangsillusion, allein begründet auf der Gewalt der sowjetischen Besatzungsmacht, zusammengehalten von Mauer, Lüge und Denunziation.« (24. 2. 92) *Früher:*»... Ansätze für eine Liberalisierung der DDR-Politjustiz.« (12. 1. 87) *Heute:*»Der Pesthauch der Stasi hat ja... alle Bereiche der DDR-Gesellschaft durchdrungen.« (24. 2. 92)[48]

5. Mitleid mit den Intellektuellen?

Ausgerechnet der Rheinische Merkur brachte einen Beitrag von Lothar Baier, der für die Zeitschrift»Freibeuter« des zumindest früher stark linkslastigen Berliner Verlages Klaus Wagenbach bestimmt war.»Hetzjagd auf die Intellektuellen« heißt es in einer der Überschriften. Im Text selbst ist von»antiintellektuellen Ressentiments«, von»antiintellektueller Raserei« die Rede. Der Gedanke könne aufkommen,

»der Geist des eben verjagten Stalinismus sei heimlich zurückgekehrt und auf seine Feinde übergegangen. Antiintellektualismus in Deutschland speist sich aber auch aus anderen trüben Quellen. Daß einige von ihnen endgültig trockengelegt seien, verschüttet von den historischen Erdbeben dieses Jahrhunderts, war wohl nur Wunschdenken: Eine befreiende, mit Beifall und Erleichterung begrüßte Erschütterung der politischen Landschaft hat genügt, sie im Unterboden wieder zum Sprudeln zu bringen.«[49]

Auch andere, so Walter Jens, Stefan Heym, Volker Braun und Ministerpräsident Stolpe wollen sich die»Treibjagd« verbieten. Der Stier wird notfalls erschossen, wenn er für den Torero zu gefährlich wird. Wo bleibt der Respekt vor den eigentümlichen praeceptores Germaniae, denen die demokratiefeindliche Systemhetze gegen Weimar und Bonn Lebensmittel und Lebensmittelpunkt geworden war? Mit welcher Leidenschaft haben sie die Vorvergangenheit anderer bewältigt, und nun wollen sie, daß ihr eigenes Perfekt continuum ausgeblendet bleibt.

Eingangs dieses Kapitels wurde die Behauptung zitiert, Schriftsteller,»die es müde waren, in der Sklavensprache zu schreiben« hätten eine wichtige Rolle beim Untergang der DDR gespielt. Solche Schriftsteller gab es; aber sie blieben eine einflußlose Minderheit, im Westen wie im Osten.[50] Das Verhalten der Mehrheit im Osten läßt sich unschwer mit den typischen menschlichen Schwächen erklären, dem Verlangen nach Einfluß, Ansehen, Geld. Da wird mancher zum Verräter, wenn nur so die Türen des Erfolgs offen bleiben. Sascha Anderson, Herman Kant, Heiner Müller und Heinz Kahlau sind nur die bekannteren Fälle.[51] Wenn es galt, in Mißkredit gefallene Kollegen über die Klinge springen zu lassen, schien die Freude an der Hatz allgemein, so auf den Dichter Peter Huchel.[52] Weit schwieriger scheint es, die Ursachen des Versagens im Westen aufzuspüren, wo es keinerlei totalitäre Zwänge gab. Die nur auf den ersten Blick paradoxe Antwort lautet: Gerade weil es in der Bundesrepublik Deutschland keine antikommunistischen totalitären Zwänge gab, wurden viele zu Opfern der kaschierten Machenschaften des totalitären DDR-Apparats. Die freiheitliche Ordnung wurde belächelt – Walter Jens pflegte von der »FDGO« zu sprechen (S. 92) –, und da sie sich verteidigen wollte, verleumdet (»Berufsverbote«). Bernt Engelmann, von 1977 bis 1984 Vorsitzender des »Verbandes deutscher Schriftsteller« VS, ließ sich von Erich Mielke die Munition liefern, mit der er die Bundesrepublik sturmreif schießen wollte. Der Kollaboration mit dem Staatssicherheitsdienst überführt, verteidigt er sich damit, er habe für die Munition weder bezahlt, noch sei er für die Verwendung bezahlt worden. Doch Engelmann hat sehr wohl dafür bezahlt, z. B. indem er ein von Schriftstellerverband und PEN formuliertes Solidaritätstelegramm zugunsten des unter Kriegsrecht stehenden polnischen Autorenverbandes abfälschte und statt der Wiederzulassung des aufgelösten Verbandes nur die Zulassung eines Schriftstellerverbandes erbat. Und als 1983 der Friedenspreisträger des Deutschen Buchhandels, Manès Sperber, Wachsamkeit gegenüber totalitär-sozialistischen Regimen anmahnte, forderte Engelmann ihn in unverschämtem Ton auf, den Preis »schleunigst« zurückzugeben.[53] Treffend, was Gert Ueding dazu schreibt:

»Die Entrüstung, mit der Schriftsteller wie Engelmann oder Wallraff den Verdacht der Kollaboration zurückweisen, zeugt dabei von jener ›falschen Aufrichtigkeit‹, die schon Rousseau anprangerte und der deshalb so schwer beizukommen ist, weil Maske und Gesicht längst zusammengewachsen sind.«[54]

Noch eine weitere herausragende Person der Presse- und Literaturszene soll erwähnt werden: Als ungekrönter Kaiser eines europäischen Medienimperiums ließ er sich feiern, nämlich Robert Maxwell. In seiner renommierten Pergamonpress durfte 1981 Honeckers Autobiographie »Aus meinem Leben« erscheinen. Honecker konnte sich darin seiner »Erfolge« rühmen, seiner entscheidenden Rolle beim Bau der Berliner Mauer. Ausgerechnet in der »Zeit« konnte Maxwell noch im Oktober 1989 einen Artikel veröffentlichen: »Hoffnungsträger Honecker – Warum ich dem SED-Chef zum vierzigsten Jahrestag der DDR gratulierte«. Was half einem so bornierten Menschen, sich so lange über Wasser zu halten? Urteilen Sie selbst! Der Artikel endet mit den Worten:

»Honecker darf sich diesem Ruf nach Reformen nicht verschließen. Das alles habe ich meinem alten Freund in der letzten Woche gesagt. Natürlich geht das nicht ohne Opfer. Diese aber lassen sich nur erreichen, wenn die Menschen Vertrauen zu ihrer Führung haben. Ich glaube, die große Mehrheit in der DDR setzt dieses Vertrauen noch immer in Erich Honecker und seine Kollegen. Und deshalb bin ich überzeugt, daß er der Mann ist, Reformen anzupacken, solange das Vertrauen noch vorhält.«[55]

Dank seiner guten Verbindungen zur SED/PDS erwarb er zusammen mit Gruner & Jahr das »Filetstück« der DDR-Presseunternehmen, den Berliner Verlag, der zum Zeitpunkt der Wende acht Zeitungen und diverse Zeitschriften in Millionenauflage herausgab. Es drängt sich fast die Frage auf, ob Maxwells Lebensschiff gekentert wäre, hätte es nicht seinen Morgenstern Honecker vom politischen Firmament stürzen sehen. Maxwell hat sich um die DDR verdient gemacht. Nun sind beide »Imperien« untergegangen. Auch die Schulden des Presse-»Imperiums« lassen sich sehen. Sie werden mit 3,4 Milliarden beziffert. Maxwell wird heute als »Hochstapler«, »Lügner«, »Dieb«, »Betrüger« bezeichnet; zu seinen Lebzeiten konnte Honeckers »alter Freund« – wie er sich titulierte – dem SED-Staat literarische Brücken und Luftschlösser bauen lassen. Die »Vertraulichen Mitteilungen« wissen zu berichten:

»Der um Maxwell entstandene ›größte Finanzskandal der englischen Geschichte‹ hat noch eine besondere Facette erhalten: In der Moskauer KGB-Zentrale haben sich Schriftstücke gefunden, die über Liechtenstein geleitete finanzielle Beteiligungen des Zentralkomitees der KPdSU an Maxwell-

Firmen belegen. Es gehörte zu den erprobten Strategien der Kommunisten, angeschlagenen westlichen Unternehmern finanziell unter die Arme zu greifen, um sie zur Mitarbeit zu bringen.«[56]

Diese letztlich unentwirrbare schwere Schuld trifft nur wenige. Aber viele müssen sich fragen lassen, ob sie den real existierenden Sozialismus nicht leichtfertig geschönt, die freiheitliche Ordnung nicht ebenso leichtfertig entstellt haben, getrieben von einem kräftigen Rückenwind und verlockt durch tausend kleine Annehmlichkeiten. Eine Ursache verdient besondere Erwähnung: Raymond Aron erinnert sich an gemeinsame Tage mit Jean Paul Sartre »Wir neckten ihn wegen der Leichtigkeit, mit der er schrieb... ›Du hast in den letzten drei Wochen nur 350 Manuskriptseiten geschrieben, was ist los?‹ sagten wir zu unserem ›kleinen Kameraden‹.«[57] – Das ist eine Hauptursache des Übels: Wie Marx sein »Wissen« durch Intuition erwarb, das er später nur noch wissenschaftlich beweisen wollte, so wissen auch seine Epigonen alles, ohne sich mit der Materie näher auseinanderzusetzen, ohne die Quellen zu befragen, ohne Alternativen zu prüfen. Das ist ein Privileg der Literaten, das auch Journalisten und »Wissenschaftler« insgeheim für sich reklamieren. Selbst durch ihresgleichen verhetzt und verbittert, durch falsche Freunde verführt, mitunter bestochen, gekauft, erpreßt, blind für das, was sie nicht sehen wollten, dienten sie einem System, vor dem die meisten spätestens heute erschauern. Einige sind zu unbeweglichen Salzsäulen erstarrt, verharren im Irrtum, weil nicht sein kann, was nicht sein darf. Andere haben den Ballast der Geschichte durch ein offenes, selbstkritisches Wort abgeschüttelt, das ihnen Respekt verschafft und so Basis bildet, um über weltanschauliche Grenzen hinweg gemeinsam Zukunft zu gestalten.[58] Sogar die taz gab folgenden Zeilen Raum:

»Kohls Erfolg geht ins Grundsätzliche, auch ohne Grundsätze, und vor allem weil er es war, der unsere Grundsätze in die Realität geworfen hat. Sie haben die Probe nicht bestanden. Kohl ist das verkörperte Desaster der Linken. Während wir auf die Eigenständigkeit der DDR pochten, war er längst dabei, sie erfolgreich zu zerschlagen; während wir auf gleichberechtigte Partnerschaft auf dem Weg zur deutschen Einheit drangen, betrieb Kohl die Politik des längeren Hebels; während wir auf die großen Debatten der Gesellschaftsreform hofften, gab Kohl seiner Ministerialbürokratie carte blanche für den Anschluß.«[59]

Aber diese Einsicht, dieses ehrliche Bekenntnis, sie dauerten nur bis zur selbsterteilten Absolution. Kaum hatten die Sünder den Beichtstuhl verlassen, sahen sie sich veranlaßt, den deutschen Kanzler als dummdreisten Lügner hinzustellen, der als einziger immer noch nicht wisse, welch überschuldete Mitgift die umworbene DDR ins gemeinsame Haus einbrachte. Der Schock der Niederlage scheint überwunden und der alte Brustton turmhoher Überlegenheit läßt die Genesung von allen Skrupeln und Zweifeln vermuten. Beispielhaft ist der schier beispiellose Vorgang der Verschmelzung der bisherigen West- und Ostakademie der Künste in Berlin. En bloc sollen alle von der SED handverlesenen Mitglieder der Ostakademie entstasifiziert werden, ohne Rücksicht auf ihre Vergangenheit, auf ihre Opfer. Hauptverantwortlich Walter Jens, der Präsident beider Akademien, der Mann, der, wie ausgeführt, die freiheitliche Ordnung denunziert und an SED-Politikern sein Gefallen gefunden hat.

VIII. Die Kirchen

*»Wir müssen um der Freiheit des Menschen willen
dabei verharren, daß der Staat kein Recht hat,
einen Menschen lediglich deshalb seiner Existenz
zu berauben, weil er anders denkt und anders
redet, als es von der jeweiligen Staatsmacht erwünscht ist. An diesem Punkt wird die Kirche mit
jedem totalen Staat immer aufs neue zusammen-
stoßen... Die Kirche darf nicht stumm bleiben,
wenn in der Welt etwas geschieht, wozu das christliche Gewissen sagen muß, es ist vor Gott nicht
recht.«*

Bischof Otto Dibelius am 8. Oktober 1952[1]

1. Wir werden »freimütig sprechen«. – Die evangelische Kirche

Der Bischof von Berlin-Brandenburg, Gottfried Forck, äußerte
Ende September 1990 knapp und klar:»Wir haben uns geirrt.«[2] Viel
zu lange habe die evangelische Kirche in der Hoffnung gehandelt,
einen besseren Sozialismus zu erreichen, die Vertreter des Staates
verändern zu können.

Ist diese Selbstkritik nicht überzogen angesichts des Beitrags, den
die evangelische Kirche zum friedlichen Gelingen der Revolution
geleistet hat? Die Kirche stellte den pazifistischen und ökologischen
Gruppen ihre Räume zur Verfügung.»Sie versuchte, als Hausvater
zu handeln und die Inhalte und Ziele von Bürgerrechts- und Ökolo-
giegruppen an der Botschaft des Evangeliums zu messen und zu
besprechen.«[3] Die Straßenumzüge nahmen dort ihren Ausgang,
z. B. von der Leipziger Nikolaikirche. Am 9. Oktober 1989 demon-
strierten schließlich 500.000 Bürger dieser Stadt.

Bischof Werner Leich, der vorletzte Vorsitzende des Bundes der
Evangelischen Kirchen in der DDR, resümiert den »Beitrag der
evangelischen Kirche zur Überwindung der stalinistischen Gewalt-

herrschaft« wie folgt: »Die evangelische Kirche war das Zentrum dieses einmaligen geschichtlichen Vorgangs. Von ihr ging der Geist der friedlichen Revolution aus.«[4] In dem gemeinsamen Wort zum Vereinigungsprozeß, Mitte Juli 1991 von Ministerpräsidenten, Gewerkschaftern, Kirchenmännern unterzeichnet, heißt es:

»Die Kirchen haben während der letzten Jahre in der DDR [sic!] als die einzigen selbständigen, staatsunabhängigen Institutionen sowie als Schutzbereiche für die Kräfte der Befreiungsbewegung, vor allem aber als Orte der Zuflucht und Hoffnung der Menschen in Bedrängnissen, Ängsten und Notsituationen öffentliche Bedeutung gehabt.«[5]

Unüberhörbar wurde protestiert, als die Jugendweihe de facto zur Pflicht, als der Wehrkundeunterricht an den Schulen obligatorisch wurde.

Die »evangelische Kirche in Deutschland« hat im Jahre 1985 eine sogenannte Demokratie-Denkschrift veröffentlicht, in der erklärt wird, inwiefern evangelische Christen Anlaß haben, mit Nachdruck für die freiheitliche demokratische Grundordnung, wie sie das Grundgesetz der Bundesrepublik Deutschland beispielhaft konkretisiert, einzutreten.[6]

So betrachtet, ist man versucht, die evangelische Kirche Deutschlands als politisch selbständigen Anwalt von Freiheit und Recht anzusehen, unbelastet von den Lügen, Pressionen, Verbrechen eines »stalinistischen Regimes«, als jene Kraft zu würdigen, die dem Stalinismus den Todesstoße versetzte. Warum dann die Confessio: »Wir haben uns geirrt«? – Die folgenden zehn konkreten Punkte (a – j) sind als kritische Anfragen und Anregungen für eine schonungslose Gewissenserforschung gedacht, wobei der Adressat in erster Linie die evangelische Kirche in der alten Bundesrepublik ist.

a) Als »Kirche im Sozialismus« verstand sich das Gros jener evangelischen Christen, deren Amtsgewalt repräsentative Erklärungen in der »Deutschen Demokratischen Republik« ermöglichte. »Kirche im Sozialismus« war zugleich der Titel einer aufwendig gestalteten Zeitschrift, die erst in der letzten Nummer des Jahres 1989 »Kirche im Sozialismus« eingehend problematisierte:

»Angesichts all dieser Fragen ist es nicht verwunderlich, daß auch die Formel ›Kirche im Sozialismus‹ in eine kontroverse Diskussion geraten ist. Sie wird von den einen kritisiert, weil sich die Kirche überhaupt nicht auf den Sozialismus als Ideologie beziehen könne, denn diese Ideologie stehe im Widerspruch zum christlichen Glauben (Richard Schröder). Andere lehnen die Formel ab, weil sich der Sozialismus als Sozialismus selbst diskreditiert habe und die Kirche sich nur unter gleichzeitigen Problemanzeigen auf ihn beziehen könne (Rudi Pahnke). Wieder andere sehen in der Formel die Gefahr einer ähnlichen Integration der Kirche in die sozialistische Gesellschaft wie seinerzeit der Reichskirche in das Dritte Reich (Propst Hans Otto Furian). Schließlich wird gesagt, daß sich die Kirche allein von Christus her verstehen könne, nicht von Welt oder Gesellschaft her, und darum eine bloße Ortsangabe ›Kirche in der DDR‹ anzuraten sei (Werner Leich). Wieder andere verteidigen die Formel, weil sie in ihr eine Option der Kirche für den Sozialismus sehen, auf die es gegenwärtig besonders ankomme (Christliche Friedenskonferenz).«[7]

Die Wortkombination »Kirche im Sozialismus« wurde erstmals im Jahre 1968 vom damaligen thüringischen Landesbischof Moritz Mitzenheim verwendet und kurze Zeit später von Hans Seigewasser, dem Staatssekretär für Kirchenfragen, aufgegriffen. »Kirche im Sozialismus« war keine Standortbeschreibung, sondern eine Option. Die so Begünstigten haben das gleich richtig verstanden, wie sich aus Unterlagen des früheren Sekretariats für Kirchenfragen der DDR ergibt. Darin wird »die positive Orientierung der evangelischen Kirchen auf die konkrete gesellschaftliche Realität der DDR« lobend vermerkt.[8]

Richard Schröder, damals Dozent für Philosophie am Sprachenkonvikt in Ost-Berlin, äußerte in einem Vortrag:

»In der DDR wurde das öffentlich und politisch relevante Sozialismusverständnis bisher ausschließlich von der SED bestimmt. Aber ›Sozialismus‹ als Programm der SED, diese Bedeutung kann das Wort in der Formel ›Kirche im Sozialismus‹ jedenfalls nicht haben. Denn dann würde die Kirche erklären: ›Kirche im X‹ und die SED definiert jeweils, was diesmal X bedeutet, ein absurder Gedanke.«[9]

Diese tiefsinnige Feststellung trifft den Nagel auf den Kopf. Ausschließlich die SED hat »Sozialismus« definiert, und die Kirche hat nicht widersprochen. Wenn ein einzelner, Schröder, gleichsam in die Sakristei verbannt, kurz vor der Wende einen eigenen Sozialismusbegriff reklamiert, so sind seine Worte jene Ausnahme, die die Regel bestätigen.

Das Absurde von »Kirche im Sozialismus« kommt zu Bewußtsein, wenn wir danach fragen, ob sich die evangelische Kirche in der

Bundesrepublik je als »Kirche im Kapitalismus« titulierte, obwohl sich für viele der Hauptunterschied zwischen den beiden deutschen Staaten auf die Antithese von »Kapitalismus« und »Sozialismus« reduzierte, was auch durch die Ausführungen Schröders bestätigt wird: »Das soll keine Absage an ›Sozialismus‹ sein und schon gar nicht ein Votum für ›Kapitalismus‹...«[10] Nie hat die evangelische Kirche Schritte zur Destabilisierung dessen unternommen, was sie heute »stalinistisches System«, was sie seit neuestem abgekürzt als »DDR« bezeichnet. Im Gegenteil, sie hat zur Loyalität, zum Verbleiben im Lande, zur Mitarbeit in allen Bereichen aufgerufen. Das verbindliche Bild des Absolventen der Sektion Theologie an der Humboldt-Universität, das am 2. Januar 1970 vom Rat der Evangelischen Theologischen Fakultät angenommen worden war, lautete:

»Der Absolvent der Sektion Theologie fühlt sich mit der sozialistischen Staats- und Gesellschaftsordnung, der ersten wahrhaft menschlichen Gesellschaftsordnung in der Geschichte, fest verbunden und sieht in der Deutschen Demokratischen Republik sein Vaterland. Er hat erkannt, daß der Imperialismus der erwiesene Feind von Frieden und gesellschaftlichem Fortschritt in unserer Epoche ist.«[11]

Noch im März 1988 formulierte Landesbischof Werner Leich:

»Wir wollen Gottes Willen annehmen, in einer sozialistischen Gesellschaft als Kirche Gottes zu dienen. Wir wollen dies tun als ein an den Willen Gottes gebundener, konstruktiv mitarbeitender Partner, der das Wohl des Gemeinwesens und die Möglichkeiten des Sozialismus als einer gerechteren (!) Form des Miteinanders von Menschen bejaht. Wir sehen unsere Aufgabe nicht darin, eine Oppositionspartei zu sein oder Akklamationen abzugeben. Vielmehr gilt: Wo wir sagen können ›Gott sei Dank‹, werden wir zur Mitarbeit bereit sein. Wo wir dies nicht vermögen, werden wir uns zu Wort melden und freimütig sprechen.«[12]

Hören wir, wozu man »Gott sei Dank« sagte und was alles (nicht) Anlaß war, »freimütig zu sprechen«:

b) Offenbar *keinen Anlaß, »freimütig zu sprechen«,* boten die permanenten schweren *Menschenrechtsverletzungen* in allen Bereichen, wie die Verpflichtung zur Parteilichkeit[13], die systematische Haßerziehung[14], die Kriminalisierung der freien Meinungsäußerung, die Errichtung von Mauer und Stacheldraht, die Todesschüsse an der Grenze. Für den Eisernen Vorhang wußte man die »wahrhaft Schuldigen« zu benennen. In einer Erklärung der Theologischen Fakultät der Berliner Humboldt-Universität vom 26. Oktober 1961 heißt es gar:

»Die Fakultät stellt fest, daß die Schließung der Grenzen mit ihren schmerzlichen Auswirkungen um der Sicherung des Friedens willen unvermeidlich war und so lange getragen werden muß, bis die Schaffung eines dem Frieden zuträglichen Verhältnisses zwischen beiden deutschen Staaten, bzw. zwischen der DDR und Westberlin (!) erfolgt ist...Die Verantwortung für diese unglückselige Entwicklung, für die gegenwärtige Kriegsgefahr und die dadurch hervorgerufenen schmerzlichen Auswirkungen unserer Lage fällt aber auf alle, die eine Anerkennung der deutschen Schuld und ihrer Folgen unbelehrbar verweigerten und entgegen dem Potsdamer Abkommen von ihrer militaristischen und aggressiven westdeutschen Politik nicht abließen.«

25 Jahre später, also 1986, zeigten die evangelischen Bischöfe Berlins noch viel Verständnis für den Mauerbau. Durch ihn »entspannte sich das Verhältnis zwischen den Großmächten langsam.« So sei es gelungen, den »relativen Frieden in Mitteleuropa zu stabilisieren.«[15]

Weit über 100.000 »Opfer des Stalinismus« in der DDR fordern heute Entschädigung wegen unschuldig erlittener Haft. Wie viele sind darunter, um deren Freiheit wegen die evangelischen Bischöfe Veranlassung sahen, freimütig zu sprechen? Eine Antwort auf diese Frage ist dringend geboten. Bis heute steht sie aus.

c) Als die spätere DDR noch Sowjetische Besatzungszone hieß, wurde der Marxismus zur Staatsreligion. Und siehe da: Der bislang von der evangelischen Kirche so sehr geschmähte Marxismus gewann laufend Sympathisanten. Gottfried Forck:

»Nach einer Anfangsphase, in der Nationalsozialismus und Sozialismus ihrer totalitären Formen wegen in öffentlichen Erklärungen gleichgesetzt wurden, haben die evangelischen Kirchen gelernt, die humanitären Ansätze des Marxismus von den zutiefst unmenschlichen Grundsätzen des Nationalsozialismus zu unterscheiden.«[16]

Schon in den 50er Jahren konnte Peter von Oertzen triumphieren, »daß diese Marxstudien [der evangelischen Kirche] jedenfalls turmhoch über der törichten und verständnislosen Marxkritik stehen, die in den letzten Jahren aus den Reihen der Sozialdemokratie laut wurde...«[17] Nach Manfred Stolpe beinhaltet die Marxsche Philosophie »ein Ziel, das dem von Christen heute mit den Grundwerten Gerechtigkeit, Frieden und Bewahrung der Schöpfung beschriebenen Auftrag des Evangeliums nahekommt.«[18] Deshalb – so ließ sich Stolpe am 13. Januar 1990 in der »Märkischen Volksstimme« vernehmen – habe sich der Kommunismus nicht überlebt, und die dazugehörige Partei dürfe nicht ausgegrenzt werden. Christen könnten sich »durchaus auch im Bereich von SED-PDS engagieren«.[19] Der ehemalige Sektionsdirektor der Theologischen Fakultät und spätere Universitätsrektor der Humboldt-Universität Berlin, Heinrich Fink, äußerte in einem Zeitungsgespräch, daß die Studenten augenblicklich zwar müde seien, Marxismus-Leninismus zu treiben, »aber es wird wieder kommen«.[20] Schließlich verkündete die DDR allen Bewohnern ihres Reiches anläßlich des 100. Todestages von Marx, 1983: »Die Lehre von Karl Marx ist allmächtig, weil sie wahr ist! (Lenin)« – Gerade aus der allgegenwärtigen Betonung dieses Unfehlbarkeitsanspruches hätten Christen erkennen müssen, daß das Ziel der DDR-Führung nach wie vor auf die Unterdrückung und Ausschaltung der christlichen, mit den Lehren von Karl Marx unvereinbaren Wahrheit gerichtet ist.

d) Die den Machtverhältnissen angepaßte Sicht des Marxismus und Kommunismus ebnete die Wege zu einer *weitgehend reibungslosen Zusammenarbeit* diesseits und jenseits der von Kommunisten errichteten Grenzbefestigungen. Jeder, der Augen hatte zu sehen, stieß immer wieder auf Veranstaltungen, für die verantwortlich zeichneten: »Evangelische Studentengemeinde unterstützt von: Kommunistischer Bund (KB), Sozialistisches Büro (SB) und Gruppe Internationaler Marxisten (GIM)«. Allein aus der hessen-nassauischen Kirche waren acht Pfarrvikare Mitglieder der DKP. Es verschlägt den Atem, wenn man die Früchte sieht, die diese Zusammenarbeit gezeitigt hat. Das Protestschreiben eines Freundes, der zufällig in eine solche Veranstaltung geraten war, an den Pfarrer einer Studentengemeinde spricht Bände:

»Durch eine Zeitungsnotiz ›Reisebericht aus Albanien ESG [München] Friedrichstr. 25‹, ein Vortrag über ein Land, das mich interessierte, lernte ich am 8. Mai Ihr aktives politisches Zentrum kennen und erfuhr aus einer kleinen aufliegenden Broschüre, daß die Buchstaben ESG für die ›Evangelische Studentengemeinde in der BRD und Berlin (West)‹ (!) stehen, die als kirchliche Einrichtung für die studentische Seelsorge mit 1.273.000 DM von den christlichen Bürgern unseres Staates getragen wird.
Die in der Diele aufliegenden fünf Flugschriften hätten mich nicht so ohne weiteres auf diese Spur gebracht, handelte es sich doch um
1. Einen Aufruf der Aktion ›Beendet das Wettrüsten, keine Atomraketen in Europa‹ (Krefelder Appell) der Deutschen Kommunistischen Partei. Hier wird ausdrücklich die Aktionseinheit der Ev. Studentengemeinde

mit 29 fast ausschließlich kommunistischen Organisationen festgestellt, von denen 14 im Verfassungsschutzbericht 1979 der Bundesregierung ausdrücklich genannt werden.
2. Ein Programm für die Kuba-Woche der Freundschaftsgesellschaft BRD – Kuba.
3. Eine Forderung zur Abrüstung an die Bundesregierung.
4. Einen gegen Israel gerichteten Auszug aus zwei Nummern des ›Palästina-Bulletins‹ der radikalen Palästinenserorganisation in Deutschland.
5. Das Programm für eine Tagung ›Wer soll das alles ändern?‹, in dem Konflikte mit der ›Staatsgewalt‹ (in der BRD natürlich) angekündigt werden.

Noch weniger hätte ich aus Ihren Gästen geschlossen, daß ich mich in einer kirchlichen Einrichtung befinde, nämlich den Mitgliedern der deutsch-albanischen Freundschaftsgesellschaft, ca. 25 Sympathisanten und Verfechter der extrem atheistisch-stalinistischen Richtung des Marxismus, Sektierer, über die man kein Wort zu verlieren bräuchte, wenn nicht gerade ihnen ein Haus der Kirche für ihre militant-atheistische und gegen die grundlegendsten Menschenrechte verstoßende Propaganda zur Verfügung gestellt würde.

In einer auf dem Propagandatisch aufliegenden Broschüre hieß es ›Die Partei führt einen systematischen Kampf gegen die Religion als reaktionäre Ideologie und als Opium für das Volk‹ und weiterhin in der deutschen Übersetzung des albanischen Strafgesetzbuches

Artikel 55

›Religiöse Agitation und Propaganda, Herstellung, Verbreitung und Aufbewahrung zwecks Verbreitung von Literatur mit solchem Inhalt . . . werden bestraft mit Freiheitsentzug nicht unter 10 Jahren oder mit dem Tode‹. Es ist bekannt, daß dieses in der Welt einmalige Strafgesetz in Albanien in der fürchterlichsten Weise praktiziert wurde und daß die wenigen noch lebenden orthodoxen, katholischen und islamischen Geistlichen noch heute in Konzentrationslagern gehalten werden. Die im Raum hängenden Plakate prangerten leider nur Menschenrechtsverletzungen in Südafrika, Israel und der Türkei an.

Auf meinen Hinweis, dieses Gesetz der albanischen Regierung verstoße gegen die Menschenrechte, wurde mir in der halbstündigen sich daran entzündenden Diskussion immer wieder versichert, das Gesetz sei absolut berechtigt, denn Religion wäre für sie, die Anwesenden, reaktionäre Ideologie. Nur einer, auch Atheist, war der Meinung, das Gesetz wäre überflüssig, denn in fortschrittlicheren sozialistischen Staaten würde Religion von selber aussterben (wie in Polen – konnte ich ergänzen).

Sie werden verstehen, daß ich gegen diese Art von Nutzung kirchlicher Einrichtungen, die Ihnen als Seelsorger anvertraut sind, mit allem Nachdruck meinen Einspruch geltend mache. Mein Protest gilt ebenso der Propaganda, die mit Flugblättern für totalitäre Systeme, Staaten und Organisationen getrieben wird. Ich bin dabei erstaunt, daß sich junge Akademiker angesichts der Herausforderungen unseres Jahrzehnts mit bankrotten Ideen von vorgestern identifizieren.

Ich wäre vor allem sehr dankbar, Ihre Einstellung dazu zu erfahren.«[21] Kann man sich eine noch schlimmere geistige Verwüstung vorstellen als die mit Kirchensteuern finanzierte, Mitchristen treffende Mordpropaganda? Nicht schlimmer, aber fast ebenso schlimm die gänzlich verantwortungslose Antwort des Studentenpfarrers vom 21. Mai 1981:

»Wenn nun auf dieser Veranstaltung Diskussionen wie die von Ihnen beschriebene ablaufen, dann ärgert dies mich als Pfarrer natürlich auch. Bei einem eventuellen neuen Raumantrag dieser Gesellschaft werden wir auch diese Sache bedenken und zur Sprache bringen.«

e) Daß derlei Leute, ihre Sympathisanten, Helfer und Helfershelfer zu *keinem Dialog* mit *Andersdenkenden*, auch Christen, bereit waren, ist geradezu selbstverständlich. Pastor Richard Wurmbrand, der seine 14 Jahre kommunistischer Kerkerhaft in dem Buch »Gefoltert für Christus« beschrieben hat, fand keinen Verleger und wurde von seiner eigenen Kirche stets wie ein Aussätziger behandelt. Auf dem Bautzener Forum über Stalinismus und Stasi beschrieb Joachim Gauck, der Sonderbeauftragte für die Stasi-Akten, der selbst mit seiner Familie unter den Machenschaften des »Staatssicherheitsdienstes« leiden mußte, seine Skrupel: Als Deutscher, als Christ dürfe er doch kein Antikommunist sein. Er habe es erst lernen müssen, daß Antikommunismus auch eine Form der Humanität sein könne.[22] Längst schon hatten die Wortführer der evangelischen Kirchen in beiden Teilen Deutschlands den *Antikommunismus* als *die neue Sünde* ausgemacht[23], als das »noch größere Übel«, verglichen mit dem Kommunismus, als den »Hitler in uns«. Noch im Dezember 1985 nannte Bischof Schönherr den »tiefverwurzelten Antikommunismus« ein Mittel, die Menschen zu manipulieren. Demgegenüber sei die Haßerziehung in der DDR, da rational vermittelt, das geringere Übel.[24] Die Anregung zum Anti-Antikommunismus kam direkt von den Schreibgehilfen des Politbüros:

»Als Erscheinungsform des besonders aggressiven staatsmonopolistischen Kapitalismus ist der Faschismus die offene terroristische Diktatur der reaktionärsten, am meisten chauvinistischen, am meisten imperialistischen Elemente des Finanzkapitals . . . Kern des Faschismus ist der Antikommunismus. Da der Faschismus . . . sich gegen die Lebensinteressen des gesamten Volkes richtet, besteht sowohl die Notwendigkeit als auch die Möglichkeit, weite Kreise der Bevölkerung für die antifaschistische Bewegung zu gewinnen . . .«[25]

Dementsprechend trat der Antifaschismus an die Stelle des Antikommunismus[26] und war in der Praxis für die Unterscheidung der Geister wichtiger als der Gottesglaube. Auch Karl Barth hatte die Wege gewiesen, indem er dozierte:

»Es entbehrt nun wirklich allen Sinnes, wenn man den Marxismus mit dem ›Gedankengut‹ des Dritten Reiches, wenn man einen Mann von dem Format von Joseph Stalin mit solchen Scharlatanen, wie Hitler, Göring, Heß, Goebbels, Himmler, Ribbendrop, Rosenberg, Streicher usw. es gewesen sind, auch nur einen Augenblick im gleichen Atem nennen wollte.«[27]

Selektive Moral zeitigte hier abscheulichen Unsinn. Stalin, der Massenmörder, hat nach Barth die soziale Frage gelöst, die wir »nun doch noch lange nicht energisch genug angefaßt haben...«[28] Die »Lösung der sozialen Frage« durch Stalin erinnert auf höchst peinliche Weise an die »Endlösung der Judenfrage« durch Hitler. Was heute jedes Kind weiß, hätte damals schon Karl Barth wissen müssen, daß Stalin eine neue Klasse geschaffen hat, über die der ebenso mutige wie kluge jugoslawische Exkommunist Milovan Djilas schon vor Jahrzehnten das vernichtende Urteil gefällt hat:

»Wenn die neue Klasse von der Bühne der Geschichte abtritt – das muß einmal geschehen –, dann wird weniger Trauer über ihren Abgang herrschen als über den jeder anderen Klasse zuvor. Indem sie alles unterdrückte, was ihrem Egoismus nicht förderlich war, hat sie sich selbst zur Niederlage und zu schmachvollem Untergang verurteilt.«[29]

Als solche Antikommunisten galten alle jene, die gewillt waren, die Menschenrechtsverletzungen in den kommunistischen Staaten schonungslos aufzuzeigen, z. B. die Internationale Gesellschaft für Menschenrechte (IGFM). Alles Abartige und Abwegige fand Eingang zum »Markt der Möglichkeiten« auf den Evangelischen Kirchentagen, nicht jedoch die IGFM. Begierig bedienten sich Kirchenmänner der Stasi-Desinformationen, um die lästigen Mahner ausschließen und ihre Mitglieder diffamieren zu können.[30] Als nach geharnischten Protesten 1990 die IGFM zu einem Hearing zugelassen werden sollte, traten uniformierte Schläger auf, besudelten den Vertreter der Menschenrechtsorganisation mit Farbe und bemächtigten sich des Podiums. Daß die Kirchentagsleitung es ablehnte, Recht und Ordnung wiederherzustellen, ihr Wort einzulösen, wird niemanden überraschen. Die militanten Störer kamen dem Anschein nach wie gerufen.[31]

Am 8. September 1992, also nach der Wende, predigte Pfarrer Theo Lehmann in der Lutherkirche der ehemaligen Karl-Marx-Stadt vor etwa 1500 Besuchern:

»Das kommunistische Weltreich, das ohne Gott aufgebaut wurde, hat 140 Millionen Todesopfer gekostet und fällt jetzt vor unseren Augen zusammen. Viele Pfarrer und Kirchenführer haben immer wieder den Satz nachgequasselt: ›Der Antikommunismus ist die größte Torheit des Jahrhunderts‹. Ich habe bisher von diesen falschen Propheten nie eine Entschuldigung für ihre kommunistische Propaganda gehört. Die Wahrheit ist: Der Kommunismus ist die größte Torheit des Jahrhunderts und die größten Toren sind die Theologen, die das nicht kapiert haben.«[32]

Schon allein dieser Erklärung wegen, die eine ständige oppositionelle Einstellung vermuten läßt, wäre es unverantwortlich, Pauschalurteile über »die« Geistlichen oder »die« Laien zu fällen.

f) Marx wie Lenin haben unmißverständlich zum Ausdruck gebracht, daß sie die bürgerliche, die christliche Moral entschieden ablehnen, daß ihnen als Revolutionären »*jedes Mittel recht* [ist], das zum Ziel führt...«[33] Und wir können ganz exakt nachweisen, daß sie, wenn es opportun schien, bedenkenlos geheuchelt und gelogen haben.[34] Wußten die Theologen, die doch so wohlwollend vom Marxismus sprachen, darüber nicht Bescheid, oder haben sie trotzdem – wider alle Vernunft und die christliche Ethik – ihre »Schafe« dazu aufgefordert, den *Skrupellosen Vertrauen* entgegenzubringen. Der Generalsuperintendent Krusche äußerte noch im Februar 1988, daß es

»doch keine vernünftige Alternative zu den von gegenseitigem Respekt und Vertrauen getragenen Beziehungen zwischen Staat und Kirche, wie sie sich in den vergangenen zehn Jahren entwickelt haben«, gebe.[35]

Hat sich etwa die DDR in puncto Wahrhaftigkeit von den Vorgaben ihrer ideologischen Leitfiguren getrennt? Keineswegs! Jeder zweite Satz der Verfassung dieses marxistischen Staates war eine Lüge. Man denke nur an den Wortlaut der Präambel, wonach »das Volk der Deutschen Demokratischen Republik in Übereinstimmung mit den Prozessen der geschichtlichen Entwicklung unserer Epoche sein Recht auf sozial-ökonomische, staatliche und nationale Selbstbestimmung verwirklicht« habe. Wann, wo, wie gab es einen solchen Akt der Selbstbestimmung? Und diese Perversion der Wirklichkeit ist typisch für das ganze Machwerk, typisch für den Staat und für die sie tragende Partei gewesen. Und trotzdem das Werben um Vertrauen anstelle des biblischen Wortes:»Brüder, seid nüchtern und wachet!« Exemplarischer Heroismus, Bereitschaft zum Martyrium, eine offene Kampfansage darf keiner vom anderen erwarten. Doch jede Verführung, jedes Sich-Brüsten, als ob man den Mut hätte, den Mächtigen die Wahrheit zu sagen, ist unvereinbar mit dem biblischen Bilde des Guten Hirten.

Was damals jeder vermuten konnte, der Ohren hatte zu hören und Augen zum Sehen, ist zwischenzeitlich erwiesen: Seit 1975 war die SED bemüht, das Gespräch mit der protestantischen Kirche zu führen. Die scheinbare Annäherung wurde dazu benutzt, den gesellschaftspolitischen Einfluß der Kirche gezielter zurückzudrängen und, wie es in einer Aufzeichnung des Staatssekretariats für Kirchenfragen heißt, durch »operative Möglichkeiten die Entscheidungen kirchenleitender Gremien zu beeinflussen«.[36] Ein weiterer pekuniärer Gesichtspunkt kam hinzu: Über die Kirchen flossen Milliarden in die devisenhungrige DDR; allein über die EKD sollen es zwischen 1957 und 1990 vier Milliarden gewesen sein. Das hat sich nicht nur für die DDR gelohnt.[37]

Nach dem Tode von Pfarrer Oskar Brüsewitz (er verbrannte sich aus Protest gegen die SED-Politik und die schwächliche Reaktion seiner Kirche[38]) warnte Stolpe den Staatssekretär für Kirchenfragen am 10. Dezember 1976 vor »gefährlichen Versuchen kirchlicher Kräfte, nach dem Fall Brüsewitz und der Ausbürgerung Wolf Biermanns unendlich laut gegen die Politik des Staates aufzutreten«. Dabei wurde dem Gesprächsprotokoll gemäß auch die ausdrückliche Bitte ausgesprochen:

»Die Tätigkeit des akkreditierten ARD-Korrespondenten Lothar Loewe bei der Organisierung dieser Kampagne ist zu unterbinden.«[39]

Stolpe, der damalige Konsistorialpräsident, ist heute Ministerpräsident in Brandenburg!

g) Die »Sünde« Antikommunismus schien deshalb so verwerflich, weil sie, wie es hieß, der *Versöhnung und Verständigung mit den Völkern des Ostens* im Wege stand. In einer gemeinsamen Erklärung der EKD und des DDR-Kirchenbundes vom Januar 1988 steht zu lesen:

»Die Russische Orthodoxe Kirche gedenkt der Taufe Rußlands vor 1000 Jahren. Verbunden mit allen Christen in diesem weiten Land nehmen der Bund der evangelischen Kirchen in der Deutschen Demokratischen Republik und die evangelische Kirche in Deutschland Anteil an der Freude ihrer orthodoxen Brüder und Schwestern... Jeder Besucher in der Sowjetunion stößt auf die Spuren des Krieges... Deutlich stellt sich uns die Aufgabe der Erinnerung an den Krieg, an seine Wurzeln und Folgen... Deutschland hat den Krieg gegen die Sowjetunion als Eroberungskrieg begonnen... Die von Deutschen den Menschen der Sowjetunion angetanen Frevel sind bis dahin unvorstellbar gewesen... Unsere Kirchen haben damals durchweg zum Unrecht geschwiegen. Sie lehnten das System der Sowjetunion ab und meinten daher, hier andere Maßstäbe anlegen zu dürfen.«[40]

In verschiedenen Schriften erklärten die »Arbeitsgemeinschaft solidarische Kirchen von Westfalen und Lippe«, die entsprechende Arbeitsgemeinschaft des Rheinlands und andere Gruppen, vielen Deutschen fehle noch immer eine echte Versöhnungsbereitschaft. Als Ursachen wurden Verdrängung der Schuld, Antikommunismus und Unbußfertigkeit gegenüber den »Russen« angegeben.[41]

Im Auftrag der ersterwähnten Arbeitsgemeinschaft erschien 1986 ein Buch mit dem Titel »Brücken der Verständigung – für ein neues Verhältnis zur Sowjetunion«. Diese Ausarbeitung dürfte als Grundlage für das auszugsweise wiedergegebene Papier »Versöhnung und Verständigung« gedient haben, denn in ihr findet sich bereits das Wesentliche, nur eben entsprechend breiter ausgeführt. Gleich zu Beginn, im Vorwort, heißt es:

»In zahllosen Friedensveranstaltungen der letzten Jahre war die Erfahrung zu machen, daß der Antikommunismus die Orientierung vieler Menschen in der Bundesrepublik bestimmt. Er steuert ihre Auseinandersetzung mit der Geschichte, trübt die Wahrnehmung gegenwärtiger Realität und ist der Motor weiterer Aufrüstung.«[42]

Ein Kapitel trägt die Überschrift: »Der Antikommunismus als Schuld der Kirche«, Verfasser: Präses Kurt Scharf.

War es wirklich der Antikommunismus, der die Versöhnung mit den Völkern des Ostens behinderte? – Doch nur dann, wenn diese Völker den Kommunismus freiwillig als ihre Lebensform bejaht hätten. Aber in keinem einzigen osteuropäischen Land sind die Kommunisten aufgrund freier Wahlen an die Macht gelangt. Die große Mehrheit der Bevölkerung war ebenso antikommunistisch wie hier alle jene, die bewußt auf dem Boden des Grundgesetzes standen. Das dialektische Kunststück, das uns die evangelischen

Arbeitsgemeinschaften vorgaukelten, war leicht zu durchschauen: Der totalitäre Staat, die kommunistische Partei und das unterdrückte Volk wurden ideologisch gleichgeschaltet. Wer kann diese Vergewaltigung rechtfertigen? Die Völker des Ostens, die ihrerseits den Kommunismus verabscheuten, erwarteten geradezu von uns, daß wir sie in dieser Haltung offen und freimütig bestärkten. Die Hekatomben von Leichen, die den Weg des Kommunismus durch die Geschichte markieren, ließen den auf das Christentum verpflichteten Bürgern gar keine andere Wahl.

Und ein weiteres: Ja, es bleibt wahr, Deutschland hat den Krieg gegen die Sowjetunion begonnen. Doch der Zweite Weltkrieg begann bereits knapp zwei Jahre zuvor, und zwar im vollen Einvernehmen der beiden späteren Kriegsgegner. Der hinlänglich bekannte Hitler-Stalin-Pakt hatte das Tor zum Inferno aufgestoßen. Am 31. Oktober 1939 erklärte der sowjetische Außenminister, Molotow, die Republik Polen sei eine »Mißgeburt des Versailler Vertrages« gewesen, von der nach einem »einzigen Schlage«, »erst seitens der Deutschen, dann seitens der Roten Armee« nichts mehr übrig blieb.[43]

Es ist schon eine eigentümliche Betrachtungsweise, den Angriff auf die Sowjetunion immer wieder ins gleißende Scheinwerferlicht zu rücken und all die anderen Überfälle des Krieges sowohl seitens des Deutschen Reiches als auch der Sowjetunion auszublenden. Sind die anderen Staaten und Völker minderwertig? Haben sie kein Lebensrecht, kein Recht auf Selbstbestimmung? Paßt es manchen Leuten nicht ins Konzept, daß die Sowjetunion, so weit sie nicht selbst als Mittäter Hitlers schuldig geworden ist, ihm militärische und propagandistische Hilfe geleistet hat? Die Zusammenarbeit auf allen Gebieten wurde mit Abschluß des »Freundschaftvertrages« zwischen Hitler und Stalin am 17. September 1939 immer enger.[44]

Von allen Opfern der Hitlerschen Aggressionspolitik verdient die Sowjetunion das geringste Mitleid, da ihre politische Führung ähnliche Kriegsverbrechen begangen hat wie die deutsche. Mitleid verdienen die betroffenen Menschen, die Millionen unschuldiger Kinder, Frauen und Männer aller vom Krieg heimgesuchten Staaten. Sie mit der politischen Führung in einen Topf zu werfen, die Täter und die Opfer auf eine Stufe zu stellen, wäre ein Frevel.

Daß die Ablehnung des Sowjetsystems, daß der Antikommunismus durchaus nicht Hand in Hand mit einer den russischen Menschen feindlichen Gesinnung einhergehen muß, beweist besonders eindrucksvoll das nachfolgende Schreiben des russischen Außenministers Andrej Kosyrew an den Präsidenten der IGFM:

»Die Regierung Rußlands hat große Hochachtung vor der Tätigkeit ihrer internationalen Organisation für die Menschenrechte und schätzt den Beitrag der Internationalen Gesellschaft für Menschenrechte bei der Verteidigung der humanistischen Prinzipien in der ganzen Welt. Die Zusammenarbeit auf diesem Gebiet ist für unser Land, das sich von den Fesseln des Totalitarismus befreit, besonders wichtig... Wir möchten Ihrer Gesellschaft für Ihre Hilfe für Rußland und für Ihre Bereitschaft, Ihre Tätigkeit in dieser Richtung auch weiterhin fortzusetzen, unseren innigsten Dank zum Ausdruck bringen... Moskau, den 22. 10. 1991.«

h) Am 15. Juli 1991 wurde *»Ein Aufruf zu gemeinsamem Handeln im vereinigten Deutschland«* veröffentlicht, unterzeichnet u. a. vom Landesbischof von Mecklenburg, Stier, und vom Bischof für Holstein-Lübeck, Wilckens. Der Text verdient Beachtung und Beifall:

»Vor eineinhalb Jahren haben sich die Bürgerinnen und Bürger der ehemaligen DDR vom 40jährigen System des totalitären SED-Staates befreit... Materiell stehen die Chancen für uns so gut wie für keines der osteuropäischen Länder, die jetzt gleich der ehemaligen DDR den Weg in die Marktwirtschaft gehen. Der Reichtum, den die alte Bundesrepublik durch 40 Jahre hindurch erarbeitet hat, reicht aus, um ein Zusammenwachsen zwischen dem Ost- und Westteil unseres Landes in Freiheit und Gerechtigkeit zu ermöglichen... Wissenschaft und Künste gedeihen nur in Freiheit. Die politische Freiheit, die für Deutschland als Ganzes jetzt gewonnen ist, wird ihre Entwicklung in unserem Land beflügeln...«[45]

Bis vor wenigen Jahren wurden ganz andere Töne angeschlagen. Am 11. Juni 1989 erklärte Manfred Stolpe:

»Die Mehrheit der DDR-Bürger will bis zur Stunde keinen Anschluß an eine kapitalistische Bundesrepublik, sondern einen besseren Sozialismus... Das flotte Reden von Wiedervereinigung ist heute objektiv der friedensgefährdende Versuch, unabsehbare Irritationen in Gang zu setzen... Ich denke, daß bis 1993 eine Schicksalsentscheidung gegen einen deutschen Gesamtstaat fällt, und das sollte auch ehrlich gesagt werden.«[46]

Noch am 28. November 1989 unterzeichneten der Ost-Berliner Generalsuperintendent Krusche und Bischof Dehmke einen Aufruf »Für unser Land«, in dem gefordert wurde, auf der Eigenständigkeit der DDR zu bestehen und eine »sozialistische Alternative« zur Bundesrepublik zu entwickeln.[47] Derlei Bekundungen waren vor dem Kollaps der Sowjetunion und der DDR geradezu selbstverständlich und gewannen auch in der Bundesrepublik an Boden. Ich war selbst zugegen, als Jürgen Schmude am 17. Mai 1985, wenige Tage vor seiner Wahl zum Präses der EKD-Synode, auf einer Veranstaltung des Kuratoriums Unteilbares Deutschland im SPD-Fraktionssaal des Bundestages für die Streichung des Wiedervereinigungsgebotes aus der Präambel des Grundgesetzes plädierte. Alle Massenmedien berichteten darüber. Daher konnte das Sekretariat für Kirchenfragen der DDR zufrieden feststellen:

»Generell gewachsenes Realitätsbewußtsein kirchenleitender Kräfte in der Frage der staatlichen Souveränität der DDR zeigt sich auch darin, daß die Einsicht Allgemeingut geworden ist, daß die Hoffnung auf eine ›Wiedervereinigung‹ der beiden deutschen Staaten irreal ist.«[48]

Wenige Wochen vor dem Fall der Mauer, im Juli 1989, rief der in Moskau tagende Weltkirchenrat samt den zahlreichen deutschen Delegierten zur Wiedervereinigung auf – in Korea! Am Jahrestag des Berliner Mauerbaus am 13. August im »Jahr der Wende« fand in West-Berlin ein Gottesdienst für die Wiedervereinigung statt – in Korea, nicht in der durch die Mauer zerrissenen Hauptstadt Berlin.[49]

Selbst als die Wiedervereinigung gleichsam beschlossene Sache war, glaubten noch manche Pastoren, sie müßten mit markigen Worten ihre defizitären Geschichtskenntnisse kompensieren: »Wir lehnen deutschen Nationalismus in jeder Art und Weise ab, weil der National-Staat ›Deutschland‹ stets in Rassismus, Völkermord und Krieg geendet hat«; deshalb das Motto: »Deutschland – nicht schon wieder«. Unterzeichner u. a.: »Solidarische Kirche Nordelbien«, »Pax Christi« (Hamburg) sowie die »Christinnen und Christen für den Sozialismus« Hamburg.[50] Kurz zuvor hatte der Ostberliner Generalsuperintendent Krusche geäußert:

»Die Kirche wird darauf zu achten haben, daß ein Prozeß der Vereinigung – den können wir ja nicht verbieten oder ungeschehen machen [!] – so verläuft, daß bestimmte Menschenrechte nicht angetastet werden. Hier war die sozialistische Gesellschaft in der DDR immer sehr stark . . . Man kann doch nicht leugnen, daß im sozialistischen Weltsystem bestimmte Aspekte von Menschlichkeit in besonderer Weise anvisiert waren.«[51]

i) »Man kann doch nicht leugnen«, stand eben zu lesen, »daß *im sozialistischen Weltsystem* bestimmte *Aspekte von Menschlichkeit* in besonderer Weise anvisiert waren.« – Doch, man kann es, auch wenn der Generalsuperintendent jeden Widerspruch ausschließen möchte. Welche Aspekte sind es? Der hohe Pastor schweigt sich wortreich aus. Wer derlei behauptet, muß es beweisen, zumindest glaubhaft machen. Die Losung:»Edel sei der Mensch, hilfreich und gut« stammt nicht von Marx. Sie hat sein Leben nicht gestaltet. Alle seine namhaften Biographen unserer Tage stimmen darin überein, daß seine Vita geradezu das Gegenteil exemplifiziert. Auch seine Lehre ist fast chemisch rein von derlei »Liebessabbeleien«, um ihn selbst zu zitieren[52]. Die Idee der Menschenrechte lehnte er ab.[53] An dieser Ablehnung hat sich bis zum Zusammenbruch der DDR nichts geändert, abgesehen davon, daß zwischenzeitlich aus taktischen Gründen das Wort selbst affirmativ gebraucht wurde. Den Schülern, Studenten und Kadern wurde jedoch durch die amtlichen Verlautbarungen eingehämmert:»Das theoretische Selbstverständnis der bürgerlichen ›Menschenrechte‹ ist unhaltbar: Sie sind weder göttlichen oder natürlichen Ursprungs, noch sind sie, wie immer wieder behauptet wird, die Rechte aller Menschen zu allen Zeiten in allen Situationen.«[54] Nicht minder bemerkenswert ist die Beschreibung des Wesens der »sozialistischen Menschenrechte«:»Die sozialistischen Bürgerrechte sind keine allgemein menschlichen, sondern Klassenrechte. Sie sind Produkt und Instrument der sozialistischen Gesellschafts- und Persönlichkeitsentwicklung, tragen also auf ihre Weise zum Weg vom Kapitalismus zum Kommunismus wie zur Auseinandersetzung zwischen sozialistischen und kapitalistischen Staaten bei.« Und um, vom Wort selbst abgesehen, jede Gemeinsamkeit unmißverständlich auszuschließen, heißt es weiter:»Menschenrechte neutralisieren nicht etwa die Staatsmacht, sie sind Ausdruck der staatlichen Souveränität, nicht ihre Negation.«[55] Schließlich soll auch der folgende Satz nicht unerwähnt bleiben:»Daraus ergibt sich, daß es keinen allgemeinverbindlichen Menschenrechtskatalog des Völkerrechts gibt.«[56] Die Verfassung der Sowjetunion gebrauchte das Wort »Menschenrechte«, nur im Abschnitt »Die Außenpolitik« (Art. 28), d. h. als Vorwand für die Einmischung in die inneren Angelegenheiten anderer Staaten.

j) Die »sozialistische Menschenrechtspolitik« hatte vor allem Südafrika, Südwestafrika, das Chile Pinochets im Visier, jeweils mit der Absicht, dem Marxismus-Leninismus verschriebene Kräfte neu oder wieder zu inthronisieren. In allen drei Ländern gab es gewichtige Gründe, die Zustände unter menschenrechtlichen Gesichtspunkten entschieden zu mißbilligen. Was aber mit dem Geist des Evangeliums kaum in Einklang zu bringen sein dürfte, ist die *Fernstenliebe*, die den Nächsten im eigenen Land und in den angrenzenden Staaten vergißt, wie oben schon aufgezeigt. Diese *selektive Moral* kommt einer Bankrotterklärung nahe. Die Mehrzahl der Staaten dieser Erde lebte (und lebt) in einem Dauerkonflikt mit dem, was die internationalen Menschenrechtserklärungen und -pakte geboten erscheinen lassen. Doch die Kirchen urteilten nicht nach der Schwere der Verbrechen, sondern nach den Eingebungen eines die eigene Sicherheit garantierenden sozialistischen Zeitgeistes. Nur die drei genannten Staaten zu boykottieren bereitete diesen Christen weder Kopfzerbrechen noch Gewissensbisse. Dem Pazifismus so nahestehende evangelische Repräsentanten scheuten nicht einmal davor zurück, wider alle Warnungen solche »Volksbefreiungsbewegungen« reichlich und über lange Zeit hinweg finanziell zu unterstützen, die sich laufend schwerste Menschenrechtsverletzungen zuschulden kommen ließen. Ein besonders makabres Beispiel liefert die Südwestafrikanische Volksorganisation (SWAPO). Sie konnte seit 1976 in Südangola Lager unterhalten, in denen ihre Opfer, auch harmlose Kritiker aus den eigenen Reihen, auf das grausamste gefoltert und ermordet wurden. Am 4. Juli 1989 kehrten 153, darunter 18 Kinder, nach Namibia zurück. Ihre Berichte erregten weltweites Entsetzen. Der deutsche Flüchtlingsseelsorger Siegfried Groth, zunächst ein entschiedener Freund der SWAPO, schreibt in einer Dokumentation:

»Es bleibt eines der nicht zu begreifenden Phänomene, daß es der Exil-SWAPO über mehr als zehn Jahre gelang, Menschenrechtsverletzungen zu praktizieren ... SWAPO konnte Menschen verhaften oder verschwinden lassen, ohne daß ernsthaft auf internationaler Ebene oder im kirchlichen und ökumenischen Bereich darüber diskutiert wurde. Es war unmöglich, auch in den Kirchen, den Tatbestand der Folter durch SWAPO zu verhandeln.«[57]

Daraufhin ließ der Rat der Evangelischen Kirche in Deutschland verlautbaren:

»Der Rat befaßte sich ausführlich mit den Menschenrechtsverletzungen in den Lagern der SWAPO. Er ist darüber erschüttert, daß sich Hinweise auf schwere Menschenrechtsverletzungen durch die SWAPO als zutreffend erwiesen haben. Die Frage ist berechtigt, ob die Kirchen und die ökumenischen Zusammenschlüsse den vorliegenden Hinweisen auf Menschenrechtsverletzungen nicht entschiedener hätten nachgehen müssen. Hier ist tiefes Unrecht geschehen, das nicht verdrängt oder gerechtfertigt werden darf.«[58]

Nun, solche Hinweise kamen u. a. von der IGFM, die daraufhin als verlängerter Arm der südafrikanischen Propaganda-Maschinerie disqualifiziert wurde. Noch 1986 behauptete Moses Garoeb, Administrative Secretary der SWAPO:

»Auffällig ist, daß von Anfang an in allen Fällen die gleichen Vorwürfe gegen SWAPO erhoben worden sind, die auch jetzt wieder in der Veröffentlichung dieser Internationalen Gesellschaft für Menschenrechte erscheinen, die auch uns zugegangen ist. Dabei fällt auf, daß inzwischen die südafrikanische Propaganda-Maschinerie nicht mehr so offen wie früher dabei auftritt. Solche Kampagnen wie Sie sie jetzt in der Bundesrepublik Deutschland erleben, spielen sich auch in Großbritannien, den USA und anderswo ab. Wir haben uns daran gewöhnen müssen, damit zu leben.«[59]

Ähnliche Vorwürfe zu Lasten des ANC haben sich zwischenzeitlich bestätigt.[60]

2. Das Papsttum, die »Linkskatholiken« in der Bundesrepublik und die »Katholische Kirche in einem sozialistischen Staat«

a) Am 1. Juli 1840 trafen sich in Belleville bei Paris rund 1.200 Anhänger der verschiedensten sozialreformerischen Ideen. Sie nannten ihre Zusammenkunft das »Erste kommunistische Bankett«. »Kommunistisch« als Eigenschaftswort für eine Denkrichtung und Bewegung hatte damit erstmals, und zwar in Frankreich, eine breite Akzeptanz gefunden. Nur sechs Jahre später geißelt Papst Pius IX. in der Enzyklika »Qui pluribus« den Kommunismus als eine »abscheuliche und dem Naturrecht selbst auf das höchste widersprechende Lehre«. An dieser Betrachtungsweise hat sich über 100 Jahre hinweg kaum etwas geändert. 1937 war es wieder ein Pius, jetzt XI., der sich in dem Rundschreiben »Divini redemptoris« traditionsbewußt und zugleich bis in die Gegenwart hinein höchst aktuell geäußert hat:

»Im Anfang zeigte sich der Kommunismus, wie er war, in seiner ganzen Verruchtheit. Bald aber schon wurde er gewahr, daß er auf solche Weise sich die Völker entfremdet, und so änderte er seine Taktik und versuchte nun die Massen zu ködern mit verschiedenen Täuschungen, indem er seine wahren Absichten hinter Ideen verbirgt, die an und für sich gut sind und anziehend . . . So gründen sie unter Bezeichnungen, die auf den Kommunismus nicht einmal anspielen, Vereinigungen und Zeitschriften, die dann einzig dazu dienen, ihre Ideen in Kreise zu bringen, die ihnen sonst nicht leicht zugänglich sind. Ja, sie suchen sogar durch Trug und List in katholische und religiöse Vereinigungen einzudringen. So laden sie, ohne auch nur irgendwie von ihren ruchlosen Grundsätzen abzugehen, die Katholiken ein, mit ihnen auf dem sogenannten humanitären und caritativen Gebiet zusammenzuarbeiten, und machen gelegentlich Vorschläge, die in allem dem christlichen Geist der Lehre und der Kirche entsprechen.«

Die rote Flut konnte weder in der Ära Stalin noch unter den Generalsekretären der KPdSU Chruschtschow und Breschnew den »Fels Petri« ins Wanken bringen. Gewaltig sind die Opfer, die die katholische Kirche gebracht hat, die sie ihren Gläubigen, allen voran den Priestern und Ordensleuten in den von Kommunisten beherrschten Ländern, abverlangt hat. Dabei ist nicht zu übersehen, daß mitunter, z. B. von Johannes XXIII., recht behutsame Töne angeschlagen wurden, um, wie glaubhaft versichert wird, in Ansätzen Religionsfreiheit in der Sowjetunion und, ganz konkret, die Freilassung des seit 17 Jahren inhaftierten Bischofs Josyf Slipyi zu erwirken.[61] Sein Nachfolger im Petrusamte, Paul VI., verfügte gar, daß dem weltweit bewunderten ungarischen Kardinal Mindszenty im Dezember 1974 die Würde eines Primas von Ungarn entzogen wurde, um besser mit dem kommunistischen Staat verhandeln zu können. Die feierliche Rückführung der Gebeine Mindszentys im Mai 1991 von Österreich in seine ungarische Heimat kommentierte Georg Paul Hefty: Da Mindszenty

»sich des Sieges über seine Feinde gewiß war, verzweifelte er allein an der Nachgiebigkeit seines Heiligen Vaters. Denn er hielt nichts von diplomatischen Finessen gegenüber denen, die ihn hatten zerschmettern wollen, aber um so mehr von unbeugsamem Widerstand, der im besten Fall erfolgreich, im schlimmsten zumindest ehrenvoll sein würde . . . Daß ihm der Papst im Dezember 1974 die Würde des Primas von Ungarn entzogen hatte, war für ihn die Enttäuschung seines Lebens gewesen – am Tage seines Triumphes bleibt davon nur die Blamage der römischen Kirche.«[62]

Dem ist nichts hinzuzufügen, es sei denn die nicht ernst gemeinte Frage an die Verantwortlichen im Vatikan, ob Christus ein Diplomat gewesen sei, Erzbischof Casaroli, der »Außenminister des Papstes«, in der Nachfolge Christi gehandelt habe.

War es auch diplomatisches Geschick, was das Oberhaupt der katholischen Kirche über Jahrzehnte hinweg den Eindruck erwecken ließ, als ob die Soziallehre der Kirche vom »liberalistischen Kapitalismus« ebensoweit entfernt sei wie vom »marxistischen Kollektivismus«? In seiner Neujahrsansprache an das diplomatische Corps 1990 äußerte der Papst, der Hunger nach Wahrheit habe die Völker Osteuropas vorangetrieben. Derlei war sicherlich mitursächlich für die friedliche Revolution. Aber den Ausschlag gab, daß sich der Kommunismus selbst besiegt hatte, und zwar gerade auf dem Felde, das er sich als Hauptkriegsschauplatz ausgewählt hatte: der Ökonomie. Selbst der letzte Vorsitzende der KPdSU, Michail Gorbatschow, schwört heute auf die Segnungen der Marktwirtschaft. Und nun erst erscheint eine päpstliche Enzyklika, Centesimus annus, die sich dieses Eingeständnis zu eigen macht. Der romtreue Professor für Christliche Gesellschaftslehre an der Universität Bonn, Lothar Roos, stellt nüchtern fest:

»Damit wird erstmals nicht nur der Sache nach, sondern auch formell in der päpstlichen Sozialverkündigung ein von jenem ›Kapitalismus‹, wie er seit Leo XIII. massiv kritisiert wird, fundamental unterschiedenes Wirtschaftsordnungskonzept nicht nur zur Kenntnis genommen, sondern positiv gewürdigt.«[63]

Vor Jahrzehnten wäre ein Bekenntnis zur Marktwirtschaft vorausschauender, mutiger und nützlicher gewesen. Freilich, damals wären nicht nur die Kommunisten und Sozialisten aller Schattierungen über Papst und Kirche hergefallen, sondern auch die zahllosen Linkskatholiken, für die die Wirtschaftsordnung längst zur Glaubensfrage geworden ist. Noch 1987, als der Papst San Francisco besuchte, »begrüßten« ihn Demonstranten mit Plakataufschriften wie: »Capitalism is the basic ›unjust social structure!‹« Es ist ein schwacher Trost, daß das evangelische Ja zur sozialen Marktwirtschaft noch länger auf sich warten ließ (EKD-Denkschrift »Gemeinwohl und Eigennutz«, Oktober 1991).
Wenige Tage vor seiner Verhaftung tat Kardinal Mindszenty in einem Hirtenbrief die feste Entschlossenheit kund, auch weiterhin der Stimme des Gewissens zu folgen, koste es, was es wolle: »Manche Katholiken sind vor eine grausame Wahl gestellt. Sie müssen wählen zwischen ihrer menschlichen Existenz und der Ehre und Treue als Christen. Wem die Gnade der heiligen Tapferkeit gege-

ben ist, der gehe auf dem geraden Weg des katholischen Charakters.«[64] Die anderen Kardinäle Osteuropas haben sich ebenfalls trotz Morddrohungen, Verleumdungen, Schauprozesse, jahrelanger Freiheitsberaubung vorzüglich bewährt, so Wyszynski in Polen, Stepinac in Jugoslawien, Beran in der Tschechoslowakei, Slipyi in der Sowjetunion. Letzterer mißbilligte die vatikanische Ostdiplomatie ausdrücklich, obgleich er durch sie die Freiheit erlangt hatte. Um so unbegreiflicher ist es, daß sich selbst im obersten Rat der Kirche Männer fanden, die offenbar glaubten, die Not der Welt mit marxistischen Patentrezepten kurieren zu können, so der in Brasilien wirkende deutschstämmige Kardinal Arns, der Fidel Castros Kuba als Beispiel sozialer Gerechtigkeit pries.[65] Damit alle diese »Gerechtigkeit« nachempfinden können, nachfolgend ein erschütternder Brief. Er stammt von Miguel Novo Alvares, einem in Kuba inhaftierten Gewissensgefangenen. Als Andersdenkender wurde Miguel von den kommunistischen Behörden 22 Jahre lang in der Gefängnis-Hölle Boniato schikaniert. In dieser Zeit schrieb er einen Brief an die UNO, der auf Umwegen auch die IGFM erreichte:

»Ich schreibe heimlich. Anders geht es nicht in diesem grauenhaften Verlies mit Namen Boniato. Ich bin das, was man einen politischen Häftling zu nennen pflegt. Man hat mich keines einzigen Verbrechens beschuldigt. Ich habe nicht gemordet, nicht im Dunkeln zugestochen, um Terror und Tod zu verbreiten.

Ich habe mich mit anderen zusammengetan, die wie ich den blinden Gehorsam ablehnten. Dabei setzten wir unser Leben aufs Spiel. Mein Körper hat alle Arten der Gewalt zu ertragen: Schläge, Hunger, Nacktsein; auch Operationen wurden ohne Betäubung an mir vorgenommen. Ich wurde zu einem Leben im Dreck gezwungen. – Natürlich gäbe es einen Ausweg. Ich könnte mich leicht erhängen. Wenn das alle täten, wäre das Problem gelöst und wir wären von unserem langen Leiden erlöst. Das Weltgewissen könnte sich erleichtert fühlen.

Aber wir leben noch. Noch sind wir nicht tot. Ich glaube, es lohnt sich, zu leiden und der Welt die Gründe unserer Not vorzuführen. Ihr könnt nicht einfach wegsehen. Ihr könnt nicht einfach so tun, als seien unsere Leiden nicht wahr. Entweder steht Ihr zur Gerechtigkeit oder Ihr steht gegen sie.«[66]

Kardinal Arns repräsentierte weder damals noch viel weniger heute die Mehrzahl der katholischen Bischöfe, Priester, Laien. Doch ein beachtlicher Prozentsatz der an den theologischen Hochschuleinrichtungen Deutschlands Wirkenden war marxistischen Einflüsterungen hörig geworden, angesprochen von der »Kirche von unten« und der »Befreiungstheologie«. Der fließend deutsch sprechende Kardinal dürfte ein Opfer dieser Einflüsterungen geworden sein.

Als sich im April 1990 die Bewohner von Karl-Marx-Stadt mit einer satten Dreiviertelmehrheit für die Rückkehr zur ursprünglichen Bezeichnung, nämlich Chemnitz, aussprachen, lautete ein Kommentar der Gewerkschaftszeitung Tribüne:

»Möge die Abstimmung deshalb eine Abrechnung mit einem doktrinären Regime sein – nicht jedoch ein Denkzettel postum für einen Mann, der weltweit Achtung auch unter Christen, Sozialdemokraten, Kapitalisten genießt.«[67]

Von einer weltweiten Achtung unter Kapitalisten weiß ich nichts zu berichten. Doch daß Marx auch unter Christen an Achtung gewann, kann exakt nachgewiesen werden. Hier soll nur ein besonders bemerkenswertes Exempel vorgeführt werden: Oswald von Nell-Breuning. Bemerkenswert auch deshalb, weil bis heute mit ihm Politik und Stimmung selbst im Deutschen Bundestag gemacht wird.[68]

Von Nell-Breuning, Jesuit, Hochschullehrer, Ehrendoktor der Universität Frankfurt a. M., Träger des Hans-Böckler-Preises des DGB, des Romano-Guardini-Preises der Katholischen Akademie in Bayern, der Goldenen Bonifatius-Plakette der deutschen Bischofskonferenz, besuchte, wie Karl Marx, das Friedrich-Wilhelm-Gymnasium in Trier. In einem Fernsehinterview äußerte v. Nell-Breuning: »Wir alle stehen auf den Schultern von Karl Marx, ob wir es wissen oder ob wir es nicht wissen.« Dieser fulminante Ausspruch wurde dem Jesuitenpater übelgenommen. Trotzdem hat er ihn zwischen 1965 und 1976, also elf Jahre hindurch, mehrmals wiederholt. Das große Wort begleitete ihn, wo er auftrat, wo von ihm die Rede war. Willy Brandt zitierte es mit viel Lob bei feierlichem Anlaß und Norbert Blüm in seinem Nachruf, als der Pater im Alter von 101 Jahren (August 1991) verschieden war. Die europäische Zeitschrift »30 Tage« brachte im Februarheft 1993 einen seitenlangen Artikel: »Wir alle stehen auf den Schultern von Marx«.

Noch bemerkenswerter für das Niveau der Auseinandersetzung mit Marx und Marxismus ist die Tatsache, daß der honorige Gottesmann Scheibchen für Scheibchen sein »großes Wort« wieder zurückgenommen hat. Zunächst räumte er ein, daß er, was Marx betrifft, keine Autorität sei:

3 Für die Welt, aber auch für ine wachsende Zahl Deutscher var die DDR zu einem selbtändigen, souveränen Staat eworden (S. 52 f.).

4 Alles spricht dafür, daß hier n »Friedensfreund«, Gert astian, geehrt wird, der, nach er Ermordung seiner Freundin etra Kelly, die Waffe gegen ch selbst richtete (S. 124).

5 Der neue SED-Generalkretär Egon Krenz (2. v. l.) it Repräsentanten der evangechen Kirche: Konsistorialäsident Manfred Stolpe (l.), schof Werner Leich , 187 ff.).

16 Kirchenpräsident Martin Niemöller (l.), für seine Verdienste mit dem Lenin-Friedenspreis und der Leninmedaille in Gold geehrt (S. 222 f.), hier neben Heinemann.

17 Die Zentrale Erfassungsstelle für DDR-Verbrechen war für die SED ein gewaltiger Stein des Anstoßes. Daher betrieb die SPD die Schließung. Hier der Leiter der Erfassungsstelle Oberstaatsanwalt Karl Hermann Rethemeyer (S. 54 f.).

18 Dresdens Oberbürgermeister Wolfgang Berghofer (nach der Wiedervereinigung wegen Wahlfälschung verurteilt) und Hamburgs Bürgermeister Klaus von Dohnanyi unterzeichnen eine Vereinbarung über Städtepartnerschaft (S. 62 ff.).

9 Fester Händedruck zwischen dem DGB-Chef Ernst Breit (l.) und dem Vorsitzenden der Scheingewerkschaft FDGB, Harry Tisch (S. 153).

0 Seine Exzellenz Erich Honecker »beehrt« Bayern mit seinem Besuch (S. 56 f.).

1 (u.l.) Bernt Engelmann, Vorsitzender des Verbandes deutscher Schriftsteller, legt ein aus trüben DDR-Quellen gespeistes Schwarzbuch über den CSU-Vorsitzenden und Kanzlerkandidaten der CDU/CSU, Franz-Josef Strauß, vor (S. 183).

2 (u. r.) Der Schriftsteller und Nobelpreisträger Heinrich Böll spricht in Bonn zu 50000 Menschen (S. 62 ff.). Neben ihm Erhard Eppler, SPD-Vorstandsmitglied (S. 27, 97 f.).

Offizieller Besuch Seiner Exzellenz des Generalsekretärs des Zentralkomitees der Sozialistischen Einheitspartei Deutschlands und Vorsitzenden des Staatsrates der Deutschen Demokratischen Republik Herrn Erich Honecker im Freistaat Bayern

11. September 1987

23 Der sandinistische Erziehungsminister Nicaraguas Ernesto Cardenal trifft Günter Grass anläßlich eines Empfangs für den Befreiungstheologen durch den Hamburger Senat (S. 211 f.).

24 Für Luise Rinser, 1984 Kandidatin der Grünen für das Amt des Bundespräsidenten, ist Christus nach Nordkorea, ihrem Idol, ausgewandert (S. 212 f.). Hier erteilt sie dem SPD-Vorsitzenden Hans-Jochen Vogel Ratschläge.

25 Der ehemalige US-Außenminister Henry Kissinger (l.), »Spiegel«-Herausgeber Rudolf Augstein (r.) und der Bundespräsident im Gespräch mit Marion Gräfin Dönhoff, der »Zeit«-Herausgeberin, anläßlich ihres 80. Geburtstages (S. 174 ff.).

»Wenn man sich für irgendeine Aussage auf Marx beruft und einen Beleg aus Marx dafür beibringt, muß man darauf gefaßt sein, daß einem ein anderer Marxtext entgegengehalten wird, der tatsächlich oder angeblich das Gegenteil besagt... Diese Gefahr ist hier vermieden; den vorstehenden Ausführungen liegen keine Texte oder Meinungsäußerungen von Marx zugrunde, sondern nur heute allgemein verbreitete Erkenntnisse und Denkweisen...«

Dabei ist der Jesuitenprofessor keineswegs zitierscheu. Nur Marxzitate finden sich, zumindest in den einschlägigen Schriften, nicht. Schon früher stand bei ihm zu lesen:

»So viel aber ist gewiß: Darüber, was Marx wirklich gedacht, gemeint und gewollt hat, aber auch über die verschiedenen, von marxistischen und antimarxistischen Gelehrten wissenschaftlich vertretenen Deutungen des historischen und dialektischen Materialismus, kann nur noch ein engster Kreis von Fachleuten sachverständig und sachförderlich diskutieren; für alle anderen, zu denen auch der Schreiber dieser Zeilen sich zählen muß, ist das zu einer Geheimwissenschaft geworden, zu der ihnen der Schlüssel fehlt.«[69]

Bände spricht auch der folgende Vorgang, den der Bund Freiheit der Wissenschaft in seinem Mitteilungsblatt April 1982 unter der Überschrift »Politik siegt über Wissenschaft« veröffentlicht hat. Eine Theologiestudentin der Universität Münster reichte eine »Marxismus als atheistische Weltanschauung – Zum Stellenwert des Atheismus im Gefüge marxistischen Denkens« betitelte Dissertation ein.[70] Die vom Fachbereichsrat bestellten Gutachter plädierten auf die beste bzw. zweitbeste Note. Doch der Fachbereichsrat hielt »ausreichend« für angemessen, woraus er, auf Einspruch hin, ein »befriedigend« machte. Allein schon diese Desavouierung der Gutachter ist außergewöhnlich. Wer das stattliche Werk zur Hand nimmt, glaubt zu wissen, daß hier ganz andere als akademische Kriterien ausschlaggebend gewesen sind. Diese Vermutung wird zur Gewißheit, wenn man sich vergegenwärtigt, welche Verblendung dort zu Ehren gereichte.[71] Wegen ihrer Vorzüglichkeit wurde die Abhandlung in Fachzeitschriften, aber auch in führenden deutschen Tageszeitungen, wie der Frankfurter Allgemeinen und der Welt, eingehend gewürdigt. Innerhalb weniger Jahre erlebte sie sogar eine zweite Auflage, was bei Dissertationen einer Sensation nahekommt. Seit Gustav A. Wetter S.J. verstummt ist, sind, soweit ersichtlich, seitens deutschsprachiger Theologen keine angemessen kritischen Auseinandersetzungen mit dem Marxismus mehr erschienen. Jene, die nicht schwiegen, streuten Weihrauch oder begnügten sich mit so geschmeidigen Formulierungen, daß das Streitobjekt jeden Schaukampf unverletzt überstehen mußte.

b) Während der Papst in »Divini redemptoris«, wie zitiert, vor der Vereinnahmung durch die Kommunisten nachdrücklich warnte, wurde nun das unverbindliche, freundliche Gespräch als Gebot der Stunde ausgegeben. In der »Deutschen Zeitschrift für Philosophie«, herausgegeben von linientreuen SED-Mitgliedern, veröffentlichte Prof. Dr. Konrad Feiereis, Konsultor des Päpstlichen Rates für den Dialog mit den Nichtglaubenden und Rektor des Theologisch-Philosophischen Studiums in Erfurt, ein Referat, das er auf einem Dialogkongreß gehalten hatte. Darin führt er aus:

»Dem Lehramt der Kirche obliegt die hohe Verantwortung, sich über Marxismus so zu äußern – wenn nötig, zu urteilen -, wie es dem Selbstverständnis dieser Philosophie entspricht. Galt nicht jahrzehntelang der Marxist in den Augen des Christen häufig als ›Gottloser‹, dem alles Böse zuzutrauen sei und der keine Ethik besitzt?« Ein »erschreckendes Beispiel dafür lieferte Konrad Löw...«

Ihn zitiert Feiereis: »Die Basis der marxistischen Ideologie ist ›die Diabolik‹... Marx und Engels... sehen in Ehe und Familie schädliche Institutionen, die es zu beseitigen gälte... Marx haßt die Menschen, die Proletarier eingeschlossen, auch jene, die ihm nicht das Geringste zuleide getan haben... Allen Legenden zum Trotz ist Marx ein Wegweiser in den Archipel Gulag sowie in den Holocaust gewesen.« Nach weiteren Zitaten teilt Feiereis mit, Marxisten hätten ihm erklärt, »sie würden es nicht zulassen, daß der Papst in Medien der DDR verunglimpft werde. Diese Aussage und die Realität stimmen bis heute überein.«[72]

Nun, hätte sich der Papst so abgrundtief böse geäußert wie Marx über Jahrzehnte hinweg gleichsam nach allen Richtungen, hätten am allerwenigsten die Kommunisten dies verschwiegen. Und das mit Recht! Feiereis unterschlägt alle Belege, die den Leser in die Lage versetzen zu beurteilen, ob meine (»Löws«) Schlußfolgerungen gerechtfertigt sind oder nicht.[73]

In der Zwischenzeit hat Feiereis seine Sicht erheblich modifiziert. Nun schreibt er:

»Die Heimtücke leninistischer Dialektik bestand darin, politische Entspannung nach außen mit ideologischem ›Kampf‹ im Innern zu verkoppeln.

Gerade die katholische Kirche erwartete niemals eine Koexistenz von christlichem Glauben und marxistischer Weltanschauung. Die Kommunisten hätten den Absolutheitsanspruch ihrer Ideologie damit preisgeben müssen.«[74] (In einem Punkt muß er seine Meinung noch revidieren. Die leninistische Dialektik war die marxistische.)

Welcher Geist bei solchen Begegnungen zwischen Marxisten und Christen mitunter herrschte, zeigte eine Tagung, die vom 6. bis 10. September 1977 auf Einladung der Internationalen Paulusgesellschaft stattfand. Viele der Teilnehmer stellten sich vor wie z. B. Juan Garcia-Niéto Paris aus Barcelona: »Ich bin Mitglied der Gesellschaft Jesu. Ich bin zugleich Mitglied der Kommunistischen Partei.«[75] Was diese »christlichen Marxisten« zu bieten hatten, soll anhand einer Protokollnotiz verdeutlicht werden:

»Kein System spaltet die Gesellschaft so grundlegend in Herren und Knechte, Besitzende und Besitzlose wie der Kapitalismus. Das parlamentarische System im Westen kann nur eines: Einem elitären und moralisch minderwertigen System den Stempel demokratischer Legitimität aufdrükken. Es legitimiert häufig die befristete Tyrannei von Majoritäten. Der Kapitalismus bedeutet den Friedhof der moralischen Integrität. Parlamentarische Demokratie ist nur der Ausgangspunkt im Befreiungskampf der Menschheit. Die Kirchen aber haben dabei die historische Sendung, diesen weltweiten Befreiungsprozeß zu unterstützen.«[76]

Sprechen aus diesen Worten nicht unglaubliche Ignoranz und Unverfrorenheit? Jeder Kommentar ist wohl überflüssig.

Doch dann kam der Augenblick, in dem diese Marxisten ihre christliche Maske unfreiwillig verloren haben. Wie ein Lauffeuer verbreitete sich die Meldung: Hanns Martin Schleyer, der Arbeitgeberpräsident, entführt, vier seiner Bewacher erschossen. – Das Unfaßbare geschah. Männer im schwarzen Rock brachen in Beifall aus. – Nun war klar, daß es sich um echte Marxisten handelte. Abgrundtiefer Haß hatte sich ihrer so sehr bemächtigt, daß sie sich dieser Regung nicht einmal mehr schämten.[77]

Daß diese Beispiele den Geist der Begegnung von Christen und Marxisten recht zutreffend veranschaulichten, beweist für jedermann nachprüfbar »Europas vorderste Plattform für das Gespräch zwischen Ost und West, Neues Forum, Internationale Zeitschrift für den Dialog«. Als Redaktionskomitee werden zehn namhafte Personen vorgestellt, fünf unter der Rubrik »Marxisten« und fünf unter »Christen«, so J. Y. Calvez SJ (Paris) und J. B. Metz (Münster).

Übelste Verunglimpfung der Staatsorgane, unbegrenzte Sympathien für Verbrecher und dazwischen widerlichste Pornographie bildeten den Inhalt. Einer der beiden Herausgeber war schon mehrmals wegen Pornographie verurteilt worden, und das will heute wirklich etwas heißen. Nur mit größtem Widerwillen kann man daraus zitieren. Aber man muß es, weil sonst der Leser die Anschuldigungen nicht richtig taxieren kann: »Bester Herr Dr. N. [Name des Herausgebers], als eine von Ihrem ›Russen-Report‹ angesprochene Frau teile ich Ihnen mit, daß niemand so gut vögeln kann wie Russen.« Mit Rücksicht auf den Leser wird hier noch Gossenhafteres übersprungen. Schließlich: »Und jedesmal habe ich den Orgasmus dann bekommen, wenn ich mir lebhaft die Russen von damals vorgestellt habe! Ich bin heute fast 50, aber nur mit Wonneschauern erinnere ich mich an April 1945!!«[78] Die rote Soldateska als Glücksbringer! Der Atem stockt, wenn wir uns anhand der Vorgänge in Bosnien vergegenwärtigen, welche schier unüberbietbare Erniedrigung hier glorifiziert wird. Jahre hat es gedauert, und schwerste Munition (Karl Rahner) mußte verschossen werden, bis sich Metz bereit fand, aus dem Redaktionsbeirat auszuscheiden. Wer diese Hefte durchblättert, weiß, wie weit die Kommunisten ihre Zersetzungsarbeit schon vorantreiben konnten, der glaubt auch, das Wesen der »Kirche von unten« zu kennen. Sie attackiert Papst und Kurie bei jeder Gelegenheit, nicht zuletzt, weil von dort unmißverständliche Instruktionen ausgingen, die das wahre Wesen des Kommunismus ins Gedächtnis riefen:

»Millionen unserer Zeitgenossen sehnen sich legitimerweise danach, die grundlegenden Freiheiten wiederzuerlangen, deren sie durch totalitäre und atheistische Regierungsformen beraubt wurden, die auf revolutionärem und gewalttätigem Weg die Macht an sich gerissen haben, und dies im Namen der Befreiung des Volkes. Man kann diese Schande unserer Zeit nicht übersehen: Ganze Nationen werden unter menschenunwürdigen Bedingungen in Knechtschaft gehalten, während gleichzeitig behauptet wird, man bringe ihnen die Freiheit.«[79]

Die bekanntesten Repräsentanten der deutschen »Kirche von unten« sind vereinigt in dem Band »Katholische Kirche – wohin?« Unter den mehr als zwei Dutzend Autoren finden wir auch Luise Rinser, die es genau weiß. Ihr Beitrag ist betitelt: »Jesus stünde auf Boffs Seite«. Die ersten Zeilen stehen für das Ganze: »Sie, Herr Papst, werden diese Zeilen gewiß nicht zu lesen bekommen. Ihr geistliches Berufsbeamtenheer beschützt Sie vor solchen Reden und beraubt Sie damit des lebendigen Kontakts mit denen, deren Hirte Sie sein wollen.«[80] Und abschließend:»Ein Wort zu Ihnen, lieber marxismusverdächtiger Bruder Boff: Auch wenn Sie im Gehorsam schweigen, werden Steine schreien. Und wir, die wir an Ihrer Seite stehen, werden an Ihrer Stelle reden.«[81] Rinser glaubt auch zu wissen:»Christus ist ausgewandert nach Nordkorea.«[82] Ausgerechnet Nordkorea hat es ihr angetan. In ihrem Nordkoreanischen Tagebuch schreibt sie einleitend:

»Ich möchte mit meiner Arbeit erreichen, daß man eine Art von Sozialismus kennenlernt, die nicht nur für die Zukunft der Dritten Welt entscheidend Modell ist, sondern auch uns andere Impulse für ein mutiges Umdenken in Richtung eines möglichen Sozialismus geben kann . . .«[83] Und gegen Ende:»Daß aus der Bundesrepublik noch kein offizieller Besuch kam (Eppler war dort als inoffizieller Vertreter der SPD und als jener der FDP), diese Distanzierung ist nur dann befremdlich, wenn man vergißt, daß die Bundesrepublik immer noch amerikanisch besetztes Gebiet ist und weiterhin den Anordnungen der USA unterstellt.«[84]

Das Buch verschweigt nicht, daß die Autorin während der NS-Zeit in Haft war, sehr wohl hingegen die Hymnen, die sie auf Hitler verfaßte:

»Wir kommen, des großen Führers gezeichnet Verschworene . . ., des großen Führers verschwiegene Gesandte, mit seinem flammenden Zeichen auf unserer Stirn . . .«[85]

Wie ein Mitreisender erzählte, folgte sie im August 1990 einer Einladung ihres Freundes Kim Il Sung. Er ließ sie von der Hauptstadt Pjöngjang zum Flugplatz Samjiyon mit Sondermaschine fliegen und dort zu seinem (geheimgehaltenen) Landsitz am »Heiligen Berg« Paektusan abholen. Dieser Berg ist heute ein Wallfahrtsort mit vielen Gedenkstätten und Denkmälern zur Erinnerung an die Taten Kim Il Sungs im antijapanischen Kampf.

Topterroristen wie Andreas Baader, Gudrun Ensslin und Astrid Proll hat Luise Rinser in Italien Unterschlupf gewährt. An die Familie Ensslin schrieb sie:»Gudrun hat in mir eine Freundin fürs Leben gefunden.«[86]

Typisch für Leonardo Boff, Ex-Franziskanerpater und Professor an der Universität Petropolis (Brasilien), ist, was er in Buchform zuletzt 1990 seinem großen Anhang offenbarte:

»Ohne Umschweif gesagt: Der Wohlstand der reichen Länder wird mit dem Blut und dem Leben unserer Armen bezahlt ... Die Moral des Kapitalismus verlangt von ihm ausschließlich, daß er seine Bosheit dämpfe, nicht, daß er ihr entsage. Kapitalismus ist immer nur mehr oder weniger unmoralisch, nie jedoch mehr oder weniger moralisch. Es genügt nicht, dem Wolf die Zähne kürzer zu feilen.«

Boff unternimmt zwar nicht den Versuch, seine Tatsachenbehauptungen irgendwie durch Quellenbelege nachprüfbar zu machen. Dafür hat er ein Patentrezept zur »Erlösung«: »Nur eines kann die Armen erlösen: ein anderes System; ein System nämlich der Teilhabe aller, und zwar durch die gerechte Verteilung der Güter.«[87] Immer und immer wieder die alte Leier, die zu Herzen geht, aber durch Wiederholung nichts an Sachlichkeit gewinnt. Wie seine Fürsprecherin Rinser weiß auch Boff – er wußte es zumindest bis vor wenigen Jahren –, wohin Christus ausgewandert wäre: Ubi Lenin, ibi Jerusalem. Boff: »Die Revolution des Proletariats triumphierte 1917 in Rußland. Sie bedeutet die Revolution unserer Zeit, denn sie ermöglicht die Eruption, das Auftauchen eines neuen geschichtlichen Subjekts, nämlich des Proletariats, Träger eines neuen Ordnungsprinzips der Gesellschaft, des Sozialismus, der fähig ist, den Raum der Freiheit, den die Bourgeoisie erobert hat, noch mehr zu erweitern.«[88] Und weiter propagiert der bewaffnete Prophet: »Um die Wurzeln des Elendes und der sozialen Ungerechtigkeit auszureißen, genügt nicht die Modernisierung und die Entwicklung; eine soziale Reform und ein Prozeß der Befreiung sind notwendig. Diese Option wird bekräftigt durch den Sieg des Sozialismus in Rußland im Jahre 1917, durch den Triumph der sozialistischen Revolution in Kuba (1959) und neuerdings 1979 in Nicaragua.«[89] Boff und seine Gefolgsleute mögen alle, was ihre guten Absichten und ihre Opferbereitschaft anlangt, Heiligen gleichen – darüber ist hier nicht zu befinden -, für eine nüchterne Analyse der Ursachen der von ihnen ausgemachten Übel fehlt ihnen jedoch die Muse und das nationalökonomische Grundwissen. Sie sind Gesundbeter, die mit Phrasen Krebsübel heilen wollen. Der Substanzverlust so vieler im akademischen Raum wirkender Theologen ließ die Kräfte ermatten, die für eine streng an Fakten orientierte, konsequente, notfalls knallharte geistige Auseinandersetzung notwendig sind. Ihre Schüler, spätere Kapläne und Pfarrer, wurden davon infiziert.
Im Folgenden soll allein von München, meinem Geburtsort, Ein-

schlägiges zur Veranschaulichung berichtet werden: Am 17. Juni 1986 veranstaltete die Deutsche Friedensunion »zum Tag des deutschen Überfalls auf die Sowjetunion«, vermittelt durch die Pax-Christi-Gruppe »Versöhnung«, eine Podiumsdiskussion und eine Ausstellung »Feindbild Antikommunismus« im Saal einer Benediktinerabtei in der Innenstadt. Auf einen Protest hin wurde die Ausstellung in letzter Minute abgesagt. Die Podiumsdiskussion fand jedoch mit Mitgliedern von Pax-Christi, der DKP, der DFU und einem sowjetischen Gast vom Friedensrat der UdSSR statt. In einem anderen Pfarrsaal (St. Michael, Berg am Laim) propagierte auf Einladung der dortigen Pax-Christi-Gruppe der aus der SPD wegen radikaler Linksabweichung ausgeschlossene Schriftsteller Lattmann seine »15 Thesen zur Überwindung des Antikommunismus«, die einer Wanderausstellung der DFU zugrundelagen. Dabei erklärte er zu einem Aufruf bayerischer Katholiken zur Beendigung der Verfolgung von Christen im Osten wörtlich:

»Die Menschenrechtsinitiativen zum KSZE-Folgetreffen haben den einzigen Zweck, die Abrüstungs- und Friedensbemühungen zu torpedieren. Was viele Menschen in christlichen Friedensinitiativen immer wieder nicht für möglich halten, das ist die kalte Berechnung, das sind die demagogische Absicht und die Durchtriebenheit, mit der das Verlangen nach Menschenrechten vom ideologischen System des Antikommunismus und seinen Agitatoren in Anspruch genommen wird.«[90]

Im Mai 1987 lud Pax-Christi, München, zur Begegnung mit tschechischen Friedensfreunden ein, nämlich den Geistlichen Prof. Dr. Vladimir Benda, Prag, und Dr. Zdĕnek, Prìbram. Ort der Veranstaltung: Ottilienkolleg der Missionsbenediktiner, Königinstraße 77, München. Beide Referenten waren Mitglieder von Pacem in terris. Der Vatikan hatte längst verboten, dieser Vereinigung beizutreten oder in ihr zu verbleiben. Kardinal Tomasek, das Oberhaupt der tschechoslowakischen Katholiken, wies immer wieder darauf hin. Der Grund dafür: Diese Vereinigung und entsprechende Vereinigungen in Polen und Ungarn waren Erfüllungsgehilfen der jeweiligen kommunistischen Parteien, dazu bestimmt, Klerus und Laien zu spalten. Daher ist es nur zu verständlich, daß die friedliche Revolution die kommunistischen Hilfsorgane ins Nichts verschwinden ließ. Vorher aber wurden sie von in Freiheit lebenden Ordensgemeinschaften hofiert. Im Juni/Juli 1988 organisierte Pax Christi mit dem stellvertretenden

Generalsekretär Koppe die Werbetour einer offiziellen tschechischen Delegation durch Deutschland. Sie stand unter Leitung von Dr. Vladimir Janku, stellvertretender Minister und Direktor für kirchliche Angelegenheiten, dem Mann, der besonders für die Verfolgung der katholischen Kirche verantwortlich war. In München traten die Propagandisten in einem Pfarrsaal auf; die vorgesehene Diskussion wurde »aus Zeitgründen« abgesagt.

An den Schriftenständen mehrerer katholischer Kirchen Münchens fand sich das Publik-Forum, das von kommunistischer Seite mit Hilfe von Großanzeigen mitfinanziert wurde. So warb mit ganzseitigen Anzeigen der Plambeck-Verlag der DKP für seine »Roten Blätter«, für seine »Berichte und Analysen aus marxistischer Sicht«, für ein Buch über Carol Wojtyla, in dem »die Nähe zwischen der Strategie des Papstes und der Reagan-Administration« behauptet wurde.

Anatol Feid, ein zum Priester geweihter Dominikanermönch, erhielt für sein Buch »Keine Angst, Maria« 1986 den Gustav-Heinemann-Friedenspreis und im Oktober 1987 den Katholischen Kinderbuchpreis, den die deutsche Bischofskonferenz gestiftet hat. Die feierliche Verleihung des Preises der katholischen Kirche nahm in München der Bischof von Regensburg vor.

Anatol Feid war Redakteur der im Pahl-Rugenstein-Verlag der Deutschen Kommunistischen Partei erschienenen Zeitschrift »Neue Stimme«. Die kindgemäße Vermittlung dieser »Neuen Stimme« fand ihren Niederschlag in dem erwähnten Buch. Es beginnt mit den Sätzen: »Diese Geschichte ist wahr. Sie spielt in Chile, einem Land in Südamerika. Dort sind viele Menschen sehr arm. Sie leben in Elendssiedlungen, und viele Erwachsene haben keine Arbeit. Das war einmal anders. 1970 wählten die Chilenen eine Regierung, die durchsetzen wollte, daß alle Arbeit und zu essen bekamen. Die wenigen Reichen und die Ausländer, denen die großen Firmen gehörten, sollten teilen. Damit waren die Reichen nicht einverstanden. 1973 schickten sie Soldaten ...« (Die Geschichte ist unwahr, und zwar von Anfang an. Nicht die Chilenen wählten Allende, sondern ihr Abgeordnetenhaus, das ihm drei Jahre später das Vertrauen entzog.) Einem chilenischen Pater legt Feid sein Urteil über Johannes Paul II. in den Mund:

»Ich weiß auch nicht, warum dieser Papst und die Leute in Rom nicht begreifen können oder wollen, daß das Anliegen des Kommunismus doch auch das des Christentums ist, eine gerechte und brüderliche Erde, das Ende der Ausbeutung von Menschen durch Menschen, die Überwindung der Klassengesellschaft. Statt dessen reden sie immer nur von der Diktatur des Kommunismus, von seinen tatsächlichen oder erfundenen Entartungen... Im Gegenteil, das einzige Land Lateinamerikas, in dem Massenelend und Analphabetentum besiegt sind, ist das kommunistisch regierte Kuba. Und Nicaragua ist auf dem Weg dorthin, gegen den erbitterten Widerstand der etablierten Kirche dort, die den Papst gegen die Sandinistas ausspielt... Er regiert die Kirche als Diktator. Und... macht... sich zum Komplizen der Konzerne und ihrer Pistoleros von Reagan bis Pinochet, mag er das nun wollen oder nicht.«[91]

Die Texte des Bundesministers des Innern »Zur inneren Sicherheit« zählten Feid zu Moskaus getarnten Helfern[92] und den Verlag, Plambeck, als fest in kommunistischen Händen.

Nach alledem ist es kaum noch verwunderlich, daß an Ostern in einer Münchner katholischen Pfarrkirche folgendes Auferstehungslied erklingen konnte, dessen Text der Berner Pfarrer Kurt Marti verfaßt hat:

»Das könnte den Herren der Welt ja so passen, wenn erst nach dem Tode Gerechtigkeit käme, erst dann die Herrschaft der Herren, erst dann die Knechtschaft der Knechte vergessen wäre für immer, vergessen wäre für immer. Das könnte den Herren der Welt ja so passen, wenn hier auf der Erde alles so bliebe, wenn hier die Herrschaft der Herren, wenn hier die Knechtschaft der Knechte so weiterging wie immer. Doch ist der Befreier vom Tod auferstanden, ist schon auferstanden und ruft uns jetzt alle zur Auferstehung auf Erden, zum Aufstand gegen die Herren, die mit dem Tod uns regieren.«

c) »Sicherlich war es deshalb günstiger, daß die römisch-katholische Kirche [der DDR] in der zweiten Hälfte der 80er Jahre in einem abgewogenen Papier ihren Standort als ›Katholische Kirche in einem sozialistischen Staat‹ bezeichnet hat«, schreibt der evangelische Bischof Forck.[93] Sie hat sich auch vorher nie als »Kirche im Sozialismus« verstanden, ließ sich nie vor den Propagandakarren der SED spannen. Jeder, der es wissen wollte, wußte, wo sie stand: in deutlicher Opposition zu jenem Staate, dessen geistiges Fundament die marxistisch-leninistische Ideologie gewesen ist. Wer Priester werden, wer zum Theologiestudium zugelassen werden wollte, durfte nicht an der »Jugendweihe« teilgenommen haben. Daher ist die katholische Kirche in der DDR im Rahmen dieser Untersuchung nahezu irrelevant. Ihr Motto war: »Frei sein für Seelsorge und Diakonie«. Sie schwieg nicht, hat vielmehr immer wieder ihre kritische Stimme erhoben,[94] für manche nicht laut genug, nicht oft genug, nicht deutlich genug. Doch wer nicht vorschnell urteilen will, lese vorab »Katholische Kirche – sozialistischer Staat. Dokumente und öffentliche Äußerungen 1945 – 1990«. Die darin enthaltenen 123 Dokumente sprechen eine klare Sprache. So heißt es in einem »gemeinsamen Hirtenbrief der Berliner Bischofskonferenz« vom 14. September 1988:

»Unser Ja zur Welt und zu ihren Ansprüchen muß von unserem Ja zu Gott umfangen bleiben. Bisweilen werden Stimmen laut, die mit kritischem Unterton fragen: ›Warum bringt ihr Katholiken euch nicht stärker ein? Macht doch mit!‹ Hier sagen wir klar und deutlich: Die materialistische Weltanschauung der in diesem Land regierenden Partei ist für einen katholischen Christen kein Fundament seines Welteinsatzes. Wir respektieren, daß andere von diesem Fundament aus Gutes wirken wollen. Wir erklären auch unsere Bereitschaft, alles, was dem wirklichen Wohl der Menschen und der Welt dient, zu unterstützen. Wir wollen mit allen Menschen guten Willens konstruktiv zusammenarbeiten. Doch sei noch einmal an das Wort von Kardinal Meisner in Dresden erinnert: ›Die Christen in unserem Land möchten ihre Begabungen und Fähigkeiten in unsere Gesellschaft einbringen, ohne dabei einem anderen Stern folgen zu sollen als dem von Bethlehem.‹ ... eine Mitarbeit in Organisationen, deren marxistisch-weltanschaulicher Charakter wiederholt und betont herausgestellt wird, kann es für den katholischen Christen nicht geben, also z. B. eine Mitgliedschaft in der SED. Ein katholischer Christ kann auch dort nicht mitmachen, wo er Auffassungen vertreten oder Dinge tun muß, die dem Geist Christi widersprechen und mit der eigenen Gewissensüberzeugung nicht vereinbar sind.«[95]

Der Grundstein für die Geschlossenheit der katholischen Kirche in der DDR wurde von Kardinal Graf von Preysing am 20. Dezember 1947 gelegt, als er die Anweisung mitteilte, daß nur die Gesamtheit der Bischöfe berechtigt sei, »Erklärungen zu Zeitfragen« im Namen der katholischen Kirche abzugeben, und daß für den Bereich des Bistums der Bischof zuständig sei. Durch diese später wiederholte Anweisung wurde verhindert, daß in der DDR »Friedenspriester« als Propagandisten der SED auftreten konnten.

Angesichts dieser Einheitlichkeit und Eindeutigkeit der bischöflichen Erklärungen über die Jahrzehnte hinweg ist es mehr als verwunderlich, wie der evangelische Pfarrer Schorlemmer, Wittenberg, der katholischen Schwesterkirche vorwerfen kann, sie habe 40 Jahre lang geschwiegen, ihre Mitglieder zum Schweigen angeleitet und sich dann nach der Wende als entschiedener Gegner des SED-Staates dargestellt. Dies sei »schäbig«. Wer damals geschwiegen habe, solle auch jetzt »stille sein«.[96] Der an Heilig Abend 1976 vom DDR-Regime ausgewiesene ARD-Korrespondent Lothar Loewe berichtete über seine Erfahrungen mit den Kirchen. Im Gegensatz zur evangelischen Kirche habe die katholische Kirche eine enge Zusammenarbeit mit den westlichen Journalisten gepflegt und ihnen wichtige Hintergrundinformationen vermittelt. Kardinal Bengsch (Berlin) habe Mitte der 70er Jahre in einem solchen Gespräch über das DDR-Regime geäußert: »Wir können nicht ändern, daß wir es mit einer Gangsterbande zu tun haben, die diesen Teil Deutschlands beherrscht. Aber wir Katholiken müssen nicht dazu beitragen, diesen Verbrechern auch noch zu Anerkennung und Ansehen zu verhelfen.«[97] Der Vollständigkeit halber ist zu ergänzen, daß auch Mitarbeiter der katholischen Kirche, Priester wie Laien, dem Ministerium für Staatssicherheit Informationen geliefert haben. In welchem Umfang das Ministerium die Kirche infiltrieren konnte, steht noch nicht fest. Doch die erwähnte Dokumentation beweist, daß es der SED nicht gelungen ist, die Kirche von ihrem klaren Kurs abzubringen.

3. »Wir haben uns geirrt«

Mit diesen Worten wurde am Beginn des Kapitels Bischof Forck zitiert. Doch – war es wirklich ein schlichter Irrtum, der Christen in der Bundesrepublik auf die Straßen trieb, um zusammen mit Kommunisten und deren ausgemachten Helfershelfern eine bescheidene Nachrüstung zu vereiteln, während gegen die gewaltige Vor- und Überrüstung in der DDR/UdSSR niemand Lärm schlug? Im eigenen Lager bekämpften die Kommunisten den Pazifismus entschieden, im Bereich der NATO förderten sie ihn nach Kräften.
Sahen diese Christen wirklich nicht, was insbesondere für alle, die Einblick in das Leben *beider* deutscher Staaten nehmen konnten, zu greifen war, daß die DDR von der Substanz lebte, daß die Wohlstandsschere immer weiter auseinanderklaffte und so die Zahl der zur Ausreise Entschlossenen immer stärker wuchs? Sahen sie wirklich nicht, daß der Sozialismus den raschen Tod der

Volkskirchen bewirkte? Auch in der Bundesrepublik hat die Zahl der Kirchgänger in den letzten 40 Jahren drastisch abgenommen, in der DDR jedoch noch viel rasanter:

»Innerhalb von 40 Jahren ging in dieser Region der Anteil der christlichen Bevölkerung von mehr als 90% auf 25% zurück. Die atheistische Propaganda ist ihrem Ziel also erstaunlich nahe gekommen, Religion zum Verschwinden zu bringen. Wann gab es ähnliche Prozesse in der Geschichte des Abendlandes?«[98]

Schon Anfang der 60er Jahre erkannte Reinhard Raffalt. »Der allgemeine Glaubensabfall wird nicht nur die Scheinchristen ergreifen, sondern die Kirchen selbst – und wenn diese erst einmal das soziale Element der christlichen Religion an die Stelle der Gotteskindschaft und der Erlösung gesetzt haben, werden Heerscharen tiefgläubiger, aber kritikloser Menschen von Gott abfallen, ohne es überhaupt zu merken.«[99]

Hatten sie die Verbrechen vergessen, die der SED-Staat ihren Glaubensbrüdern angetan hatte? Auch noch in der Nach-Stalin-Ära kam es zu den schwersten Übergriffen. So wurde im November 1957 der Leipziger Studentenpfarrer Schmutzler wegen der Bildung »illegaler Zirkel« zu fünf Jahren Zuchthaus verurteilt. Eine Reihe weiterer Prozesse gegen evangelische Geistliche folgte. So verurteilte das Bezirksgericht von Schwerin den Propst Otto Märcker zu zweieinhalb Jahren Zuchthaus, ohne ihm auch nur im geringsten etwas Ehrenrühriges anlasten zu können.

Irrtum als alleinige Ursache für das Versagen gegenüber dem Sozialismus ist gänzlich unwahrscheinlich. Als Mitursachen kommen insbesondere in Betracht:

Eine historische Last, die im Stuttgarter Schuldbekenntnis vom 18./ 19. Oktober 1945 ihren Ausdruck gefunden hat. Ein durch Indoktrination geweckter, über Vernunft und Erfahrung erhabener blinder Glaube an die Überlegenheit des Sozialismus. Wenige räumen das offen ein: »Ja, wir haben in der Kirche nie sehr viel von Wirtschaft verstanden...«[100] Eine vermeintliche Dankesschuld, da die Kommunisten zu den ersten Opfern der Nationalsozialisten zählten und scheinbar die große Alternative zu bieten hatten. Wer hinter dem Transparent mit der Aufschrift »Fortschritt« marschiert, verspürt weniger Gegenwind, zumal inmitten der stärkeren Bataillone.

1985 erschien im Westen »Eine Denkschrift der Evangelischen Kirche in Deutschland«. Darin heißt es einleitend: »Zum ersten Mal erfährt die Staatsform der Demokratie eine so eingehende positive Würdigung in einer Stellungnahme der evangelischen Kirche.«[101] Noch weit aufschlußreicher für unser Thema sind die folgenden Passagen:

»Charakteristisch für die Geschichte des deutschen Protestantismus ist die Bejahung der jeweils bestehenden Staatsform. Über diese Tradition führt eine positive Bewertung der freiheitlichen Demokratie dadurch hinaus, daß sie auch die gegebene Form der Demokratie daraufhin befragt, an welchen Stellen sie so verändert werden kann, daß Freiheit und Menschenwürde besser gewahrt und daß Gerechtigkeit und Frieden wirksamer gefördert werden können. Um dieser Aufgaben willen trägt auch die christliche Annahme der freiheitlichen Demokratie notwendigerweise den Charakter kritischer Solidarität...«[102]

Jede Staatsform wird bejaht (Weimar wirklich?), der SED-Staat stabilisiert, die Demokratie kritisiert und mit Vorwürfen bedacht, die gegen den SED-Staat nie erhoben wurden oder erhoben worden wären, so betreffend die Regelung des Asylrechts. Für den unbedarften Zeitgenossen ist die Versuchung groß, daraus zu schlußfolgern, jede andere Staatsform als die demokratische sei weniger kritikwürdig. Als Hitler an die Macht gekommen war, äußerte der Landesbischof von Mecklenburg, D. Heinrich Rendtorff: »Die Kirche habe mit Dank begrüßt, daß endlich einmal wieder eine Obrigkeit vorhanden sei.«[103] Unfreiheit und Mangel in der DDR wurden nicht kritisiert, erst recht nicht die dafür Verantwortlichen, jedoch die Zustände in der Bundesrepukblik Deutschland und nahezu alle demokratischen Politiker. Hans Apel (SPD), als Bundesverteidigungsminister gebeten, auf dem Hamburger Kirchentag 1981 zu referieren, erinnert sich:

»Die Halle ist seit Stunden von radikalen Friedensfreunden besetzt. Viele von ihnen haben sich verkleidet. Faule Eier und Blutbeutel liegen bereit. Bischof Scharf leitet ein. Er nimmt Partei für die vielen, die unsere Sicherheitspolitik bekämpfen. Und dann kommt der Satz, der mich im Innersten trifft: ›Wir dürfen denen, die anders urteilen als wir, nicht bestreiten, daß sie gute, ehrliche Christen sein wollen.‹ Während meiner Rede kommt es zu anhaltenden Tumulten. Die bereitgelegten Wurfgeschosse fliegen. Es ist eine ›Bombenstimmung‹ auf der christlichen Friedensfete. Warum habe ich mir eigentlich so viel Mühe bei meiner Vorbereitung gemacht? Der Haß schlägt über mir zusammen.«[104]

Ähnliches mußten Norbert Blüm, Hans Maier und zahlreiche andere untadelige Politiker einstecken.

Die große Verweigerung gegenüber der Demokratie wird von Kirchenmitgliedern, die sich als Pastoren ausgeben, praktiziert und propagiert.[105] Auf dem Evangelischen Kirchentag 1993 in München wurden massenweise Gratis-Exemplare des Deutschen Allgemeinen Sonntagsblattes vom 11. Juni verteilt. Darin stand auf der ersten Seite zu lesen: »Huldvoll hob der Kanzler den Blick zur goldgeschmückten Kanzel im wiedereingeweihten Dom zu Berlin. Doch das freundliche Lächeln gefror Helmut Kohl schon bald zum Verlegenheitsgrinsen, als dort oben ein gut protestantisches Beben und Donnern anhob.«[106] Hat man je so über Honecker geschrieben, als er noch in Amt und Würden war? Darin unterscheidet sich der Demokrat von den Sklavennaturen, daß letztere dann schrille Töne anschlagen, wenn daraus kein Nachteil erwachsen kann. Mit Billigung der Kirchentagsleitung wurde auf Plakaten und einem eigens eingerichteten Stand »Freiheit für alle politisch Gefangenen!« gefordert, namentlich zugunsten vielfacher Mörder, wie Brigitte Mohnhaupt und Christian Klar. Und diese Staatsverleumdung – in der Bundesrepublik Deutschland gibt es keine politischen Gefangenen – wird auch noch aus Bundesmitteln kräftig bezuschußt.

Welchen Einfluß auf Denken und Reden üben persönliche Vorteile und öffentliche Würdigungen aus? Tatsache ist, daß zahlreiche namhafte evangelische Kirchenmänner Ehrungen seitens kommunistischer Staaten entgegengenommen haben, z. B. Pastor Niemöller 1967 den Lenin-Friedenspreis und 1971 die Leninmedaille in Gold.[107] Dabei mußte Niemöller wissen, was unter Lenins Führung in Rußland geschehen war: 1.088 Kirchen hatte man zur Plünderung freigegeben und weitere 972 in »Kulturhäuser« umgewandelt. 32 Bischöfe, 1560 Priester und rund 7.000 Mönche und Nonnen hatte man als »Konterrevolutionäre« ermordet.[108] (Der russische Komponist Alfred Schnittke lehnte den Leninpreis mit folgender Begründung ab: »Ich sehe für mich keine Möglichkeit, diesen Preis anzunehmen, schon deshalb nicht, weil ich ein gläubiger Mensch bin. Eine Annahme meinerseits wäre Zeugnis für eine versöhnlerische, prinzipienlose Haltung zur Rolle des kommunistischen Führers.«[109]) Wie Niemöller ließ sich der erste thüringische Landesbischof nach 1945, Dr. Moritz Mitzenheim, reichlich aus Ulbrichts Hand dekorieren. Landesbischof Hempel erhielt die Ehrendoktorwürde der »Karl-Marx-Universität Leipzig«, Landesbischof Werner Leich die Ehrendoktorwürde der Universität Jena, Landesbischof Horst Gienke die Ehrendoktorwürde der Universität Greifswald. Mit ihr wurde auch Oberkonsistorialrat Manfred Stolpe bedacht. (Von entsprechenden Ehrungen katholischer Bischöfe ist nichts bekannt.) Schließlich darf nicht übersehen werden, daß der Staatssicherheitsdienst über ein dichtes Netz kirchlicher Mitarbeiter verfügte. Die einschlägige Literatur wächst geradezu täglich. Schon jetzt sind dazu mehrere stattliche Bücher auf dem Markt.[110] Selbst in den Beratungen der katholischen Bischofskonferenz hatte er seine Späher.[111] Unter der Überschrift Druck und Belohnung heißt es in einer Untersuchung von Heike Schmoll:

»Wer sich verweigerte, wurde unter Druck gesetzt: Paßvergehen, ein außereheliches Verhältnis und Unterschlagungen waren beliebte Mittel, um die Angeworbenen zu bedrängen . . . Innerhalb der Gruppen agierten die inoffiziellen Mitarbeiter nach zwei Strategiemustern: Entweder versuchte man in ökologischen Kreisen, Friedensgruppen und Studentengemeinden provokative Mitglieder zurückzudrängen und auf den offiziellen Kurs zu lenken, oder die Gruppe wurde von innen gesprengt, indem inoffizielle Mitarbeiter des Staatssicherheitsdienstes so auftraten, daß die Gruppe nachhaltig nach außen diskreditiert war. Diese Tätigkeit des Stasi wurde innerhalb der Kirche ebensowenig wahrgenommen wie die Beeinflussung mancher Synoden-Entscheidungen.«[112]

Freilich, nicht alle konnten umgedreht, gefügig oder mundtot gemacht werden. Der SED-Staat wußte – wie bei den bundesdeutschen DDR-Forschern – zu unterscheiden. In einer Analyse des Kirchenstaatssekretariats heißt es beispielsweise, die zugelassene Erweiterung des Handlungsspielraumes innerhalb der evangelischen Kirche in der DDR nutzten »negative Kräfte«. Genannt wird in diesem Zusammenhang neben Propst Furian »vor allem« der Dozent am kirchlichen Sprachkonvikt und spätere Vorsitzende der SPD der DDR, Schröder. Dieser sei weit hinter das »lange erreichte Niveau christlich-marxistischen Dialogs« zurückgefallen und liefere »mit seiner unsachlichen und verzerrenden Sozialismus- und Marxismusinterpretation umfangreiches Material für primitivste antikommunistische Hetze von Westmedien.«[113]

Ein besonderes Wort der Anerkennung erntete hingegen der Präses der Synode der evangelischen Kirche Jürgen Schmude im Schwarzen Kanal des Karl-Eduard v. Schnitzler. Am 1. Februar 1988 war v. Schnitzler wie folgt zu vernehmen:

»Zu den Vorgängen, die seit dem 17. Januar vom Westen zu einer hemmungslosen Hetze hochgespielt werden, erklärte der Präses der Evangelischen Kirche Deutschlands Schmude am Samstag in der Hamburger Morgenpost, er lehne jede Einmischung der evangelischen Kirche der BRD ab. Man habe kein Mandat und keine Veranlassung, sich einzumischen. Boykottaufrufe von Künstlern gegen die DDR bezeichnete er schlicht als falsch. Ein Wort der Vernunft in einem aufgeregten Hühnerhof in einer Zeit, da in die Informationspolitik doch Kultur einziehen, da alles der Verständigung dienen sollte.«[114]

Wen wundert diese »Vernunft«? Die DDR war schließlich nicht Südafrika! Und da die Friedensbewegung ihren SED-Motor eingebüßt hat, wirft Schmude 1991 die Frage auf, ob heute noch der Satz des Ökumenischen Rates aus dem Jahre 1948 uneingeschränkt gelten kann, nach dem Krieg unter allen Umständen Sünde sei.[115] Ewige Wahrheiten sind mitunter recht kurzlebig!

Trifft die Feststellung Heinrich Albertz': »Aus der evangelischen Kirche war ›eine Institution geworden‹, an der gemessen die SPD eine rechtsreaktionäre Partei ist«,[116] den Nagel auf den Kopf? Auch wer ihm nicht beipflichtet, wird einen wahren Kern kaum leugnen. Daß die russisch-orthodoxe Kirche in unvergleichlich höherem Maße zum dolosen Werkzeug eines totalitären Staates degeneriert ist,[117] kann nicht der Entschuldigung dienen. Schließlich war sie über sieben Jahrzehnte fernab der freien Welt extremsten Pressionen ausgesetzt. Näher liegt der Hinweis auf die kleinen jüdischen Gemeinden, die dem SED-Staat offenbar keinerlei Sorgen bereiteten, deren auswärtige Freunde DDR-Orden entgegennahmen und dafür mit Lob nicht geizten.[118] Wenn wir mit jenen Maßstäben messen, die nach der NS-Diktatur angelegt worden sind, bleibt ein gerüttelt Maß Schuld. Und dennoch verbietet sich ein neues »Stuttgarter Schuldbekenntnis«, das alle in eine Gemeinschaft der Schuldigen drängte, wie es offenbar Manfred Stolpe vorschwebt, wenn er an die Brust aller schlagend bekennt:

»Heute müssen wir uns fragen, wo haben wir als Christen versagt? Wo wurden wir mitschuldig? Wir nahmen zu oft Rücksicht, indem wir die Wahrheit zu freundlich verpackt haben. Wir haben zu lange Geduld gepredigt, statt entschlossener Gerechtigkeit und Gleichheit zu fordern. Wir haben Unruhige beschwichtigt, wo es richtiger gewesen wäre, sich ihren Protest voll zu eigen zu machen. Um die Machthaber für unsere Vorstellungen zu gewinnen, haben wir es ihnen zu leicht gemacht, uns in ihre eigene Vorstellungswelt heimlich einzuordnen. Und wir waren zu stark fixiert auf das Verhältnis von Marxisten und Christen...«[119]

Nicht ein feierliches Confiteor immunisiert gegen totalitäre Infektion, das haben die letzten 50 Jahre bewiesen. Was den Kirchen, insbesondere der evangelischen, nottut, ist die individuelle Gewissenserforschung, die Bereitschaft zum Gespräch mit jenen, die sie bisher verteufelt hat, und die entschiedene Bejahung unserer Demokratie. Sie ist im Vergleich mit anderen Staatsformen nicht nur nicht minderwertig, sie ist ihnen, wenn wir die Werteordnung unserer Verfassung zur Richtschnur erheben, deutlich überlegen.

IX. Warum wurde die Freiheit verraten?

*»Daß die sozialistische Ordnung weder in dieser
noch in einer anderen Form von den Völkern
gewollt war und daß sie Antworten auf die Fragen
der Zeit nirgendwo bereit hielt, konnte jeder sehen, der sehen wollte.*
**Warum aber wollte keiner sehen, und warum gilt
der Wettbewerb der Systeme erst jetzt als entschieden?«**

Brigitte Seebacher-Brandt
(damals Ehefrau des Vorsitzenden der
Sozialistischen Internationale[1])

»War es denn Verrat, die große Lüge rechtzeitig zu verurteilen und
damit nicht an der größten kollektiven Manipulierung des 20. Jahrhunderts teilzunehmen, an dem größten moralischen Betrug, der je
geglückt ist?«[2] Die Antwort liegt auf der Hand: Es war Verrat am
Geiste des Grundgesetzes, dem Bekenntnis nach auf dem Boden
der freiheitlichen demokratischen Ordnung stehend dennoch der
Unterdrückung die Existenzberechtigung zuzusprechen, den roten
Totalitarismus zu leugnen, dem Antikommunismus abzuschwören
und Kommunisten als Lehrer einzustellen. »Wie konnten so viele so
lange die Ruine DDR für ein stabiles Gebilde halten?« fragt die
auflagenstärkste bundesdeutsche Illustrierte.[3] Täuschung, Selbsttäuschung, Bequemlichkeit, Feigheit, Verleumdung, Bestechung
und Drohung haben sich zu einer unheiligen Allianz zusammengefunden und den Verfassungsverrat ausgelöst. Eine ganze Litanei
wirkkräftiger Faktoren ist zu ermitteln und läßt sich nach Belieben
alphabetisch von »antifaschistischer Einheitsfront« bis »Zeitgeist«
ordnen. Wohl bei keinem von denen, die mitschuldig geworden
sind, war es nur eine Ursache. Von Mensch zu Mensch und weithin
unbewußt variieren die Impulse. Auch mit Blick auf ein und densel-
ben Menschen sind Mutationen des Weltbildes und der Handlungs-

motive geradezu selbstverständlich. Das Knäuel der Beweggründe läßt sich – ohne Anspruch auf Vollständigkeit – beschreiben; entwirren läßt es sich nicht.

Dieser Verfassungsverrat wiegt doppelt schwer, da er in eine Zeit fällt, in der die deutsche Öffentlichkeit nicht müde wurde, den Verrat an der Weimarer Verfassung zu thematisieren und den Kreis der Schuldigen immer weiter zu ziehen.

1. Für Frieden und Gerechtigkeit auf der Straße des Sieges

Der Bau der Berliner Mauer im August 1961 ist jene Zäsur, die das Ausbluten der DDR abstoppte und über ein Vierteljahrhundert hinweg dem SED-Staat weit mehr einbrachte – auch an Reputation, als auf der Passivseite verbucht werden mußte. Natürlich war die Verbitterung über diesen barbarischen Akt groß und allgemein. Doch wer als Eingeschlossener nicht in Resignation verfallen wollte, mußte sich mit der Tatsache abfinden, daß nun das Tor zur Freiheit auf unabsehbare Zeit verriegelt war. Eine moralische Verpflichtung zum Martyrium gibt es nicht. Wer kann Passivität, gar Widerstand verantworten, wenn die Staatspartei nicht nur den »Täter«, sondern auch dessen Familie für die politische Insubordination büßen läßt? Also haben sich die Objekte der Macht allmählich parteikonform organisiert und ihre oberste staatsbürgerliche Pflicht, das »Wahlrecht«, wahrgenommen, auch wenn es nichts zu wählen, auszuwählen gab. Ephraim Kishon hat die Massenseele zutreffend beschrieben:

»Je mehr sich die Kommunistische Partei mit großzügiger Unterstützung der sowjetischen Besatzung in fast allen Bereichen des täglichen Lebens ausbreitete, um so mehr Menschen bemühten sich von ganzem Herzen, an die Gerechtigkeit der Sache zu glauben. Sie ließen sich nicht von der Realität beeinflussen. Sie glaubten nicht an das, was sie sahen, sondern ausschließlich an das, was sie mit eigenen Augen in den Büchern lasen.«[4]

In der Bundesrepublik waren es vor allem Jugendorganisationen, die einen Blick hinter den Eisernen Vorhang werfen wollten. SPD und DGB lehnten Anfang der 60er Jahre organisatorische Beziehungen und Aktionseinheiten ab, bejahten aber die Befriedigung des Informationsbedürfnisses und den Willen zur geistigen Konfrontation. Daß sich so auch Verbrüderung kaschieren ließ, liegt auf der Hand. Zum Dammbruch kam es während der Großen Koalition. In den USA plumpste ein gewaltiger Felsen ins Wasser, und die Springfluten erreichten via Frankreich auch die Bundesrepublik Deutschland. Das militärische Engagement der USA in Vietnam war einer der Gründe, ein anderer das Wohlstandsgefälle. Die USA und alles, was sie verkörpern, wurden für viele Studenten und die Linke insgesamt der Inbegriff des Bösen. Auf der Suche nach einer Alternative wurde der von den USA so sehr bekämpfte Kommunismus wiederentdeckt, und was die Wirklichkeit der sozialistischen Staaten an Positivem vermissen ließ, ersetzten der gute Wille und die Phantasie. In ihrer Analyse der Achtundsechziger schildern Schneider und Schlaffke recht anschaulich und einprägsam die schier unglaublichen Vorgänge:

»Man faßt sich an den Kopf, wie Studenten in München, Hamburg und Berlin durch die Straßen ziehen konnten, in der einen Hand die Mao-Bibel, in der anderen ein Transparent für kritische Wissenschaft, ohne bei jedem Schritt über den Widerspruch zwischen beiden zu stolpern. Erklärbar ist dagegen nur zu gut, daß die *Führer* der Revolte eine dem chinesischen Vorbild abgesehene Massenhysterie für sich instrumentalisieren wollten . . . Unerklärbar dagegen ist nach den Erfahrungen mit Hitlers totalitärem Regime das künftig der Identitätsklitterung derer, die im frommen Glauben an Selbstverwirklichung den Gessler-Hüten unterwerfender Vermassung hinterhermarschierten. Es bleibt unerklärbar, es sei denn, man läßt das von Eric Voegelin den Deutschen so kühl unter die Nase gehaltene Kriterium der schlichten politischen Dummheit als Erklärungsmuster gelten.«[5]

Der Marx-Kult schoß ins Kraut. Marx und Marxismus in allen Variationen. Die Menge an »geistigen« Erzeugnissen stand in umgekehrtem Verhältnis zur Qualität. Ließ dann gar noch eine namhafte Persönlichkeit, die man im gegnerischen Lager wähnte, unbedacht ein schmückendes Wort über Marx verlauten, wurde er über Nacht zum großen Marx-Kenner, und alle Beteuerungen, er habe nur das, was man heute zu sagen pflegt, wiederholt, er selbst sei kein einschlägiger Experte, halfen nichts mehr, die Legendenbildung abzubremsen (S. 208). Der »große« Marx aber hatte das Naturgesetz entdeckt, daß der Kapitalismus untergehen und der Kommunismus weltweit siegen werde, der Kommunismus, der alle Welträtsel löst,[6] der Kommunismus, der uns die große Freiheit beschert, »heute dies, morgen jenes zu tun, morgens zu jagen, nachmittags zu fischen, abends Viehzucht zu treiben, nach dem Essen zu kritisieren, wie ich gerade Lust habe, ohne je Jäger, Fischer, Hirt oder Kritiker zu werden«.[7] Der Kommunismus bricht an wie die Morgenröte. Victrix causa deis placuit – schon immer hat die siegreiche Sache den Göttern gefallen – und erst recht den Menschen. Der Erfolg heiligt die Mittel. Hitler soll zu Albert Speer gesagt haben:»Es gibt für mich zwei Möglichkeiten: Mit meinen Plänen ganz durchzukommen oder zu scheitern. Komme ich durch, dann werde ich einer der Größten in der Geschichte – scheitere ich, werde ich verurteilt, verabscheut und verdammt werden.«[8] Diese Straße des Sieges schien zugleich die Straße des Friedens zu sein. Im Berliner Parteiprogramm der SPD heißt es dazu:»Als Regierungspartei konnte die Sozialdemokratie beachtliche Erfolge erringen ... Die herausragende Leistung dieser Zeit bleibt die Aussöhnung mit den Staaten Osteuropas und die Sicherung des Friedens.« Unter Anerkennung der DDR als Staat und unter Verzicht auf die Hallstein-Doktrin ist es zu Verträgen mit osteuropäischen Staaten gekommen (S. 24). Ob sie als »Aussöhnung« bezeichnet werden können, bleibt dem individuellen Sprachempfinden und der politischen Kultur überlassen. Für eine Demokratie kann es keine gelungene volle Aussöhnung mit einer Diktatur geben, da der Demokrat jedem Diktator die Legitimation abspricht. »Da er die Gerechtigkeit über alles liebte, wurde er Kommunist.«[9] Was hier Milovan Djilas mit Bezug auf sein Jugendidol schreibt, gilt für viele Sozialisten/Kommunisten, oder darf bei vielen zumindest unterstellt werden. Gerade Geistliche aller Religionen und christlichen Denominationen glauben, soziales Verantwortungsbewußtsein führe notwendig zum Sozialismus/Kommunismus, da der »Kapitalismus« die soziale Ungerechtigkeit geradezu symbolisiere. Der Pfarrer der berühmten Wittenberger Schloßkirche, an dessen Tor Luther verbreiteter Meinung gemäß seine Thesen anschlagen ließ, äußerte in einer Betrachtung zum Fall der Mauer, es sei mehr zerbrochen als eine Mauer, zerbrochen sei auch der Versuch, eine gerechtere Gesellschaft auf gerechte Grundlage zu stellen.[10] Pfarrer Schorlemmer, Träger des Friedenspreises des Deutschen Buchhandels 1993, ist SPD-Mitglied. Im Berliner Programm der Partei heißt es: »Gerechtigkeit erfordert mehr Gleichheit in der Verteilung von Einkommen.« Und wer, dessen Herz nicht aus Stein, kann diesem Postulat der Gerechtigkeit widersprechen, wenn er liest:»Die 400 reichsten Amerikaner verfügen über ein Gesamtvermögen von 288

Milliarden Dollar, knapp sechs vom Hundert des amerikanischen Bruttosozialprodukts. Die Zahl der Milliardäre stieg innerhalb der vergangenen zwölf Monate von 66 auf 71.«[11] Doch nicht selten sind es gerade jene, die »mehr Gleichheit in der Verteilung von Eigentum« fordern, die gleichzeitig die Leistungsgesellschaft anklagen, die, wie die Jusos, ein Recht auf Faulheit postulieren,[12] die der Empfängermentalität in weiten Teilen der Erde Vorschub leisten. Viele Sozialapostel halten sich für sozial, in Wirklichkeit verweigern sie den eigenen ökonomischen Beitrag zum Bruttosozialprodukt. Igor Winogradow beschreibt höchst anschaulich die Verführungskraft der sozialen Idee:

»Jener geheime Ort der Seele, in dem sich sinngebende Wertvorstellungen bilden, wurde von dem Glauben an eine soziale Idee, den Sozialismus, in Beschlag genommen... Und dies erstmals im Maßstab einer ganzen Gesellschaft. Dieser Glaube war noch im Krieg und auch noch im Tauwetter vorhanden, damals lebte noch die Hoffnung auf einen Sozialismus mit menschlichem Gesicht. Doch dann besorgte die Zeit der Stagnation ihr Zerstörungswerk.«[13]

Manche Sozialisten mögen Heilige sein, manche sind bloße »Neidhammel«. Was ihnen allen fehlt, ist die Bereitschaft, die Wirklichkeit wahrzunehmen. Die Frau des langjährigen Vorsitzenden der Sozialistischen Internationale müßte es eigentlich wissen. Sie stellt die Frage: »Liegt der Fehlbeurteilung der Jahre 1989/90 jene Schwierigkeit zugrunde, die die Linke mit der Wirklichkeit immer schon hatte...?«[14] – Wo hat der Sozialismus das Los der Armut gelindert, wo die Umwelt geschont, wo den Überschuß in die Kanäle der Entwicklungshilfe geleitet? Im deutsch-deutschen Vergleich klaffte die Wohlstandsschere immer weiter auseinander, und die ärmste Schicht, die Rentner, hatte im Schnitt kaum ein Fünftel an realer Kaufkraft, gemessen an den Renten in der Bundesrepublik.

Hinter dem Banner zu marschieren, das die Losung trägt »Frieden und Gerechtigkeit«, noch dazu auf der Straße, die zum Siege führt, das verleiht Kraft und Selbstbewußtsein. Der Feige, der Bequeme, jener, der die Isolierung vermeiden will oder die Gefahr, als Faschist verschrieen zu werden, wird sich in dieser Woge, die der Zeitgeist trägt, wohl und sicher fühlen. »Anpassung ist die Stärke der Schwachen.« Ein höchst anschauliches Beispiel für das, was hiermit gesagt sein soll, ist das Verhalten aller bundesdeutschen

Kalendermacher. Jeder Feiertag wurde namentlich genannt, beginnend mit:»Neujahr«,»Heilige Drei Könige« usw. Beim 17. Juni verschlug es ihnen allesamt die Stimme. Da hieß es nur»Gesetzlicher Feiertag im Bundesgebiet«. Man wollte nicht anecken, man hatte eine gute Witterung für gefährliche Winde. In seinem bis auf den heutigen Tag höchst aufschlußreichen Buch»Psychologie der Massen«, erste Auflage 1895, macht uns Le Bon mit seiner Erkenntnis vertraut: Wenn die Einführung einer allgemeinen Grundanschauung einmal

»Fuß gefaßt hat, ist ihre Macht lange Zeit unüberwindlich. Und mag sie philosophisch noch so falsch sein, sie drängt sich doch sogar den erleuchtetsten Geistern auf... Der philosophische Unsinn gewisser allgemeiner Grundanschauungen war nie ein Hindernis für ihren Triumph. Dieser Triumph scheint sogar nur dann möglich zu sein, wenn sie irgendwelchen geheimnisvollen Unsinn enthalten. Die offenbare geistige Armut der sozialistischen Lehren der Gegenwart wird nicht verhindern, daß sie sich der Massenseele einpflanzen.«[15]

2.»Man konnte es nicht ahnen«

Am 12. Juni 1992 äußerte Kurt Sontheimer, Ko-Autor eines erfolgreichen DDR-Lehrbuchs (S. 126) in einer Confessio:»Jetzt erst ist eine Situation gegeben, die es uns erlaubt, die DDR zu erkennen, wie sie wirklich war.«[16] Sinngleich Hans-Jochen Vogel, damals SPD-Vorsitzender:»Wenn ich jemals geahnt hätte, daß in der DDR Terroristen aufgenommen worden sind, hätte ich mich nie mit Honecker an einen Tisch gesetzt.«[17] Und Klaus Bölling:»Nicht knöcheltief, sondern abgrundtief war der moralische Morast, in dem die ›Elite‹ der DDR gewatet ist... Daß sich Honecker und sein Politbüro als freundliche Mäzene und ›Sponsoren‹ kaltblütiger, mit politischen Motiven drapierter Mörder betätigen können, hätte ich mir allerdings nicht träumen lassen.«[18]
In der Tat: Wir im Westen (und 99 vom Hundert der DDR-Bewohner) wußten vieles nicht und konnten es auch nicht wissen, so die Zahl der hauptamtlichen und nebenamtlichen Mitarbeiter des Staatssicherheitsdienstes, die Begünstigung deutscher Terroristen, die Belieferung ausländischer Terroristen mit Maschinenpistolen, Munition und anderen Ausrüstungsgegenständen[19], das volle Ausmaß der wirtschaftlichen Misere.

Die entscheidende Frage lautet aber nicht, ob wir alle Details gewußt haben, sondern ob wir alles Wesentliche gewußt haben oder wissen konnten. Und diese Frage ist entschieden zu bejahen. Hermann Kreutzer, früher SPD-Mitglied und Opfer der DDR-Terrorjustiz, schreibt in einem Leserbrief:

»Ich bin kein Wissenschaftler und habe auch nicht studiert, aber ich konnte die deutschen Kommunisten, ihr Wesen und ihr Handeln immer richtig einschätzen, weil ich mir nie ein X für ein U vormachen ließ und die Kommunisten stets als das angesehen habe, was sie in Wirklichkeit waren: eine Gangsterbande.«[20]

Ja, so einfach war das. Wer Hitlers »Mein Kampf« mit nüchternem Verstand gelesen hatte, mußte wissen, daß diesem Manne alles zuzutrauen ist.[21] Wer sich anhand der Quellen mit Marx befaßte, mußte wissen, daß es auch für ihn und seinesgleichen keinerlei moralische Schranken gab. Marx hat Terror und blutige Rache nicht nur nicht mißbilligt, sondern wiederholt ausdrücklich gutgeheißen.[22] Auch über den Staatssicherheitsdienst, seine Allgegenwart und totalitären Praktiken, konnte sich informieren, wer sich informieren wollte.[23] Und das ökonomische Desaster? Spätestens als Honecker für nur eine Milliarde verzinsliches Darlehen dem »Kommunistenfresser« Strauß alle Todsünden öffentlich verzieh, war klar, daß sich der SED-Staat in einer verheerenden Notlage befand. (Damals schrieb ich in einer publizierten Kurzbiographie:

»Zwischenzeitlich hat Strauß in der DDR eine Aufwertung erfahren: Er wurde aus der Schußlinie genommen. Als wessen geistiges Kind gelte nun ich? Werde ich Strauß zugerechnet, muß ich befürchten, daß die herzerfrischenden Attacken so lange unterbleiben, solange der in jeder Hinsicht haushoch überlegene Sozialismus beim von ›Stagnation und Fäulnis‹ (Lenin) gezeichneten Monopolkapitalismus um Kredite bettelt!«)

Die geistige Unfreiheit in allen Dimensionen, der alltägliche Terror, der Menschenhandel, die Todesschüsse an der Mauer, mehr als genug war bekannt, was den SED-Staat verachtenswert machen mußte. Allein die Fernsehreportage vom Aufenthalt des Bundeskanzlers Helmut Schmidt in Güstrow erteilte allen, die hören und sehen wollten, eine unvergeßliche Lektion. Die Bevölkerung der Stadt war prophylaktisch in ihre Häuser eingesperrt. Tausende von Volkspolizisten standen Schulter an Schulter. Ein gespenstischer Anblick. Das waren die innerstaatlichen Auswirkungen der »Normalisierung und Entspannung«.

Auch zu einer Sicherung des Friedens ist es, entgegen dem zitierten SPD-Parteiprogramm, nicht gekommen. Im Gegenteil: 1979 überfiel die Sowjetunion unter dem Beifall der DDR Afghanistan. Um einer militärischen Intervention der Roten Armee zuvorzukommen, mußte 1981 der polnische Staatspräsident über sein Land das Kriegsrecht verhängen. Die forcierte Überrüstung des Warschauer Paktes gab zunächst der SPD-Mehrheit Veranlassung, sich für die Nachrüstung mit Mittelstreckenraketen auf westeuropäischem Territorium auszusprechen. Das sind die knallharten Fakten. Noch unter Jimmy Carter und Helmut Schmidt wurde allgemein klar, daß beiderseitige Entspannung Wunschdenken geblieben ist, die Abschreckungskapazität des Westens an Glaubwürdigkeit eingebüßt hat.

Der »Forschungsverbund SED-Staat« stellt nüchtern fest:

»Informationen, die dem von der ›vorurteilsfreien‹ DDR-Forschung gezeichneten Bild widersprachen, [trafen] bei dieser auf schlichte Ignoranz. Von Berg, Loeser und Seiffert wurden zu ›Außenseitern‹ gestempelt, weil ihre Analysen von der unveränderten ›kommunistischen Parteidiktatur‹, von der zu erwartenden ›Zahlungsunfähigkeit‹ der DDR und von der ökonomischen ›Ausbeutung des Volkes durch den Parteiapparat‹ handelten und insoweit genau die vermeintlichen Vorurteile beinhalteten, gegen die man seit Jahren anschrieb.«[24]

Gerhard Löwenthals ZDF-Magazin wurde abgeschaltet, Fricke gar nicht erst als Referent eingeladen (S. 132). Und alle anderen, die sich mehr der Wirklichkeit als einem utopischen DDR-Bild verpflichtet fühlten, ins Abseits oder über den Spielfeldrand gedrängt. Viele wollen auch heute noch nicht von jenen Notiz nehmen, denen die Geschichte Recht gegeben hat. Da heißt es dann: »Alle, selbst die Gewagtesten, schlossen ausdrücklich aus, was inzwischen eingetreten ist: den Zusammenbruch des Ostblocks.«[25] Doch schon im März 1982 äußerte Wolfgang Leonhard in einem der Blätter, die der (ein-)gebildete Deutsche nicht einmal mit der Kohlenzange anfaßt:

»*Deutschland-Magazin:* Vor einigen Jahren erschien ein Buch des inzwischen ums Leben gekommenen sowjetischen Dissidenten Andrej Amalrik unter dem Titel ›Kann die Sowjetunion das Jahr 1984 erleben?‹. Ohne sich exakt auf dieses Orwellsche Datum zu fixieren: Halten Sie einen Zusammenbruch des Sowjetimperialismus in absehbarer Zeit für möglich oder sogar für wahrscheinlich?
Leonhard: Ich halte einen solchen Zusammenbruch durchaus für möglich, zumindest nicht für unmöglich. In den Analysen westlicher Politiker stößt

man immer wieder auf den groben Fehler, daß von den Autoren die Stabilität der Sowjetunion weit überschätzt wird, während sie den inneren Wandlungsprozessen, die aus den enormen Widersprüchen des bürokratisch-diktatorischen Systems des Sowjetkommunismus entstehen, nur wenig Beachtung schenken... Die Sowjetunion ist das letzte Kolonialreich der Welt, und so wie andere große Kolonialreiche nach einer gewissen geschichtlichen Periode auseinandergefallen sind, wird auch das sowjetische Imperium diesem Schicksal nicht entgehen können.«[26]

Und Werner Obst schreibt in derselben Ausgabe:

»Statt den Ostblock mit riesigen westlichen Ressourcen erfolglos ökonomisch ›heranholen‹ zu wollen, sollten wir einfach unseren ökonomischen Vorsprung gezielt ausbauen. Das würde den Zwang zur Reform des Kommunismus schneller und wirksamer verstärken als alles andere. Es gibt keinen Grund, diesen ohnehin zwangsläufigen Prozeß zu mildern. Wir sollten ihm vielmehr durch Vorenthalten der westlichen Ressourcen zum Durchbruch verhelfen. Sanktionen jeder Art sind so gesehen notwendig. Je umfassender, desto wirkungsvoller.«[27]

Wer derlei zu äußern wagte, entfernte sich aus der scheinpluralistischen Öffentlichkeit, die nolens volens den Trendsettern folgte.

3. »... jedes Mittel recht, das zum Ziel führt...«

In einem Brief offenbart sich Friedrich Engels auf bezeichnende Weise: »Abgesehen von der Frage der Moralität – um diesen Punkt handelt es sich hier nicht, ich lasse ihn also beiseite – ist mir als Revolutionär jedes Mittel recht, das zum Ziel führt, das gewaltsamste, aber auch das scheinbar zahmste.«[28] Jedes Mittel ist Marx und Engels recht, um die kommunistische Revolution herbeizuführen. Doch halt, da ist doch der Vorbehalt: »Abgesehen von der Frage der Moralität«! – Dieser Vorbehalt war jedoch nicht ernst gemeint, sollte nur, da der Adressat dem Absender nahezu unbekannt war, ein Hintertürchen offen lassen. Untereinander haben die Freunde eine klare Sprache gesprochen. Ihnen war Moral nur eine »Phrase«, nichts zeitlos Gültiges, vielmehr Bestandteil des Überbaus, also von der jeweiligen Produktionsweise abhängig.[29] Als Lenin 1920 den Komsomolzen eintrichterte: »Wir sagen, daß unsere Sittlichkeit völlig den Interessen des proletarischen Klassenkampfes untergeordnet ist«,[30] sprach er im Geiste von Marx und Engels. Lüge und Gewalt bis hin zum mörderischen Terror, alles das haben sie ausdrücklich bejaht.[31] Deshalb war es keine Verunglimpfung des Andenkens Verstorbener, daß Terroristen ihr Tun mit dem Hinweis auf Marx zu rechtfertigen versuchten und das Ministerium für Staatssicherheit der DDR die Klassiker Marx, Engels und Lenin als seine ideologische Grundlage bezeichnete.[32] Das Buch »Stasi intern« enthält Fotos von Stasi-Arbeitsräumen. In einem der Zimmer befand sich demnach eine Statue des absolut skrupellosen Tscheka-Chefs unter Lenin, Felix Dserschinskij, und über ihm Karl Marx als Agitator.[33] Dem Ministerium und seinen nahezu 100.000 hauptamtlichen und 200.000 nebenamtlichen Mitarbeitern war »jedes Mittel recht, das zum Ziel«, zum Erhalt der Macht in den Händen der SED führte. Dazu zählten auch Fälschung, Verleumdung, Bestechung, Unterwanderung, Spionage, Erpressung, und davon soll im folgenden die Rede sein: Die SED ließ jahrelang ihre Kriminalstatistik fälschen, um die DDR im Vergleich mit der Bundesrepublik als vorbildlich erscheinen zu lassen. »Die Zahl der Delikte wurde nach unten, die Quote erfolgreicher Ermittlungen nach oben manipuliert.« Während das Statistische Jahrbuch der DDR für 1988 nur 119.000 Straftaten auswies, ergaben Untersuchungen der Berliner Projektgruppe Kriminologie 393.000 angezeigte Straftaten.[34] Noch fesselnder waren die »Erfolgs«-Meldungen auf ökonomischem Gebiet. Dafür ein Beispiel, das geeignet war, die Kritiker des Sozialismus mundtot zu machen:

»N. S. Chruschtschow hob im Rechenschaftsbericht des ZK hervor, daß sich innerhalb von 26 Jahren die Industrieproduktion der Sowjetunion trotz des ungeheueren Schadens, den der Krieg brachte, auf mehr als das 20fache erhöht hat, während die USA, die sich in einer außerordentlich günstigen Lage befanden, in der gleichen Zeit ihre Produktion nur auf etwas mehr als das Doppelte steigern konnten. Vergleicht man die Entwicklung in den letzten 26 Jahren unter Ausschaltung der Kriegszeit, so belief sich die Jahreszunahme der Industrieproduktion in der UdSSR auf 18 Prozent, in den USA auf 2,8 Prozent, in England auf 3,5 Prozent und in Frankreich auf 2,5 Prozent. Wenn man das schnelle Tempo der weiteren Entwicklung der Volkswirtschaft in der Sowjetunion im 6. Fünfjahrplan in Betracht zieht, ist nicht schwer zu erkennen, daß die Sowjetunion in geschichtlich kurzer Frist die entwickelsten kapitalistischen Länder überholen wird.«[35]

Hand in Hand mit der Täuschung ging die Verleumdung systemkritischer Persönlichkeiten, so des Bundespräsidenten Heinrich Lübke, und mißliebiger Organisationen, z. B. der Internationalen Gesellschaft für Menschenrechte (S. 195). Eine Bauskizze für ein

Konzentrationslager wurde in der Abteilung X des Ministeriums für Staatssicherheit so modifiziert, daß es den Anschein bekam, Lübke sei als Zulieferer von Baracken mitschuldig geworden. Das »Dokument« wurde dem »Stern« zugespielt und dort, wie vom MfS beabsichtigt, veröffentlicht. »Streng geheim« sollte der letzte Fünf-Jahres-Plan des Ministeriums für Staatssicherheit in Berlin (Ost) und des sowjetischen KGB (Moskau) bleiben, den Erich Mielke und Viktor Tschebrikow 1986 unterzeichneten. Was die beiden Herren an weltweiter Ausspähung, Bearbeitung und Beeinflussung sich vorgenommen hatten, mutet »grotesk« an, wie die Frankfurter Rundschau feststellt. Einige Passagen aus diesem Operationsplan, den zwei Militärs erarbeitet hatten:

»Ausgehend von den Beschlüssen... konzentrieren sich... bei der Abwehr der imperialistischen Konfrontationspolitik, der rechtzeitigen Aufdeckung und Vereitelung der subversiven Pläne, Absichten und Aktivitäten des Gegners auf die gemeinsame Lösung folgender Hauptaufgaben:
1. Bearbeitung subversiver und anderer operativ bedeutsamer ideologischer Zentren und Organisationen des Gegners sowie bestimmter antisozialistischer Elemente im Operationsgebiet... Nutzung der Möglichkeiten der Hauptabteilung 20 im Rahmen ihrer strukturell festgelegten Aufgaben und Verantwortlichkeiten zur Beschaffung von Informationen über Pläne, Absichten und Aktivitäten
– der Sender ›Radio Liberty‹ und ›Radio Free Europe‹
– von ›Amnesty International‹
...
von Stauffenberg, Ludwig
Gerstenmaier, Kornelia
Lobkowitz, Nikolaus
Löwenthal, Gerhard
...
– der ›Internationalen Gesellschaft für Menschenrechte‹ (IGFM)...
2. Bekämpfung der unter religiösem Deckmantel subversiv gegen sozialistische Staaten wirkenden gegnerischen Organisationen, Einrichtungen und Kräfte...
›Glaube in der zweiten Welt‹
Zollikon – Zürich/Schweiz
›Christlich paneuropäisches Studienwerk‹
Brüsewitz-Zentrum – Bonn/BRD...
Operative Sicherung und Unterstützung des Ausbaus der ökomenischen Beziehungen zwischen der Russisch-Orthodoxen Kirche (ROK) und dem Bund Evangelischer Kirchen (BEK) in der DDR sowie der katholischen Kirche in der DDR durch Unterstützung der Einladung von Kardinal Meisner sowie evangelischer und katholischer Würdenträger in die

UdSSR... Teilnahme von Vertretern der ROK als Gäste an kirchlichen Veranstaltungen in der DDR...
- Fortsetzung der bewährten Methode der Entsendung von Bürgern der UdSSR an innerkirchliche und staatliche (theologische) Ausbildungsstätten der DDR und entsprechender Ausbau der Verbindungen zwischen katholischen Ausbildungsstätten in der DDR und der UDSSR, verbunden mit der zeitweiligen Übernahme der inoffiziellen Mitarbeiter des Komitees für Staatssicherheit, die sich zu einem theologischen Studium in der DDR befinden, durch die Hauptabteilung XX...
- Durchsetzung der 1984 multilateral festgelegten operativen Maßnahmen zur Organisation der Abwehrtätigkeit gegen die subversive Tätigkeit des Vatikans, vorrangig zur ...
- Beeinflussung internationaler religiöser Organisationen zur Verstärkung antikatholischer Stimmungen...
- Inoffizielles Eindringen bzw. Ausbau inoffizieller Möglichkeiten zur Aufklärung und Bearbeitung von
a) ›Radio Vatikan‹
›Ostpriesterhilfe‹ (BRD) ›Königsteiner Anstalten‹ (BRD)
›Kirche in Not‹ (BRD)
›ZK der Katholiken der BRD‹
›Opus Dei‹...
Planmäßige Verwirklichung der Konzeptionen zur Festigung der Positionen der progressiven christlichen Bewegungen ›Prager Christliche Friedenskonferenz‹ (CFK) und ›Berliner Konferenz Europäischer Katholiken‹ (BK)...«[36]

Daß ausgerechnet die Frankfurter Rundschau diesen Operationsplan veröffentlicht, verdient volle Anerkennung, denn auch ihre Journalisten hatten begierig aufgegriffen, was Mielke und seinesgleichen an Verdächtigungen mißliebiger Personen und Institutionen, beispielsweise gegen die ebenfalls in Frankfurt ansässige IGFM, ausgestreut hatten. Die Zeitschrift des schwedischen Journalistenverbandes »Journalisten« hat in ihrer Ausgabe vom 20. August 1992 einen dreiseitigen Artikel über die Desinformationsarbeit des Staatssicherheitsdienstes veröffentlicht. Auf der Titelseite sieht man ein Bild des Ex-Stasi-Offiziers Herbert Bremer. Die Hauptschlagzeile lautet: »Er legte die falschen Spuren beim Palme-Mord«. Drei Tage nach dem Mord an Olof Palme erhielten der Genannte und die Hauptabteilung 10 den Auftrag, falsche Spuren bei der Suche nach dem Mörder zu legen. Sie sollten sicherstellen, daß das Verbrechen nur von Rechtsextremisten hatte begangen werden können.
Zum Instrumentarium einer unter ethischen Gesichtspunkten indis-

kutablen Beeinflussung zählt die Bestechung, die auf vielfältige Weise praktiziert werden kann. Schon 1947 veröffentlichte der von der SPD herausgegebene »Sopade-Informationsdienst« Gedanken eines Mitarbeiters aus der Ostzone über das Zustandekommen der »Einheit«. Unter der Überschrift »Gekauft« wird über den sächsischen SPD- und späteren SED-Landesvorsitzenden Otto Buchwitz sowie andere ehemalige SPD-Spitzenfunktionäre ausgeführt:

Buchwitz war in seinen Entschlüssen nicht mehr frei und hatte ohne ein Mandat der Mitglieder die sächsische SPD an die KP ausgeliefert. Er selbst bewohnt eine Villa in der Funktionärssiedlung der kommunistischen Spitzenfunktionäre von Dresden... Dieses SED-Funktionärs-Villenviertel wurde vollkommen eingezäunt, an den Straßen mit Schlagbäumen versehen und durch Polizei Tag und Nacht gesichert. Es ist jedem Sozialdemokraten, der einmal Einblick in diese Verhältnisse bekam, klar geworden, daß die dort wohnenden damaligen SPD-Spitzenfunktionäre... als Teilhaber dieser einseitigen Vorzugsstellung gegenüber dem Volke längst zu willenlosen Werkzeugen fremder Interessen geworden sind.«[37]

35 Jahre später berichtet eine »Finanzielle Abhängigkeit« benannte DKP-Untersuchungskommission dem 11. Parteitag:

»Jedes Jahr wiederholte sich das Ritual: Der Verfassungsschutz veröffentlichte seine Zahlen über die finanziellen Zuwendungen der SED an die DKP, die Massenmedien griffen die Zahlen dankbar auf, und bald darauf veröffentlichte die UZ das Dementi des Parteivorstandes. In den Berichten der Revisionskommission wurde die Lüge von der Fremdfinanzierung der DKP gegeißelt... Im November 1989 folgte das böse Erwachen. In einem offenen Brief an die Mitglieder des Präsidiums und des Parteivorstandes schrieb am 30. 11. 1989 Herbert Mies: ›Die solidarischen Hilfeleistungen von Schwester- und Bruderparteien sozialistischer und anderer Länder sind fast völlig eingestellt worden. Auf diese Weise ist das Finanzwesen der Partei in eine tiefe Krise geraten.‹«

Der Schriftsteller Peter Schütt, von 1971 bis 1989 selbst Mitglied im Bundesvorstand der DKP, berichtet unter der Überschrift »Wes Geld ich nehm', des Lied ich sing‹ – wie die SED ihre Anhänger in der Bundesrepublik finanzierte und steuerte.«:

»Es war offenkundig ein weit verzweigtes unterirdisches Kanalsystem, über welches das Geld von drüben in die vorgesehenen Kassen floß, und unterwegs versickerte und versandete manche Mark. Das von der Diktatur der Inkompetenz regierte Medienimperium der DKP, das immerhin zu seinen besten Zeiten 14 Verlage, 15 Zeitungen und Zeitschriften, eine Schallplattenproduktion und einen Filmverleih umfaßte, verschlang am Ende Unsummen...«

Schon an anderer Stelle wurden namhafte Persönlichkeiten genannt, die sich auf diese Weise von der DKP in Dienst nehmen ließen (S. 77). Schütt fährt fort:

»Die DKP-Führung schien in Geld zu schwimmen. Besonders bei den ersten Pressefesten, die bewußt als Gegengewichte gegen die populären Feste der italienischen und französischen Kommunisten geplant waren, gingen die Geldboten mit ihren Koffern regelrecht von Stand zu Stand, um die Helfer und Künstler gebührend zu entlohnen. Um national und international angesehene Künstler anzuwerben, wurden gewaltige Summen bezahlt, manchmal bis zu 100.000 DM für einen Star . . . Der Glaube an die Macht des Geldes war bei den zuständigen Abteilungen der SED offenkundig grenzenlos . . . Auch ich habe von diesem Geld profitiert, 15 Bücher von mir sind in subventionierten Verlagen erschienen.«[38]

Von zahlreichen anderen wissen wir ebenfalls, wie sehr sie sich geschmeichelt fühlten, wenn ihre Bücher in der DDR oder anderen Ostblockstaaten viele und hohe Auflagen erlebten. Schon Arthur Koestler wußte insofern Unglaubliches zu berichten.[39] Der Stasi habe 1972, so behauptet der DDR-Spionagechef Markus Wolf, durch Stimmenkauf das konstruktive Mißtrauensvotum Rainer Barzels (CDU) gegen Willy Brandt zum Scheitern gebracht.[40] Als Hans Jochen Vogel 1981 um die Gunst der Westberliner Bevölkerung warb, kamen Repräsentanten von SPD und SED überein, wie die DDR mithelfen könne, seine Chancen zu steigern, so durch Aussetzung des Schießbefehls für die Wahlkampfwochen, feierliche Rückgabe des Archivs der königlichen Porzellan-Manufaktur. Die Übereinkunft wurde selbstverständlich streng vertraulich behandelt.[41] In den »Schalck-Papieren« steht zu lesen:

»Der Generalsekretär und Vorsitzende des Staatsrates ist bereit, im Zusammenhang mit den Wahlen am 10. Mai 1981 in West-Berlin Gesten zu veranlassen, die die Wahl Vogels erleichtern. Aus diesem Grunde seien schon alle Maßnahmen getroffen, damit an der Grenze Zwischenfälle ausgeschlossen sind.«[42]

Ex-SPD-Chef Björn Engholm – damals noch Kieler Oppositionsführer – erblickte in dem deutschen Kommunisten-Chef Honecker vor allem einen willkommenen Wahlkampfhelfer – so der »Stern«:

»Zu Beginn der Unterredung dankte er Honecker artig für die Möglichkeit des Gesprächs. Unmittelbar vor der Landtagswahl in Schleswig-Holstein sei dies ›eine große Hilfe‹. Honecker wünschte im Gegenzug gutes Gelingen bei der Wahl. Sein Besuch werde der SPD insgesamt helfen . . .«[43]

Eine andere Form der Bestechung bestand darin, nur jenen den Aufenthalt zu genehmigen und ein Interview zu gewähren, die auf die gewünschte Weise zu berichten wußten. Unter der Überschrift »Jubel-Kommentare gegen Dreherlaubnis« heißt es, Geheimdokumente des Bonner Schalck-Untersuchungsausschusses beweisen, Fritz Pleitgen, Fernseh-Chefredakteur des WDR, habe Interviews von Honecker und Breschnew erhalten und Drehgenehmigungen, »um die sich andere vergeblich bemühten«. Für eine Dreherlaubnis zum 10. Jahrestag des Treffens Brandt/Stoph im »Erfurter Hof« habe Pleitgen zugesagt, er wolle »die Garantie übernehmen«, daß der Abschlußkommentar eine Aussage enthalten werde, die auch dem »Sinne der DDR-Außenpolitik« entspreche. Auf »das leidige Problem der Reisewünsche« solle nicht unbedingt hingearbeitet werden, gestützt werden solle die Linie der Bonner sozialliberalen Koalition.«[44] Auch die Wissenschaft wurde seitens der Politik gekauft. Der Bundesminister für innerdeutsche Beziehungen, Egon Franke, sprach im März 1974 vor DDR-Forschern seine Erwartungen aus: Im Unterschied zu der Zeit, als die Wissenschaft »die Vorgänge in der DDR in ihrer möglichen Auswirkung auf die Chance und den Vollzug der Wiedervereinigung zu beobachten« hatte, sähen »Politik und Wissenschaft heute die DDR mit anderen Augen. Die Politik ist dabei, sich auf ein langfristiges Nebeneinander mit der DDR einzurichten.«[45] Drei Millionen Förderungsmittel stünden jenen zur Verfügung, die sich den politischen Erwartungen beugen. Wer sich nicht kaufen ließ, kam nicht mehr zu Wort. Der hochgepriesene Pluralismus entpuppte sich bei näherem Zusehen als Maskerade eines freiheitsfeindlichen Alleinvertretungsanspruchs.

Relativ einfach war es, sowohl in der DDR als auch in der Bundesrepublik, alle Arten von Organisationen zu unterwandern, Spione oder Einflußagenten einzuschleusen. In alle Räume und Nischen, in alle Bereiche des Lebens war der Staat, die Staatssicherheit eingesickert. Nach Einschätzung des Vorsitzenden des Rates der Evangelischen Kirche in Deutschland, Bischof Kruse, hat es keine Sitzung kirchlicher Gremien gegeben, die nicht abgehört worden wären.[46] Dabei glaubten die Kirchen, sie hätten ihre Unabhängigkeit gegenüber dem Staat weitestgehend behaupten können. Im Vergleich zu allen anderen Organisationen ist das sicher richtig gewesen, und doch...

Auch in der Bundesrepublik war der Staatssicherheitsdienst auf schier unglaubliche Weise erfolgreich. Keine Institution von größerer politischer Bedeutung konnte sich seiner erwehren. Überall wurden Spione und Agenten enttarnt, so im Bundeskanzleramt, im Verteidigungsministerium, im Auswärtigen Amt, im Bundesnachrichtendienst, im Bundesamt für Verfassungsschutz, in allen Medien[47], im Sport. Der Direktor bei der Behörde des Sonderbeauftragten, der aus Süddeutschland nach Berlin abgestellte frühere Oberstaatsanwalt Geiger, fällt ein desillusionierendes Urteil: »Unvorstellbar« sagt er, sei das Ausmaß der Unterwanderung und Durchsetzung durch MfS-Mitarbeiter in der DDR, aber auch in der alten Bundesrepublik einschließlich West-Berlins gewesen.[48] Daher wäre es ein dringendes Gebot politischer Hygiene, daß alle Bundesdeutschen von Rang und Namen auf mögliche Stasimitarbeit überprüft werden. Wie es heißt, widersetzen sich zahlreiche Abgeordnete mehrerer Fraktionen des Deutschen Bundestages einer Überprüfung mit dem Hinweis auf ihr freies und unabhängiges Bundestagsmandat. Die Öffentlichkeit hat aber ein moralisches Recht darauf zu erfahren, ob sie diese ihre Unabhängigkeit auch gegenüber der DDR zu bewahren wußten. Nach der Verhaftung des Dekans des Fachbereichs Politische Wissenschaft (Otto-Suhr – Institut) der Freien Universität Berlin (FU), Hanns-Dieter Jacobsen, haben 39 Professoren des Fachbereichs ihre Überprüfung durch die Gauck-Behörde beantragt. Doch sechs verweigern ihre Überprüfung.

Die Agenten gelangten in hochrangige Positionen, wo sie im Sinne der SED Politik machten und Weichen stellten. Wenn man liest, daß Anträge für den SPD-Bundesparteitag 1982 vom DDR-Staatssicherheitsdienst kamen, stellt sich unweigerlich die Frage, wie lange es noch bei dieser Entwicklung gedauert hätte, bis Ost-Berlin Deutschlands De-facto-Hauptstadt geworden wäre. Schon gab man dort die Devise aus: »Die Bestrebungen der Führungsspitze [gemeint ist Bundeskanzler Helmut Schmidt] . . . sind unter Berufung auf ihre eigenen Erklärungen, Beschlüsse und Postulate zu paralysieren.«[49] Und weiter heißt es:

»Die von einflußreichen Führungskräften der Juso verfolgte Strategie und Taktik, Bindeglied zwischen neuer Friedensbewegung und SPD zu sein, ist zu unterstützen im Sinne größerer Einwirkungsmöglichkeiten auf die Sozialdemokratie.«

In die Sammlung »Treppenwitze der Weltgeschichte« verdient die Tatsache Aufnahme, daß sich die Agenten der anderen Seite bei ihren Anbahnungsversuchen des Buches von Günter Gaus »Die Welt der Westdeutschen« zu bedienen pflegten. In einer Diplomarbeit, angefertigt an der Juristischen Hochschule des Ministeriums für Staatssicherheit in Potsdam, heißt es: »Ist es dem Aufklärer gelungen, die Kontaktperson auf die Position Gaus zu bringen, kann und muß er sie dazu veranlassen, die nächsten Schritte in Richtung Zusammenarbeit mit dem MfS (unter welcher Flagge auch immer) zu tun.«[50] Gaus, wohl jedermann als vielbeschäftigter Interviewpartner vom Fernsehen her bekannt, verstand es, die DDR auf dem tristen Hintergrund der Bundesrepublik so positiv zu schildern, daß der Kampf für das Bessere bei der Zusammenarbeit mit dem Staatssicherheitsdienst enden mußte. Gaus war unter Brandt und Schmidt Ständiger Vertreter der Bundesrepublik bei der Regierung der DDR. Angesichts des skizzierten Inhalts ist es nicht verwunderlich, daß das erwähnte Buch in der DDR als Lizenzausgabe erscheinen konnte und vertrieben wurde. Eine Hand wäscht die andere. Karl Wilhelm Fricke gibt die Schilderung eines 1963 übergelaufenen Leutnants des Ministeriums für Staatssicherheit wieder, wie er Spitzel zu verpflichten suchte:

»Lag in der Vergangenheit ein dunkler Punkt vor, gleichgültig, ob er politischer oder krimineller Natur war, konnte ich die Werbung so durchführen, daß ich diese Person unmittelbar unter Druck setzte. Weigerte sie sich trotzdem, für das MfS zu arbeiten, drohte ich damit, die Polizei und die Gerichte würden sich mit diesem Kapitel eingehend befassen.«[51]

Die Politiker, die in der Vergangenheit schwere Schuld auf sich geladen hatten, bedurften wohl gar keiner Ansprache seitens des MfS, um ihr Verhalten entsprechend einzurichten, zumal wenn diese Verfehlungen nur den östlichen Diensten bekannt gewesen sind. Der SPD-Fraktionsvorsitzende Herbert Wehner, der zunächst so forsch Moskaus Wünsche abgeschmettert hatte (S. 88), sagte und tat später manches, was Verwunderung auslösen mußte, so wenn er im Jahre der Afghanistan-Intervention äußerte (4. 2. 79): »Die Armee der Sowjetunion hat defensiven Charakter« und ähnliches mehr (S. 31, 112). Heute wird der Nachweis angetreten, daß sich Wehner an den »Säuberungen« mitschuldig machte, denen in der zweiten Hälfte der dreißiger Jahre mehr als tausend deutsche Kommunisten zum Opfer gefallen sind:»1992 wurde in Moskau im Archiv des ZK der KPdSU die geheime ›Kaderakte‹ Herbert Wehners zugänglich. Ergänzt durch weitere bisher unbekannte Materialien aus Moskauer und Berliner Archiven können damit Wehners Moskauer Jahre, in denen er als Kandidat des Politbüros der KPD unter dem Decknamen ›Kurt Funk‹ tätig war, rekonstruiert werden. Wehner selbst hat über sein vierjähriges Exil inmitten des Stalinistischen Terrors nur spärlich Auskunft geben mögen. Seine 1946 verfaßten ›Notizen‹, die er 1982 zur Veröffentlichung freigab, müssen im Lichte der hier vorgelegten Dokumente in vielen Punkten als beschönigende Rechtfertigungen gesehen werden. Als Mitglied der sog. ›Kleinen Kommission‹ der KPD-Führung und bei den Verfahren der Internationalen Kontrollkommission gehörte Wehner zusammen mit Walter Ulbricht und Wilhelm Pieck zum innersten Kreis der Parteiführung in Moskau, der für die Kaderabteilung und für den Generalsekretär Dimitroff Beurteilungen und ›Charakteristiken‹ anderer Parteimitglieder anfertigte. Die damit verbundenen Denunziationen und Parteiausschlüsse bedeuteten für die Betroffenen häufig Verhaftung, Lager und Tod.« So das Resümee des Buches von Reinhard Müller »Die Akte Herbert Wehner – Moskau 1937–1941.«[52] Da Wehner insofern sein Gewissen nie öffentlich erleichterte, war er erpreßbar geworden. Werden wir je die Auswirkungen auf sein späteres politisches Leben erfahren?

Wer als akademischer Lehrer den Kommunismus im allgemeinen und die DDR im besonderen mit unerbittlicher Schärfe zu analysieren versuchte, mußte damit rechnen, in die faschistische Ecke gedrängt zu werden. Unter der Überschrift». . . er brüllt immer noch!« griff mich im Wintersemester 1977/78 die Fachschaft der Hochschule für Politik München wie folgt an:

»In dieser Ausgabe beginnen wir mit einem Dozenten, der als Exponent des Flügels zu verstehen ist, der sich durch eine undifferenzierte Ablehnung dessen auszeichnet, was unter dem Begriffspaar Sozialismus-Kommunismus die politische Idee – und – allen Widerständen zum Trotz – die politische Realität grundlegend veränderte. Dr. jur. Konrad Löw, o. Prof. für Politische Wissenschaften an der Universität Erlangen-Nürnberg, ist ca. 50 Jahre alt und also in einer Zeit aufgewachsen, in der der Faschismus seine grausamen Erfolge feierte. – Aus den Biographien vieler bekannter Persönlichkeiten weiß man, daß diese Jahre ihre Entwicklung entscheidend prägten; auch bei Löw ist das zu erkennen: Er hat die nationalsozialistische Verteufelung der Lehre Marx‹ und Engels‹ voll übernommen.«

Wäre ich Hitlerjugendführer gewesen oder gar der Sohn eines SS-Generals, ich hätte meine sieben Sachen packen und rasch verschwinden müssen; die Sippenhaft hätte mich heimgesucht; ich hätte »die Schuld geerbt«. (Vermutlich hätte ich es gar nicht so weit kommen lassen. Ich hätte derlei Möglichkeiten ahnend die DDR und ihr geistiges Haupt so dargestellt, wie es damals gang und gäbe war.) So aber kamen mir die Verdächtigungen fast wie gerufen, war ich doch als einziger meiner Klasse nicht einmal einfaches HJ-Mitglied. Derlei Attacken wurden jeweils nur einmal geritten. Ein GEW-Mitglied oder Sympathisant ließ es sich nicht nehmen, meine geharnischte Gegenwehr anhand von Dokumenten zu überprüfen. Bei der Verabschiedung bekundete er seine Hochachtung für meinen Vater.

Die eigentümliche Sehschwäche, die fehlende Urteilskraft vieler Westdeutscher gegenüber dem SED-Staat sei, so glauben manche, auch darauf zurückzuführen, daß weithin die deutsche Vergangenheit als zielgerichtete Entwicklung hin zum Nationalsozialismus gedeutet werde. Im Westen feierten die alten Nazis ungeschoren weiter, während man im Osten mit der Vergangenheit rigoros und moralisch einwandfrei abgerechnet habe. Wie groß ist die Zahl derer, die durch solche Gedankengänge in die Irre geführt wurden? Auch der »Hysterikerstreit« verdient in diesem Zusammenhang Erwähnung.[53] Begünstigt wurde diese falsche Sicht dadurch, daß Untersuchungen, die den Anteil der Nationalsozialisten an der Führungselite der DDR nachwiesen, keinen Verleger finden konnten, z. B. Olav Kappelts »Braunbuch«, das deshalb im Eigenverlag erscheinen mußte.[54]

4. »Die Zukunft gehört der Freiheit« – Wirklich?

»Die Zukunft gehört der Freiheit« – so der Titel eines Buches von Eduard Schewardnadse,[55] Außenminister der Sowjetunion in der Wiedervereinigungsphase. Die Botschaft hören wir wohl und gern; doch dürfen wir ihr glauben? Sind die Menschen auf die Freiheit programmiert, oder ist diese Vorhersage ebenso zuverlässig, wie es die Vorhersage gewesen ist, daß die Zukunft kommunistisch sein werde? Wenn die Entwicklung zur Freiheit einem Naturgesetz gleicht, so können wir getrost die Hände in den Schoß legen. Doch ein Blick zurück in die Geschichte kann verhindern, daß wir alte Fehler und Sünden wiederholen. Zu Beginn des 19. Jahrhunderts vertrat Hegel die Auffassung, der Islam sei nur noch ein Museum, seine Lebenskraft erloschen. Die Barbarei, die während vieler Jahrzehnte des 20. Jahrhunderts im Abendlande wütete, kam ebenso überraschend wie das Verbot der Kommunistischen Partei in Rußland, wo ihre Wiege stand. Überraschend der Aufstieg des Taugenichts Adolf Hitler zum geistig politischen Zenit des »Volkes der Dichter und Denker«, überraschend, daß nach kurzer Ernüchterung wachsende Kreise dieses Volkes erneut totalitärer Verführung erlagen.

»Allzu bedacht war man auf die ›Anerkennung der Realitäten‹, hielt den Status quo für unverrückbar und kam mit der Übernahme der sowjetkommunistischen Trugworte ›Entspannung‹ und ›Normalisierung‹ den sozialistischen Tatsachenverdrehungen und -vernebelungen entgegen. Realistische Beschreibungen des kommunistischen Ist-Zustandes wurden als ›Kalte-Kriegs-Hetze‹ abqualifiziert, Desinformationen der östlichen Systempropaganda oft ungeprüft übernommen, selbst in westlichen Regierungsdokumenten die Situation des Ostens geschönt.«[56]

Die SED-Zeitschrift Einheit rühmte sich Anfang 1987, daß mehr als vier Millionen DDR-Bürger, also jeder dritte Erwachsene, »aktiv an der Durchsetzung von Ordnung, Disziplin und Sicherheit« mitwirken.[57] Alle, die in der DDR an den »Wahlen« teilnahmen, hatten sich in die Mitläuferrolle zwängen lassen, hatten dem Gesslerhut der Partei ihre Reverenz erwiesen, den Götzen Weihrauch gestreut. Doch nur der hebe einen Stein, der sich, obgleich für eine Familie verantwortlich, den Repressalien auf Dauer dort widersetzte. Selbst die heute so sehr geächteten Mitarbeiter des Ministeriums für Staatssicherheit waren in der Regel wohl alles andere als leidenschaftliche Zuträger, Spitzel, Menschenjäger. Auch hier ist derjenige vorrangig zum Richter berufen, der, obgleich Ziel entsprechender Anwerbungsversuche, den Pressionen im »Feindesland« widerstanden hat. Richard Schröder, dieser mutige Gottesmann, verdeutlicht die Situation:

»Erinnern wir uns also. Was wußten wir? Wir wußten, daß die Stasi allgegenwärtig ist, bespitzelt, abhört und die Post mitliest. Wir wußten aber auch, daß sie nicht nur solche Sachen macht, sondern daneben Aufgaben wahrnimmt, die andernorts der Kripo zukommen, daß sie z. B. Ermittlungen führt gegen Wirtschaftskriminalität . . . Wir wußten, daß sich die Stasi alles erlauben kann. Nicht so sicher wußten wir, was genau sie sich erlaubt. Vor etwa 18 Jahren bat ein Stasimann unsere Studienleiterin am Sprachenkonvikt zu einem Gespräch in persönlicher Sache. Er habe einen Auftrag erhalten, den er nicht verantworten könne, und er befürchte, daß er bei Verweigerung mit dem Leben bezahlen müsse, was er denn nun tun solle... So war das eben, seitdem habe ich damit gerechnet: Die Stasi mordet u. U. mindestens Abtrünnige. Autounfall mit Fahrerflucht sei eine der Methoden, hieß es. Ich bin allerdings vielen begegnet, die diese meine Vermutung je nach Temperament für abwegig oder für antikommunistische Propaganda hielten.«[58] Wir im Westen waren nicht total Ausgelieferte, und doch...

Wir im Westen! Natürlich denke ich zuerst an die Bundesdeutschen; aber hat sich das Gros der anderen Demokraten tüchtiger geschlagen? Es war das Ausland, das die Bundesrepublik dazu nötigte, die Hallstein-Doktrin preiszugeben. Weder der österreichische Bundespräsident noch der österreichische Bundeskanzler hat bei seinem Besuch von Berlin(West) das schreckliche Mauer-Unikum eines Blickes gewürdigt. Es ist an der Zeit, gründlich zu prüfen, welche Politiker sich hier honoriger benahmen. In Schönbrunn bei Wien »zierte« zumindest noch 1991 eine Gedenktafel das Haus, in dem Stalin das – so ausdrücklich! – »bedeutende Werk«: »Der Marxismus und die nationale Frage« schrieb. Ginge es den Verantwortlichen nur darum, Menschen, die Geschichte gemacht haben, am Ort ihres Wirkens ins Gedächtnis zu rufen, müßten wir an vielen Orten Österreichs auf den Namen eines »böhmischen Gefreiten« stoßen. Die Montanuniversität Leoben, Steiermark, verlieh dem Mitglied des SED-Politbüros, Günter Mittag, die Ehrendoktorwürde, die sie nun, nach der Implosion der DDR, wieder aberkannt hat. Ähnliches widerfuhr dem DDR-Minister Beil seitens der Universität Linz. Noch im Juli 1989 ließ sich der französische Staatspräsident Mitterrand dazu hinreißen, entgegen den verbindlichen Zusagen seines Landes (S. 246) die Wiedervereinigungsbemühungen als unrealistisch abzuhaken.[59] Dem finnischen Staatspräsidenten Kekkonen wird mit guten Gründen unterstellt, er habe im Herbst 1961 eine »Notenkrise« mit der UDSSR hervorgerufen, um sich innenpolitisch als Retter feiern zu lassen. Selbst sein Biograph und »Anwalt« Jacobson räumt ein, daß der Präsident durch diese Machenschaften »die politische Kultur verdorben hat«.[60] Der Vorwurf steht im Raum, »viele heutige Amtsinhaber hätten vormals an der ›Finnlandisicrung‹ mitgewirkt, mit festlichen Höhepunkten in der Sowjetbotschaft zu den Jahrestagen der Oktoberrevolution ...«[61] Der Träger des Friedensnobelpreises, der ehemalige sowjetische Staats- und Parteichef Michael Gorbatschow, verewigte sich anläßlich eines Besuches in Berlin (Ost) mit folgenden Worten im Gästebuch des Stadtkommandanten:

»Am Brandenburger Tor kann man anschaulich sehen, wieviel Kraft und welch echten Heroismus der Schutz des ersten sozialistischen Staates auf deutschem Boden vor den Anschlägen des Klassengegners verlangt... Ewiges Gedenken den Grenzsoldaten, die ihr Leben für die sozialistische DDR gegeben haben!«[62]

Nur die USA verschlossen sich Honecker, nur der Präsident der USA, Ronald Reagan, begab sich zum Brandenburger Tor (16. Juni 1987) und forderte, für alle Welt vernehmbar:

»Herr Gorbatschow, öffnen Sie dieses Tor! Herr Gorbatschow reißen Sie diese Mauer nieder!«[63]

Es muß uns doch zu denken geben, daß gerade dieser Politiker in Deutschland besonders geschmäht wurde. Es muß uns doch zu denken geben, daß in der Bundesrepublik nur fünf vom Hundert bereit sind, die freiheitliche Ordnung notfalls mit der Waffe zu verteidigen (USA 77, Israel 89). Wer den Frieden an die Spitze aller Werte stellt, hat die Freiheit schon verloren und verliert auch den Frieden, da ihn die imperialistischen Sieger zwingen werden, nach ihrer Pfeife zu tanzen. Unter Hitler hat nicht einer unter Zehntausend den Wehrdienst verweigert. Und heute? Und wieviele der Verweigerer von heute hätten sich in einem totalitären Staat ebenso verhalten? In seiner Rede anläßlich der Verleihung des Friedensnobelpreises äußerte Alexander Solschenyzin:

»Der München-Geist gehört keinesweg zum Vergangenen, er war keine kurze Episode. Ich erkühne mich, reinweg zu behaupten, daß der München-Geist im 20. Jahrhundert vorherrschend ist... Der München-Geist ist die Willenskrankheit der Wohlfahrtsmenschen, ein Alltagszustand derer, die sich einer Wohlstandsgier um jeden Preis hingegeben haben...«[64]

»Die Zukunft gehört der Freiheit!« Wirklich? Die Zweifel an dieser Vorhersage wachsen, wenn wir uns die Bewältigung, die Aufarbeitung der Vergangenheit vergegenwärtigen: Die Enquete-Kommission des Deutschen Bundestages »Aufarbeitung von Geschichte und Folgen der SED-Diktatur in Deutschland« ist sicherlich ein beachtlicher Schritt in die richtige Richtung. Der Vorsitzende der Kommission, Rainer Eppelmann, stellt jedoch nüchtern fest:»Sie kann nicht die Aufarbeitung leisten.«[65] Auch die»Gauck-Behörde« verdient in diesem Zusammenhang respektvolle Erwähnung.[66] Doch schon hier beginnen die Merkwürdigkeiten, wenn wir uns vergegenwärtigen:

»Stefan Heym hält die Gauck-Behörde für gefährlicher als Politbüro und Staatsapparat der DDR zusammen. Einige Schriftsteller und Politiker des Westens plädieren für eine Schließung der Behörde. Solche Urteile häufen sich. Nicht die Täter, sondern jene, die die Täter überführen und die Opfer rehabilitieren wollen, müssen sich rechtfertigen. Von ›Machtversessenheit‹ redet der Bundespräsident; aber er meint nicht Manfred Stolpe. Von ›Aktengläubigkeit‹ ist die Rede und davon, daß die Akten lügen. Doch jene, die das behaupten, benutzen die Akten gern, wenn sie der eigenen Entlastung dienen.«[67]

»Unter den Linden« im Ostteil Berlins werden nach wie vor die Opfer des»Faschismus und Militarismus« verherrlicht, anstatt der rechtsstaatlich demokratisch orientierten Opfer jeder Form totalitärer Herrschaft zu gedenken. Schräg gegenüber dem Roten Rathaus, vor dem»Palast der Republik«, im Herzen der Bundeshauptstadt, thront auch heute noch Karl Marx, jener Mann, der die deutsche »Nation – die Scheiße an und für sich« genannt hat.[68] Gibt es weltweit ein Volk, das den Masochismus auf ähnlich schauerliche Weise zelebriert? Vielleicht die Russen, die immer noch auf dem Roten Platz schlangestehen, um Lenin in seinem Mausoleum Reverenz zu erweisen. Und daneben immer noch das Grab Stalins, mit mehr Blumen geschmückt als jedes andere.

Mit einem Aufwand von Millionen wird der Versuch der KPdSU und der SED fortgesetzt, eine Marx/Engels-Gesamtausgabe (MEGA) zu veröffentlichen.»Die Zeit« rief:»Rettet das IML! Das Ost-berliner ›Institut für Marxismus-Leninismus‹ ist in Not...«[69], und die Retter kamen. Niemanden habe ich bisher getroffen, der von sich auch nur behauptet hätte, er habe die 42 Bände der»Marx/ Engels-Werke« gelesen, und nun sollen daraus – denn Neues gibt es kaum – 320 Bücher zu 600 Seiten gemacht werden.»Kostenpunkt pro Band eine Million Mark.«[70]

Keine»Retter« finden viele von jenen, die, wie Hermann von Berg, ihrer SED-kritischen Einstellung wegen entlassen worden sind. Mit Schreiben vom 28. Januar 1992 teilte der Rektor der Humboldt-Universität zu Berlin mit:

»Nachweisbar ist aufgrund eines Schreibens des damaligen 1. Sekretärs der SED-Kreisleitung an der Humboldt-Universität vom 18. 5. 1979, daß zwischen ihm und den Organen des Staatssicherheitsdienstes, darunter auch General Schwanitz, ein Abstimmungsprozeß verlief, in dessen Verlauf die damalige Kreisparteikontrollkommission an der Universität die Einschätzung teilte, daß Ihre Positionen ›identisch mit der Hetze des Klassenfeindes‹ und eine ›Abkehr vom Marxismus-Leninismus und der Politik der Partei‹ seien. Daß damit eine Situation konstituiert war, die für einen Gesellschaftswissenschaftler zum Berufsverbot tendierte, weiß jeder mit den Verhältnissen der früheren DDR Vertraute... Die mit der Vorbereitung ihrer Ausreise verbundene Abberufung als Professor... wurde im August 1985 im Akademischen Senat der Humboldt-Universität beschlossen.«

Doch die Wieder- oder Neuberufung ist auch eineinhalb Jahre später noch nicht in Sicht. Gleichzeitig verfassen Kollegen, die wegen ihrer SED-freundlichen Veröffentlichungen Pankows Wohlwollen gefunden hatten, gutachterliche Empfehlungen zugunsten von Funktionären der SED, z. B. zugunsten von Dieter Klein, der als Prorektor für Gesellschaftswissenschaft der Humboldt-Universität zuständig war für die ideologische Überwachung der Studenten und Hochschulangehörigen. Klein hat als Vertreter des Fachgebietes ›Politische Ökonomie‹ die SED-Diktatur bis zuletzt mit Richtlinienkompetenz gestützt. Nun ist er wieder in Amt und Würden!

5. Die Ursachen der Revolution

Erhard Eppler, der noch 1987 alle Welt wissen ließ: »Europa braucht um seines Friedens willen eine stabile, lebensfähige, selbstbewußte DDR«[71], verkündet heute: »Erst der Dialog mit der Diktatur ermöglichte den Wandel im Osten«[72]. Wäre er der einzige, der die Irrtümer von gestern in strategische Raffinessen umzudeuten versuchte, wäre die Mohrenwäsche keine Notiz wert. Aber Eppler steht für viele, für Bahr, Glotz, Schmude, um nur die namhafteren zu erwähnen: »Einen schöneren Erfolg«, schwärmt Schmude, »kann man sich gar nicht denken... Denn der [SED-]Staat ist zerbröselt, die Einigung Deutschlands wurde möglich...«[73] Noch dezidierter wirft sich der SPD-Bundestagsabgeordnete Gert Weisskirchen in die Brust:

»Vorbereitet worden war der Fall des real existierenden Sozialismus in der Phase der Politik des ›Wandels durch Annäherung‹. Das Konzept der frühen 60er Jahre, inspiriert von Egon Bahr, begründet und durchgesetzt von Willy Brandt und Helmut Schmidt, antwortete kühn auf die Konfrontation der Militärblöcke. Es verlangte von den osteuropäischen Regierungen die Zustimmung zur Schlußakte von Helsinki. In ihr war die Dialektik angelegt, die das Projekt des bürgerlichen Kommunismus schließlich zum Einsturz brachte.«[74]

Nein, weder kann am deutschen Wesen die Welt genesen, noch hat die Bundesrepublik die Lawine ausgelöst, die den Ostblock zerstörte. Der Durchbruch kam unter dem Republikaner Ronald Reagan, der mit seiner Meinung nicht hintern Berg hielt und die Sowjetunion am 9. März 1983 das »Reich des Bösen« nannte. Dementsprechend handelte er:

»Als ich 1981 Präsident wurde, war ich entschlossen, einer solchen Wende höchste Priorität zu geben. Die Männer im Kreml, so die moderne Auffassung, respektieren Stärke und nutzen Schwäche aus. Daher war ich überzeugt, daß die Sowjets vorab gegebene Konzessionen nicht mit ebensolchen erwidern würden. Was wir brauchten, war somit der Aufbau unserer nationalen Verteidigungsfähigkeit. Und genau damit begannen wir 1981, geraume Zeit vor Beginn der Start-Verhandlungen. Zu Beginn des Jahres 1983 schlug ich die Entwicklung einer Strategischen Verteidigungsinitiative (SDI) vor; SDI sollte bewirken, daß unser Arsenal weitgehend von der Zerstörung durch eindringende Raketen verschont bleibt. Der Gegner sollte somit entmutigt werden, überhaupt einen Angriff vorzunehmen...
1983 war auch das Jahr, in dem die Regierung der Bundesrepublik Deutschland trotz einer sehr intensiven Propaganda von Seiten der Opposition die Aufstellung von Cruise Missiles begann und so die sowjetischen Truppen, die der NATO in Europa gegenüberstanden, in Schach gehalten wurden.«[75]

Daß Gorbatschow, im März 1985 zum Generalsekretär der KPdSU gewählt, die neuen Zeichen der Zeit erkannte, war für alle ein Glückstreffer. Im Dezember 1987 kam es in Washington zu einer Begegnung von Ronald Reagan und Michail Gorbatschow, deren Ergebnis die Unterzeichnung des INF-Vertrags über die vollständige Beseitigung der nuklearen Mittelstreckenwaffen gewesen ist. Seit dem Salt I-Vertrag, der im Mai 1972 unterzeichnet worden ist, war dies der erste bedeutsame Schritt in Richtung Abrüstung. Selbst Jimmy Carter räumt ein, unter Reagan habe das amerikanische Volk in Stärke zusammengehalten. Nur so sei das Ende des Kalten Krieges möglich gewesen.[76]
Freilich, es hatte schon vorher Erdstöße gegeben, die dem Anschein

nach wieder abgeklungen waren: 1953 DDR, 1956 Polen und Ungarn, 1968 CSSR. Zehn Jahre später bestieg als erster nichtitalienischer Papst nach 455 Jahren Johannes Paul II., ein Pole, den Stuhl Petri. Kurz darauf regte sich erneut der polnische Freiheitswille, symbolisiert durch die Gewerkschaft Solidarnosc. Das Kriegsrecht wurde ausgerufen. Doch erstmals in der sozialistischen Geschichte Osteuropas waren die Machthaber zu schwach, die sich ausbreitenden Flammen ganz auszutreten. Die Gewerkschaftsführer wußten um ihre einflußreichen Freunde im Ausland, um die »Heilige Allianz«, wie sie Time Magazine bezeichnet. Gemeint ist die geheime, enge Zusammenarbeit zwischen Ronald Reagan und dem Papst. »Beide hofften nicht nur, Warschau unter Druck zu setzen, sondern ganz Osteuropa zu befreien.« Es kam zu einer persönlichen Begegnung in der Bibliothek des Papstes am 7. Juni 1982. Richard Allen, Reagans erster Sicherheitsberater, erinnert sich: »Beide, der Papst und der Präsident, waren überzeugt, daß Polen aus dem Sowjetbereich herausgebrochen werden könne, wenn der Vatikan und die Vereinigten Staaten zusammenwirkten, die polnische Regierung zu destabilisieren und die geächtete Solidarnosc-Bewegung nach Erklärung des Kriegsrechts am Leben zu erhalten sei.«[77] Ist es Zufall, daß auf beide, auf Johannes Paul II. und Reagan, ein Mordanschlag verübt wurde?

Kein Geringerer als Gorbatschow bestätigt das Gesagte:

»Was in Osteuropa in den letzten Jahren geschehen ist, wäre nicht möglich gewesen ohne diesen Papst, ohne die große – auch politische Rolle –, die Johannes Paul II. im Weltgeschehen gespielt hat.«[78]

Die besonderen Bemühungen der Regierung Schmidt und der SPD galten der DDR. Doch gerade die DDR war es, die sich von allen Satellitenstaaten der Sowjetunion den Reformen Gorbatschows am entschiedensten widersetzte. Die ständigen Versicherungen westlicherseits, nicht an der Stabilität zu rütteln, sowie die massive Wirtschaftshilfe verstärkten die menschenfeindliche Halsstarrigkeit der dortigen Potentaten.

Erst als vor den Augen der Weltöffentlichkeit – dem Fernsehen sei Dank – ein Massenexodus der DDR-Bewohner über Ungarn, Polen und die CSSR Richtung Bundesrepublik einsetzte – über 60.000 Menschen flüchteten in die Vertretungen der Bundesrepublik in Ost-Berlin, Prag, Budapest, Warschau – und die Sowjetunion keinerlei Rückhalt mehr versprach, waren Honecker und Konsorten mit ihrem Latein am Ende und ließen gewähren, was sie früher im Keim erstickt hätten. Noch im August 1989 hat die DDR als einziger Signatarstaat des Warschauer Paktes die militärische Besetzung der CSSR vom 21. August 1968 verteidigt.

Um der Wahrheit die Ehre zu geben, soll nicht unerwähnt bleiben, daß es mit Blick auf die eigene Partei durchaus selbstkritische Stimmen gibt. So bekennt Hans Apel:

»Natürlich beruht dieser Durchbruch vor allem darauf, daß Gorbatschow die Sicherheitspolitik der Sowjetunion korrigiert. Aber auch Gorbatschow kann die Verschrottung seiner SS-20-Raketen nur deshalb akzeptieren, weil er damit die Verschrottung der amerikanischen Pershing II und der Marschflugkörper einhandelt. Wäre es nach der SPD gegangen, hätten sie die NATO und die USA einseitig entblößt. Dann hätte Gorbatschow, selbst wenn er das gewollt hätte, niemals gegenüber seinen Militärs die einseitige Verschrottung der SS-20 durchsetzen können.«[79]

Die Berliner Justizsenatorin Jutta Limbach riskiert die Frage:

»Es ist legitim, bei der DDR von einem Unrechtsstaat zu sprechen. Es muß aber auch gefragt werden, welchen Anteil die Politik der Bundesrepublik zu gewissen Zeiten gehabt hat, daß die DDR überhaupt so alt werden konnte.«[80]

Freilich, diese Stimmen sind im Chor der Dialektiker à la Marx kaum zu vernehmen. Niemand hat treffender das Wesen dieser Dialektik geoffenbart als der Meister selbst, eine Offenbarung bestimmt nur für sein alter ego, Friedrich Engels:

»Es ist möglich, daß ich mich blamiere. Indes ist dann immer mit einiger Dialektik zu helfen. Ich habe natürlich meine Aufstellungen so gehalten, daß ich im umgekehrten Fall auch Recht habe.«[81]

Ja, gewisse Leute behalten immer Recht, auch wenn sie sich noch so sehr geirrt haben. Dazu Bärbel Bohley:

»Die diplomierten Lobredner Gaus und andere rechnen heute mit denen ab, die gegen sie Recht gehabt haben. Gerade deshalb bin ich so unnachgiebig in meiner Frage, weil ich die Lügen schon kenne, mit denen uns wieder die Hände gebunden werden sollen und die Substanz zerstört wird.«[82]

6. Blick nach vorne

Was ist zu tun? Wir müssen ungeschminkt in den Spiegel schauen und das Versagen der Vielen in den letzten Jahrzehnten gegenüber der totalitären Herausforderung ebenso offen und mutig analysieren wie das Versagen gegenüber dem Nationalsozialismus, immer uns dessen bewußt, daß auch bei uns die Lüge auf ähnliche Weise allgegenwärtig ist wie in totalitären Staaten. Wir Deutschen haben weder von innen heraus aus eigener Kraft den Nationalsozialismus überwunden, noch war es unser Verdienst, daß unsere Landsleute die politische Freiheit erlangt haben. Im Gegenteil: Wir wären wieder in der Knechtschaft gelandet, hätten uns nicht andere beschützt und wäre nicht der real existierende Sozialismus an seinen Geburtsfehlern eingegangen.

Eine ehrliche Vergangenheitsbewältigung ist nach dem Scheitern des Kommunismus schwerer als 1945, da damals die Besatzungsmächte zumindest zunächst sicherstellten, daß die am schwersten Belasteten ihren Einfluß verloren, während die durch die zweite Vergangenheit Belasteten in West und Ost – von wenigen Ausnahmen abgesehen – ihre fatalen »Lebenslügen« weiterspinnen können. Am Ende seiner erschütternden Analyse »Der SS-Staat – das System der deutschen Konzentrationslager« äußert Eugen Kogon die Überzeugung:

»Von den Konzentrationslagern wußten sie [die Deutschen] zu wenig. Sie hätten sie auch bei vollem Wissen nicht zu einer moralischen Kernfrage gemacht, weil Freiheit und Recht als absolute Werte ihnen kein Zentralproblem waren. Das vorhandene Wissen vom Unrecht entflammte daher die Männer und Frauen nicht.«[83]

Das zu ändern muß nach wie vor das zentrale Anliegen der politischen Ethik in Deutschland sein, auch wenn ein dauerhafter Erfolg mehr als fragwürdig ist. Wir haben es mit dem alten Adam zu tun, dem wir schon auf den ersten Seiten der Bibel begegnen. Er ist – bei allen seinen guten Eigenschaften – leichtgläubig, habsüchtig, bestechlich, feige. Diese Diagnose ist nicht erfreulich; doch nüchterner Realismus kann einer heilsamen Gewissenserforschung dienlich sein.

Anmerkungen

(aaO verweist auf das Literaturverzeichnis)

Zu I

1 So Marx und Engels im »Manifest der Kommunistischen Partei« MEW aaO 4, 461.

2 Näheres dazu Konrad Löw »Kommunismus« in: Görres-Gesellschaft (Hrsg) »Staatslexikon« Bd. 3 Freiburg 1987 Spalte 592 f.

3 Manfred Hättich »Fragen an Richard von Weizsäcker« Mainz 1990 S. 41.

4 Wolfgang Leonhard teilt dem Autor in einem Brief vom 15. 8. 91 mit, daß er nicht mehr genau ermitteln könne, wann er die Formulierung erstmals gebraucht habe, doch sei er ihr Autor und stehe noch heute dazu.

5 Martin Kriele »Die demokratische Weltrevolution... « München 1987 S. 169.

6 Alexander Solschenizyn Jan. 82 nach Kurt Strupp »Sie nannten es Pragmatismus... « Bd. II Eigenverlag o.O. 1991 S. 13.

7 Peter Iden »Die Trümmer der Träume von 40 Jahren« Frankfurter Rundschau 28. 12. 89 S. 10.

8 Siehe Konrad Löw »Die Grundrechte...« München 1982 S. 122 ff.

9 »Spionageabwehrchef der DDR verhaftet« Frankfurter Allgemeine Zeitung 1. 9. 92.

10 Karl Wilhelm Fricke »›Schild und Schwert der Partei‹ – Das Ministerium für Staatssicherheit... « Beilage zur Wochenzeitung Das Parlament 21/92 S. 3 ff.

11 Konrad Löw »Terror – Theorie und Praxis im Marxismus« Asendorf 1991.

12 Siehe Uwe H. Peters »Über das Stasi-Verfolgen-Syndrom« Fortschritte der Neurologie, Psychiatrie 91, 241 ff.

13 Siehe Schmude aaO.

14 Stern 20/91 S. 100.

15 »The Stasi-Team – A roundup of West Germans who killed and stole for East-Germany« Time 15. 6. 91.

16 Wilfried Böhm »›Aktion Ungeziefer‹... « Deutsche Tagespost 27. 3. 93.

17 Hubertus Knabe »Die geheimen Lager der Stasi« Beilage zur Wochenzeitung Das Parlament B 4/93 S. 23 ff.

18 Verwiesen sei auf das Literaturverzeichnis, insbes. auf die Bücher von Siegmar Faust, dessen exemplarisches Verhalten durch die Widmung dieses Buches gewürdigt wird.

[19] Stern 20/91 S. 100.

[20] Quelle: IW (iwd 13/1993)

[21] Presse- und Informationsamt der Bundesregierung »Offizieller Besuch des Generalsekretärs des Zentralkomitees der SED« Bulletin Nr. 83 Bonn 10. 9. 87 S. 705.

[22] Autorenkollektiv »Verfassung der Deutschen Demokratischen Republik – Dokumente, Kommentar« Berlin (Ost) Bd. 2 1989 S. 10.

[23] Autorenkollektiv »Staatsrecht der DDR – Lehrbuch« Berlin (Ost) 1987 S. 181.

[24] Karl Carstens »Demokratie und Vaterland« Arbeitgeberverband der Metallindustrie, Köln 1986 S. 9.

[25] Siehe Knechtel aaO.

[26] Hermann Weber »›Weiße Flecken‹ in der DDR – Geschichtsschreibung« Beilage zur Wochenzeitung Das Parlament 11/90 S. 10.

[27] Peter Glotz »Editorial« Neue Gesellschaft/ Frankfurter Hefte 11/89 S. 962.

[28] Nach Wolfgang Marienfeld »Der Historikerstreit« Niedersächsische Landeszentrale für politische Bildung (Hrsg.) Hannover 1987 S. 35.

[29] Siehe Löw »Terror« aaO S. 43 ff.

[30] Weber aaO S. 68.

[31] Milovan Djilas »Gespräche mit Stalin« Frankfurt a.M. 1962 S. 237.

[32] Eckhard Fuhr »Waren die Bolschewisten konterrevolutionär?« Frankfurter Allgemeine Zeitung 22. 4. 91.

[33] Bullock aaO S. 1254.

[34] So der Vorsitzende des Bulgarischen Sozialistischen Partei; Radio Sophia 22. 11. 90. 7,30 Uhr MEZ.

[35] M. Schumann nach Neues Deutschland 18. 12. 89.

[36] Jürgen Weber »Zweite Vergangenheitsbewältigung?« in: Manfred Hättich (Hrsg.) »Politische Bildung nach der Wiedervereinigung – Inhalt, Projekte, Methoden, Adressaten« München 1992 S. 44 f.

[37] Das Thema »Einheit« hat Hacker aaO ausführlich abgehandelt.

[38] Horst Möller »Die Grenzen der Betroffenheit ... « Frankfurter Allgemeine Zeitung 22. 7. 92.

Zu II

[1] »Parlamentarischer Rat, Verhandlungen des Hauptausschusses, 1948/ 49« Bonn 1950 S. 255.

[2] Siebenmorgen aaO S. 7.

[3] Siehe Boris Meissner »Moskau-Bonn: Die Beziehungen zwischen der Sowjetunion und der Bundesrepublik Deutschland 1955 – 1973. Dokumentation« Köln 1975 S. 89 ff.

[4] Nach Hacker aaO S. 104.

[5] Nach Jahn aaO S. 363.

[6] Mensing aaO S. 103 f.

[7] Mensing aaO S. 58.
[8] Nach Mensing aaO S. 51.
[9] Wilke/Müller/Brabant aaO passim.
[10] Reinhard Gehlen »Verschlußsache« Mainz 1975 S. 53 f.
[11] Przybylski aaO S. 283.
[12] Nawrocki aaO S. 43.
[13] Schmidt aaO S. 32.
[14] Schmidt aaO S. 33 f.
[15] Przybylski aaO S. 283.
[16] Nach Strupp aaO II S. 90.
[17] Das Parlament Nr. 14 vom 30. 3. 91 S. 8.
[18] »Horst Sindermann gestorben« Frankfurter Allgemeine Zeitung 23. 4. 90.
[19] Näheres siehe Konrad Löw »Machtvoll ist nur die Kulisse« Deutschland-Magazin 11/85 S. 20 f.
[20] Süddeutsche Zeitung 29./30. 1. 1983; 1. 2. 1983.
[21] Michael Lemke »Als Wehner ›irgendwie mit der SED ins Gespräch kommen‹ wollte« Frankfurter Allgemeine Zeitung 23. 7. 93 S. 8.
[22] Frankfurter Allgemeine Zeitung 4. 5. 1991.
[23] Alexander Gallus »Der 17. Juni im Deutschen Bundestag von 1974 bis 1990« Beilage zur Wochenzeitung Das Parlament B 25/93 S. 20 f.
[24] Insbes. BVerfGE Bd 39, 334 ff.
[25] Rudzio aaO S. 87 ff.
[26] Rudzio aaO S. 105 ff.
[27] Hans Koschnick (Hrsg.) »Der Abschied vom Extremistenbeschluß« Bonn 1979.
[28] Schmidt aaO S. 67.
[29] »Devisen für die DDR-Grenze« Der Spiegel 17/93 S. 62.
[30] Nach Wolf Deinert »Unser Arm reicht weit. . . « Manuskript, noch unveröffentlicht. Sollte Schwarze diese Anschuldigung zu Recht bestreiten, so bleibt doch bemerkenswert, daß er auf den ersten Blick glaubhaft dergestalt als Komplize in Betracht kommen konnte.
[31] Schmidt aaO S. 74.
[32] Hannes Bahrmann »SED drängte 1980 auf Intervention in Polen »Das Parlament« 29. 1. 93.
[33] Nach Manfred Wilke u. a. »›Die Lage in Polen‹. . . « Deutschland Archiv 3/93 S. 336.
[34] Nach Wolfgang Strauß aaO S. 250.
[35] Schmidt aaO S. 48.
[36] Nach Wolfgang Strauß aaO S. 245.
[37] »Heute hat Erich Geburtstag. . . « Die Welt 25. 8. 92.
[38] Nach Kurt Ziesel »Das Karussell der Kandidaten« Deutschland-Magazin 6/93.
[39] Bundesminister für innerdeutsche Beziehungen »DDR-Handbuch« Bonn 1979.
[40] Löw (Hrsg.) »Totalitarismus. . . « aaO passim.

41 Einzelheiten siehe Uwe Backes u. a.»Reichstagsbrand...« München 1986.

42 Franz Uhle-Wettler »Der Zweite Weltkrieg und die Gegenwart« in: Klaus Hornung u. a. (Hrsg.)»Zur Kenntnisnahme...« Erlangen 1990 S. 186.

43 BVerfGE 39, 1f, 35.

44 Schmidt aaO S. 35.

45 Schmidt aaO S. 85.

46 Nach Fritz Schenk »Die SPD will die Geschichte korrigieren« Deutsche Tagespost 20. 10. 90.

47 Nach Europa-Archiv 27/72 D 31.

48 Der Spiegel 21/90 S. 47 ff.

49 Karl-Hermann Hübler »Umweltpolitik in den beiden deutschen Staaten«, in: Peter Haungs (Hrsg.)»Bundesrepublik Deutschland – Deutsche Demokratische Republik: die politischen Systeme im Vergleich« Stuttgart 1989 S. 71 f.

50 Schreiben vom 13. 6. 84 an den Autor.

51 Ludwig Reichart/Theo Stammen »Karl Marx 1818–1883« in: Heinz Rausch (Hrsg.)»Politische Denker III« München 1978 S. 60 ff.

52 Konrad Löw »Totalitäre Elemente im Originären Marxismus« in: Löw (Hrsg.)»Totalitarismus« aaO S. 166 ff.

53 Ausstellungskatalog »Widerstand und Verfolgung in Bayern 1933–1945« München 1976 S. 4.

54 Siehe Michael Stiller »Ausstellung zwischen Widerstand und Anerkennung...« Süddeutsche Zeitung 28./29. 3. 81 S. 23; Konrad Löw »Der Auftritt der älteren Dame« Süddeutsche Zeitung 26. 5. 81 S. 36.

55 Nach Theo Dietrich »Mein Weg zu einer Berufsfeld- und wissenschaftsorientierten universitären Lehrerbildung« in: Dieter P. J. Wynands (Hrsg.)»Geschichte der Lehrerbildung in autobiographischer Sicht« Frankfurt a. M. 1992 S. 123.

56 Axel Springer »Charlottenburger Kniefall« Berliner Morgenp. 1. 7. 79.

57 Nach Strupp aaO Bd. I S. 113.

58 Helmut Kohl in einem Interview, Die Welt 11. 1. 89.

59 Nach Dieter Blumenwitz »Dem Frieden der Welt zu dienen...« Deutsche Tagespost 25. 3. 89.

60 Klaus Borde »Und die drüben lügen doch...« PZ-Extra 16/92 S. 36.

61 Rehlinger aaO passim, insbes. S. 247.

62 Das Klappentext-Resümee des Buches »Freikaufgewinnler« (Brinkschulte u. a. aaO) lautet:»Bis 1989 wurden von der Bundesrepublik mehr als 30.000 politische Häftlinge aus der DDR freigekauft. Angeblich ging es dabei stets um ›humanitäre Bemühungen‹. In Wahrheit handelte es sich um einen Kuhhandel von Parteien, Politikern, Verbänden und Wirtschaftsunternehmen in Ost und West. Unveröffentlichte, hochbrisante Dokumente belegen, wie profitabel der Milliardendeal für alle Beteiligten war. Auf der Strecke blieben unzählige Menschen, die in die ›humanitären‹ Mühlen deutsch-deutscher Politik gerieten.«

[63] Wulf Rothenbächer »Beim Freikauf unkritisch« Leserbrief Frankfurter Allgemeine Zeitung 31. 7. 93.

[64] »DDR ›produzierte‹ politische Häftlinge« Frankfurter Allgemeine Zeitung 15. 10. 92 S. 2.

[65] Wulf Rothenbächer »Dokumentation über Menschenrechte...« Menschenrechte Mai/August 88 S. 7.

[66] Bulletin Presse- und Informationsamt der Bundesregierung Nr. 52 vom 9. 5. 85 S. 441.

[67] Gerhard Grüning »Sogenannte Befreiung« Leserbrief Focus 27/93 S. 134.

[68] Bulletin Presse- und Informationsamt der Bundesregierung Nr. 52 vom 9. 5. 85 S. 441 f.

[69] Wulf Rothenbächer »Der Vergangenheitsbewältigung zweiter Akt« DDR heute 30. 5. 90 S. 5.

[70] Radio Polonia, Sendung in dt. Sprache, 12. 5. 1985. Auslandssendereihe »Themen der Woche«, Ostinformationen des Bundespresseamtes vom 13. 5. 85.

[71] Bulletin Presse- und Informationsamt der Bundesregierung Nr. 52 vom 9. 5. 85 S. 442.

[72] Alfred Grosser »Ermordung der Menschheit der Genozid im Gedächtnis der Völker« München 1990 S. 87.

[73] Bulletin Presse- und Informationsamt der Bundesregierung Nr. 52 vom 9. 5. 85 S. 442.

[74] Heinrich Lummer: »Extrem ist eine Frage des Standpunktes« Frankfurter Allgemeine Zeitung 18. 4. 92.

[75] »Bundespräsidialamt dementiert abfällige Äußerungen über Kohl« Frankfurter Allgemeine Zeitung 10. 10. 92.

[76] »Alte Schmeicheleien in neuem Licht« Stern 33/92 S. 132.

[77] »Vogel auf das schwerste belastet« Der Spiegel 20/93 S. 34.

[78] »Beinahe schon ein ›Herz und eine Seele‹« Deutschland-Magazin 5/93 S. 18.

[79] Hans Engelhard »Hier ist Strafrecht nötig... « Frankfurter Allgemeine Zeitung 12. 4. 84.

[80] Bulletin Presse- und Informationsamt der Bundesregierung Nr. 83 vom 10. 9. 87 S. 705.

[81] Maser aaO S. 256.

[82] Bulletin Presse- und Informationsamt der Bundesregierung Nr. 83 vom 10. 9. 87 S. 705.

[83] Plück aaO S. 9.

[84] Eduard Glöckner in der Besprechung des Buches von Peter Przybylski »Tatort Politbüro« Frankfurter Allgemeine Zeitung 15. 7. 91: »Honecker, der am 20. September 1961, kurz nach der Errichtung der Mauer, den Schußwaffeneinsatz als Sekretär des Nationalen Verteidigungsrates persönlich angeordnet hatte, hatte nach vorübergehender Mäßigung (Rücksicht auf die Ostverträge und den Grundlagenvertrag) laut Protokoll der 45. Sitzung des Nationalen Verteidigungsrates am 3. Mai 1974

als dessen Vorsitzender gefordert, daß ›von der Schußwaffe rücksichtslos Gebrauch gemacht werden‹ sollte und daß bei ›Grenzdurchbruchversuchen‹ jene ›Genossen, die die Schußwaffe erfolgreich angewandt haben, zu belobigen‹ seien.«

85 »Honecker ›Ehre‹ oder Meinungsfreiheit?« Deutschland-Magazin 10/87 S. 5 Weitere Vorfälle siehe Ehrhard Göhl »Ministerium für Staatssicherheit dankt Bundesbehörden« DDR-heute 17/87 S. 13.

86 Strupp aaO Bd. I S. 36

87 Nikolaus Fleck »Bundesrepublik: heute« in: DDR-heute 17/87 S. 13.

88 Brief vom 14. 12. 89 an den Vorsitzenden des Kuratoriums der Bundeszentrale für politische Bildung

89 Wolf Olschliez »Linke Utopien . . . « Rheinischer Merkur 15. 6. 90.

90 Ausführlicher dazu auch Hacker aaO S. 335 f.

91 Näheres siehe Hoffmann aaO.

92 Sauer u. a. aaO Dok. Nr. 5.

93 Sauer u. a. aaO Dok. Nr. 64.

94 Radio DDR I 6. 1. 89 6.48 Uhr.

95 Nach Kurt Ziesel »Das Karussell der Kandidaten« Deutschland-Magazin 6/93 S. 3.

96 Armeerundschau Berlin (Ost) 3/89.

97 »Hat die Zentrale in Salzgitter noch einen Sinn?« Die Welt 9. 12. 89.

98 »Vogel ändert seine Meinung« Frankfurter Allgemeine Zeitung 9. 11. 90.

99 Nach Helmut Herles »Die CDU fordert von der SPD . . . « Frankfurter Allgemeine Zeitung 14. 11. 90.

100 Bayerische Staatskanzlei, Vortragsmanuskript, S. 5 f.

101 Wolfgang Heckmann »Kumpanei der Realisten« Abendzeitung 12./13. 9. 87.

102 Neues Deutschland 19. 8. 88. Zwischen dem Saarland und der DDR gab es besonders enge Beziehungen, z. B. Kompensationsvereinbarungen betreffend die saarländische Kohle- und Stahlindustrie und Erdgaslieferungen aus der DDR.

103 »Havel wird Ehrendoktor« Nordbayerischer Kurier 7. 6. 91.

104 Nach Jürgen Serke »Was bleibt, das ist Scham« Die Welt 23. 6. 90.

105 Hans Maier »Revolution Kirche« Freiburg 1988 S. 284.

106 Luxemburg aaO Bd. 4 S. 445.

107 Luxemburg aaO Bd. 4 S. 449.

108 Konrad Löw »Hätten sie doch nur ›Mein Kampf‹ gelesen« in: Uwe Backes/Eckhard Jesse (Hrsg.) »Extremismus und Demokratie« Bonn 1989 S. 101 ff.

109 »Aktenzeichen XY ungelöst« ZDF-Sendung vom 8. 11. 1991 20.15 Uhr.

110 Nach Frankfurter Allgemeine Zeitung 20. 6. 89.

111 Hans Josef Horchem »Aktuelle Probleme der inneren Sicherheit« Mut 74/90 S. 12.

112 »Die Welt« 6. 1. 90.

113 Nach Eberhard Kuhrt u. a. »Griff nach der deutschen Geschichte . . . « Paderborn 1988. S. 214.

[114] Weber u. a. aaO S. 165.
[115] Przybylski aaO S. 302.
[116] Maximilen Rubel »Die Marxlegende oder Engels als Begründer« im: Horst Schallenberg u . a. »Im Gegenstrom« Wuppertal 1977 S. 13.
[117] Ebenda S. 14.
[118] Nach Europa 2/89 S. 53.
[119] Pawlow aaO S. 87.
[120] Ebenda.
[121] »Beinahe schon ›ein Herz und eine Seele‹« Deutschland-Magazin 5/93 S. 19.
[122] »War Honecker informiert?... « Frankfurter Allgemeine Zeitung 20. 1. 93; siehe auch Oliver Schnakenberg »Nur als Beatrices Vater« Frankfurter Allgemeine Zeitung 23. 1. 93 Leserbrief.
[123] Wilfried Böhm »150 Jahre Lied der Deutschen« Mut 288/91 S. 6.

Zu III

[1] Bodo Hombach »Der schmerzhafte Abschied vom Sozialismus« Frankfurter Allgemeine Zeitung 7. 6. 91.
[2] Miller u. a. aaO S. 14.
[3] Miller aaO S. 293 ff.
[4] »Protokoll des Parteitags zu Halle 1890« Berlin 1890 S. 41.
[5] MEW aaO 38, 183.
[6] Löw »Quellenlexikon« aaO »Revolution«, »Terror«, »Diktatur des Proletariats«.
[7] MEW aaO 39, 458.
[8] MEW aaO 39, 452.
[9] Rosa Luxemburg »Gesammelte Werke« Bd. 4 Berlin (Ost) 1974 S. 508.
[10] »Ebert über Demokratie und Sozialismus« Vorwärts (Abendausgabe) 2. 12. 18.
[11] Weber aaO S. 173.
[12] Gniffke aaO S. 164.
[13] Nach Gniffke aaO S. 31.
[14] Nach Gruner u. a. aaO S. 41.
[15] Nach CDU/CSU »SPD-SED. Die politischen Verstrickungen der SPD in die SED-Diktatur« Bonn 1990 S. 10.
[16] Leonhard aaO S. 449.
[17] Ebenda S. 451.
[18] Weber aaO S. 301 ff. So auch Bouvier/Schulz aaO und Peter Brandt in der Besprechung dieses Buches: »Sie bestätigen die Erkenntnis aller ernsthaften Forscher, daß es schwierig ist, ein Pauschalurteil über die Frage der Vereinigung von SPD und KPD zu fällen« (Frankfurter Allgemeine Zeitung 14. 11. 91).
[19] Kurt-Schumacher-Kreis Berlin »Denkschrift« Februar 1990.

20 Nach Jürgen Faulenbach »Kommunisten waren zur Diktatur entschlossen« Das Parlament 27. 11. 92 S. 15.
21 »Programmatische Dokumente der deutschen Sozialdemokratie« Bonn 1990 S. 369.
22 Günther Scholz »Verfolgt – verhaftet – verurteilt . . . « Berlin 1990 S. 61.
23 »Willy Brandt zur Mauer« Welt am Sonntag 17. 8. 86 S. 4.
24 »Alte Schmeicheleien in neuem Licht« Stern 33/92 S. 133.
25 Näheres Fichter aaO.
26 Siehe Bärwald aaO S. 147 ff.
27 Nach Hermann Weber »Praktizierter Anti-Stalinismus« Vorwärts 2/91 S. 16.
28 Ebenda.
29 Bärwald aaO S. 123 ff.
30 Vorwort in Johannes u. a. (Hrsg.) aaO S. 9.
31 Rudolf Augstein »Einheitsfront gegen Störenfriede« Der Spiegel 2/78 S.118.
32 Hermann von Berg »Die Analyse. Die Europäische Gemeinschaft – das Zukunftsmodell für Ost und West?« Köln 1985, insbesondere S. 204 ff.
33 Ulrich Schwarz, Spiegelredakteur, versichert in einem Schreiben vom 22. 1. 92: »Ende Dezember 1977 übergab Berg an mich das sog. Manifest . . . «
34 Richard Schröder »Wo war in der DDR ein Stauffenberg?« Die Welt 23. 7. 93 S. 5.
35 Die Auflistung der Erfolge der SEW und ihrer zahlreichen Nebenorganisationen füllt 18 Seiten des 39 Seiten umfassenden Berichts des Berliner Verfassungsschutzes »Zur Infiltrationsarbeit von Rechtsextremisten und Linksextremisten in Berlin (West)« Berlin 1987.
36 Nach Thorsten Haupts »Linksextreme, Jusos und die SPD . . . « RCDS-Magazin 8/88 S. 4.
37 Der Bundesminister des Innern »Verfassungsschutzbericht 1987« Bonn 1988 S. 22.
38 Wilke u. a. aaO S. 145.
39 Peter Schütt »Vom Hofdichter zur Wanderratte« Frankfurter Allgemeine Zeitung 6. 7. 91 S. 28.
40 Siehe Lothar Rühl »Zeitenwende in Europa – Der Wandel der Staatenwelt und der Bündnisse« Stuttgart 1990 S. 370.
41 Willy Brandts »Reden und Interviews« Hamburg 1973 S. 161. Nicht unerwähnt soll bleiben, daß Brandt in seiner Abschiedsrede als Parteivorsitzender am 14. Juli 1987 betonte: »Deutsche Sozialdemokraten dürfen Kränkungen der Freiheit nie und nimmer hinnehmen, im Zweifel für die Freiheit.« Das gemeinsame Papier (S. 3 ff.) atmet nichts von diesem Geist.
42 MEW aaO 29, 19.
43 MEW aaO 29, 417 bzw. MEW aaO 38, 388.
44 Nach Deutsche Tagespost 25. 2. 88 S. 8.
45 Schöler aaO S. 683.
46 Pius XI. in der Enzyklika Redemptor hominis.

[47] Nach Dietrich Staritz »Die SED, Stalin und der ›Aufbau des Sozialismus‹ in der DDR« Deutschland Archiv 7/91 S. 696 f.

[48] Nach Waldman aaO S. 143 f.

[49] Nach Waldman aaO S. 254.

[50] Nach Rudzio aaO S. 149.

[51] Ebenda.

[52] Siehe Müller aaO S. 127.

[53] Siehe Martin Kriele »Nicaragua, das blutende Herz Amerikas« München 1986.

[54] »Die Allianz ist kein Instrument der USA« Der Spiegel 20/82 S. 22.

[55] Nach Müller aaO S. 130.

[56] Siehe Rudzio aaO S. 164.

[57] Apel aaO S. 363.

[58] Apel aaO S. 340 f.

[59] JAP-Dienst Sicherheitspolitik 31. 5. 90 S. 15.

[60] Nach Manfred Wilke »Einschätzungen der SED« Die politische Meinung 266/92 S. 70.

[61] »Opfer der Eitelkeit« Der Spiegel 39/89 S. 55.

[62] »Kritik an den deutschen Sozialdemokraten aus Ungarn und Jugoslawien« Frankfurter Allgemeine Zeitung 30. 3. 89.

[63] Carl Gustaf Ströhm »Wie die SPD mit Sozialdemokraten im Osten umspringt« Die Welt 18. 2. 89.

[64] Apel aaO S. 441.

[65] Carl Gustaf Ströhm »Wie die SPD mit Sozialdemokraten im Osten umspringt« Die Welt 18. 2. 89.

[66] Süddeutsche Zeitung 22./23. 2. 92.

[67] Die Welt 22. 2. 92.

[68] Deutsche Tagespost 15. 10. 91.

[69] Frankfurter Allgemeine Zeitung 1. 2. 92.

[70] Siehe Hacker aaO S. 240.

[71] Brandt aaO S. 154 ff.

[72] Nach CDU/CSU »Die Wendehals-Partei: SPD gegen die Wiedervereinigung« Bonn o. J. S. 2.

[73] Frankfurter Allgemeine Zeitung 9. 2. 90.

[74] Nach CDU/CSU »Die Wendehals-Partei: SPD gegen die Wiedervereinigung« Bonn o. J. S. 4.

[75] Egon Bahr »Nachdenken über das eigene Land« Frankfurter Rundschau 13. 12. 88.

[76] »Worte der Woche« Die Zeit 29. 9. 89.

[77] Peter Glotz »12 Thesen zur europäischen Verflechtung« Frankfurter Rundschau 2. 8. 89.

[78] Nach Hacker aaO S. 204.

[79] Klaus Bölling nach Bayernkurier 27. 1. 90.

[80] Nach Die politische Meinung 250/90 S. 50.

[81] Ingo Arend in einem Leserbrief der Frankfurter Allgemeinen Zeitung 3. 7. 89.

[82] Arno Klönne »Zurück zur Nation?« Kontroversen zur deutschen Frage« Köln 1984 S. 110.

[83] Honeckers Rede (im Auszug): Deutschland Archiv 1/85 S. 108.

[84] Ernst Becker »Differenziertes Sozialismusbild . . . « IPW-Bericht 12/88.

[85] Horst Ehmke »Frieden und Freiheit als Ziel der Entspannungspolitik« Neue Gesellschaft 85, 1010.

[86] »Das sagten einst deutsche Sozialdemokraten« Welt am Sonntag 6. 2. 83.

[87] Brigitte Seebacher-Brandt »Der Antikommunist« Die politische Meinung 272/92 S. 37 ff.

[88] Nach Rudzio aaO S. 224, siehe auch S. 41.

[89] Norbert Römer »Kommunisten sorgen für sprachliche Umerziehung« Einheit 8/15. 4. 86.

[90] Nach SPD-Parteitag 79 – Unkorrigiertes Protokoll (5) S. 73.

[91] Siehe z. B. Helmut Herles »Was in der SPD verdrängt wird« Frankfurter Allgemeine Zeitung 2. 5. 85, ferner Renger aaO.

[92] »Karl-Marx-Kundgebung aufgelöst . . .« Vorwärts 28. 2. 93 S. 1.

[93] Christoph Lötsch »Die SPD rückt näher an die SED« Münchner Merkur 11./12. 5. 88.

[94] »Honig‹ Hut versteigert« Die Welt 21. 8. 89.

[95] Kurt Plück »Lebenslügen der SPD« Die politische Meinung 272/92 S. 33.

[96] Siehe z. B. Frankfurter Allgemeine Zeitung 28. 8. 87 S. 7. Es gibt auch mehrere Textausgaben, z. B. Erhard Eppler »Wie Feuer und Wasser. Sind Ost und West friedensfähig?« Reinbek 1988.

[97] Gerd Bucerius »Aus der Vergangenheit nichts gelernt?« Die Zeit 11. 9. 87.

[98] Tilman Fichter »Demokratisierung statt Spaltung« Neue Gesellschaft 8/90 S. 697 ff.

[99] Apel aaO S. 268.

[100] Gesine Schwan »Ein Januskopf – Gefahren und Chancen . . . « Frankfurter Allgemeine Zeitung 23. 9. 87.

[101] Egon Bahr »Chancen und Gefahren – Unsere Zeit als Januskopf« Frankfurter Allgemeine Zeitung 2. 10. 87.

[102] Gerd Bucerius »Aus der Vergangenheit nichts gelernt?« Die Zeit 11. 9. 87.

[103] Bundestagsdrucksache 11/5688 vom 15. 11. 89.

[104] Stimme der DDR 27. 8. 87. 18.30 Uhr.

[105] »Antwort auf Fragen zum Streit der Ideologien« Neues Deutschland 11. 11. 87.

[106] Klaus Merz »Konservative Marxismuskritik . . . « Beiträge zur Kritik der bürgerlichen Philosophie . . . Martin-Luther-Universität Halle-Wittenberg 1989 S. 16.

[107] Das Dialogpapier kann man auch zerreißen« Frankfurter Allgemeine Zeitung 9. 12. 89.

[108] »Das SPD-SED-Papier in der Rückschau« Deutschland Archiv 10/92 S. 1104.

[109] Nach Gode Japs »Riskanter Dialog...« Deutschland Archiv 10/92 S. 1012.

[110] Bärbel Bohley »Der fatale Opportunismus...« Frankfurter Allgemeine Zeitung« 14. 3. 92 S. 27.

[111] Karl Marx/Friedrich Engels »Das kommunistische Manifest« Copyright 1946 Verlag der SPD, München S. 3.

[112] Heinrich August Winkler »Der Weg nach und seit Godesberg...« Frankfurter Allgemeine Zeitung 1. 12. 84 S. 10.

[113] Autorenkollektiv »Grundrechte des Bürgers in der sozialistischen Gesellschaft« Berlin (Ost) 1980 S. 18.

[114] Archiv der sozialen Demokratie, Kassette 01696.

[115] Roman Rosdolsky »Friedrich Engels und das Problem der ›geschichtslosen Völker‹« Archiv für Sozialgeschichte 1964 Bd. 4 S. 87.

[116] Ebenda S. 147.

[117] MEW aaO 21, 19.

[118] Karl Marx »Die Geschichte der Geheimdiplomatie des 18. Jahrhunderts« Berlin (West) 1977 S. 47. Ausführlich Löw »Quellenlexikon« aaO »Rußland, Russen«.

[119] Roman Rosdolsky »Friedrich Engels und das Problem der ›geschichtslosen Völker‹« Archiv für Sozialgeschichte 1964 Bd. 4 S. 251.

[120] Ebenda S. 255.

[121] Ebenda S. 259.

[122] Edmund Silberner »Kommunisten zur Judenfrage – Zur Geschichte von Theorie und Praxis des Kommunismus« Opladen 1983 S. 33. Das Kapitel über Marx entspricht fast wörtlich einem Kapitel in »Sozialisten zur Judenfrage...« Berlin 1962.

[123] Ebenda S. 41.

[124] Archiv der sozialen Demokratie, Kassette 01696.

[125] Münchner Merkur 5. 4. 74.

[126] MEW aaO 7, 249. Ausführlich zum Thema Marxismus und Terror siehe Löw »Terror...« aaO.

[127] »Das sagten einst deutsche Sozialdemokraten...« Welt am Sonntag 6. 2. 83 S. 8.

[128] Klaus Merz »Konservative Marxismuskritik...« Beiträge zur Kritik der bürgerlichen Philosophie... Martin-Luther-Universität Halle-Wittenberg 1989 S. 20.

[129] »Agitation von rechts« Blick nach rechts 10/93 S. 2.

[130] TV DDR I 20. 9. 89 19.30 Uhr.

[131] Stimme der DDR 21. 9. 89 18 Uhr.

[132] TV DDR I 25. 10. 89 19.30 Uhr.

[133] Frankfurter Allgemeine Zeitung 20. 1. 90 S. 2.

[134] Nach Wirtschaftswoche 2. 3. 90 S. 43.

[135] Willy Brandt »... was zusammengehört« Bonn 1990 S. 7.

[136] Ebenda S. 127.

[137] Brandt aaO S. 153 ff, insbes. 156 f.

[138] BVerfGE 36,1.

[139] Dieter Groh/Peter Brandt »Vaterlandslose Gesellen« München 1992 S. 333 f.

[140] Bunte 23/92 S. 23.

[141] Gunter Hofmann »Egon Bahr im Zeit-Gespräch« Die Zeit 13. 3. 92.

[142] Momper aaO.

[143] Nach Rolf Steininger »Los von Rom? . . . « Innsbruck 1987 S. 235.

[144] Ernst Nolte »Das Zeitalter des Kommunismus« Frankfurter Allgemeine Zeitung Bilder und Zeiten 12. 10. 91; ausführlich dazu Schöler aaO.

[145] Peter Glotz »Hat Ludwig Erhard Karl Marx besiegt?« Vorwärts 6/90 S. 12.

[146] Helmut Lölhöffel »Erfolge feiern . . . « Frankfurter Rundschau 14. 2. 92.

Zu IV

[1] Siehe Siegfried Mampel »Die sozialistische Verfassung der Deutschen Demokratischen Republik. Kommentar« Frankfurt a. M. 1982 S. 188.

[2] Johannes (Hrsg.) aaO S. 135 ff.

[3] Nach Wolfram Weimer »Ich kann doch 40 Jahre DDR nicht so wegstek-ken . . . « Frankfurter Allgemeine Zeitung 18. 5. 91.

[4] Brigitte Seebacher-Brandt u. a. »Die deutsche Linke und die Vereinigung« Friedrich-Ebert-Stiftung Bonn 1991 S. 5.

[5] Flocken u. a. aaO S. 220.

[6] Flocken u. a. aaO S. 222.

[7] Hermann Weber (Hrsg.) »DDR. Dokumente . . . « München 1986 S. 192 f.

[8] Dazu ausführlich Goeckel aaO S. 154 und passim. Ferner Schlomann aaO.

[9] Michael Richter »Vom Widerstand der christlichen Demokraten in der DDR« in Scholz (Hrsg.) aaO S. 36 f.

[10] Strauß aaO S. 458.

[11] Abgedruckt im Bayernkurier 22. 2. 75 S. 6.

[12] Franz Josef Strauß »Verantwortung vor der Geschichte . . . « Percha 1985 S. 417 f.

[13] Roswin Finkenzeller »Den Schalk im Nacken« Frankfurter Allgemeine Zeitung 8. 8. 91.

[14] Theo Weigel »Handeln aus Verantwortung . . . « München 1991 S. 91.

[15] Nach Zitelmann aaO S. 116 f. Dort Näheres über Thomas Dehler und Adenauers Deutschlandpolitik.

[16] Näheres Schollwer »Liberale Opposition« aaO.

[17] Siehe Rudzio aaO S. 79.

[18] Jürgen Falter »Hitlers Wähler« München 1991 S. 110 ff.

[19] Uwe-Jens Heuer »Marxismus und Demokratie« Baden-Baden 1989 S. 7.

[20] Nach Manfred Wilke »Einschätzungen der SED« Die politische Meinung Nr. 266/Januar 92 S. 67.

[21] Ebenda S. 68.

[22] »Genscher ist mir widerlich« Der Spiegel 16/93 S. 16.

[23] Daniel Küchenmeister »Wann begann das Zerwürfnis zwischen Honecker und Gorbatschow« Deutschland Archiv 1/93 S. 38

[24] Schollwer »Potsdamer Tagebuch« aaO S. 85.

[25] Nach Siegfried Suckut »Innenpolitische Aspekte der DDR-Gründung...« Deutschland Archiv 4/92 S. 371.

[26] Schollwer »Potsdamer Tagebuch« aaO S. 186.

[27] Siehe Siegfried Mampel »Die sozialistische Verfassung der Deutschen Demokratischen Republik. Kommentar« Frankfurt a.M. 1982 S.189.

[28] Näheres Peter Joachim Lapp »Die ›befreundeten Parteien‹ der SED...« Köln 1988 S. 109.

[29] Hubert Kleinert »Aufstieg und Fall der Grünen...« Bonn 1992 S. 129.

[30] Siehe van Hüllen aaO S. 47 ff.

[31] Nach Thomas Kielinger »›Ich habe gelernt zu gehorchen‹...« Rheinischer Merkur 13. 9. 91.

[32] Nach Manfred Wilke »Einschätzungen der SED« Die politische Meinung Nr. 266/Januar 92 S. 70.

[33] Ebenda.

[34] »Fragen zum Tode Frau Kellys« Frankfurter Allgemeine Zeitung 3. 5. 93.

[35] »Stasi schrieb die Reden« Focus 17/93 S. 376.

Zu V

[1] Alfred Jüttner »Die Hochschule für Politik München. Geschichte – Entwicklung – Charakter 1950 – 1990« München 1990, S. 11.

[2] Ebenda S. 73.

[3] Kurt Sontheimer »Real war nur der schöne Schein« Rheinischer Merkur 23. 2. 90.

[4] Wilhelm Bleek »Wenn das Objekt einer Wissenschaft sich auflöst« Frankfurter Allgemeine Zeitung 11. 5. 90.

[5] Gerd-Joachim Glaeßner »Vom ›realen Sozialismus‹ zur Selbstbestimmung« Beilage zur Wochenzeitung Das Parlament 1 – 2/90 S. 3.

[6] Gerd-Joachim Glaeßner (Hrsg.) »Die DDR in der Ära Honecker. Politik – Kultur – Gesellschaft« Opladen 1988. Ebenso Schroeder u. a. aaO S. 28: »Nach dem Ende der DDR sah Glaeßner ›das entscheidende Mißverständnis der westlichen Sozialwissenschaft seit Beginn der 70er Jahre‹ darin, ›daß sich die Erwartungen näherten, die Prinzipien rationaler Verwaltung könnten sich in diesen Systemen durchsetzen‹. Er verwies allerdings diesbezüglich nicht auf seine eigenen früheren Einschätzungen, sondern auf die von Peter Christian Ludz.

[7] Wilhelm Bleek »Statt Diskussion – unberechtigte Vorwürfe und Mißverständnisse« Das Parlament 16. 10. 92 S. 12 f.

[8] Thomas aaO S. 126.

[9] Rüdiger Thomas »Materialien zu einer Ideologiegeschichte der DDR«

in: Peter Christian Ludz (Hrsg.) »Wissenschaft und Gesellschaft in der DDR« München 1971 S. 68.

[10] Thomas aaO S. 131.

[11] Ralf Georg Reuth »Wer nennt die Mauer noch Mauer?« Frankfurter Allgemeine Zeitung 6. 7. 88.

[12] So ständig Konrad Löw, z. B. »Rechtsstaat, Demokratie, Sozialstaat – Verständnis und Wirklichkeit in beiden Teilen Deutschlands« Köln 1980, S. 121 ff.; ders. »Karl Marx und die Diktatur in der DDR« S. 21 in: ders. Hrsg. »Karl Marx und das politische System der DDR Asperg 1982; ders. »Ist die DDR eine deutsche demokratische Republik?« Politische Studien 271/83 S. 534 f; ders. »Vorwort« in Rudolf Pasch (Hrsg.) »Wachsamkeit der Preis der Freiheit« Berlin 1987 S. 5.

[13] Glaeßner »Die andere Republik« aaO S. 181.

[14] »Bericht der Bundesregierung und Materialien zur Lage der Nation« Bonn 1972 S. 81 f. Siehe dazu Konrad Löw »Die Grundrechte im Wechsel der Generationen« in ders. (Hrsg.) »25 Jahre Grundgesetz – Ein Zwischenzeugnis« Köln 1974 S. 116 f.

[15] Glaeßner »Die andere Republik« aaO S. 168.

[16] Peter C. Ludz »Die DDR zwischen Ost und West... « München 1977 S. 194.

[17] Stand 24. 2. 84.

[18] Peter Ludz »Situation, Möglichkeit und Aufgaben der DDR-Forschung« SBZ Archiv 18/1967 S. 324.

[19] Siehe Konrad Löw »Die Grundrechte – Verständnis und Wirklichkeit in beiden Teilen Deutschlands« München 1982 S. 131 ff., insbesondere S. 146 ff.

[20] Wilhelm Bruns nach Die politische Meinung Mai/Juni 1990 S. 50.

[21] Ulrich Lohmann »Das Rechtswesen« in Günter Erb u. a. (Hrsg.) »Politik, Wirtschaft und Gesellschaft in der DDR« Opladen 1979 S. 182.

[22] Erich Honecker nach Bulletin Presse- und Inforamtionsamt der Bundesregierung Nr. 83 vom 10. 9. 87, S. 707.

[23] Wilhelm Bruns »Deutsch-deutsche Beziehungen« Opladen 1984 S. 23.

[24] Gus Hall o. Ü. Einheit (Berlin-Ost) 12/87 S. 81.

[25] Nach Helmut Bärwald »Das sogenannte ›Neue Denken‹« Forum für geistige Führung 2/88 S. 30.

[26] Nach Eckhard Jesse »Wie man eine Schimäre zum Leben erweckt... « Frankfurter Allgemeine Zeitung 24. 8. 90.

[27] George Schöpflin »Das Ende des Kommunismus« in: Jochen Thies u. a. »Das Ende der Teilung... « Bonn 1990 S. 69 ff.

[28] Hans-Peter Schwarz »Auf dem Weg zum post-kommunistischen Europa« S. 1 ff.

[29] Ausführlich zum Thema unter den verschiedensten Aspekten: Uwe Backes/Eckhard Jesse »Totalitarismus und Totalitarismusforschung... « in: dies. (Hrsg.) »Extremismus und Demokratie« Bonn 1992 S. 7 ff. Löw (Hrsg.) »Totalitarismus« aaO.

[30] Thomas aaO S. 129.

[31] Eckhard Jesse »Oppositionelle in der DDR« in: ZParl 1/90, S. 137.

[32] Klaus von Beyme »Ökonomie und Sozialismus« München/Zürich 1975 S. 320.

[33] Sehr fundiert zum Thema: Hans-Helmuth Knütter »Antifaschismus und politische Kultur in Deutschland nach der Wiedervereinigung« Beilage zur Wochenzeitung Das Parlament B 9/91 S. 17 ff.

[34] Reinhard Kühnl »Der (aufhaltsame) Aufstieg rechtsextremer Parteien« »Blätter für deutsche und internationale Politik« 3/89 S. 292.

[35] Salcia Landmann »Marxismus und Sauerkirschen« Schweizerzeit 23. 6. 90.

[36] Jean-Paul Sartre »Das Sein und das Nichts« Hamburg 1966.

[37] Siehe Jürg Altwegg »Der Sturz des Obervaters« Frankfurter Allgemeine Zeitung 7. 2. 90.

[38] Volker E. Pilgrim »Adieu Marx« Frankfurt 1990.

[39] Claude Lévi-Strauss in: Glaeßner »Die andere Republik« aaO S. 5.

[40] Tilman Fichter »Sich selbst den Blick auf die Hohlheit des SED-Regimes verstellt« Frankfurter Allgemeine Zeitung 25. 7. 90.

[41] Heinz Heitzer »Zur liberal-sozialreformistischen Grundrichtung der DDR-Forschung in der BRD« in: Akademie für Gesellschaftswissenschaften beim ZK der SED »Entwicklungstendenzen der zeitgeschichtlichen DDR-Forschung in der BRD« Berlin 1988 S. 18.

[42] Ebenda S. 19.

[43] Stephan Löffler »Zur konservativen Grundrichtung der DDR-Forschung in der BRD« in: Akademie für Gesellschaftswissenschaften beim ZK der SED »Entwicklungstendenzen der zeitgeschichtlichen DDR-Forschung in der BRD« Berlin 1988 S. 35. Diese Bezeichnung war äußerst nobel verglichen mit den zügellosen Verbalinjurien, die auf uns im DDR-Blätterwald niederprasselten. Mich selbst betreffend nenne ich insbesondere Rolf Dlubek »Marxverfälschung im Dienst des Antikommunismus« Einheit 3/4 – 83 S. 397 ff.; Eberhard Fromm »Marx – von rechts gelesen. Das konservative Marxbild der 80er Jahre« Berlin (Ost) 1989; Eberhard Fromm/Rosemarie Raffel »Tendenzen der gegenwärtigen bürgerlichen Marxismuskritik« Philosophische Hefte 2/83 Berlin (Ost) S. 160 ff.; Heinrich Gemkow »Ein theoretischer Kopf und Leiter der Aktion . . . « Neues Deutschland 5. 8. 82 S. 3; Ekkehard Lieberam »Das politische System der DDR als Thema des ›Systemvergleichs‹« Staat und Recht 9/84 S. 723 ff.; Klaus März »Studien zum bürgerlichen Marxbild der 80er Jahre« in Wissenschaftspublizistik der Martin-Luther-Universität Halle-Wittenberg 1989; Kurt Rückmann »Ein Fälscher aus Bayreuth«, Die Weltbühne 17. 8. 82 S. 1025 ff.; M. Podwigin »In seinem Geiste« Neue Zeit 4/83 S. 20 f.; Winfried Schwarz »Schlecht gebrüllt, Löw! Wie ein Professor Marx enthüllt« Deutsche Volkszeitung 13. 1. 83; Hanni Wettengel u. a. »Karl Marx, Friedrich Engels und die Bedrohungslüge« Beiträge zur Geschichte der Arbeiterbewegung 1/85 S. 3 ff.

[44] Stephan Löffler »Zur konservativen Grundrichtung der DDR-For-

schung in der BRD« in: Akademie für Gesellschaftswissenschaften beim ZK der SED »Entwicklungstendenzen der zeitgeschichtlichen DDR-Forschung in der BRD« Berlin 1988 S. 37.

[45] Ebenda S. 40 ff.

[46] Theo Sommer »Der Geist ist ein Wühler« Die Zeit 11. 5. 90.

[47] Konrad Löw »Noch ist Deutschland nicht verloren« Der Staatsbürger, Beilage der Bayerischen Staatszeitung, Februar 1985; siehe Anhang S. 282 ff.

[48] Siehe dazu Löw »Warum fasziniert... « aaO S. 35 ff.

[49] Wladimir W. Mschwenieradse »Perestrojka und die Politikwissenschaft« Beiträge zur Konfliktforschung 2/89 S. 83.

[50] So Rainer Eisfeldt »Ausgebürgert und doch angebräunt. Deutsche Politikwissenschaft 1920 – 1945« Baden-Baden 1991; Gerhard Göhler, Bode Zeuner (Hrsg.) »Kontinuitäten und Brüche in der deutschen Politikwissenschaft« Baden-Baden 1991; Hans Karl Rupp/Thomas Noetzel »Macht, Freiheit, Demokratie. Anfänge der westdeutschen Politikwissenschaft. Biographische Annäherungen« Marburg 1991.

[51] Schroeder u. a. aaO S. 21.

[52] Siehe beispielsweise Jürgen Domes »Einschätzung und Verschätzung der Entwicklung und des Aufstands in China durch die deutsche Chinawissenschaft« Saarbrücken 1990 Privatdruck.

[53] So Ralph Jessen in der Besprechung von Helmut Heibers »Die Universität unter dem Hakenkreuz« Frankfurter Rundschau: Neue Bücher – Frühjahr 1992 S. 8.

Zu VI

[1] Die insgesamt 9,43 Millionen organisierten Gewerkschaftsmitglieder (1989) verteilten sich auf Christlicher Gewerkschaftsbund 304.741, Deutsche Angestellten-Gewerkschaft 503.528, Deutscher Beamtenbund 793.607, Deutscher Gewerkschaftsbund 7.861.120. Da somit über 83 Prozent der gewerkschaftlich Organisierten in der Bundesrepublik auf den Deutschen Gewerkschaftsbund entfielen, ist in der Abhandlung nahezu ausschließlich von ihm die Rede.

[2] Nach Scharrer aaO S. 181.

[3] Nach Scharrer aaO S. 184.

[4] Nach Scharrer aaO S. 200.

[5] Nach Scharrer aaO S. 242.

[6] Nach Scharrer aaO S. 243.

[7] Weber aaO S. 250.

[8] Weber u. a. aaO S. 259.

[9] Hermann Weber (Hrsg.) »Der Deutsche Kommunismus. Dokumente 1915 – 19454« Köln 1973 S. 377.

[10] Nach Weber aaO S. 251.

[11] Nach Wilke/Hertle aaO S. 133 f.

[12] Kurt Bachmann »Einig Handeln für demokratische Erneuerung von Staat und Gesellschaft« in: Parteivorstand der DKP (Hrsg.) »Einig Handeln für demokratische Erneuerung von Staat und Gesellschaft« Düsseldorf o. J. S. 31.

[13] Siehe Manfred Wilke »Wandel durch Annäherung?« in: Einheit – Zeitung der IG Bergbau... 15. 2. 92 S. 3.

[14] Einzelheiten siehe Wilke »Einheitsgewerkschaft« aaO S. 92.

[15] »Gewerkschaften: Hammer und Lupe... « Der Spiegel 16. 1. 78.

[16] Ausführlich Lademacher aaO. Siehe auch: Joachim Voss »Schon Meanys Vorgänger mißtrauten der Entspannung« Welt der Arbeit 26. 4. 74.

[17] George Meany »Traum und Wirklichkeit: Entspannung« Bonn 1975 S. 4 und S. 11.

[18] »Bündnispolitik« Generalanzeiger 23. 2. 84.

[19] »DGB erlaubt lose Bündnisse auf Zeit« Frankfurter Rundschau 30. 5. 86.

[20] Nach Manfred Wilkle »Einschätzungen der SED« Die politische Meinung 1/92 S. 70.

[21] »Union: ÖTV handelte unmoralisch... « Frankfurter Allgemeine Zeitung 31. 1. 92.

[22] Nach Rainer Hank »Der Direktor kommt nicht aus einer anderen Welt‹... « Frankfurter Allgemeine Zeitung 21. 5. 92.

[23] Näheres siehe Michael Hanfeld »Klassenkampf um Herzen und Köpfe« Rheinischer Merkur 9. 10. 92.

[24] Wilke/Hertle aaO S. 209.

[25] Ebenda S. 440.

[26] Ebenda S. 341.

[27] Pressedienst HBV 129 vom 7. 8. 89

[28] Nach Horst-Udo Niedenhoff/Manfred Wilke »Krise der SED-Herrschaft... « Frankfurter Rundschau 5. 10. 89 S. 10.

[29] Autorenkollektiv »Geschichte des FDGB« Berlin (Ost) 1985 S. 59 f.

[30] Gernot Schneider »Der FDGB als Instument der Manipulation der Arbeitnehmer« in: Europäische Konferenz für Menschenrechte und Selbstbestimmung »Gewerkschaft als Menschenrecht und gewerkschaftliche Praxis in der DDR« Bonn 1986 S. 44 f.

[31] Nach Horst Niggemeier »Die offenen Arme der Kommunisten« Frankfurter Allgemeine Zeitung 27. 6. 85 S. 10.

[32] Neuer Tag 13. 4. 88.

[33] Wladimir Lenin »Werke« 40 Bde. Berlin (Ost) 1958 – 1964, 33, 178.

[34] Ebenda 33, 174.

[35] Ebenda 33, 175.

[36] Wladimir Lenin »Ausgewählte Werke« Berlin (Ost)? S. 701.

[37] Nach Norbert Römer »Ohne Gewerkschaft keine Demokratie« Einheit 15. 1. 90.

[38] Lucjan Blit »Die Gewerkschaften in den kommunistischen Ländern« Herausgegeben vom Vorstand der SPD, Bonn o. J. S. 7 f.

[39] »Der Kommunistischen Partei geht es noch immer um die Zerschlagung der freien Gewerkschaften« Handelsblatt 19. 6. 87.

[40] AZ II ZR 90/90 vom 4. 3. 91.

[41] Leonhard Mahlein »Gewerkschaften international – Im Spannungsfeld zwischen Ost und West« Frankfurt a. M. 1984 S. 150.

[42] »Washington gegen die Polen-Hilfe amerikanischer Gewerkschaften ... « Frankfurter Allgemeine Zeitung 5. 9. 80.

[43] »US-Gewerkschaft: Militärischer Schutz für die Demokratie!« Einheit 15. 5. 81.

[44] Lane Kirkland »Das amerikanische Volk ... « Einheit 15. 4. 83.

[45] Nach Horst-Udo Niedenhoff/Manfred Wilke »Krise der SED-Herrschaft ... « Frankfurter Rundschau 5. 10. 89 S. 10.

[46] Erika Martens »Der Sozialismus ist am Ende ... « Die Zeit 18. 5. 90.

[47] »Wir wollten nicht ins gleiche Horn tuten wie Springer und Strauß« Frankfurter Rundschau 2. 3. 90.

[48] Rainer Nahrendorf »Der Bankrott des ›realen Sozialismus‹ verunsichert die Gewerkschaften« Handelsblatt 5./6. 1. 90.

[49] Ludwig Dohmen »Gewerkschaften in der Identitätskrise ... « Rheinischer Merkur 30. 2. 90.

[50] Nach Erika Martens »Der Sozialismus ist am Ende« Die Zeit 18. 5. 90. S. 17.

[51] Siegfried Bleicher »Eine neue Perspektive für den Sozialismus« Frankfurter Allgemeine Zeitung 14. 2. 90.

[52] Detlef Hensche »Wirtschaftshilfe für den Osten« Kontrapunkt 4/91 S. 5.

[53] Nach Dieter Borkowski »Kennzeichen ›D‹« TM 3/91.

[54] Foto in Rheinischer Merkur 4. 5. 91 S. 3.

[55] »Wehret dem Nachwuchs ... « Frankfurter Allgemeine Zeitung 2. 1. 93.

Zu VII

[1] Hans Mayer »Der Turmbau zu Babel – Erinnerungen an eine deutsche demokratische Republik« Frankfurt a. M. 1991 S. 264.

[2] Siehe Gert Ueding »Heimatlos im Supermarkt ... « Die Welt 28. 7. 90 S. 17.

[3] Ebenda.

[4] Siehe Tilman Krause »Der diskrete Charme des Sozialismus« Frankfurter Allgemeine Zeitung 12. 7. 90.

[5] Noack aaO.

[6] Friedrich Dürenmatt »Über die Absurdität der Schweiz« Süddeutsche Zeitung 15./16. 12. .90.

[7] Max Frisch »Wir hoffen« Süddeutsche Zeitung« 20. 9. 76.

[8] Nach Häberle aaO S. 26.

[9] Ebenda S. 29.

[10] Ebenda S. 35.

[11] Ulsamer aaO S. 4.

[12] Ebenda S. 48.

13 Ebenda.
14 Georg Lukacs/Johannes R. Becher u. a. »Die Säuberung« Reinbek 1991 S. 12.
15 Siehe Löw »Warum fasziniert...« aaO S. 271 ff.
16 Franz Xaver Kroetz »Bei dem Wort ›Nation‹ werde ich als Deutscher hellhörig« Die Welt 17. 9. 88.
17 Hans Mayer »Der Turmbau zu Babel...« Frankfurt a. M. 1991 S. 257.
18 Nach Peter Dittmar »Antikommunismus – Torheit oder Notwendigkeit?« Köln 1979 S. 216.
19 Hannes Stein »Ein Herrgott aus Wellblech und Stacheldraht...« Frankfurter Allgemeine Zeitung 19. 10. 91.
20 Siehe Hermann Kurze »Kaffee für Stasi und den Kult des heiligen Henkers...« Frankfurter Allgemeine Zeitung 24. 11. 90.
21 Nach Christian Striefler »Wie antistalinistisch war Ernst Bloch wirklich?...« Die Welt 16. 4. 91.
22 Nach Sibylle Wirsing »Tragischer Sozialismus...« Frankfurter Allgemeine Zeitung 19. 4. 90.
23 Siehe Georg Lukács/Johannes R. Becher u. a. »Die Säuberung...« Reinbek 1991.
24 Kurt Sontheimer »Von Deutschlands Republik...« Stuttgart 1991 S. 235 ff.
25 Nach Walter Janka »Die Selbstzerstörung der Intelligenz...« Frankfurter Allgemeine Zeitung 4. 1. 92.
26 Nach Manfred Seiler »Nach Osten, wo die Sonne aufgeht...« 21. 2. 92.
27 Wolfgang Strauß »Links, intellektuell und heimatlos...« Deutschlandmagazin 9/90 S. 41.
28 Wulf Reimer »Liebeswerben um Gregor Gysi...« Süddeutsche Zeitung 5. 7. 90.
29 Ausführlich dazu Kiesel aaO.
30 Sebastian Haffner »Von Bismarck zu Hitler – Ein Rückblick« München 1947 S. 324.
31 Martin Walser »Über Deutschland reden« Frankfurt a. M. 1988.
32 Hans Christoph Buch »Wer Einheit sagte, war rechtsradikal« Die Welt 6. 7. 91 S. 17.
33 Jens Jessen »Eine Kaste wird entmachtet« Frankfurter Allgemeine Zeitung 29. 9. 90.
34 Theo Sommer (Hrsg.) »Reisen ins andere Deutschland« Reinbek 1986 S. 21 ff.
35 Ebenda 25 ff.
36 Ebenda 33 ff.
37 Robert Leicht »Vereinigung im freien Fall? Die DDR zerbricht unter der bösen Erblast...« Die Zeit 22. 6. 90 S. 1.
38 Nach Jörg von Uthmann »Von ganzem Herzen Ja, Ja, Ja...« Frankfurter Allgemeine Zeitung 22. 9. 90.
39 Die Dokumentation ist – auszugsweise – entnommen aus »Blindheit durch Annäherung« Die politische Meinung 4/93 S. 53 ff.

[40] Günter Gaus »Mehr als nur ein Nachfolger...« Die Zeit 18. 4. 86 S. 9.

[41] Nikolaus Brender/Michael Sontheimer u. a. »Pinochet und das Chaos...« Die Zeit 26. 9. 86 S. 17 f.

[42] Konrad Löw »Impressionen von einer Reise nach Chile« in Dieter Blumenwitz u. a. »Chile – Rückfahrt in die Demokratie« Würzburg 1989 S. 131 ff., insbes. S. 136 ff.

[43] Martin Gesten »Chile – der ›Tiger‹ Lateinamerikas« Frankfurter Allgemeine Zeitung 29. 3. 93.

[44] Theo Sommer »Der Geist ist ein Wühler...« Die Zeit 11. 5. 90.

[45] Nach Frankfurter Allgemeine Zeitung 22. 6. 89.

[46] Heinrich Bremer »Honecker zwingt zur Ehrlichkeit« Stern Nr. 37 vom 3. 9. 87.

[47] Sebastian Haffner »Fluchthelfer sind keine Helden mehr« Stern 2. 8. 73 S. 85.

[48] Eine ausführliche Gegenüberstellung bietet TM 3/92 S. 5.

[49] Lothar Baier »Volksfeinde sind unter uns« Rheinischer Merkur 30. 3. 90.

[50] Siehe Ueding aaO; Reich aaO.

[51] Karl Wilhelm Fricke »Das MfS und die Schriftsteller« Deutschland Archiv Nr. 11 Nov. 92 S. 1130 ff.

[52] Hans Dieter Zimmermann »Die Jagd auf einen Dichter...« Frankfurter Allgemeine Zeitung 30. 9. 92.

[53] Literatur in Ost und West: »Die Stasi schrieb mit« Deutschland-Magazin 3/92 S. 19.

[54] Gert Ueding »Menschlich ist's unter Tieren« Die Welt 27. 6. 92.

[55] Robert Maxwell »Hoffnungsträger Honecker« Die Zeit 13. 10. 89 S. 52.

[56] »Vertrauliche Mitteilungen...« 21. 1. 92 S. 2.

[57] Raymond Aron »Erkenntnis und Verantwortung...« München 1985 S. 33 f.

[58] Auch die Zeit brachte eine Reihe im Kern selbstkritischer Beiträge, so beispielsweise Michael Schmitz »Wie die Linke sich verrannte. Die Berichterstattung aus der DDR – Selbstkritik eines Journalisten« Die Zeit 14. 2. 92 S. 52 und Thomas Schmid »Pincherseligkeit – über die deutschen Intellektuellen und ihre Unfähigkeit, mit der jüngsten Geschichte zurecht zu kommen« Die Zeit 3. 4. 92 S. 65.

[59] Klaus Hartung »Abbitte an Kohl...« taz 22. 6. 90 S. 3.

Zu VIII

[1] »Rückblick – vor 40 Jahren« Süddeutsche Zeitung 8. 10. 92.

[2] »Bischof Forck: Wir haben uns geirrt...« Deutsche Tagespost 27. 9. 90.

[3] Werner Leich »Wende und Wiedervereinigung – der Beitrag der evangelischen Kirche« in: Manfred Spieker (Hrsg.) »Friedenssicherung – Die Neuordnung Europas« Münster 1991, S. 74.

[4] Ebenda.

5 »Es gibt Anlaß zu großer Hoffnung‹ Ein Aufruf zu gemeinsamem Handeln im vereinigten Deutschland« Frankfurter Allgemeine Zeitung 15. 7. 91 S. 13.

6 Kirchenamt »Evangelische Kirche und freiheitliche Demokratie...« Gütersloh 1985.

7 Heino Falcke »Stellvertretendes Handeln – ›Kirche im Sozialismus‹ am Beispiel der DDR« Kirche im Sozialismus 89, 232 f.

8 Udo Hahn »Christ in vermintem Land« Rheinischer Merkur 24. 5. 91.

9 »Nochmals: Kirche im Sozialismus...« Die Zeit 21. 2. 92 S. 62.

10 Ebenda.

11 Nach Heike Schmoll »Von Gott ist nicht die Rede« Frankfurter Allgemeine Zeitung 14. 9. 91.

12 Werner Leich epd-Dokumentation 12/88 S. 2.

13 Siehe Konrad Löw »Die Grundrechte – Verständnis und Wirklichkeit in beiden Teilen Deutschlands« München 1982 S. 122.

14 Ebenda S. 124.

15 Nach Jens Motschmann aaO S. 184.

16 Gottfried Forck »Der politische und gesellschaftliche Wandel in der ehemaligen DDR...« in: Manfred Spieker (Hrsg.) »Friedenssicherung – Die Neuordnung Europas« Münster 1991, S. 81.

17 Archiv der sozialen Demokratie, Kassette 01703.

18 Nach Jens Motschmann aaO S. 193.

19 Ebenda.

20 Nach Heike Schmoll »Zusammenlegung mit Universität erreicht« Frankfurter Allgemeine Zeitung 18. 9. 90.

21 epd 20/92 vom 19. 5. 92.

22 Nach Stephan Speicher »Das gelbe Elend« Frankfurter Allgemeine Zeitung 16. 11. 90.

23 Siehe z. B. idea-spectrum 5/88 S. 17; Gerhard Bergmann »Christentum und Sozialismus...« Stuttgart 1979, S. 13 ff.

24 »Bischof Schönherr mahnt...« Die Welt 3. 12. 85.

25 Autorenkollektiv »Kleines Politisches Wörterbuch« Berlin (Ost) 1983 Faschismus/Antifaschismus.

26 Siehe Otto Wenzel »Verlogener Antifaschismus« Die politische Meinung Juni 93 S. 79 ff.; Bernd Faulenbach »Zur Funktion des Antifaschismus in der SBZ/DDR« Deutschland Archiv 93 S. 754 ff.; Hans-Helmuth Knütter »Antifaschismus und politische Kultur in Deutschland...« Beilage zur Wochenzeitung Das Parlament B 9/91 S. 17 ff.; Heinz Kühnrich »›Verordnet‹ und nichts weiter? Nachdenken über Antifaschismus in der DDR« Zeitschrift für Geschichtswissenschaft 92, S. 819 ff.

27 Nach Klaus Motschmann »Antikommunismus – das protestantische Feindbild« idea Nr. 91 vom 12. 10. 89.

28 Karl Barth »Die Kirche zwischen Ost und West« (1949) in: Karl Kupisch (Hrsg) »Der Götze wackelt...« Berlin (West) 1961 S. 137.

29 Milovan Djilas »Die neue Klasse. Eine Analyse des kommunistischen Systems« München 1963 S. 821.

30 »Stasi-›Dokumentation‹ belegt: Desinformation über IGFM war gesteuert« Menschenrechte März/April 91 S. 36.

31 Ausführlich dazu Christa von Koeller »Verhinderte Aufklärung: Die Arbeit der Internationalen Gesellschaft für Menschenrechte« Die neue Ordnung 5/92 S. 354 ff.

32 »Die größten Toren« Erneuerung und Abwehr« 2/92 S. 15.

33 So wörtlich Friedrich Engels, MEW aaO 37, 327. Siehe ferner Löw »Terror« aaO passim.

34 Marx und Engels betreffend siehe Konrad Löw »Marxismus-Quellenlexikon« Köln 1988 »Wahrhaftigkeit«; ders. »Kann ein Christ Marxist sein?« München 1987.

35 »Evangelische Kirche der DDR will Haltung gegenüber dem Staat nicht ändern« Frankfurter Allgemeine Zeitung 15. 2. 88.

36 Nach Heike Schmoll »Zu selbstkritischem Nachdenken aufgerüttelt« Frankfurter Allgemeine Zeitung 17. 8. 91.

37 Siehe Brinkschulte u. a. aaO.

38 Ausführlich dazu Müller-Enbergs u. a. aaO.

39 Nach Heike Schmoll »Zu selbstkritischem Nachdenken aufgerüttelt« Frankfurter Allgemeine Zeitung 17. 8. 91.

40 Nach idea-spectrum 5/88 S. 16.

41 Ebenda

42 Elisabeth Raiser u. a. »Brücken der Verständigung – für ein neues Verhältnis zur Sowjetunion« Gütersloh 1986 S. 10.

43 Nach Deutschland-Magazin 5/88 S. 8.

44 Siehe Löw »Warum fasziniert . . .« aaO S. 197 ff.

45 »Es gibt Anlaß zu großer Hoffnung‹ Ein Aufruf zu gemeinsamem Handeln im vereinigten Deutschland« Frankfurter Allgemeine Zeitung 15. 7. 91 S. 13.

46 Nach »Die Verletzung der Menschenrechte offenlegen« Menschenrechte 3/4/90 S. 21.

47 Nach Ralf Georg Reuth »Die Idee vom reformierten Sozialismus« Frankfurter Allgemeine Zeitung 18. 2. 91.

48 Nach Udo Hahn »Christ in vermintem Land« Rheinischer Merkur 24. 5. 91.

49 Nach Helmut Matthies »Evangelische Kirche und die Frage der Nation« Beiheft Nr. 52/91 von Erneuerung und Abwehr S. 45.

50 Nach epd 12. 4. 90.

51 Nach Hartmut Mohr in einem Leserbrief Frankfurter Allgemeine Zeitung 17. 9. 90.

52 Siehe ausführlicher Konrad Löw »Marxismus-Quellenlexikon« Köln 1988 »Liebe«.

53 Ebenda »Menschenrechte«.

54 Autorenkollektiv »Marxistisch-leninistische Staats- und Rechtstheorie/ Lehrbuch« Berlin (Ost) 1980 S. 411.

55 Ebenda S. 417.

56 Ebenda.

[57] Siegfried Groth »Menschenrechtsverletzungen in der namibischen Exil-Swapo...« epd-Dokumentation 40/89 Titelseite.

[58] Ebenda S. 60 a.

[59] Ebenda S. 52.

[60] Florian Stumfall »ANC-Enthüllungen aus eigenen Reihen« Bayern-kurier 22. 8. 92.

[61] Luitpold A. Dorn »Warum der Kreml Johannes XXIII. nachgab...« Deutsche Tagespost 25. 3. 93.

[62] Georg Paul Hefty »Ein Hirte kehrt zurück...« Frankfurter Allgemeine Zeitung 4. 5. 91.

[63] Lothar Roos »Aus Rom eine Skizze der Sozialen Marktwirtschaft« Frankfurter Allgemeine Zeitung 25. 5. 91.

[64] Georg Paul Hefty »Ein Hirte kehrt zurück...« Frankfurter Allgemeine Zeitung 4. 5. 91.

[65] Otto B. Roegele »Nobelpreis – wofür?« Rheinischer Merkur 2. 6. 89.

[66] Nach KOMM-MIT 7/91 S. 20.

[67] Peter Kirnich »Kreuz und Karl« Tribüne 25. 4. 90.

[68] So die stellvertretende Vorsitzende der Enquêtekommission »Aufarbei-tung von Geschichte und Folgen der SED-Diktatur in Deutschland« Margot von Renesse in der Sitzung vom 12. 2. 93.

[69] Ausführlich und mit allen Nachweisen Konrad Löw »Wir alle stehen auf den Schultern von Karl Marx...« Theologisches 3/90 S. 147 ff.

[70] Angelika Senge »Marxismus als atheistische Weltanschauung...« Paderborn 1983; siehe darin auch das Geleitwort Anton Rauschers.

[71] Siehe Kuno Füssel »Kritik der postmodernen Verblendung. Ein poli-tisch-theologischer Essay« in: Edward Schillebeeckx (Hrsg.) »Mystik und Politik. Theologie im Ringen um Geschichte und Gesellschaft. Johann Baptist Metz zu Ehren« Mainz 1988. Metz ist in Münster einer der maßgeblichen katholischen Theologen. S. 126 heißt es beispiels-weise: »Hinter der neuen Unverbindlichkeit, der bewußt arrangierten Unübersichtlichkeit und dem kulturellen Supermarkt halten die Ord-nungskräfte Geld, Macht und Herrschaftswissen die Fäden fest in der Hand und sorgen für eine einheitliche Marschrichtung im Sinn der Kapitallogik... Karl Marx hat sein Lebenswerk der politisch-prakti-schen und in diesem Sinne kritischen Entlarvung (Offenbarung) der Irrationalität (d. h. der verkehrten Welt des Kapitalfetischs) und Inhu-manität (d.h. der Menschenfeindlichkeit) der kapitalistischen Produk-tionsweise, die bis heute die uns beherrschende ist, gewidmet.«

[72] Konrad Feiereis »Das gemeinsame europäische Haus...« Deutsche Zeitschrift für Philosophie 5/90 S. 413.

[73] Verwiesen sei insbesondere auf Konrad Löw »Kann ein Christ Marxist sein?« München 1987 S. 13 ff.

[74] Konrad Feiereis »Fremdkörper in atheistischer Umwelt« Deutsche Tagespost 30. 3. 91.

[75] Laut Protokoll der Paulus-Gesellschaft.

[76] Ebenda.

[77] Einen sehr kritischen Bericht über diese Tagung verfaßte Oskar Simmel SJ »Dialog als Monolog...« Rheinischer Merkur 16. 9. 77.

[78] Neues Forum Mai/Juni 1976 S. 6.

[79] Instruktion der Kongregation für die Glaubenslehre über einige Aspekte der »Theologie der Befreiung« 6. 8. 84.

[80] Luise Rinser »Jesus stünde auf Boffs Seite« in Norbert Greinacher/Hans Küng (Hrsg.) »Katholische Kirche wohin?...« München 1986 S. 448.

[81] Ebenda S. 450.

[82] Luise Rinser »Nordkoreanisches Tagebuch« Frankfurt 1986 S. 110.

[83] Ebenda S. 2.

[84] Ebenda S. 182.

[85] Siehe Hilke Rosenboom »Das Gedächtnis der alten Dame« Stern 6/88 vom 25. 2. 88 S. 206 mit weiteren NS-Hymnen. »Auf dem Wohnzimmertisch liegt eine Astrologie-Zeitschrift, in der ein ausführliches Lebenshoroskop von Luise Rinser abgedruckt ist. ›Es ist wahr, was dort steht‹, sagt sie, ›ich bin nicht dazu geboren, glücklich zu sein. Ich muß zwei Aspekte meiner Person miteinander vereinbaren und bin beides: Revolutionärin und Nonne‹.« Gleich daneben ein Foto, das die »Revolutionärin und Nonne« in ihrer Mini-Schwimmhalle auf ihrem Anwesen bei Rom zeigt.

[86] Nach Stefan Aust »Der Baader-Meinhof-Komplex« Hamburg 1985 S. 84.

[87] Leonardo Boff »Welche Wahrheit macht uns heute frei?« in Leonardo Boff (Hrsg.) »Arme Kirche, reiche Kirche«? 1990 S. 13 ff.

[88] Ausführlich zu Boff siehe Martin Kriele »Recht, Vernunft, Wirklichkeit« Berlin 1990 S. 220 ff., hier 222 f.

[89] Ebenda S. 223.

[90] Dieter Lattmann »Antikommunismus – Entstehung, Wirkung, Überwindung« Beitrag zum Seminar Feindbild Kommunismus der Friedensinitiative Christen in der Region München (4.–6. 10. 1985).

[91] Anatol Feid »Keine Angst, Maria« Berlin (-West) 1986 S. 5.

[92] Anatol Feid »Chilenischer September« Neuß 1985 S. 157.

[93] Der Bundesminister des Innern »Moskaus getarnte Helfer« Bonn 1987 S. 55.

[94] Gottfried Forck »Der politische und gesellschaftliche Wandel in der ehemaligen DDR...« in: Manfred Spieker (Hrsg.) »Friedenssicherung – Die Neuordnung Europas« Münster 1991 S. 84.

[95] Lange aaO S. 354 f.

[96] Nach Andreas Püttmann »Kein Rückzug ins Schneckenhaus« Rheinischer Merkur 3. 7. 92.

[97] Nach Erneuerung und Abwehr 4/92 S. 30.

[98] Konrad Feiereis »Fremdkörper in atheistischer Umwelt« Deutsche Tagespost 30. 3. 91.

[99] Reinhard Raffalt »Der Antichrist« Feldkirch 1990 S. 31.

[100] Werner Krusche »Zwischen Anpassung und Opposition« Übergänge 2/90 S. 53.

[101] EKD »Evangelische Kirche und freiheitliche Demokratie...« Hannover 1985 S. 7.

[102] Ebenda S. 17.

[103] Nach Günter van Norden »Die Evangelische Kirche...« in: Günter Brakelmann u. a. (Hrsg.) »Antisemitismus« Göttingen 1989 S. 101.

[104] Hans Apel aaO S. 181.

[105] Jens Motschmann aaO S. 226 ff.

[106] »Der Rhetor vom Rhein« Deutsches Allgemeines Sonntagsblatt 11. 6. 93 S. 1.

[107] Siehe James Bentley »Martin Niemöller – Eine Biographie« München 1985.

[108] Peter Schütt »Unterm roten Stern« Frankfurter Allgemeine Zeitung 9. 6. 93.

[109] »Schnittger lehnt Lenin-Preis ab« Moskau-News Mai 1990.

[110] Siehe insbes. Besier/Wolf aaO, Latk aaO, Reuth aaO. Siehe ferner: Ehrhart Neubert »Zur Aufarbeitung des Stasiproblems in den Kirchen« Beilage zur Wochenzeitung Das Parlament B 21/92 S. 11 ff.

[111] Armin Mitter u. a. »Ich liebe euch doch alle! Befehle und Lageberichte des MfS...« Berlin 1990 S. 173.

[112] Heike Schmoll »Viele hat die Angst so gepeinigt...« Frankfurter Allgemeine Zeitung 30. 4. 90.

[113] Nach Ralf Georg Reuth »Realisten und Unzuverlässige« Frankfurter Allgemeine Zeitung 15. 4. 91.

[114] Monitor-Dienst Rias Berlin 1. 2. 88 S. 2.

[115] Rüdiger Durth »Der Glaube verpflichtet zum Widerspruch« Rheinischer Merkur 8. 11. 91

[116] Nach Christa Meves »Dagegen ist die SPD eine rechtsreaktionäre Partei...« Deutsche Tagespost 26. 11. 92.

[117] Siehe Astrid von Borcke »KGB. Die Macht im Untergrund« Neuhausen-Stuttgart 1987, insbes. 110 ff.

[118] Siehe Konrad Löw »Im heiligen Jahr der Vergebung...« Osnabrück 1991 S. 41 ff; Michael Wolffsohn »Der jüdische Weltkongreß und das Ende der DDR« Mut 5/92 S. 30 ff.

[119] Manfred Stolpe in einem Vortrag am 13. 2. 93 abgedruckt in: Die politische Meinung 3/93 S. 20.

Zu IX

[1] Seebacher-Brandt aaO S. 9.

[2] Var Matin, Toulon, nach »Stimmen der anderen« Frankfurter Allgemeine Zeitung 27. 8. 91.

[3] Klaus Liedtke »Deutschland, eilig Vaterland« Stern 28. 6. 9O S. 13.

[4] Ephraim Kishon »Undank ist der Welt Lohn« München 1990 S. 44.

[5] Schneider aaO S. 86.

[6] MEW aaO Ergbd. 1, 534 ff.

[7] MEW aaO 3, 33.
[8] Albert Speer »Erinnerungen« Frankfurt a. M. 1969 S. 115.
[9] Milovan Djilas »Land ohne Recht« Köln 1958 S. 132.
[10] Gespräch mit Pfarrer Friedrich Schorlemmer Contrapunkt 23/90 S. 35.
[11] »71 Milliardäre in Amerika« Frankfurter Allgemeine Zeitung 8. 10. 91.
[12] Siehe Konrad Löw »Verpflichtet nur das Eigentum?« Rheinischer Merkur 27. 10. 89.
[13] Nach Helen von Ssachno »Fortsetzung der Krise folgt« Süddeutsche Zeitung 2. 1. 91.
[14] Seebacher-Brandt aaO S. 307.
[15] Gustave Le Bon »Psychologie der Massen« Stuttgart 1973 S. 103 ff.
[16] Kurt Sontheimer »Blinde Flecken im Selbstbewußtsein« Rheinischer Merkur 12. 6. 92.
[17] »Zitate« Die Zeit 24. 6. 90.
[18] Bunte 21. 6. 90.
[19] Einzelheiten siehe Seiffert aaO S. 179 beginnend mit »1981: An die PLO für 22,8 Millionen Maschinenpistolen und Munition«.
[20] Deutschland Archiv 6/92 S. 629.
[21] Dazu Konrad Löw »Hätten Sie doch nur Mein Kampf gelesen« in: Uwe Backes/Eckhard Jesse »Extremismus und Demokratie« Bonn 1989 S. 99 ff.
[22] Siehe Löw »Terror« aaO.
[23] Siehe Fricke »Staatssicherheit« aaO.
[24] Schroeder aaO S. 24.
[25] Ulrich Beck »Verkannte Propheten . . .« Frankfurter Allemeine Zeitung 23. 9. 92.
[26] Interview mit Wolfgang Leonhard, Deutschland-Magazin 3/82 S. 34; hingewiesen sei ferner auf Konrad Löw »Noch ist Deutschland nicht verloren«.
[27] »Sanktionen fördern Reformen« Deutschland-Magazin 3/82.
[28] MEW aaO 37, 327.
[29] Konrad Löw »Marxismus-Quellenlexikon« Köln 1988 »Moral«
[30] Wladimir Lenin »Werke« Berlin (Ost) 1958 – 1964 Bd. 31. S. 281.
[31] Siehe Löw »Terror« aaO S. 13 ff.
[32] Ebenda S. 53 ff.
[33] Bürgerkomitee Leipzig (Hrsg.) »Stasi intern . . .« Leipzig 1991 S. 14.
[34] »DDR fälschte Kriminalstatistik« Frankfurter Allgemeine Zeitung 2. 3. 91.
[35] Nach Josef Gabert u. a. »Dokumente – Chruschtschows Geheimrede auf dem XX. Parteitag . . .« Berlin 1990 S. 96.
[36] »Was Erich Mielke . . .« Frankfurter Rundschau 3. 2. 92.
[37] N. N. »Betrug und Terror der KP in der Ostzone« Sopade-Informationsdienst Nr. 170, 12. 5. 47.
[38] Peter Schütt »Wes Geld ich nehm' . . .« Die Zeit 8. 6. 90.
[39] Arthur Koestler »Das rote Jahrzehnt« Wien 1991 S. 78 ff.
[40] Bayernkurier 2. 11. 91.

[41] Wolfgang Stock »Honeckers Wahlhilfe für Vogel« Frankfurter Allgemeine Zeitung 13. 11. 1991.

[42] Seiffert aaO S. 292.

[43] »Alte Schmeicheleien in neuem Licht« Stern 6. 8. 92 S. 130.

[44] Peter Sweerts-Sporck »Welche Rolle spielte Fritz Pleitgen?« Bayernkurier 7. 3. 92. S. 7.

[45] Schroeder aaO S. 13 f.

[46] »Die Kirche war Objekt der Infiltration« Deutsche Tagespost 24. 10. 91.

[47] Siehe Friedrich-Wilhelm Schlomann »Journalisten mit Spionagekoffer...« TM 4/93 S. 5; generell: Noetzel aaO; Schlomann aaO.

[48] Ralf Georg Reuth »Es wird manche Überraschung geben« Frankfurter Allgemeine Zeitung 27. 12. 91.

[49] »Marcus Wolf und seine ›nützlichen Idioten‹« Deutschland-Magazin 12/91 S. 19.

[50] Ralf Georg Reuth »Die Welt der Westdeutschen‹ als Pflichtlektüre für Spione« Frankfurter Allgemeine Zeitung 11. 4. 91.

[51] Fricke »Die DDR-Staatssicherheit« aaO S. 104.

[52] Reinhard Müller aaO Klappentextrückseite. Siehe ferner Fritjof Meyer »Einsamer Wolf unter Wölfen« Der Spiegel 12/93 S. 188 ff.

[53] Imanuel Geiss »Der Hysterikerstreit« Bonn 1992.

[54] Olav Kappelt »Braunbuch – Nazis in der DDR« Berlin 1981.

[55] Eduard Schewardnadse »Die Zukunft gehört der Freiheit« Reinbek 1991

[56] Fritz Schenk »Mehr Dynamik für die neuen Bundesländer« Epoche 120/91 S. 21.

[57] Harry Möbis »Gesetzlichkeit, Ordnung, Disziplin...« Einheit (Berlin-Ost) 1/87 S. 61.

[58] Richard Schröder »Soll die Zersetzungsarbeit endlos weitergehen?...« Frankfurter Allgemeine Zeitung 2. 1. 91.

[59] »Wiedervereinigung ist unrealistisch‹ – Gorbatschow und Mitterand sind sich einig« Frankfurter Allgemeine Zeitung 27. 7. 89.

[60] Siegfried Löffler »Kekkonen und das Geheimnis von Nowosibirsk...« Deutsche Tagespost 31. 12. 92.

[61] Klaus Brill »Bedrängt von der Gunst der Stunde...« Süddeutsche Zeitung 4. 2. 92.

[62] Nach Epoche 107 S. 35.

[63] Nach Epoche 120 S. 20.

[64] Alexander Solschenyzin nach Strupp aaO Bd. 2 S. 55.

[65] Rainer Eppelmann »Über den Umgang mit der SED-Diktatur« Mut März 93 S. 27.

[66] Joachim Gauck »Über die Würde der Unterdrückten...« Frankfurter Allgemeine Zeitung 27. 6. 92.

[67] Ebenda.

[68] Karl Marx/Friedrich Engels »Ausgewählte Werke in sechs Bänden« Frankfurt a. M. 1970 (Bd. 1) S. 222 f. Die Herausgeber der Marx-Engels-Werke scheuten sich, diese Passage abzudrucken (s. MEW aaO 3, 32).

[69] Helmut Trotnow »Rettet das IML!« Die Zeit 8. 6. 90. Siehe auch Konrad Löw »Eingeschreint im Herzen der Nation?« Mut Juni 91 S. 8 ff.

[70] Siehe Dirk Kurbjuweit »Die MEGA-STARS« Die Zeit 7. 5. 93 S. 13 ff.

[71] Nach Strupp aaO Bd. II S. 90.

[72] Erhard Eppler »Die Geschichte im Rückspiegel...« Die Zeit 28. 2. 92 S. 6.

[73] Nach Helmut Lölhöffel »Erfolge feiern und Fehler verdrängen...« Frankfurter Rundschau 14. 2. 192.

[74] Gert Weisskirchen »Der SPD steht die Trauerarbeit noch bevor...« Süddeutsche Zeitung 26. 3. 92 S. 10.

[75] Ronald Reagan »Amerikas harte Haltung führte zum Start-Vertrag« Die Welt 3. 8. 91 S. 6.

[76] Nach Epoche 120/91 S. 20.

[77] Carl Bernstein »The Holy Alliance« Time Magazine 8/92 S. 14.

[78] Nach Heinz-Joachim Fischer »Der Papst und das Ende des Kommunismus« Die politische Meinung 12/92 S. 31.

[79] Apel aaO S. 402.

[80] Nach Die politische Meinung Juni 93 S. 36.

[81] MEW aaO 29, 161. Wie sehr die Marxsche Dialektik in jene Partei Eingang gefunden hat, die ihn vor 100 Jahren zu ihrem »großen Führer« bestimmte, zeigen die folgenden Sätze Apels (aaO S. 351): »Insofern, so Jochimsem, seien wir eben nicht in der Kontinuität unserer damaligen Beschlüsse. Der arme Junge wird mit einem Schwall von Worten eingedeckt. Und er kann wirklich nicht ›dialektisch‹ lesen. Denn die Entschließung ist so formuliert, daß sie für Kundige auch Jochimsems Wahrheit enthält, bei allen anderen aber den Eindruck erzeugt, schon damals...«

[82] Bärbel Bohley »Der fatale Opportunismus des Westens – Deutsche Lebenslügen...« Frankfurter Allgemeine Zeitung 14. 3. 92 S. 27.

[83] Eugen Kogon »Der SS-Staat...« Berlin 1946 S. 372.

Dokumentation

D1 zeigt, daß es historische, ökonomische und soziologische Gründe gab, die Hoffnung auf Wiedervereinigung nicht zu begraben.

Die folgenden Dokumente (Protokoll des Deutschen Bundestages D2, Brief Graf Stauffenberg D3, Brief Genscher D4, Brief RA Näumann D5) beweisen, wie die Unfreiheit in den sozialistischen Staaten bereits auf die Bundesbürger ausstrahlte.

Daher die Bitte an den Bundeskanzler, unter diesen Umständen von einer Einladung Honeckers abzusehen (D6).

D1

Noch ist Deutschland nicht verloren

Von Konrad Löw

„Die deutsche Einheit kommt bestimmt!" – Wirklich?

1982 erschien ein Buch: „Die deutsche Einheit kommt bestimmt". Gleich zu Beginn heißt es darin: „Das ist jetzt klargeworden. Entweder kommt sie auf dem Weg einer militärischen Katastrophe. Dann findet die Wiedervereinigung aller Deutschen im Massengrab statt. Oder sie kommt in Form einer politischen Lösung."

Worauf beruht diese Gewißheit? Das Resümee der Überlegungen lautet: „Wer nichts wagt, wird schuldig. Die Weltgeschichte, jedenfalls, geht ihren Gang. Stehenbleibenwollen führt zur Katastrophe."

Richtig ist so viel: „Die Weltgeschichte, jedenfalls, geht ihren Gang." Aber nicht nach einem unbeugsamen Gesetz, wie manche zu glauben vorgeben. Ein solches Gesetz gibt es nicht. Zumindest wurde es bisher von niemandem nachgewiesen.

Die Geschichte geht ihren Gang, den wir nicht kennen und der meist von den Vorhersagen beträchtlich abweicht. Und dennoch werden sich jene, die nicht an den historischen Determinismus glauben, die Frage vorlegen: Wie kann es weitergehen? Wie soll es weitergehen? Können wir etwas tun, damit die Geschichte den gewünschten Verlauf nimmt, und falls ja, was?

„Wie kann es weitergehen? – Die diskutierten Möglichkeiten

Die Wirklichkeit kennt Wege, von denen auch die kühnste Phantasie kaum träumt. Es lohnt nicht die Mühe, alle theoretischen Möglichkeiten aufzulisten; man käme an kein Ende. Wenn wir von der eingangs erwähnten gemeinsamen Zukunft in einem Massengrab absehen, stehen vier Möglichkeiten zur Diskussion: 1. Status quo; 2. Status quo ante, 3. ganz Deutschland als Bestandteil des Sowjetimperiums, 4. Europäische Lösung.

1. Status quo

Der Status quo in Deutschland ist seit Jahrzehnten im wesentlichen unverändert: Die Bundesrepublik ist Bestandteil der westlichen Gemeinschaften, die DDR Mitglied des Warschauer Pakts und des Pakts für gegenseitige Wirtschaftshilfe. Während sich das offizielle Bonn mit diesem Zustand nicht zufriedengibt und – auf Grund des Verfassungsauftrags – nicht zufriedengeben darf, spricht die Verfassungsgeschichte der DDR eine andere Sprache. Bei der Staatsgründung, also 1949, war das einige Deutschland nicht nur ein täglich gesprochenes und gesungenes Lippenbekenntnis: Alle Parteien mußten sich schon in ihren Namen zu Deutschland als ganzem bekennen, nämlich SED also Sozialistische Einheitspartei Deutschlands, CDUD Christlich Demokratische Union Deutschlands, LDPD Liberal Demokratische Partei Deutschlands und so weiter. „Neues Deutschland" als Name der SED-Parteizeitung. Der Rundfunk intonierte jeden Abend: „Brüder in Ost und West, widersteht den Gewalten! Haltet, um standzuhalten, Deutschland im Herzen fest." – **Das Deutsche Reich** galt als juristische Realität, die den Hitlerspuk überdauert hatte.

Doch bereits wenige Jahre später wurde das Deutsche Reich zu Grabe getragen, und zwar so, als ob man es schon seit 1945 für tot gehalten hätte.

Das Bekenntnis zur gemeinsamen deutschen Nation überdauerte zwei Jahrzehnte. In der neuen Verfassung des Jahres 1968, die sicherlich auch mitbeeinflußt wurde vom Prager Frühling, fand die gemeinsame deutsche Nation noch feierliche Erwähnung, um kurz darauf, ohne Verfassungsänderung und viele Worte, auf die Müllhalde der Geschichte verfrachtet zu werden. Der geänderte Wortlaut der Verfassung, 7. Oktober 1974, vermeidet die Aussage, die als Unzufriedenheit mit dem Status quo in Deutschland gedeutet werden könnte.

Auch der Zeitablauf ist dazu angetan, den Zustand zu verfestigen, ihn als etwas Selbstverständliches erscheinen zu lassen. Immer mehr Menschen in beiden Teilen Deutschlands wachsen mit diesem Zustand auf, immer weniger haben noch Deutschland als Einheit erlebt. Noch gibt es enge verwandtschaftliche Bande. 50% der DDR-Bewohner und 25% der Bevölkerung der Bundesrepublik sind mit Personen des jeweils anderen Staates verwandt. Aber die Zahlen sind rückläufig, seit der Menschenstrom aus der DDR in die Bundesrepublik mit dem Mauerbau, 1961, zum dünnen Rinnsal wurde.

Hinzu kommt, daß, so wird gemunkelt, auch viele unserer westlichen Verbündeten und Freunde ein geteiltes Deutschland lieber sehen als ein vereinigtes. Schon jeder Teil für sich sei in jedem der beiden Lager ein hochrangiger Faktor. Ein wiedervereinigtes Deutschland müßte die Krafteverhältnisse nachhaltig verschieben.

2. Status quo ante

Das Deutsche Reich als lebendige Handlungseinheit in den Grenzen von 1937 gehört zu jenen theoretischen Möglichkeiten, denen keinerlei Wahrscheinlichkeit zuspricht. Wenn dennoch der Status quo ante hier Erwähnung findet, so sollen damit jene Vorstellungen und Pläne angesprochen werden, die in einem deutschen Reich, das aus den beiden jetzigen deutschen Staaten besteht, die Lösung der deutschen Frage vermuten. Der Preis, den die Deutschen zu entrichten hätten, wäre die dauernde Neutralität.

Ein neutralisiertes Gesamtdeutschland ist eines jener Anliegen, denen sich deutlich Rechts- wie deutlich Linksorientierte die Hände reichen. Washington spricht darüber nicht, Moskau schon lange nicht mehr, Pankow schweigt, so lange Moskau schweigt, und in der Bundesrepublik sind es bisher nur Minderheiten, die sich mit einer solchen Lösung anfreunden können.

3. Meilenstein zur Weltrevolution

Ob Expansionismus russische Eigenart ist, wie Karl Marx meinte, oder ob der Sowjetimperialismus auf die weltrevolutionären Schwärmereien desselben Karl Marx zurückzuführen ist, das ist strittig und letztlich kaum mit zwingenden Argumenten zu beantworten. Beide Kräfte wirken wohl zusammen. Entscheidend ist, daß sich die Sowjetführung nach wie vor für die Weltrevolution ausspricht und diese Absichtserklärung ernstzunehmen ist. Das Programm der KPdSU von 1961 bekennt sich ausdrücklich zur „welthistorischen Mission" und dazu, daß man zur Erreichung dieses Zieles Gewalt nicht ausschließen dürfe.

Die neue Verfassung der Sowjetunion verspricht in Art. 28 die Leninsche Friedenspolitik. Lenin aber war alles andere als ein Pazifist. Er hat den Krieg ausdrücklich bejaht.

Anders als früher ist in der DDR – wie erwähnt – die deutsche Frage zur Zeit kein Thema. Wenn es aber angesprochen wird, dann – natürlich – im Geiste der Sowjetunion. Bekannt sind die Äußerungen Honeckers vom 15. Februar 1981 vor Berliner SED-Funktionären: Der Sozialismus werde „eines Tages auch an die Tür der Bundesrepublik klopfen. Und wenn der Tag kommt, an dem die Werktätigen der Bundesrepublik an die sozialistische Umgestaltung der Bundesrepublik Deutschland gehen, dann entsteht die Frage der Vereinigung beider deutscher Staaten vollkommen neu. Wie wir uns dann entscheiden, daran dürfte wohl kein Zweifel bestehen."

4. Die europäische Lösung

Sozialismus à la DKP und SED ist ein Sozialismus, dessen Beliebtheit laufend abnimmt. Waren es 1949 noch 5,7% der Wähler, die der KPD ihr Vertrauen schenkten, so waren 1983 nur noch 0,2% für ihre Nachfolgeorganisationen, die DKP. Die große Mehrheit derer, die in der Bundesrepublik über Wiedervereinigung nachdenken, plädiert für eine gesamteuropäische Lösung. Ein vereinigtes Europa soll ein vereinigtes Deutschland einschließen. Einzelheiten werden kaum angesprochen.

Wie soll es weitergehen? – Die freiheitliche demokratische Grundordnung als Wertmaßstab und Richtschnur

Das Wollen und Handeln der Menschen, soweit es nicht gänzlich irrational ist, wird von Wertvorstellungen bestimmt. Wer auf dem Boden des Grundgesetzes steht, die Werteordnung des Grundgesetzes kennt und anerkennt, wird nicht zögern, im leibhaftigen Menschen, im Individuum, in dessen konkreten Wünschen, Interessen und Anliegen die Richtschnur für die politische Zielsetzung zu sehen. Das heißt praktisch mit Blick auf unsere Fragestellung, daß es nicht um die Größe und Ehre der Nation, des Deutschen Reiches, des Vaterlandes geht, sondern – im Rahmen der Sozialverträglichkeit – um ein Leben in freier Selbstbestimmung. Die Einheit der Nation einerseits und die persönliche Freiheit der Menschen zumindest in einem der beiden Teile Deutschlands andererseits sind keine gleichwertigen Größen. Einheit auf Kosten der Freiheit ist indiskutabel. Indiskutabel ist auch jede Einheit, die durch eine erhebliche Gefährdung der Freiheit erkauft werden könnte. Mit Blick auf die Bewohner der DDR müssen wir immer primär menschliche Erleichterungen, besser noch: die Menschenrechte vor Augen haben. Sie bilden den Kern der freiheitlichen demokratischen Grundordnung des Grundgesetzes. Aus unserer Sicht kann nur sie die Basis einer Kooperation oder Konföderation sein. Und wir dürfen sicher sein, daß diese rechtsstaatliche demokratische Ordnung bei allen entwickelten Völkern, insbesondere auch bei den Bewohnern der DDR, einen begeisterten Zuspruch findet, sobald sie die Freiheit erlangen, sich zu äußern.

Möglichkeiten und Grenzen der Einflußnahme

1. Kreuzzug gegen den Osten?

Auch wenn die andere Seite immer wieder vom Aufflackern des Revanchismus in der Bundesrepublik zu berichten weiß und jede Betonung des Rechts auf Heimat in eine verkappte Kriegserklärung umdeutet, niemand in Deutschland denkt ernstlich daran, mit Waffengewalt eine Veränderung der faktischen Grenzen zu erzwingen. Die Richtigkeit dieser Behauptung ist für jeden Gutwilligen so evident, daß sie keiner weitausholenden Begründung bedarf. Recht und Macht, Moral und Psyche wirken zusammen und ersticken alle Kreuzzugsgedanken im Keim:

Sowohl das Völkerrecht als auch das innerstaatliche Recht verbieten Angriffskriege. Das Strafgesetzbuch der Bundesrepublik Deutschland nennt die Vorbereitung eines Angriffskrieges vor allen anderen Verbrechen und bedroht sie mit der Höchststrafe. Anders als in totalitären Staaten gibt es in den rechtsstaatlichen Demokratien persönlich und sachlich unabhängige Institutionen, die den Gesetzesvollzug überwachen.

„Macht" meint hier die machtpolitischen Gegebenheiten. Der Westen ist dem Osten in nahezu jeder Hinsicht militärisch unterlegen. Unter diesen Umständen könnte nur ein Verrückter einen Angriffskrieg planen. Wiederum anders als in totalitären Staaten müßten in rechtsstaatlichen Demokratien viele Instanzen ihr Ja-Wort geben. Und es ist ausgeschlossen, daß alle Entscheidungsträger den kollektiven Selbstmord befürworten.

Alle, die heute in der Bundesrepublik zu Fragen der Moral Stellung nehmen, verurteilen den Angriffskrieg eindeutig ohne Wenn und Aber. Bereitschaft zum Waffendienst ist nur vorhanden als Abwehrwille.

2. Boykott?

Wirtschaftliche Boykottmaßnahmen haben sich stets, selbst gegenüber kleinen Staaten, als nahezu wirkungslos erwiesen. Wer auf sie hofft, hofft vergebens. Entsprechendes gilt für Resolutionen der UNO. Selbst wenn sie mit großer Mehrheit das Selbstbestimmungsrecht der Völker fordern würde, nicht erst Afghanistan hat die Wertlosigkeit solcher Deklarationen unter Beweis gestellt.

3. Offenhalten der deutschen Frage!

Weder mit militärischen noch mit wirtschaftlichen Maßnahmen kann das Selbstbestimmungsrecht unserer Landsleute in der DDR erzwungen werden. Diese Beschränkung unserer Möglichkeiten bedeutet aber nicht, daß wir resignieren müssen. Selbstverständlich wollen und sollen wir Realisten sein. Aber zu den Realitäten, die wir anerkennen, gehört auch das Selbstbestimmungsrecht der Völker, oder anders ausgedrückt, die Überzeugung, daß kein Volk das Recht hat, ein anderes Volk zu unterdrücken.

Das Bundesverfassungsgericht hat festgestellt: „Aus dem Wiedervereinigungsgebot folgt: Kein Verfassungsorgan der Bundesrepublik Deutschland darf die Wiederherstellung der staatlichen Einheit als politisches Ziel aufgeben, alle Verfassungsorgane sind verpflichtet, in ihrer Politik auf die Erreichung dieses Zieles hinzuwirken."

Unmittelbar angesprochen sind nur die Staatsorgane. Entscheidend ist, ob sich auch ein Großteil der Bevölkerung angesprochen fühlt und das Verfassungsanliegen zum höchstpersönlichen Anliegen macht: eine deutsche Nation, ein deutsches Staatsvolk, ein einiges Deutschland auf der Basis des Selbstbestimmungsrechts.

Konkrete Möglichkeiten für fast jeden von uns sind die Pflege von Kontakten mit den Menschen drüben, also Telephongespräche, Briefe, Päckchen, Besuche. Von überragender Bedeutung sind die Möglichkeiten unserer Rundfunkanstalten. Sie können ein zutreffendes Bild der westlichen Welt vermitteln, Informationslücken über die – und teilweise auch in den – Ostblockstaaten schließen und so ein reales Stück natürlicher Freiheit, die Informationsfreiheit, für jeden Empfänger realisieren.

Sehr bedenklich ist es, wenn staatliche Stellen in der Bundesrepublik Veröffentlichungen fördern, die davon ausgehen, der Ost-West-Konflikt sei die Konfrontation von Kapitalismus und Sozialismus: „Es handelt sich um intersystemare Beziehungen, d. h. es konkurrieren bzw. stehen sich gegenüber: der Sozialismus und der Kapitalismus. Kennzeichnend sind einander widersprechende Wertorientierungen." Wer so denkt und schreibt, ist blind für das, was tatsächlich auf dem Spiele steht. Junge Leute, die derlei Äußerungen Glauben schenken, sind nicht länger bereit, Wehrdienst zu leisten. Wer will schon für den „Kapitalismus" und für die „Kapitalisten" zur Waffe greifen, sein Leben wagen?

Die DDR ist nach wie vor ein totalitärer Staat. Es gibt dort keine Wahlen, sondern nur Zwangsveranstaltungen, die, sei es aus Zynismus oder in Täuschungsabsicht, „Wahlen" genannt werden. Die so „Gewählten" sind keine Volksvertreter, sondern nur Marionetten in den Händen der Staatspartei SED. Es gibt auch keine Grundrechte im Sinne des Grundgesetzes, keine rechtsstaatlichen Garantien für die Bürger.

Wer diese Auffassung teilt, soll sie auch in Wort und Schrift vertreten, wer sie bestreitet, soll gleichfalls zur Feder greifen. Doch wer schweigt,

macht sich mitschuldig. Langjährige Erfahrung zeigt, daß die authentischen Fakten ein DDR-Bild ergeben, das bei unserer Jugend durchaus konsensfähig ist. Selbstverständlich würde die DDR gerne sehen, wenn wir ihre Wortmasken wie „Menschenwürde", „Menschenrechte", „Freiheit", „Rechtsstaat", „Demokratie" usw. für die Wirklichkeit nähmen. Aber ein Formelkompromiß, ein offener oder versteckter Dissens, kann unserem Ziel nicht dienen. Weit mehr als der totalitäre oder autoritäre Staat beruht die Demokratie auf der Einsicht und dem freiwilligen Mittun der Bürger. Je mehr Bürger wissen, was auf dem Spiele steht, um so mehr werden sie sich engagieren, um so stärker wird das Engagement sein.

An Moskau führt kein Weg vorbei

Die DDR ist nicht käuflich, weder mit viel Geld noch mit guten Worten. Weder das Staatsvolk der DDR noch die dortige Partei- und Staatsführung hat die Macht, mit der Bundesrepublik Deutschland über existenzielle Fragen verhandeln zu lassen bzw. zu verhandeln. Die DDR mußte in ihrer Verfassung ausdrücklich und einseitig auf ihre Souveränität zugunsten der Sowjetunion verzichten (Art. 6 Abs. 2): „Die Deutsche Demokratische Republik ist für immer und unwiderruflich mit der Union der Sozialistischen Sowjetrepubliken verbündet."

So schwer es uns auch fällt, wir müssen die Lehren ziehen aus dem Volksaufstand in der DDR 1953, aus den Ereignissen in Polen und Ungarn 1956, aus dem Prager Frühling 1968, aus dem Schicksal der polnischen Gewerkschaft Solidarität 1980 usw.: Ohne Sowjetunion geht nichts im Ostblock. Der Weg zu Verhandlungen mit Ostberlin führt über Moskau.

Wer die Antwort auf die Frage „Wohin entwickelt sich die Sowjetunion?" wüßte, könnte auch die Chancen der Wiedervereinigung realistisch abschätzen. Doch diese Antwort weiß niemand. Gleichwohl ist es keine wissenschaftsfeindliche Kreml-Astrologie, über die Entwicklung in der Sowjetunion nachzudenken und, auf Fakten abgestützt, Erwartungen auszusprechen, Möglichkeiten aufzuzeigen und Hoffnungen daranzuknüpfen:

Die Sowjetunion ist militärisch stärker als je zuvor. Außenpolitisch halten sich in den letzten Jahren Niederlagen und Erfolge die Waage. Von harmlosen Eskapaden Rumäniens abgesehen, entspricht die Wirklichkeit im Ostblock der Breschnew-Doktrin. Auch wenn Stalins irrationaler Terror der Vergangenheit angehört, die totalitäre Staatsordnung zeigt keine Erosionserscheinungen – zumindest auf den ersten Blick. Bei näherem Zusehen stellen wir jedoch fest, daß eine der Säulen der Macht, nämlich die Ideologie, laufend an Glaubwürdigkeit verliert. Diese Ideologie, der Marxismus-Leninismus, rechtfertigt zwar – entgegen einer im Westen weitverbreiteten Ansicht – eine terroristische Einparteiendiktatur, doch verspricht sie den Himmel auf Erden als Ergebnis dieses rücksichtslosen Läuterungsprozesses. Der Kommunismus unterscheidet sich demnach vom Kapitalismus wie der strahlende Tag von der stockfinsteren Nacht.

Ist es angesichts des „Realen Sozialismus" verwunderlich, daß die Verkünder einer heilen kommunistischen Gesellschaft immer mehr an Glaubwürdigkeit einbüßen?

Unter der Überschrift „Suff ist das Licht der Seele" brachte die Süddeutsche Zeitung einen Aufsatz Alexander Sinowjews, der, 1978 ausgebürgert, das kommunistische System analysiert: „Ich habe nicht zufällig die Säufer erwähnt: die sind durchaus etwas Charakteristisches. Getrunken wurde in Rußland auch vor der Revolution, nichtsdestoweniger ist Trunksucht ein Produkt der heutigen Lebensordnung. Offiziell wird sie bekämpft, denn der Schaden, den sie der Gesellschaft zufügt, ist gewaltig. ... Was aber geschähe, wenn der Russe tatsächlich auf einmal enthaltsam würde? Es könnte katastrophale Folgen haben. Die Wirtschaft erlitte einen unverwindlichen Schlag; der russische Muschick finge an, nachzusinnen über sein erbärmliches Dasein."

Time brachte einen Bericht unter der Überschrift „Grandchildren of the Revolution – A big Tschernenko challenge: westward-looking, apolitical youth ... The young are, above all, losing touch with the forces that drove their ancestors to embrace Communism. ‚Ours is a lost generation', says Larisa, 25/, an artist in Leningrad. ‚For us there are no dreams, no illusions, only a hard existence from day to day.' As ideology loses its hold over the young, the regime must strengthen the grip of nationalism."

Breschnew, Andropow und Tschernenko sind Exponenten einer Gerontokratie. Alt und altersschwach ist auch die Ideologie. In der Politik ist der Generationenwechsel überfällig. Ist es wirklich reine Utopie zu hoffen, daß sich unter den jüngeren sowjetischen Kommunisten anständige Leute befinden, die schrittchenweise die Konsequenzen aus den leeren Versprechungen des Marxismus-Leninismus ziehen; denen das Glück der Mitmenschen mehr wert ist als die eigene Macht? Was 1968 in der Tschechoslowakei geschah, kam, auch für Eingeweihte, völlig überraschend. Gerade die Mitglieder der dortigen KP galten als die linientreuesten. Und trotzdem haben sie, fast ausnahmslos, den Prager Frühling mitgetragen. Derlei ist, bei allen Besonderheiten, auch in der Sowjetunion nicht völlig undenkbar. Das ist unsere Hoffnung, das ist die Chance der freien Welt, der Menschen in Ost und West.

Wir sollten es auch nicht unterlassen, bei jeder sich bietenden Gelegenheit die Sowjetführung an ihre eigenen Verfassungsgrundsätze zu erinnern, wozu, gemäß Art. 29, die Unterstützung des Kampfes der Völker um nationale Befreiung gehört. „Geht mit gutem Beispiel voran! Gebt den Staaten Mittel- und Osteuropas, die bislang eure Protektorate sind, die Freiheit der nationalen Selbstbestimmungen zurück!"

„Nächstes Jahr in Jerusalem!"

Über Jahrhunderte hinweg begrüßten sich die Juden in der Diaspora: „Nächstes Jahr in Jerusalem!" Niemand wußte so recht, wie das geschehen könnte. Und doch haben sie die Hoffnung nicht aufgegeben. Heute grüßen sich in Jerusalem, Jahr für Jahr, Millionen Juden aus aller Welt. Der Traum von gestern ist Wirklichkeit geworden.

Das unter drei Großmächten der damaligen Zeit mehrfach geteilte Polen gab sich die Devise: „Noch ist Polen nicht verloren", die später zur polnischen Nationalhymne werden sollte.

„Ein großes Volk kann fallen, untergehen aber nur ein nichtswürdiges." – Mit solchen Worten ermahnten und bestärkten die polnischen Dichter und Schriftsteller ihre Landsleute und führten sie „durch die Finsternis der Teilung" hindurch. Nach weit über 100 Jahren haben auch sie ihr Ziel – zumindest teilweise – erreicht.

Die Lehre aus diesen historischen Gegebenheiten kann für uns nur lauten: Wir müssen uns mit Geduld wappnen, in Dekaden denken. Wir leben gleichsam im „Wartesaal" der Geschichte.

Konrad Löw »Noch ist Deutschland nicht verloren« Der Staatsbürger, Beilage der Bayerischen Staatszeitung, Februar 1985.

D2

Deutscher Bundestag — 9. Wahlperiode — 26. Sitzung.
Bonn, Donnerstag, den 19. März 1981

Wie hat die Bundesregierung auf die Behandlung des Bayreuther Professors für politische Wissenschaften, Konrad Löw, reagiert, der als Gastprofessor in Prag festgenommen und nach mehreren Tagen Haft unter Einbehaltung seiner persönlichen Habe in die Bundesrepublik Deutschland abgeschoben worden ist, und welche Folgerungen zieht die Bundesregierung aus diesem Vorgang für den deutsch-tschechoslowakischen Akademikeraustausch und die Verwirklichung des deutsch-tschechoslowakischen Kulturabkommens?

Frau Dr. Hamm-Brücher, Staatsminister: Herr Kollege, Professor Löw war drei Tage in Prag inhaftiert, ohne daß er die Botschaft kontaktieren durfte. Seine persönliche Habe wurde ihm während dieser Zeit im Polizeigefängnis vorenthalten. Nach dem Bericht von Professor Löw wurden bei seiner Abschiebung per Flugzeug drei seiner Bücher nicht an ihn zurückerstattet. Die Rückführung seines Wagens geschieht mit Hilfe der Botschaft der Bundesrepublik in Prag.

Die Botschaft der Bundesrepublik Deutschland in Prag hat wegen der Rechtsverletzungen durch die tschechoslowakischen Behörden im Fall von Professor Löw gegenüber dem Leiter der Rechts- und Konsularabteilung im tschechoslowakischen Außenministerium förmlich protestiert und dies im Auswärtigen Amt gegenüber dem Leiter der Rechtsabteilung der tschechoslowakischen Botschaft hier in Bonn wiederholt.

Zum zweiten Teil Ihrer Frage: Der **deutsch-tschechoslowakische Wissenschaftleraustausch** hat sich nur langsam entwickelt, insbesondere wegen Zurückhaltung auf der tschechoslowakischen Seite. Die Belastungen, die sich für seine weitere Entwicklung aus einem solchen Vorfall wie der Inhaftierung von Professor Löw ergeben, sind dem zuständigen Abteilungsleiter im tschechoslowakischen Schulministerium von unserer Botschaft in Prag vorgehalten worden. Darüber hinaus werden sie auch den tschechoslowakischen Ansprechpartnern für den Wissenschaftleraustausch, insbesondere der Akademie der Wissenschaften in Prag und der hiesigen Botschaft, unmittelbar deutlich gemacht werden.

Trotz dieser Belastungen, Herr Kollege, sollen die Bemühungen um eine positive tschechoslowakische Haltung zum Wissenschaftleraustausch und seiner besseren Verwirklichung fortgesetzt werden.

Präsident Stücklen: Zusatzfrage? — Bitte.

Engelsberger (CDU/CSU): Frau Staatsminister, ist der Bundesregierung bekannt, daß Professor Löw in Prag nur deshalb verhaftet wurde, weil er bei einer Sitzung mit Mitgliedern der Tschechoslowakischen Akademie der Wissenschaften Kritik am Marxismus-Leninismus geübt und Thesen vertreten hat, die den Lehren Lenins und Marx' widersprachen?

Frau Dr. Hamm-Brücher, Staatsminister: Herr Kollege, das ist der Bundesregierung bekannt. Bundesaußenminister Genscher hat sein Bedauern und sein Befremden über die Verhaftung ausgesprochen und dem Betroffenen auch übermittelt.

Präsident Stücklen: Eine weitere Zusatzfrage.

Engelsberger (CDU/CSU): Frau Staatsminister, wie kann in Zukunft verhindert werden, daß sich solche Vorfälle wiederholen, und liegt es im Sinne eines deutsch-tschechischen Akademikeraustausches, daß hier letzten Endes die freie Meinungsäußerung unserer Vertreter in der Tschechoslowakei verhindert oder behindert wird?

Frau Dr. Hamm-Brücher, Staatsminister: Herr Kollege, verhindern läßt sich das nicht. Wir können nur hoffen, daß dieser Vorfall den tschechoslowakischen Partnern Anlaß gibt, es nicht zu Wiederholungen kommen zu lassen. Denn das müßte sonst früher oder später das Ende — ich möchte hinzufügen: leider — eines geregelten Austausches bedeuten.

Präsident Stücklen: Eine weitere Zusatzfrage, Herr Abgeordneter Graf Huyn.

Graf Huyn (CDU/CSU): Frau Staatsminister, wird die Bundesregierung, gerade auch mit Blick auf künftige potentielle Fälle, für Professor Löw wegen der ungerechtfertigten Verhaftung, der er ausgesetzt war, Haftentschädigung fordern?

Frau Dr. Hamm-Brücher, Staatsminister: Herr Kollege, das kann ich Ihnen aus dem Handgelenk nicht sagen. Das wird sicher geprüft werden müssen.

Präsident Stücklen: Eine weitere Zusatzfrage, Herr Abgeordneter Dr. Hupka.

Dr. Hupka (CDU/CSU): Hat die Bundesregierung in ihren Protest auch den Vorwurf einbezogen, der Herrn Professor Löw gemacht worden ist, daß er ein Faschist sei und Gedankengut des Faschismus verbreitet habe, obwohl er selber ein Mann des Widerstandes war, aus einer Familie kommt, die Widerstand geleistet hat, und mit Faschismus nichts zu tun hat?

Frau Dr. Hamm-Brücher, Staatsminister: Herr Kollege, der Vorwurf, daß Professor Löw faschistische Äußerungen getan hätte, ist mir bekannt. Das ist selbstverständlich auch zurückgewiesen worden.

Präsident Stücklen: Keine weiteren Zusatzfragen.

Ich rufe die Frage 50 des Herrn Abgeordneten Hupka auf:

Hat die Bundesregierung auf Grund der mehrtägigen Inhaftierung des Bayreuther Universitätsprofessors Konrad Löw und auf Grund der dem Inhaftierten verweigerten Verbindung zur Botschaft der Bundesrepublik Deutschland bei der Regierung in Prag auch unter Hinweis auf die KSZE-Schlußakte protestiert, und welche Antwort hat sie erhalten?

Frau Dr. Hamm-Brücher, Staatsminister: Herr Präsident, diese Frage ist fast deckungsgleich mit der vorherigen. Aber ich kann dennoch gern zusammenfassen, wenn der Herr Fragesteller das wünscht.

Präsident Stücklen: Sie sind also mit der Antwort auf die Frage 49 zufriedengestellt und wollen jetzt nur noch Zusatzfragen stellen?

(Dr. Hupka [CDU/CSU]: So ist es, Herr Präsident!)

— Bitte.

Dr. Hupka (CDU/CSU): Frau Staatsminister, Sie haben meinem Kollegen Engelsberger gegenüber gesagt, daß die Bundesregierung förmlich protestiert habe. Was war die Antwort der tschechoslowakischen Seite auf diesen förmlichen Protest?

Frau Dr. Hamm-Brücher, Staatsminister: Herr Kollege, es scheint so zu sein, daß das Außenministerium von dem Vorfall erst aus den tschechoslowakischen Zeitungen erfahren hat. Es scheint sich hier um eine gesonderte Maßnahme gehandelt zu haben.

Präsident Stücklen: Zusatzfrage? — Bitte.

Dr. Hupka (CDU/CSU): Hat die Bundesregierung bei ihrem Protest auch auf die KSZE-Schlußakte und auf Art. 19 des UN-Menschenrechtspaktes verwiesen, worauf sich, glaube ich, Herr Professor Löw ausdrücklich berufen hat?

Frau Dr. Hamm-Brücher, Staatsminister: Die Bundesregierung hat sich sowohl auf die KSZE-Schlußakte als auch natürlich auf das abgeschlossene Kulturabkommen berufen. Ob sie sich auch auf den von Ihnen erwähnten Pakt bezogen hat, kann ich Ihnen im Augenblick nicht sagen.

Präsident Stücklen: Herr Abgeordneter Dr. Hupka, ist damit auch die Frage 51 erledigt?

(Dr. Hupka [CDU/CSU]: Nein!)

— Gut. — Dann eine Zusatzfrage des Herrn Abgeordneten Graf Stauffenberg.

Graf Stauffenberg (CDU/CSU): Frau Staatsminister, ist dem Auswärtigen Amt, der Bundesregierung bekannt, ob einer oder mehrere der wissenschaftlichen Gesprächspartner von Professor Löw vorher schon in der Bundesrepublik Deutschland zu wissenschaftlichen Gesprächen waren?

Frau Dr. Hamm-Brücher, Staatsminister: Herr Kollege, das weiß ich nicht.

D3

Franz Ludwig Graf Stauffenberg
Mitglied des Deutschen Bundestages

Bundeshaus3.4.1981
5300 Bonn 1
Fernruf 0228 / 16 32 54

Die Wahl dieser Rufnummer vermittelt den
gewünschten Hausanschluß.
Kommt ein Anschluß nicht zustande, bitte
Nr. 161 (Bundeshaus-Vermittlung) anrufen.

Privatanschrift:
Klosterstr. 8
8196 Beuerberg

Herrn
Prof.Dr.Konrad Löw
Universität Bayreuth
Geschwister-Scholl-Platz 3

8580 Bayreuth

Sehr geehrter Herr Prof. Löw,

ich komme zurück auf die herben, praktischen Erfahrungen,die
Sie mit den marxistisch-leninistischen "Demokraten" und der
sozialistischen Realität in Prag haben machen müssen.

Sie haben mir freundlicherweise eine Reihe von Unterlagen zur
Verfügung gestellt, die ich noch rechtzeitig vor der Fragestunde am 19.März auch Herrn Dr. Hupka zur Verfügung gestellt
habe. Nachdem spontan mein Kollege Engelsberger (Traunstein)
und dann auch Dr. Hupka die relevanten Fragen gestellt haben,
habe ich mich zunächst damit begnügt, meine Kollegen zu informieren und Zusatzfragen zu stellen. Als Anlage übergebe
ich Ihnen den Auszug des Protokolls dieser Fragestunde.

Ich wäre Ihnen sehr dankbar, wenn Sie mir mitteilen könnten,
ob Sie in der Zwischenzeit Ihren Wagen und Ihr sonstiges Eigentum wieder zurückerhalten haben, und ob aus dem Vorfall
noch irgendwelche Probleme oder Fragen offen sind. Mir scheint
insbesondere die Andeutung von Frau Dr. Hamm-Brücher inter-
essant, daß es sich um eine "gesonderte Maßnahme" ohne ~~Weisung~~
des tschechoslowakischen Außenministeriums gehandelt habe.
Freilich würde mich auch eine Antwort auf meine Frage inter-
essieren. Wissen Sie, ob und vielleicht wer von den Gesprächs-
partnern der Runde zuvor einmal Gast in Deutschland war?

Mit freundlichen Grüßen

DER BUNDESMINISTER
DES AUSWÄRTIGEN

Bonn, den 7. April 1981
621-624.25/00 TSE

Herrn
Professor Dr. Konrad Löw
Lehrstuhl für Politik,
Universität Bayreuth,
Geschwister Scholl-Platz 3

8580 Bayreuth

Sehr geehrter Herr Professor Dr. Löw,

ich danke Ihnen für Ihr Schreiben vom 26. Februar 1981 und
die ausführliche Unterrichtung über die Umstände Ihrer Verhaftung und Ausweisung in der Tschechoslowakei. Auf meine
Veranlassung hin hat die Botschaft der Bundesrepublik
Deutschland in Prag unverzüglich im tschechoslowakischen
Aussenministerium demarchiert und ist im dortigen Schulministerium vorstellig geworden. Der Deutsche Akademische
Austauschdienst, der eine Austauschvereinbarung mit der
tschechoslowakischen Akademie der Wissenschaften hat, wird
dieser gegenüber direkt protestieren. Ausserdem wird gegenüber der hiesigen tschechoslowakischen Botschaft förmlicher
Protest auch im Hinblick auf die Verletzung der KSZE-Schluss-
akte von Helsinki eingelegt. Ich hoffe, dass dies der
tschechoslowakischen Seite hinreichend verdeutlicht, dass
sie mit den gegen Sie ergriffenen unberechtigten Massnah-
men die Kooperation zwischen den beiden Ländern im akademischen Bereich ernsthaft gefährdet hat.

Ich möchte mein Bedauern über die physischen und psychischen
Belastungen zum Ausdruck bringen, denen Sie bei Ihrer Inhaftierung und Ausweisung ausgesetzt gewesen sind.

Mit freundlichen Grüssen

D5

WOLF-EGBERT NÄUMANN

RECHTSANWALT UND NOTAR

RA W. E. NÄUMANN POSTFACH 31 10 20 1000 BERLIN 31

Herrn
Prof. Dr. Konrad Löw
Kirchenstraße 17

8021 Baierbrunn

UHLANDSTRASSE 137
1000 BERLIN 31
TELEFON (030) 86 01 98, (030) 8 61 66 92
TELEX 185 693 NASA D
BERLINER BANK AG
KONTO 3554700600
BANKLEITZAHL 100 200 00

Helmut Dawidowski
- Gr. 441/86 -

BEI ANTWORT UNBEDINGT ANGEBEN

DEN 16. Juli 1986 lö/fr

SPRECHSTUNDE NUR NACH TELEFONISCHER VEREINBARUNG

Sehr geehrter Herr Prof. Dr. Löw,

ich bestätige den Eingang Ihres Schreibens vom 10. Juli 1986.
Es ist nicht beabsichtigt und es entspricht auch nicht den
Tatsachen, daß mein Schreiben misteriöse Hintergründe oder
einen misteriösen Inhalt hat.

Aufgrund des mir von der Bundesregierung erteilten Mandats
ist es meine Aufgabe, mich um politische Häftlinge in der DDR
zu kümmern.
In diesem Zusammenhang habe ich mit meinen Ost-Berliner Kollegen
Prof. Dr. Vogel, Starkulla und Hartmann regen Kontakt, die mich
über die Inhaftierung von Helmut und Brigitte Dawidowski unterrichtet haben. Gegen Brigitte und Helmut Dawidowski ist ein Verfahren wegen eines Verstoßes gegen § 219 StGB/DDR (ungesetzliche
Verbindungsaufnahme) bei der Bezirksstaatsanwaltschaft Dresden
anhängig. Meine Ost-Berliner Kollegen sind im Mandat.

Nach dortigem Erkenntnisstand scheint es außer Frage zu stehen,
daß Sie mit dem Ehepaar Dawidowski Korrespondenz geführt haben
bzw. Schreiben von der Mandantschaft, die nach dem Strafvorwurf
geeignet sind, den Interessen der DDR zu schaden, erhalten haben.
Ich habe zwar nach meinem Aktenstand derzeitig keine
dringende Veranlassung, Ihnen von einer Besuchsreise
in oder durch die DDR abzuraten. Sollten Sie aber tatsächlich Korrespondenz mit den Eheleuten Dawidowski
geführt haben und ggf. in diesen Schreiben zum Beispiel
Ihre Bereitschaft erklärt haben, Informationen über
ein ggf. vorliegendes Ausreiseanliegen der Mandantschaft
an hiesige Behörden weiterzugeben bzw. sich an sonstige
Einrichtungen zu wenden, dann müssen Sie damit rechnen,

daß die zuständigen DDR-Organe Sie verdächtigen, an der
den Eheleuten Dawidowski vorgeworfenen Tat im Rahmen
einer Beihilfehandlung nach DDR-Strafrecht beteiligt
zu sein. Für diesen Fall kann ich für Sie bei einer Reise
in oder durch die DDR Unannehmlichkeiten, Verhöre oder
sogar Festnahme nicht ausschließen.

Entscheiden Sie daher bitte selbst, ob Ihnen in dieser
Richtung ein strafrechtlicher Vorwurf von der DDR-Justiz
gemacht werden kann.

Für die Benutzung der Transitwege gelten die Vorschriften
des Transitabkommens, danach darf festgenommen werden,
wer gelegentlich der Benutzung der Transitwege eine Straf-
tat begeht oder früher begangen hat. Ich muß aber darauf
hinweisen, daß sich der Schutz des Transitabkommens nur
auf die Festnahme bezieht. Sollte Ihre Festnahme aus
anderen Gründen rechtmäßig sein, z.B. weil Sie in einen
Verkehrsunfall verwickelt werden, so ist die DDR nicht
daran gehindert, mögliche andere Straftaten mit zur Anklage zu bringen.

Sie haben die Möglichkeit, für die Eheleute Dawidowski
Haftgeld einzuzahlen.
Das Haftgeld dient dem Zukauf in der Haftanstalt; die
Inhaftierten können sich auf diese Weise zum Beispiel
mit Ost, hygienischen Artikeln, Zigaretten etc. ein-
decken. Haftgeldeinzahlungen sind möglich in monatlicher
Höhe von 50,-- DM. Falls Sie Haftgeld einzahlen möchten,
überweisen Sie bitte unter Angabe des Betreffs auf mein
Konto, ich kümmere mich dann um die Weiterleitung
des Geldes.

Bitte halten Sie den Kontakt, falls Ihnen daran gelegen
ist, bitte ausschließlich mit mir und geben Sie meine
Briefe und Anlagen nicht an Dritte weiter. Nach einer
Verurteilung werde ich das Bundesministerium für innerdeutsche Beziehungen über den Vorgang unterrichten mit
der Bitte um Prüfung, ob im Rahmen der besonderen Bemühungen der Bundesregierung um politische Häftlinge in
der DDR weiter geholfen werden kann.
Für eventuelle Rückfragen stehe ich zur Verfügung.

                          Mit freundlichen Grüßen

                          Rechtsanwalt

UNIVERSITÄT BAYREUTH

Prof. Dr. Konrad Löw
Lehrstuhl für Politik

8580 Bayreuth
Geschwister-Scholl-Platz 3
Telefon (09 21) 4 10 71

31. Juli 1986

Lehrstuhl für Politik – Prof. Dr. Konrad Löw
Universität Bayreuth, Geschwister-Scholl-Platz 3, 8580 Bayreuth

An den Bundeskanzler
der Bundesrepublik Deutschland
Herrn Dr. Helmut Kohl

Bundeskanzleramt
Konrad-Adenauer-Allee

5300   B o n n

Hochverehrter Herr Bundeskanzler!

Vor wenigen Tagen habe ich den als Anlage beigefügten Brief
eines Westberliner Anwalts erhalten.

Er enthüllt die "gute" deutsch-deutsche Nachbarschaft schlag-
lichtartig als geradezu apokalyptische Lüge.

Er ruft ins Gedächtnis, daß humanitäre Hilfe, die aus christ-
lich-humanistischem Geist und abendländischem Rechtsbewußt-
sein auf dem Territorium der Bundesrepublik Deutschland geleistet wird, seitens der DDR mit Gefängnis bedroht ist.

Er erinnert mich in fataler Weise an die Angst, die in der
Familie umging, als mein Vater 1938 auswanderungswilligen
Juden finanzielle Unterstützung zuteil werden ließ.

Die Strafandrohung der DDR stellt nicht nur einen Eingriff
in die inneren Angelegenheiten der Bundesrepublik Deutschland dar, sie ist auch wegen Verstoßes gegen Art. 12 und
19 des Internationalen Paktes über bürgerliche und politische Rechte, den auch die DDR ratifiziert hat, nichtig.

Hauptverantwortlich für das offen terroristische Strafrecht
der DDR ist der Generalsekretär der SED und Staatsratsvor-
sitzende der DDR, Erich Honecker.

Ich erlaube mir die dringende Bitte, die Einladung an Herrn
Honecker so lange auszusetzen, solange deutsche Staatsange-
hörige, die auf dem Boden der Bundesrepublik Deutschland
leben, durch das DDR-Strafrecht auf die beschriebene Weise
an der Wahrnehmung ihrer Menschenrechte und zwischenmensch-
lichen Pflichten gehindert werden.

Wie sehr heute durch das Strafrecht der DDR die Meinungsfreiheit, insbes. die Freiheit von Forschung und Lehre, auf
dem Boden der Bundesrepublik Deutschland durch die DDR eingeschränkt ist, zeigt folgende Episode, die sich im Wintersemester 1985/86 an der Universität Bayreuth zugetragen hat:
Am Ende eines sachlichen Referates im Rahmen eines Seminars
über "Die Verfassung der DDR" äußerte ein Student: Ich weiß,
daß ich mich mit diesen Ausführungen nach den strafrechtli-
chen Normen der DDR in mehrfacher Weise strafbar gemacht
habe.

Daß andere, aus Furcht vor Strafen oder sonstigen Repressalien alle Themen meiden, die Herrn Honecker und seinesgleichen mißfallen könnten, muß bei der angeborenen Ängstlich-
keit eines großen Teils der Bevölkerung mit Sicherheit angenommen werden.

Entschuldigen Sie bitte, daß ich die Form des offenen Briefes wähle. Drei Überlegungen sind dafür maßgebend:

1. Wir sollten uns nicht erneut dem Vorwurf aussetzen, hand-
greifliches Unrecht nicht so laut und deutlich wie irgend
möglich angeprangert zu haben.

2. Die Form des offenen Briefes wähle ich auch deshalb, weil
nach meiner festen Überzeugung die DDR noch am ehesten dem
Druck der öffentlichen Meinung weicht.

3. Auch ist Aufklärung der bundesdeutschen Bevölkerung
über die menschenrechtliche Lage im anderen Teil Deutschlands dringend geboten.

Mit dem Ausdruck vorzüglicher Hochachtung
verbleibe ich

Literatur

(Aufnahme gefunden haben lediglich Titel, die für das Thema von größerer Bedeutung sind oder häufiger zitiert werden.)

Apel, Hans *Der Abstieg* Stuttgart 1990.

Bärwald, Helmut *Das Ostbüro der SPD, 1946–1971. Kampf und Niedergang* Krefeld 1991.

Bäschlin, Christoph *Die protestantischen Kirchen im Sog des Kommunismus* Tegna 1987.

Bender, Peter *Unsere Erbschaft. Was war die DDR – was bleibt von ihr?* Hamburg/Zürich 1992.

Besier, Gerhard/Stephan Wolf (Hrsg.) *Pfarrer, Christen und Katholiken. Das Ministerium für Staatssicherheit der ehemaligen DDR und die Kirchen* Neukirchen-Vluyn 1993.

Bouvier, Beatrix W./Horst-Peter Schulz ... *die SPD aber aufgehört hat zu existieren. Sozialdemokraten unter sowjetischer Besatzung* Bonn 1991.

Brandt, Willy *Erinnerungen* Berlin 1989.

Brinkschulte, Wolfgang/Hans Jörgen Gerlach/Thomas Heise *Freikaufgewinnler. Die Mitverdiener im Westen* Berlin 1993.

Bürgerkomitee Leipzig *Stasi intern – Macht und Banalität* Leipzig 1991.

Bullock, Alan *Hitler und Stalin. Parallele Leben* Berlin(West) 1991.

Buschfort, Wolfgang *Das Ostbüro der SPD. Von der Gründung bis zur Berlin-Krise* München 1991.

Eisert, Wolfgang *Die Waldheimer Prozesse. Der stalinistische Terror 1950. Ein dunkles Kapitel der DDR-Justiz* Esslingen/München 1993.

Faßbender, Monika (Hrsg.), *Wolfgang Schollwer. Potsdamer Tagebuch 1948–1950. Liberale Politik unter sowjetischer Besatzung* München 1988.

Faust, Siegmar *Ich will hier raus* Berlin(West) 1983.

Faust, Siegmar *Menschenhandel in der Gegenwart. Literatur der DDR im Zeugenstand* Asendorf 1986.

Fichter, Tilman *SDS und SPD. Parteilichkeit jenseits der Partei* Opladen 1988.

Filmer, Werner/Heribert Schwan *Opfer der Mauer – Die geheimen Protokolle des Todes* München 1991.

Fischer, Klaus H., *Bürger und Parteien,* Schutterwald/Baden 1993 (Wissenschaftlicher Verlag Dr. Klaus H. Fischer, Postfach 2, 7601 Schutterwald/Baden).

Fischer, Klaus H., *Die Wahlen zur Französischen Nationalversammlung 21. und 28. März 1993. Strategien, Zahlen, Einschätzungen,* Schutterwald/Baden 1993 (Wissenschaftlicher Verlag Dr. Klaus H. Fischer, Postfach 2, 7601 Schutterwald/Baden).

Flocken, Jan von/Michael Klonovsky *Stalins Lager in Deutschland 1945–1950. Dokumentation. Zeugenberichte* Berlin 1993.

Fricke, Karl Wilhelm *Opposition und Widerstand in der DDR. Ein politischer Report* Köln 1984.

Fricke, Karl Wilhelm *Die DDR-Staatssicherheit. Entwicklung, Strukturen, Aktionsfelder* 2. Aufl., Köln 1984.

Fuhr, Eckhard *Geschichte der Deutschen. Eine Chronik zu Politik, Wirtschaft und Kultur von 1945 bis heute* Frankfurt a.M. 1993.

Gill, David/Ulrich Schröter *Das Ministerium für Staatssicherheit. Anatomie des Mielke-Imperiums* Berlin 1991.

Glaeßner, Gerd-Joachim *Die andere deutsche Republik* Opladen 1989.

Glaeßner, Gerd-Joachim *Der schwierige Weg zur Demokratie. Vom Ende der DDR zur deutschen Einheit* Opladen 1991.

Gniffke, Erich W. *Jahre mit Ulbricht* Köln 1966.

Goeckel, Robert F. *The Lutheran Church and the East German State. Political Conflict and Change under Ulbricht and Honecker* London 1990.

Grass, Günter *Gegen die verstreichende Zeit. Reden, Aufsätze und Gespräche 1989–1991* Hamburg 1991.

Gries,, Sabine/Dieter Voigt *Manfred Stolpe in Selbstzeugnissen* Berlin 1993.

Gruner, Gert/Manfred Wilke (Hrsg.) *Sozialdemokraten im Kampf um die Freiheit. Die Auseinandersetzung zwischen SPD und KPD in Berlin 1945/46* München 1986.

Hacker, Jens *Deutsche Irrtümer – Schönfärber und Helfershelfer der SED-Diktatur im Westen* Berlin 1992.

Häberle, Peter *Das Grundgesetz der Literaten. Der Verfassungsstaat im (Zerr?)Spiegel der Schönen Literatur* Baden-Baden 1983.

Hamacher, Heinz Peter *DDR-Forschung und Politikberatung 1949–1990. Ein Wissenschaftszweig zwischen Selbstbehauptung und Anpassungszwang* Köln 1991.

Hertle, Hans-Hermann *Nicht-Einmischung. Die DGB/FDGB-Beziehungen von 1972 bis 1989 oder: Der Beitrag der Spitzenfunktionärs-Diplomatie zur gewerkschaftlichen Lähmung im demokratischen Umbruch- und deutschen Einigungsprozeß* Berlin(West) 1990.

Hildebrandt, Rainer *Berlin – Von der Frontstadt zur Brücke Europas* Berlin 1984.

Hoffmann, Christa *Stunden Null? Vergangenheitsbewältigung in Deutschland 1945 und 1989* Bonn 1992.

Hüllen, Rudolf van *Ideologie und Machtkampf bei den Grünen. Untersuchung zur programmatischen und innerorganisatorischen Entwicklung einer deutschen ›Bewegungspartei‹* Bonn 1990.

Institut für die Geschichte der Arbeiterbewegung (Hrsg.) *Einheitsdrang oder Zwangsvereinigung? die Sechziger-Konferenzen von KPD und SPD 1945 und 1946* Berlin 1990.

Jahn, Hans Edgar *An Adenauers Seite. Sein Berater erinnert sich* München 1987.

Jesse, Eckhard/Armin Mitter (Hrsg.) *Die Gestaltung der deutschen Einheit. Geschichte, Politik, Gesellschaft* Bonn/Berlin 1992.

Johannes, Günter (Hrsg.) *DDR, das Manifest der Opposition. Eine Dokumentation. Fakten, Analysen, Berichte* München 1978.

Kiesel, Helmut *Die Intellektuellen und die deutsche Einheit.* In: Die politische Meinung 1991, Nr. 264, S. 49 ff.

Kleinert, Hubert *Aufstieg und Fall der Grünen. Analyse einer alternativen Partei* Bonn 1992.

Klotz, Ernst Emil *»So nah der Heimat. Gefangen in Buchenwald 1945–1948«*, Bonn 1992

Knabe, Hubertus *Die geheimen Lager der Stasi.* In: Aus Politik und Zeitgeschichte. Beilage zur Wochenzeitung *Das Parlament* B4/93, S. 23 ff.

Knechtel, Rüdiger u.a. (Hrsg.) *Stalins DDR – Berichte politisch Verfolgter* Leipzig 1991.

Koenen, Gerd *Die großen Gesänge – Lenin, Stalin, Mao Tse-tung. Führerkulte und Heldenmythen des 20. Jahrhunderts* Frankfurt a.M. 1991.

Kratzel, Günter *Im Widerstand gegen den Zeitgeist – ideologiekritische Vorträge, Referate, Textanalysen. Eine Auswahl* Hamburg 1993.

Lademacher, Horst (Hrsg.) *Gewerkschaften im Ost-West-Konflikt. Die Politik der American Federation of Labour nach dem Zweiten Weltkrieg* Melsungen 1982.

Lang, Gerhard u.a. (Hrsg.) *Katholische Kirche – Sozialistischer Staat DDR. Dokumente und öffentliche Äußerungen 1945–1990* Leipzig 1992.

Latk, Klaus-Reiner *Stasi – Kirche* Uhldingen 1992.

Leich, Werner *Wechselnde Horizonte. Mein Leben in vier politischen Systemen* Wuppertal 1992.

Lemke, Christiane *Die Ursachen des Umbruchs 1989. Politische Sozialisation in der ehemaligen DDR* Opladen 1991.

Leonhard, Wolfgang *Die Revolution entläßt ihre Kinder* Köln 1955.

Löw, Konrad *Warum fasziniert der Kommunismus? Eine systematische Untersuchung* München 1984.

Löw, Konrad (Hrsg.) *Totalitarismus* Berlin 1993.

Löw, Konrad *Terror. Theorie und Praxis im Marxismus* Asendorf 1991.

Longerich, Michael *Die SPD als »Friedenspartei« – mehr als nur Wahltaktik? Auswirkungen sozialdemokratischer Traditionen auf die friedenspolitischen Diskussionen 1959–1983* Frankfurt a.M. u.a. 1990.

Luxemburg, Rosa *Gesammelte Werke* 5 Bde., Berlin(Ost) 1973-75.

Maier, Hans *Die Deutschen und die Freiheit. Perspektiven der Nachkriegszeit* Stuttgart 1985.

Marx, Karl/Friedrich Engels *Werke (MEW)* hrsg. vom Institut für Marxismus-Leninismus beim ZK der SED, Berlin(Ost) 1956 ff.

Maser, Werner *Helmut Kohl: Der deutsche Kanzler* Berlin 1990.

Menge, Marlies *›Ohne uns läuft nichts mehr‹. die Revolution in der DDR* Stuttgart 1990.

Mensing, Wilhelm *Wir wollen unsere Kommunisten wieder haben ... Demokratische Starthilfe für die Gründung der DKP* Zürich 1989.

MEW siehe Marx, Karl/Friedrich Engels.

Miller, Susanne *Das Problem der Freiheit im Sozialismus. Freiheit, Staat und Revolution in der Programmatik der Sozialdemokratie von Lassalle bis zum Revisionismusstreit*, Düsseldorf 1977.

Miller, Susanne/Heinrich Potthoff *Kleine Geschichte der SPD. Darstellung und Dokumentation 1848–1980* Bonn 1991.

Momper, Walter *Grenzfall. Berlin im Brennpunkt deutscher Geschichte* München 1991.

Moseleit, Klaus *Die ›Zweite‹ Phase der Entspannungspolitik der SPD 1983–1989. Eine Analyse ihrer Entstehungsgeschichte und der konzeptionellen Ansätze* Frankfurt a.M. u.a. 1991.

Motschmann, Jens *So nicht, Herr Pfarrer! Was wird aus der evangelischen Kirche?* Berlin 1991.

Motschmann, Klaus *Mythos Sozialismus. Von den Schwierigkeiten der Entmythologisierung einer Ideologie* Asendorf 1990.

Müller, Emil-Peter *Antiamerikanismus in Deutschland. Zwischen Care-Paket und Cruise Missile* Köln 1986.

Müller, Emil-Peter *Das Berlin-Programm der SPD* Köln 1990.

Müller, Reinhard *Die Akte Wehner – Moskau 1937 bis 1941* Berlin 1993.

Müller, Werner *Lohnkampf, Massenstreik, Sowjetmacht. Ziele und Grenzen der ›Revolutionären Gewerkschafts-Opposition‹ (RGO) in Deutschland 1928 bis 1933* Köln 1988.

Müller-Enbergs, Helmut/Heike Schmoll/Wolfgang Stock *Das Fanal. Das Opfer des Pfarrers Brüsewitz und die evangelische Kirche* Frankfurt a.M. 1993.

Nawrocki, Joachim *Die Beziehungen zwischen den beiden Staaten in Deutschland* Berlin 1986.

Nawrocki, Joachim *Ahnungslosigkeit als Entspannungspolitik?*. In: Das Parlament vom 16. Okt. 1992, S. 12.

Niedenhoff, Horst-Udo *Auf dem Marsch durch die Institutionen. Die kommunistische Agitation im Betrieb und in den Gewerkschaften* 2. Aufl., Köln 1982.

Noack, Paul *Deutschland, deine Intellektuellen. Die Kunst, sich ins Abseits zu stellen* Bonn 1991.

Noetzel, Thomas *Die Faszination des Verrats. Eine Studie zur Dekadenz im Ost-West-Konflikt* Hamburg 1988.

Pawlow, Nicole-Annette *Innerdeutsche Städtepartnerschaften. Entwicklung – Praxis – Möglichkeiten* Berlin 1990.

Plück, Kurt *Altlasten der inneren Einheit*. In: Die politische Meinung 5/1993, S. 4 ff.

Przybylski, Peter *Tatort Politbüro – Die Akte Honecker* Berlin 1991.

Rehlinger, Ludwig *Freikauf. Die Geschäfte der DDR mit politisch Verfolgten 1963–1989* Berlin 1991.

Reich, Jens *Abschied von den Lebenslügen. Die Intelligenz und die Macht* Berlin 1992.

Renger, Annemarie *Ein politisches Leben* Stuttgart 1993

Reuth, Ralf Georg *IM Sekretär: die >Gauck-Recherche< und die Dokumente zum >Fall Stolpe<* Frankfurt a.M. 1992.

Richter, Michael *Die Ost-CDU 1948–1952. Zwischen Widerstand und Gleichschaltung. Forschungen und Quellen zur Zeitgeschichte*, Düsseldorf 1990.

Rudzio, Wolfgang *Die Erosion der Abgrenzung. Zum Verhältnis zwischen der demokratischen Linken und Kommunisten in der Bundesrepublik Deutschland* Opladen 1988.

Rüthers, Bernd *Ideologie und Recht im Systemwechsel. Ein Beitrag zur Ideologieanfälligkeit geistiger Berufe* München 1992.

Sauer, Heiner/Hans-Otto Plumeyer *Der Salzgitter Report. Die Zentrale Erfassungsstelle berichtet über Verbrechen im SED-Staat* München 1991.

Schacht, Ulrich *Gewissen ist Macht. Notwendige Reden, Essays, Kritiken zur Literatur und Politik in Deutschland* München 1993.

Schädlich, Hans Joachim (Hrsg.) *Aktenkundig* Berlin 1992.

Schlomann, Friedrich-Wilhelm *Mit so viel Hoffnung fingen wir an – 1945–1950* München 1991.

Schlomann, Friedrich-Wilhelm *Die Maulwürfe. Noch sind sie unter uns, die Helfer der Stasi im Westen* München 1993.

Schneider, Franz (Hrsg.) *Dienstjubiläum einer Revolte – >1968< und 25 Jahre* München 1993.

Schmude, Klaus *Fallbeil-Erziehung. Der Stasi/SED-Mord an Manfred Smolka.* Böblingen 1993.

Schollwer, Wolfgang *Potsdamer Tagebuch 1948–1950. Liberale Politik unter sowjetischer Besatzung* München 1988.

Schollwer, Wolfgang *Liberale Opposition gegen Adenauer. Aufzeichnungen 1957–1961* München 1990.

Scholz, Günther (Hrsg.) *Verfolgt – verhaftet – verurteilt. Demokraten im Widerstand gegen die rote Diktatur. Fakten und Beispiele* Bonn 1990.

Schroeder, Klaus/Jochen Staadt *Der diskrete Charme des Status quo. DDR-Forschung in der Ära der Entspannungspolitik* Forschungsverbund SED-Staat Freie Universität Berlin 1992.

Seebacher-Brandt, Brigitte *Die Linke und die Einheit* Berlin 1991.

Seiffert,Wolfgang/Norbert Treutwein *Die Schalck-Papiere. DDR-Mafia zwischen Ost und West. Die Beweise* Rastatt/München 1991.

Siebenmorgen, Peter *Gezeitenwechsel – Aufbruch zur Entspannungspolitik* Bonn 1990.

Soell, Hartmut *Der junge Wehner. Zwischen revolutionärem Mythos und pragmatischer Vernunft* Stuttgart 1991.

Springer, Axel *Reden wider den Zeitgeist* Berlin 1993

Stammen, Theo *Die Rolle der Intellektuellen im Prozeß des osteuropäischen Systemwandels.* In: Aus Politik und Zeitgeschichte. Beilage zur Wochenzeitung *Das Parlament*, B 10/93, S. 22 ff.

Strauß, Franz Josef *Die Erinnerungen* Berlin 1989.

Strupp, Kurt *Sie nennen es Pragmatismus – Gedanken zu einer fatalen Ostpolitik* 2 Bde., Privatdruck o.O. 1992.

Thies, Jochen u.a. *Das Ende der Teilung* ... Bonn 1990.

Thomas, Rüdiger *Von der DDR-Forschung zur kooperativen Deutschland-Forschung.* In: ZParl 1/90.

Ueding, Gert *Revolution ohne Intellektuelle – Bei den Ereignissen im Herbst 1989 spielten die Schriftsteller in der DDR die Rolle von überraschten Zaungästen.* In: Die Politische Meinung 1992, Nr. 271, S. 79 ff.

Ulsamer, Lothar *Zeitgenössische deutsche Schriftsteller als Wegbereiter für Anarchismus und Gewalt* Esslingen 1989.

Uschner, Manfred *Die Ostpolitik der SPD. Sieg und Niederlage einer Strategie* Berlin 1991.

Waldman, Eric *Deutschlands Weg in den Sozialismus* Mainz 1976.

Weber, Hermann *Kommunistische Bewegung und realsozialistischer Staat. Beiträge zum deutschen und internationalen Kommunismus* Köln 1988.

Weber, Hermann/Klaus Schönhoven/Klaus Tenfelde (Hrsg.) *Quellen zur Geschichte der deutschen Gewerkschaftsbewegung im 20. Jahrhundert* Bd. 4: Die Gewerkschaften in der Endphase der Republik 1930 bis 1933, Köln 1988.

Weizsäcker, Beatrice von *Verschwisterung im Bruderland. Städtepartnerschaften in Deutschland* Bonn 1990.

Wilke, Manfred *Einheitsgewerkschaft zwischen Demokratie und antifaschistischem Bündnis* Melle 1985.

Wilke, Manfred/Hans-Hermann Hertle *Das Genossen-Kartell. Die SED und die IG Druck und Papier/IG Medien. Dokumente* Frankfurt a.M./Berlin 1992.

Wilke, Manfred/Hans-Peter Müller/Marion Brabant *Die Deutsche Kommunistische Partei (DKP). Geschichte – Organisation – Politik* Köln 1990.

Wurmbrand, Richard *Leid und Sieg – Die Rückkehr nach Rumänien* Uhldingen 1991.

Zitelmann, Rainer *Adenauers Gegner. Streiter für die Einheit* Erlangen 1991.

Personenregister

Bildnachweis

Alle Abbildungen von Bilderdienst Süddeutscher Verlag, außer Nr. 20 (Sammlung Löw).